Moskau

Anika Zeller

3. komplett überarbeitete und aktualisierte Auflage 2018

Inhalt

Wege durch Moskau

Im Herzen der Stadt
Tour 1: Vor den Toren des Kreml

Vor den Toren des Kreml erstrecken sich der Rote
Platz, der Alexandergarten und der Manege-Platz.
Auf engstem Raum ballen sich hier die wichtigsten
Sehenswürdigkeiten der Stadt: die Basilius-
Kathedrale und das Kaufhaus GUM, das Lenin-
Mausoleum und das Historische Museum. Ein
Muss für jeden, der zum ersten Mal in Moskau ist!

■ **S. 24**

870 Jahre russische Geschichte
Tour 2: Kreml

Auf dem Gelände des Kreml schlug vor fast 900
Jahren die Geburtsstunde Moskaus. Bis heute ist er
Mittelpunkt der Stadt und des gesamten Landes.
Vier bombastische Kathedralen, eine eindrucks-
voller als die nächste, künden von der einstigen
Macht der orthodoxen Kirche. In den Palästen
residieren Museen – und der russische Präsident

■ **S. 36**

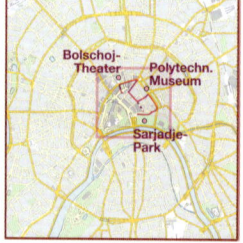

Durch Moskaus älteste Straßen
Tour 3: Kitaj-gorod

Zusammen mit dem Kreml und dem Roten Platz
gehört Kitaj-gord zum historischen Kern der Stadt,
zahlreiche alte Kirchen erinnern daran. Am Rande
des Viertels reihen sich bedeutende Bauten
aneinander: von der russischen Duma über das
Bolschoj-Theater und das Kaufhaus Detski mir bis
hin zum Polytechnischen Museum.

■ **S. 50**

Im einstigen Adelsviertel
Tour 4: Chamowniki

Das einstige Adelsviertel steht für pure Eleganz. Zahlreiche Villen säumen die Straßen. Botschaften und Museen haben in ihnen eine neue Heimat gefunden. Vorgelagert ist dem Viertel das „Museumsdorf" mit dem Puschkin-Museum für Bildende Künste. Überragt wird es von der Christi-Erlöser-Kathedrale, dem größten Gotteshaus Europas.

■ S. 64

Die berühmteste Flaniermeile Russlands
Tour 5: Arbat

Wo Straßenmusiker und Porträtzeichner gute Laune verbreiten, da sind auch Touristen und Souvenirshops nicht weit. Darüber hinaus verteilen sich viele kleine Museen über das Viertel. Sie erinnern daran, dass der Arbat einst Heimat vieler Dichter und Musiker war. Mit dem „Neuen Arbat" hat die sowjetische Ära ihre Spuren hinterlassen.

■ S. 74

Wo die Moskauer shoppen, feiern und flanieren
Tour 6: Rund um die Twerskaja

Die Twerskaja uliza ist die „Hauptstraße" Moskaus, in den Vierteln links und rechts von ihr pulsiert das hauptstädtische Leben: in Museen und Theatern, Clubs und Restaurants, Geschäften, Kaufhäusern und Einkaufspassagen. Beschauliche Rückzugsorte wie der Patriarchenteich oder der Ermitasch-Garten laden zur Verschnaufpause ein.

■ S. 84

Im Moskau von vorgestern
Tour 7: Basmanny

Das einzige Viertel, das keine großen Sights im Angebot hat – stattdessen aber umso mehr Charme. Nirgendwo ist es schöner, sich durch die Altstadtgassen treiben zu lassen. Nebenbei trifft man auf kleine Schätze: sei es das originelle Majakowski-Museum oder das neue Denkmal, das an die Opfer der Stalin'schen Repressionen erinnert.

■ S. 110

Im Viertel „jenseits der Moskwa"
Tour 8: Samoskworetschje

Dem Kreml gegenüber, auf der anderen Seite des Flusses, liegt Samoskworetschje, das Viertel „jenseits des Moskwa". Mit der Tretjakow-Galerie lockt es Kunstfreunde aus aller Welt an – mit seinen verträumten Gassen all jene, die Ruhe suchen. Niedrige Kaufmannsvillen, viele Kirchen und hier und da ein Holzhaus verzaubern die Besucher.

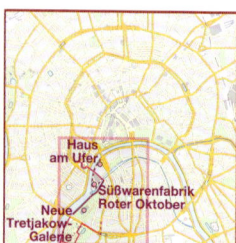

Alternativen zu Kreml und Co.
Tour 9: Jakimanka

Ein Viertel im Wandel: Zuerst zogen Clubs, Restaurants und Geschäfte in die Hallen der Süßwarenfabrik Roter Oktober ein. Anschließend erhielt der Gorki-Park ein neues und vor allem freundliches Gesicht. Und zuletzt wurden die Ufer-Promenaden der Moskwa neu gestaltet, sodass es eine wahre Freude ist, sie entlangzuspazieren!

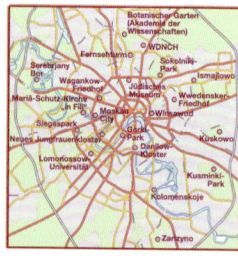

Raus ins Grüne
Ziele in Moskaus Außenbezirken

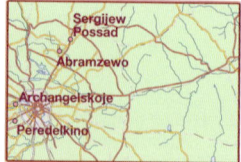

Ausflüge

🌿 nachhaltig, ökologisch, regional

meinTipp Die besondere Empfehlung unserer Autorin

Was haben Sie entdeckt?

Haben Sie ein gutes Restaurant entdeckt, das keine Oligarchenpreise verlangt? Ein Hotel, das zentral und günstig ist? Oder standen Sie mal vor verschlossener Tür? Wenn Sie Ergänzungen, Verbesserungen oder Tipps zum Buch haben, lassen Sie es uns bitte wissen!

Schreiben Sie an: Anika Zeller, Stichwort „Moskau"
c/o Michael Müller Verlag GmbH | Gerberei 19, D – 91054 Erlangen
anika.zeller@michael-mueller-verlag.de

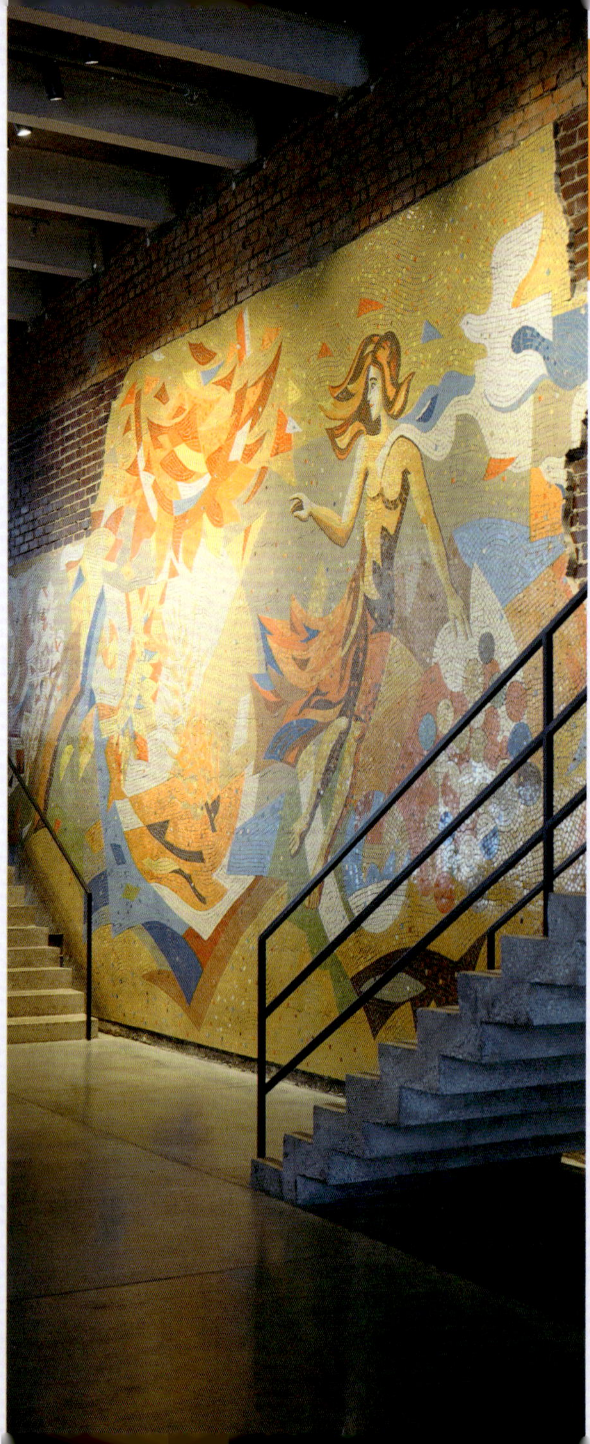

Orientiert in

Moskau

Orientiert in Moskau

Stadt und Stadtviertel

Zwölf Millionen Einwohner, größte Stadt Europas, Kapitale der Russischen Föderation: Willkommen in Moskau, der Stadt der Superlative! Für die Russen ist Moskau die „Mutter aller Städte", das Herz ihres Landes – und zugleich eine Insel im Riesenreich: westlich und wohlhabend, alternativ und aufgeschlossen wie kein zweiter Ort im Land. Willkommen in Moskau, der Stadt der Widersprüche!

So beschaulich wie am **Boulevardring** ist Moskau nicht überall: Die russische Hauptstadt, einst Zentrum der Sowjetunion, ist heute eine globalisierte Megacity – imposant und schnelllebig wie keine zweite in Europa.

Historischer Stadtkern

Unbestrittenes Zentrum der Metropole ist der Rote Platz. Wer ihn zum ersten Mal betritt, ist ergriffen, schlicht überwältigt, besonders in den Abendstunden, wenn sich eine wohltuende Ruhe über ihn legt. Die letzten Strahlen der tief stehenden Sonne tauchen die Basilius-Kathedrale in warmes Licht. Mit Einbruch der Dämmerung setzen die Scheinwerfer ein Bauwerk nach dem nächsten effektvoll in Szene. Und wenn zuletzt die rubinroten Sterne auf den Kremltürmen zu leuchten beginnen – dann heißt der Rote Platz Sie willkommen im Osten Europas!

Zusammen mit dem **Kreml** auf der einen und dem Viertel **Kitaj-gorod** auf der anderen Seite stellt der Rote Platz den historischen Kern der Stadt dar. Von hier dehnte sich Moskau seit dem 12. Jh. aus, und das nach einem denkbar einfachen Prinzip: wie ein Stein, der im Wasser seine Kreise zieht.

Das Moskauer Ringprinzip

Mit einem Blick auf die Karte sind die Kreise, bei denen es sich z. T. um Halbkreise handelt, deutlich zu erkennen. An dem ersten, der den historischen Kern der Stadt umschließt, reihen sich berühmte Bauwerke wie das legendäre Bolschoj-Theater oder die russische Duma aneinander. Der zweite, genannt **Boulevardring**, verläuft rund 800 Meter weiter außen. Ihn säumen herrschaftliche Villen, in denen Theater, Museen, Cafés und Restaurants residieren. Der dritte Ring ist der **Gartenring**, der auf mehreren Spuren das Moskauer Zentrum umkreist. Die einstigen Gärten an seinem Rand sind lange verschwunden, vor Kurzem aber wurden immerhin ein paar Bäume gepflanzt. In den Außenbezirken folgen weitere Ringe: **Metroring** und **Eisenbahnring**, **Dritter** und **Vierter Transportring**, zuletzt der

Autobahnring, der über weite Strecken identisch ist mit der Moskauer Stadtgrenze (→ Karte S. 147).

Zentrum

Verweilen wir aber zunächst im Zentrum der Stadt – dort, wo Moskau am schönsten ist: wo sich hinter jeder Ecke eine kleine Kirche versteckt, wo sich klassizistische Säulen mit barocken Gesimsen abwechseln und Jugendstil-Mosaike mit altrussischen Zeltdächern. Alle paar Meter blitzen außerdem die Spuren der sowjetischen Zeit auf, hier ein in Stein gemeißeltes Leninporträt am Giebel, dort ein Hammer-und-Sichel-Symbol am Geländer.

Durchzogen wird das Zentrum von mehreren Radialstraßen, die sternförmig aus der Stadt hinausführen. Zwischen ihnen liegen die sieben Innenstadtviertel, die sich somit – wie die Stücke einer Torte – um den historischen Kern herum gruppieren. Jedes Viertel steht dabei für eine besondere Seite der Stadt. Hip und kreativ geht's in **Jakimanka** zu, ruhig und gediegen dagegen in **Chamowniki**. Das vielgerühmte „alte Moskau" findet man vor allem in **Basmanny** und **Samoskworetschje**. Schick und „westlich" wiederum ist das Gebiet im **Osten der Twerskaja**. Der **Arbat** schließlich zieht viele Touristen an, das Viertel **westlich der Twerskaja** besonders die intellektuelle Oberschicht.

Außenbezirke

Hinter dem Gartenring, der das Zentrum begrenzt, erstrecken sich die Moskauer Außenbezirke. In ihnen hat das sowjetische Erbe klar die Oberhand: Monumentale Fassaden aus der Stalinzeit säumen unendlich breite Straßen, weitläufige Plattenbausiedlungen ziehen sich bis zum Horizont. Auf den ersten Blick wirkt das Moskau der Außenbezirke alles andere als einladend. Gleichwohl befinden sich hier Ausflugsziele, die zu den Highlights der Stadt zählen: von der UNESCO-geschützten Kathedrale in Kolomenskoje über das liebreizende Neue Jungfrauenkloster bis zu spannenden Museen, die sich unterschiedlichsten Themen widmen.

Umland

Im Moskauer Umland breitet sich die wellige Landschaft der osteuropäischen Ebene aus. Hier haben die Moskowiter ihre Datschen, hier verbringen sie im Sommer ihre Wochenenden. Auch Gäste der Stadt sollten mindestens einmal ins Moskauer Umland vorstoßen: in den Wald von **Peredelkino**, wo sich die Datschen von Boris Pasternak und etlichen anderen Schriftstellern verstecken; nach **Sergijew Possad**, wo eines der wichtigsten Klöster des gesamten Landes steht; oder nach **Archangelskoje**, wo ein herrliches Schlosspark-Ensemble dazu einlädt, die Seele baumeln zu lassen.

Orientiert in Moskau

Sightseeing: Klassische Ziele

Wer zum ersten Mal nach Moskau kommt, ist neugierig auf all das, was die Stadt berühmt gemacht hat: den Roten Platz, den Kreml, die Metro. Und zu Recht: Die klassischen Sehenswürdigkeiten sind die Basis. Wer sie nicht kennt, kennt Moskau nicht!

Gut zu wissen: Am Montag haben etliche **Museen** geschlossen. Mehr dazu → S. 274

Die meisten Klassiker liegen am **Roten Platz** (→ Tour 1). Wer sich in die Mitte stellt und einmal im Kreis dreht, sieht der Reihe nach: das Kaufhaus GUM und die Basilius-Kathedrale, das Lenin-Mausoleum und das Historische Museum, außerdem die Mauer und einige Türme des Kreml!

Bauwerke

■ **Basilius-Kathedrale:** Jeder kennt sie, aus dem Fernsehen, aus Büchern oder Zeitungen: die Basilius-Kathedrale, dieses kunterbunte Gebilde aus sich in- und übereinanderstapelnden Türmchen und Kuppeln – Russlands bekannteste Bauwerk und das Moskauer Wahrzeichen schlechthin. → Tour 1, S. 28

■ **Neues Jungfrauenkloster:** Das lieblichste der vielen Moskauer Klöster. Märchenhaft schön an einem kleinen See gelegen, lockt es mit rot-weißer Barock-Architektur und einem idyllischen Friedhof, auf dem zahlreiche berühmte Persönlichkeiten begraben sind. → Außenbezirke, S. 149

■ **Metro:** Mosaike an den Wänden, feinster Marmor an den Säulen: Viele Stationen der Moskauer Metro sind so prachtvoll wie kleine Paläste. Wer sich länger in der Stadt aufhält, nimmt den Prunk nicht mehr wahr – beim ersten Mal aber ist er schier überwältigend. → S. 247

■ **Christi-Erlöser-Kathedrale:** Das größte orthodoxe Gotteshaus der Welt, unter Stalin gesprengt und in den 1990er-Jahren wieder aufgebaut. Heutige Besucher beeindruckt sie mit ihren Fresken und Ikonostasen, vor allem aber mit ihrer gigantischen goldenen Kuppel. → Tour 4, S. 66

■ **Kolomenskoje:** Ehemaliger Zaren-Landsitz mit UNESCO-geadeltem Gotteshaus, eingebettet in eine wunderschöne Landschaft: Weitläufige Wiesen und das Ufer der Moskwa lassen die Hektik der 12-Millionen-Metropole schnell in Vergessenheit geraten. → Außenbezirke, S. 144

■ **GUM:** Einkaufspalast mit Brücken, Balkonen und Balustraden: Probieren Sie unbedingt das legendäre GUM-Eis, das an kleinen Ständen im Erdgeschoss verkauft wird! → Tour 1, S. 27

Museen und Galerien

■ **Kreml:** Ein Meer aus goldenen Zwiebelkuppeln thront auf prachtvollen Kathedralen, dazu feudale Paläste und Museen mit Schätzen von unvorstellbarem Wert: Der Kreml ist nicht nur Keimzelle der Stadt und politische Schaltzentrale des Landes, er ist auch ihr touristischer Mittelpunkt.
→ Tour 2, S. 36

■ **Tretjakow-Galerie:** Neben der Eremitage in St. Petersburg das bedeutendste Kunstmuseum Russlands. Ihre beiden Filialen laden ein zu einem Streifzug durch die Geschichte der russischen und sowjetischen Malerei und eröffnen Besuchern aus dem Westen vollkommen neue Horizonte! → Tour 8, S. 122

■ **Lenin-Mausoleum:** Einbalsamiert für die Ewigkeit: In einem gläsernen Sarg, die rechte Hand zur Faust geballt, liegt der bekannteste Kommunist der Weltgeschichte – Wladimir Iljitsch Lenin. Immer wieder werden Forderungen laut, den Leichnam vom Roten Platz zu entfernen. Bislang erfolglos, aber wer weiß, wie lange noch? → Tour 1, S. 30

■ **Tolstoj-Wohnhaus:** So authentisch wie kein zweites „Wohnhausmuseum" in Moskau: Liebevoll präsentierte Exponate geben Einblick in Alltag und Werk des großen Dichters, Museumsfrauen erzählen Anekdoten – und freuen sich über jeden, der ihrem Idol Beachtung schenkt. → Außenbezirke, S. 176

Straßen und Plätze

■ **Roter Platz:** Der Rote Platz ist der Klassiker unter den Klassikern. Weil er einfach schön ist. Und geheimnisvoll. Weil er Macht ausstrahlt und seine Besucher mit Ehrfurcht erfüllt. Weil er von der Geschichte Russlands erzählt und die Gegenwart des Landes vor Augen führt. → Tour 1, S. 24

■ **Alter Arbat:** In der ersten und damit ältesten Fußgängerzone Russlands zeigt sich Moskau von seiner heiteren Seite: mit Straßenmusikanten und Porträtzeichnern, Souvenirläden, Cafés und vielen Touristen. Zugleich halten mehrere Dichtermuseen die Erinnerung an die intellektuelle Vergangenheit des Viertels aufrecht. → Tour 5, S. 74

■ **Twerskaja uliza:** Sie beginnt am Kreml und endet knapp 2 km weiter am Triumphplatz: die Twerskaja uliza, die zentrale Achse der russischen Metropole, an der sich etliche Hotels, Restaurants und Geschäfte aneinanderreihen. Seit ihre Bürgersteige breiter sind und Bäume haben, macht es richtig Spaß, sie entlangzuschlendern! → Tour 6, S. 84

■ **Boulevardring:** Ob ein Spaziergang unter schattigen Bäumen oder eine Verschnaufpause auf der Parkbank: Der Boulevardring ist einer der wenigen Orte im Moskauer Zentrum, an dem man zur Ruhe kommt. Besonders schön sind der Twerskoj bul., der Tschistoprudny bul. und der Gogolewski bul. → Tour 5 (S. 78), Tour 6 (S. 87), Tour 7 (S. 116)

Orientiert in Moskau

Sightseeing: Neue Ziele

Kreml, Roter Platz, Tretjakow-Galerie – Sights wie diese stehen seit Jahrzehnten in Reiseführern über die russische Hauptstadt. Das Besondere an Moskau aber ist, dass hier fortwährend Neues entsteht! Sehen Sie selbst: Keines der folgenden Ziele ist älter als zehn Jahre – jedes von ihnen aber unbedingt sehenswert!

Das Viertel mit den meisten Neuigkeiten ist **Jakimanka** (→ Tour Nr. 9): die Fabrik Roter Oktober, der Gorki-Park, die Galerie Garasch. Und nicht zu vergessen: die schöne Uferpromenade, die sich kilometerweit an der Moskwa entlangzieht.

Museen und Galerien

■ **Garasch:** Die Galerie Garasch ist das Aushängeschild der Moskauer Kunstszene. Jede Ausstellung ist ein Ereignis – und das Gebäude, in dem sie gezeigt werden, ein Paradebeispiel für die Moskauer Architektur der Gegenwart. → **Tour 9, S. 140**

■ **GULAG-Museum:** Auch das GULAG-Museum hat vor Kurzem ein neues Gebäude bezogen – und begeistert seitdem mit einer neu konzipierten Ausstellung. Nüchtern und ausgewogen informiert sie über das mörderische Terrorregime von Diktator Iossif Stalin, der allein im Jahr 1937 mehr als eine Million Menschen in sibirische Lager deportieren ließ. → **Außenbezirke, S. 172**

■ **Museum sowjetischer Spielautomaten:** Das wohl skurrilste „Museum" der russischen Hauptstadt. Rund 40 Daddelgeräte aus allen Teilen der Sowjetunion laden Nostalgiker dazu ein, für einen Moment in die längst vergessene Vergangenheit abzutauchen. → **Tour 6, S. 105**

Parks

■ **Gorki-Park:** Kein Park im üblichen Sinn, sondern ein Abenteuerspielplatz für die ganze Familie. Man kann hier: tanzen, essen und spazieren gehen, Sport und Yoga machen, Schlittschuh laufen, Tischtennis spielen, Ruderboot und Fahrrad fahren. Fehlt noch was? Ja! Eine Kunstgalerie besuchen. Oder alte Sowjetdenkmäler anschauen. Seit seiner Neugestaltung ist der Gorki-Park ein absolutes Muss! → **Tour 9, S. 138**

■ **Moskwa-Ufer:** Ein Spaziergang entlang der Moskwa war lange ungemütlich. Das ist heute anders. Die Stadtverwaltung hat etliche Uferwege neu gestaltet. Besonders schöne Abschnitte liegen in Jakimanka (im Gorki-Park), in Kolomenskoje, in Archangelskoje und gegenüber dem Sarjadje-Park. → **Tour 3 (S. 61), Tour 9 (S. 138), Außenbezirke (S. 144 und S. 190)**

■ **Park Sarjadje:** Das neueste Highlight der russischen Hauptstadt. Nur wenige Schritte vom Roten Platz entfernt lockt der Park mit exotischen Pflanzen, multimedialen Angeboten und neuen Sichtachsen: Nie zuvor hat man den Kreml, den Roten Platz und die vielen Kirchen von Kitaj-gorod aus dieser Perspektive gesehen! → Tour 3, S. 61

GULAG-Museum

PATRIARCHEN-VIERTEL

Museum sowjetischer Spielautomaten

Park Sarjadje

Schwebende Brücke

Fabrik Roter Oktober

Holzhaus in Samoskworetschje

Moskwa-Ufer

Gorki-Park

Garasch

Bauwerke

■ **Oko-Turm:** Etliche Aussichtsplattformen buhlen in Moskau mittlerweile um Gäste, die höchste und spektakulärste von ihnen liegt im Hochhausviertel Moskau City, auf dem Dach des Oko-Turms. Mit einer Höhe von 354 m ist sie die höchste Aussichtsplattform Europas! → Außenbezirke, S. 161

■ **Holzhaus in Samoskworetschje:** Jahrelang stand im beschaulichen Golikowski per. ein kleines, altes Holzhaus, das mit jedem Jahr mehr verfiel. Und man wunderte sich, warum das Häuschen nicht abgerissen wird, wie all die anderen vor ihm auch. Dann die Überraschung: Das Haus wurde renoviert, hat neue Fenster und einen kräftigen roten Anstrich bekommen – und zeigt uns heute, wie Moskau vor 200 Jahren aussah. → Tour 8, S. 126

■ **Schwebende Brücke:** Stützenlos schwebt sie über der Moskwa: die neue Brücke im Park Sarjade, die in Wahrheit gar keine Brücke, sondern eine Aussichtsplattform ist. Trotz ihrer filigranen Anmutung kann sie bis zu 4000 Menschen tragen. Ein traumhafter Blick ist ihnen garantiert! → Tour 3, S. 61

Szene-Treffpunkte

■ **Patriarchen-Viertel:** Wo sich Bars, Cafés und Restaurants aneinanderreihen, wo permanent neue Boutiquen eröffnen und junge Menschen mit Handy und Papp-Bechern rumlaufen – da hat die Gentrifizierung die Moskauer Altstadt erreicht. Beschaulich wie eh und je ist nur der Patriarchenteich selbst, der dem Viertel seinen Namen gab. → Tour 6, S. 91

■ **Fabrik Roter Oktober:** Wer durch die Höfe des ehemaligen Fabrikgeländes schlendert, entdeckt hinter jeder Ecke eine neue Überraschung: eine tolle Foto-Galerie, ein angesagtes Restaurant, einen witzigen T-Shirt-Laden – und überall viele Moskowiter, die genauso aussehen wie ihre Vorreiter in den Szenevierteln von Berlin, New York oder Istanbul. → Tour 9, S. 134

■ **Danilow-Markt:** Schon immer der netteste Lebensmittelmarkt Moskaus, seit seiner Umgestaltung aber ein Ziel, das man nicht versäumen darf! Neben den Marktständen in der Mitte, an denen sich Berge von Melonen, Orangen und Granatäpfeln türmen, locken vor allem die hippen Imbiss-Stände am Rand. Sie bieten so gut wie alles an, was man nie zuvor probiert hat – von armenischen Gemüsebratlingen bis zu Knödeln aus Dagestan! → Außenbezirke, S. 180

Orientiert in Moskau

Essen gehen

Zu Sowjetzeiten waren Restaurants als kapitalistisch verschrien, Iwan Normalverbraucher kochte zu Hause seine Suppe. Heute ist Moskau ein gastronomisches Abenteuerland. Kaum ein Lokal beschränkt sich darauf, seine Gäste mit der Speisekarte zu beeindrucken. Mindestens ebenso wichtig ist das besondere Etwas!

Zur Moskauer Küche lesen Sie mehr im Kapitel „Russische Küche" ab S. 208.

Ausführliche Restaurantbeschreibungen finden Sie am Ende jeder Tour.

Eine Liste aller Restaurants finden Sie ab S. 280.

Neue Horizonte

Wer nach Moskau fährt, muss russisch essen gehen, keine Frage. Muss erfahren, wie ein echter Borschtsch duftet, was russische Bliny von französischen Crêpes unterscheidet und sibirische Pelmeni von italienischen Ravioli. Mit der russischen Küche (→ S. 208) allein ist es jedoch nicht getan. 70 Jahre lang war Russland Teil der Sowjetunion, die Vergangenheit hat Spuren hinterlassen. Mindestens einmal sollte daher jeder ein georgisches Lokal betreten, am besten auch ein ukrainisches, armenisches oder usbekisches. Darüber hinaus ist (fast) die ganze Welt kulinarisch in Moskau vertreten. Nur Fischrestaurants und Lokale mit vegetarischer Küche sind vergleichsweise dünn gesät.

Das besondere Etwas

Jedes Restaurant in Moskau hat irgendwas, was kein anderes hat. Das kann ein spektakulärer Blick sein – es kann aber auch eine grasende Kuh hinter einer Scheibe sein, ein Teller mit Sowjetemblem oder ein Kellner in Kosakentracht. Und nichts, wirklich nichts ist in einem Moskauer Restaurant dem Zufall geschuldet: Alles ist perfekt arrangiert und fügt sich harmonisch ein ins gewählte Konzept.

Vorsicht, Fettnäpfchen!

Moskau hat Restaurants in sämtlichen **Preisklassen**, im Vergleich zu anderen Städten sind überdurchschnittlich viele von ihnen extrem teuer. Da das Preisniveau auf den ersten Blick nicht immer zu erkennen ist, sollten Sie vorab einen Blick auf die kleinen Sternchen werfen, die jedem Restauranttipp vorangestellt sind: Ein einzelnes Sternchen (*) strapaziert Ihren Geldbeutel am wenigsten, vier Sternchen (****) am meisten (mehr dazu → S. 280).

Wer ein bestimmtes Restaurant besuchen möchte, sollte einen Tisch für abends **reservieren,** und sich vor Ort nicht wundern, wenn der **Türsteher** etwas grimmig dreinschaut. Im Innern geht es zunächst förmlich zu: Es ist unüblich, sich selbst einen Tisch zu suchen oder gar die Jacke über die Stuhllehne zu hängen. Hinter dem Eingang befindet sich stets eine **Garderobe.**

Die **Speisekarte** zeigt neben dem Preis manchmal das Gewicht der Gerichte an – und zwar aufgeschlüsselt nach den einzelnen Komponenten des Gerichts, z. B. Fleisch, Kartoffeln und Gemüse. Um welche Art von „Gemüse" es sich handelt, erfährt man selten.

Die **Bezahlung** am Ende erfolgt zunächst wie gewohnt: Sie teilen Kellner oder Kellnerin mit, dass Sie zahlen möchten. Manchmal fragen diese nach, ob bar oder mit Karte. Im Fall der Bar-Variante bringt die Bedienung eine kleine Mappe oder einen kleinen Behälter mit der Rechnung an den Tisch und entfernt sich wieder. Die Gäste legen das Geld hinein und zwar die Gesamtsumme – getrennt zahlen ist verpönt!

Beim **Trinkgeld** greift die 10%-Regel.

Alternativen zum Restaurant

Als günstige Alternative zu klassischen Restaurants haben sich etliche **Restaurants** etabliert. Bei ihren Filialen handelt es sich nicht um Fast-Food-Lokale a la McDonald's, sondern um Ableger von Restaurants, die in ihrem Viertel so erfolgreich waren, dass man ihr Konzept in weitere exportiert hat. Gut essen gehen kann man außerdem in einem **Kafe** – ein Wort, das im Russischen meist eine Mischung aus Café und Restaurant bezeichnet.

5 Tipps für 5 Abende

■ *** **Lavka Lavka** – Bio: Für ein inniges Candle-Light-Dinner nicht erste Wahl, für ein ungezwungenes Abendessen im Kreise ökobewusster Großstadthipster perfekt. → Tour 6, S. 108

■ *** **Elardschi** – Georgisch: Traditionell und sehr gemütlich, sowohl drinnen als auch draußen. Die georgische Küche ist hervorragend - wohl auch deshalb, weil die Chefköchin ausschließlich nach Rezepten ihrer Mutter und Großmutter kocht. → Tour 4, S. 73

■ *** **Mari Wanna** – Vintage: Klassische russische Küche in kuscheliger Umgebung – dank Omalampen und Blümchentapeten. → Tour 6, S. 94

■ *** **Uilliam's** – Hip: Beliebter Anlaufpunkt im angesagten Patriarchen-Viertel. Die Küche ist gemischt, der Andrang immer groß. → Tour 6, S. 94

■ **** **White Rabbit** – Teuer: Der Kreml unter den Restaurants, eine Adresse, die weit über die Stadtgrenze hinaus bekannt ist. Großen Anteil daran haben die grandiose Aussicht und Starkoch Wladimir Muchin. → Tour 5, S. 82

Orientiert in Moskau

Ausgehen

Es jubelt und johlt und hört gar nicht mehr auf zu applaudieren: Das Moskauer Publikum feiert die Stars seiner Bühnen so enthusiastisch und mitreißend wie kaum ein anderes. Wer lieber selbst aktiv sein möchte, der taucht in die Moskauer Clubszene ein – und tanzt die Nächte zu Russenrock durch!

Ein klassisches Party- oder Kneipenviertel sucht man in Moskau vergeblich. Überdurchschnittlich viele Adressen konzentrieren sich jedoch rund um den Patriarchenteich und auf dem Gelände der Fabrik Roter Oktober (→ S. 134).

Alle Clubs, Bars und Kneipen finden Sie im Kapitel Nachtleben ab S. 220; Bühnen und Konzerthäuser werden im Kapitel Kulturleben ab S. 212 vorgestellt.

In Ballett oder Oper gehen

Ballette wie Schwanensee, Nussknacker oder Dornröschen sind auf der ganzen Welt bekannt. Wo aber kann es schöner sein, sie anzuschauen, als im legendären **Bolschoj-Theater**? Es ist – neben dem Kreml und dem Roten Platz – das bekannteste Aushängeschild Moskaus. Und das zu Recht. Schon der Zuschauersaal ist überwältigend: Man versinkt in roten Plüschsesseln, staunt über die goldgeschmückte Zarenloge. Und wenn sich der prächtige Vorhang hebt und die Melodien der russischen Romantiker erklingen, dann wird alles andere um einen herum bedeutungslos.

Ins Konzert gehen

Egal ob Rock oder Klassik: Konzerte spielen im kulturellen Leben der Stadt eine große Rolle. Die erste Adresse für **klassische Musik** ist bislang das Konservatorium (→ S. 88). 2018 aber wird im Park Sarjadje eine neue Philharmonie eröffnen – nicht auszuschließen, dass sie zur ernsten Konkurrenz wird. **Rock- und Popkonzerte** finden, je nach Bekanntheit der Musiker, in kleinen Clubs oder großen Hallen wie dem Olimpiski oder der Crocus City Hall (→ S. 215) statt. Und wenn während Ihres Aufenthalts zufällig eine beliebte Russenband wie DDT, Markscheider Kunst oder Leningrad spielen sollte: dann schnell zum nächsten Kiosk laufen und ein Ticket kaufen!

Viel verbreiteter als bei uns ist übrigens auch **Straßenmusik**, vor allem an warmen Sommerabenden. Mal spielt ein einsamer Gitarrist, mal eine achtköpfige Kombo – immer aber stehen die Moskauer im großen Kreis drum herum und singen lauthals mit!

Tanzen gehen

So erschöpft Sie am Ende der Tage auch sein mögen: Mindestens einmal sollten Sie in die Moskauer **Clubszene** eintauchen, denn diese brummt, vibriert und steht nie still. Immer findet sich ein Laden zum Feiern und Tanzen, zum Livemusikhören und Mitsingen. Die Vielfalt der Szene beeindruckt ebenso wie die einzigartige Gestaltung vieler Clubs. Im Sommer schwören die Moskowiter außerdem auf **Open-Air-Dance**: Gleich mehrere Tanzflächen laden im Gorki-Park dazu ein, unter freiem Himmel die Hüften zu schwingen!

Was trinken gehen

Sie wollen den Tag nett ausklingen lassen? Oder vorglühen für die anschließende Partynacht? Kein Problem! Die Auswahl an Pubs und Bars ist riesig! Der neueste Trend heißt, wie in vielen Großstädten dieser Welt: **Craft Beer**. Gefühlt jede Woche macht ein neuer Laden auf, die Auswahl an unterschiedlichen Sorten ist grenzenlos. Weinliebhaber, die früher tief in die Tasche greifen mussten, können ebenfalls aufatmen: In den letzten Jahren haben etliche **Weinbars** eröffnet, deren Preise sich auf hohem, aber nicht abgehobenem Niveau eingependelt haben. **Cocktail-Bars** befinden sich häufig im obersten Stock eines Luxushotels und bieten von dort eine fantastische Aussicht. Oft im Keller liegen dagegen alternative **Club-Cafés**, in denen häufig Livebands spielen. Ihr Publikum ist studentisch geprägt, aber aufgeschlossen für ältere Semester!

5 Tipps für 5 Abende

■ **Bolschoj-Theater** – Klassisch: Ein Ballett- und Opernhaus, wie es im Buche steht: funkelnde Kronleuchter, samtrote Plüschsessel – und im Idealfall Tschajkowskis tanzende Schwäne auf der Bühne! → S. 54

■ **Kitajskij ljotschik** – Alternativ: Einer der ältesten Clubs der Stadt, schon das ein Zeichen für seine Beliebtheit. Gespielt wird Alternative Rock, Punkrock und Grunge der 90er, manchmal auch Weltmusik. Und das Beste: die Konzerte russischer Live-Bands! → S. 221

■ **O2-Lounge** – Cocktails: Nirgendwo sind die Cocktails teurer als hier – nirgendwo aber ist auch die Aussicht beeindruckender: Hinter einer Glasscheibe liegt Ihnen das Herz der Stadt samt Rotem Platz und Kreml förmlich zu Füßen! → S. 224

■ **Klawa** – Szenig: Schummrige Bar, die voll wird, wenn andere schlafen gehen. Sollte es mal *zu* voll werden, dann gehen Sie ein paar Schritte weiter: Im Patriarchen-Viertel ist abends immer was los! → S. 221

■ **Dom 12** – Allrounder: Nicht Bar, nicht Club, nicht Kneipe, auch nicht Kino, Theater oder Konzertbühne, nein alles auf einmal, das ist das Dom 12! Das Publikum ist bunt zusammengewürfelt, die Atmosphäre herrlich ungezwungen. → S. 223

Orientiert in Moskau

Shopping

Im Regal eine Matrjoschka, ein Samowar auf der Fensterbank und an der Pinnwand sowjetische Propagandabilder: Moskauer Mitbringsel sind Blickfang in jeder Wohnung. Nebensächlich ist das Warenangebot dort, wo der Einkaufsbummel selbst Spaß macht – auf belebten Märkten etwa oder in traditionsreichen Geschäften.

Ausführliche Beschreibungen einzelner Einkaufsmöglichkeiten in den Vierteln finden Sie am Ende jeder Tour.

Überdurchschnittlich viele Geschäfte liegen in den Straßen Ul. Petrowka, Ul. Kusnezki most, Mal. Bronnaja ul. und Stoleschnikow per (Tour 6).

Erste Adresse für Souvenirs ist der Ismajlowski-Markt (Außenbezirke, S. 164).

Klassische Souvenirs

Den größten Stellenwert unter russischen Souvenirs hat das traditionelle Kunsthandwerk. Wenn die Produkte „echt" sind (und nicht billig reproduziert), dann werden sie in liebevoller Handarbeit gefertigt und zwar nach altem Brauch in ganz bestimmten Dörfern oder Städten.

Der Klassiker ist die **Matrjoschka**, die hölzerne „Puppe in der Puppe", die im weitesten Sinn „Mütterchen Russland" symbolisiert. Sie kommt ursprünglich aus Japan, wird heute aber hauptsächlich in der Nähe von Nischni Nowgorod hergestellt. Weit verbreitet sind außerdem **Holzschalen** aus Chochloma (zu erkennen an schwarz-roten Ornamenten auf goldenem Grund) und auch Lackprodukte aus Schostowo und Palech: **Tabletts** werden nach alter Tradition mit großen Blumen bemalt, **Schachteln** mit verspielten Märchenszenen.

Als Mitbringsel für Oma eignet sich die blau-weiß-gemusterte **Keramik** aus dem Ort Gschel. **Holzspielzeug** aus Bogorodskoje wiederum kommt bei Kindern gut an. Teetrinker sollten einen Blick auf die **Samoware** werfen, die in Tula produziert werden, manch weiblicher Gast freut sich über **Bernsteinschmuck** von der Ostseeküste. Zuletzt sei noch auf zwei unverzichtbare Souvenirs für die kalte Jahreszeit hingewiesen: farbenfrohe **Tücher** aus Pawlowski Possad sowie hauchzarte **Schals** und **Stolen** aus Orenburg.

Alternative Souvenirs

Kultstatus unter den Souvenirs haben **Sowjet-Andenken**, wobei zu unterscheiden ist zwischen Originalen (etwa Pins und Armee-Gegenständen) und Reproduktionen (wie Postern oder T-Shirts mit CCCP-Aufdruck). Hinzu kommen russische **Kleidungsstücke**, insbesondere für den Winter. Zu den

Klassikern zählen Pelzmütze, selbstgestrickte Handschuhe und Walenki: dicke Filzstiefel, die allerdings mehr für Dekorationszwecke geeignet sind. Immer öfter findet man in Moskau auch **moderne Souvenirs** wie lässige Hoodies, feine Notizbücher oder originelle Tassen.

Die niedrigsten **Preise** für Souvenirs zahlen Sie auf dem Ismajlowski-Markt, die höchsten in der Fußgängerzone Alter Arbat. Grundsätzlich gilt für alles, was Sie nicht im Geschäft kaufen: Handeln ist Pflicht! Die erstgenannte Summe ist stets für die Kategorie „dummer reicher Tourist" kalkuliert.

Kulinarische Mitbringsel

Ein beliebtes Mitbringsel aus Moskau ist **Kaviar** *(ikra)*, das teuerste Lebensmittel der Welt, zumindest dann, wenn es sich um den „echten" Kaviar vom Stör und nicht den weitaus günstigeren roten Kaviar vom Lachs handelt (→ S. 208). Mindestens ebenso gefragt wie Kaviar ist **Wodka** (→ S. 211). Wer den Geldbeutel schonen will, kauft russische **Süßwaren**. Schokoladentafeln, Bonbons und Pralinenschachteln sind häufig sehr hübsch verpackt, sodass der (manchmal gewöhnungsbedürftige) Inhalt zweitrangig wird.

5 Tipps für 5 Shoppingtouren

■ **Ismajlowski-Markt** – Legendär: Stöbern, bummeln, feilschen – nirgendwo geht das besser als auf dem beliebten Trödelmarkt in Ismajlowo. Kommen Sie unbedingt am Wochenende: Dann verkaufen die Händler nicht nur Souvenirs, sondern auch Flohmarktschätze! → Außenbezirke, S. 164

■ **Aljonka** – Kultig: Bonbons in allen Farben dieser Welt, darunter auch der Kassenschlager „Aljonka", der den Geschäften der Süßwarenfabriken den Namen gab. Weitere Verkaufsschlager sind „Mischka kossolapy" (blau mit Bären) und „Belotschka" (grün mit Eichhörnchen). → Tour 3 (S. 63), Tour 5 (S. 83), Tour 8 (S. 128), Tour 9 (S. 135)

■ **Vintage Voyage** – Second-Hand: Kunterbunt wie die Bonbons bei Aljonka sind auch die Kleider, die bei Vintage Voyage an der Stange hängen! Sie stammen aus den 1950er bis 1980er Jahren und wurden von berühmten Designern wie Chanel oder Gucci entworfen. Ein reiner Augenschmaus! → Tour 6, S. 108

■ **Jelissejewski** – Prunkvoll: Hohe Decken, große Kronleuchter, reich verzierte Säulen: In diesem Umfeld ist jeder bereit, für die Pralinenschachtel ein paar Rubel mehr zu zahlen? → Tour 6, S. 108

■ **Natura siberica** – Originell: Jahrelang quälten sich Männer mit der Frage, was sie ihren Frauen und Töchtern, Müttern und Schwiegermüttern aus Moskau mitbringen können, hier ist die Antwort: Russische Naturkosmetik aus sibirischen Kräutern! Originell und nützlich, besser geht nicht. → Tour 6 (S. 109), Tour 8 (S. 128)

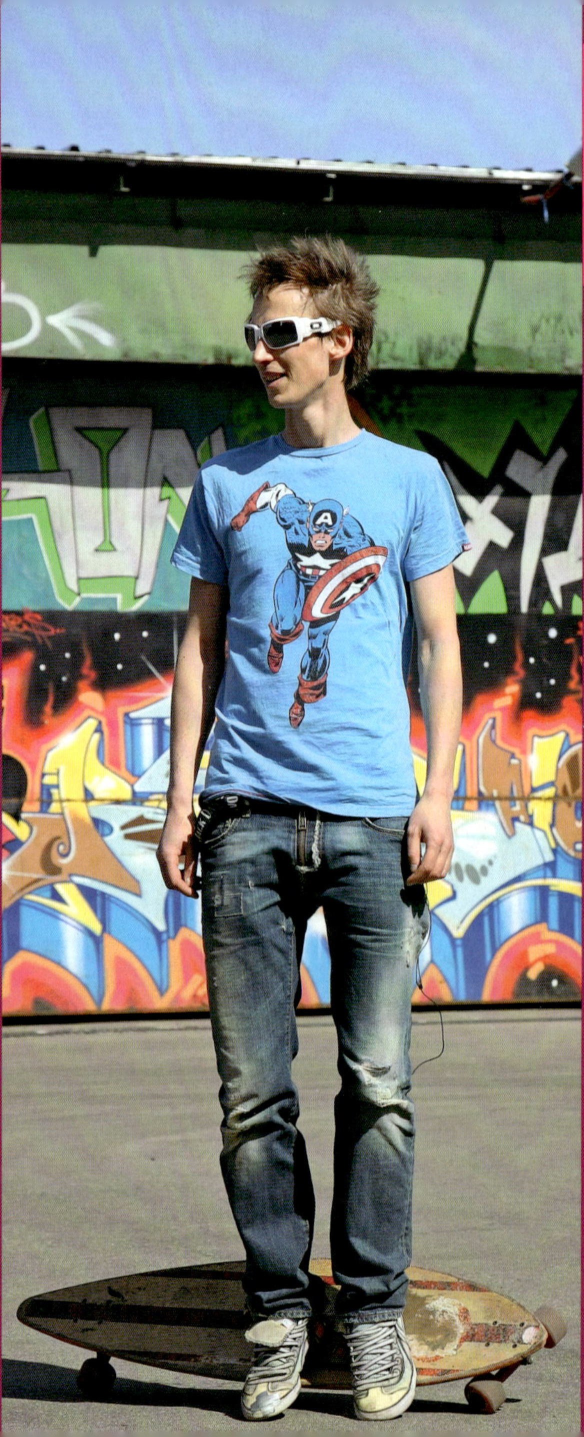

Skater auf dem Winsawod-Gelände

Wege durch
Moskau

Im Herzen der Stadt
Tour 1

Wenn der Rote Platz am Abend zur Ruhe kommt und die Basilius-Kathedrale im Glanz der Scheinwerfer ihren Zauber zur Schau stellt, wenn die roten Kremlsterne zu leuchten beginnen und vielleicht sogar Schnee auf die Pflastersteine fällt – dann kriecht langsam eine Gänsehaut über den Körper, die auch jene erfasst, denen der Anblick lange vertraut ist.

Basilius-Kathedrale, das Moskauer Wahrzeichen, S. 28

Lenin-Mausoleum, letzte Ruhestätte des berühmten Kommunisten, S. 30

GUM, Einkaufspalast mit Brücken, Balkonen und Balustraden, S. 27

У стен Кремля
Vor den Toren des Kreml

Die Geburtsstunde des Roten Platzes schlug im Mai 1493: Die hölzernen Marktstände vor der Kremlmauer fingen Feuer und es dauerte nicht lange, bis die Flammen auf die Festung übergriffen. Nachdem sie gelöscht waren, fasste Iwan III. einen weitreichenden Entschluss: Ein unbebauter Streifen, etwa 230 m breit, sollte fortan den Kreml umgeben. Im Nordosten der Festung wurde der Rote Platz mit der berühmten Basilius-Kathedrale angelegt. Im Nordwesten entstanden die Vorläufer von Manege-Platz und Alexandergarten.

Nach dem Kahlschlag von 1493 diente der **Rote Platz** zunächst als zentraler Marktplatz, später entwickelte er sich zu einem wichtigen Standbein der politischen und religiösen Macht. Hier entstanden prestigeträchtige Bauten, hier wandten sich die Zaren ans Volk, hier ließen sie blutig ihre Feinde hinrichten. Im Nordwesten des Kreml ging es beschaulicher zu. Unmittelbar vor seiner Mauer plätscherte ein Fluss vor sich hin, die Neglinnaja. An ihrem Ufer wurden Gärten angelegt. Mit der Zeit erwachte ein quirliges Wohn- und Geschäftsviertel zum Leben.

Nach dem großen Brand von 1812 erhielt Ossip Bowe den Auftrag, die Kremlumgebung neu zu gestalten. Auf dem Roten Platz ließ er den Graben vor der Mauer zuschütten und den Vorgängerbau des Kaufhauses GUM errichten. Radikaler ging er im Nordwesten vor: Die Neglinnaja verschwand in unterirdischen Rohren, an ihrer Stelle entstand der **Alexandergarten**.

Im Zuge der Revolution von 1917 wurde das Kremlumfeld den Bedürfnissen der Kommunisten angepasst. Mindestens zwei Mal im Jahr fanden große

Militärparaden statt. Die Kasaner Kathedrale sowie das Auferstehungstor standen im Weg und wurden gesprengt. Das lebendige Handelsviertel im Nordwesten musste dem neuen **Manege-Platz** weichen.

Während der Perestrojka wurden die Plätze vor den Toren des Kreml zum Schauplatz aufsehenerregender Aktionen. Im Mai 1987 landete der deutsche Hobbypilot Mathias Rust mit seiner Cessna am Roten Platz und blamierte damit die sowjetische Luftabwehr. Auf dem Manege-Platz versammelten sich drei Jahre später rund 300.000 Moskauer und demonstrierten für „Glasnost", Offenheit.

Nach dem Zerfall der Sowjetunion war die Kremlumgebung einer der ersten Orte in Moskau, der rasant sein Gesicht veränderte. In die Erde unter dem Manege-Platz wurde ein Kaufhaus gebuddelt, über ihm entstand eine Parkanlage. Auf dem Roten Platz waren die entscheidenden Veränderungen symbolischer Natur: Von einem „Platz des Staates" wandelte er sich zu einem „Platz des Volkes". Zwar finden auch heute wieder pompöse Paraden statt, häufig aber auch Konzerte oder Sportveranstaltungen.

Orientierung

Das touristische Herz der Stadt erreichen Sie am bequemsten über die Metrostationen Ochotny rjad, Teatralnaja oder Ploschtschad Rewoljuzii (den Schildern Richtung Красная Площадь folgen). Halten Sie draußen zunächst Ausschau nach dem Auferstehungstor, einem roten Tor mit zwei grünen Zeltdächern: Auf der einen Seite von ihm erstreckt sich der **Rote Platz**, auf der anderen der **Manege-Platz**. In welcher Reihenfolge Sie die einzelnen Sehenswürdigkeiten besichtigen, bleibt Ihnen überlassen – sie befinden sich alle auf engstem Raum.

Roter Platz – Красная площадь

Воскресенские ворота
Auferstehungstor

> An Feiertagen und bei Veranstaltungen ist der Rote Platz häufig abgesperrt, z. T. auch an den Tagen davor und danach.

Das Auferstehungstor entstand 1534 als Teil der Mauer, die im gleichen Jahr um das Stadtviertel Kitaj-gorod angelegt wurde (→ S. 50). Seinen Ruf als „schönstes Tor" erwarb es anderthalb Jahrhunderte später, als die beiden grünen Zeltdachtürme hinzukamen. Etwa zeitgleich platzierte man zwischen den beiden Torbögen die Iberische Kapelle. Sie enthielt eine der am meisten verehrten Ikonen des alten Moskau: Niemand betrat den Roten Platz, ohne vorher zu ihr gebetet zu haben. Die Kommunisten bereiteten dem Brauch ein jähes Ende und ließen Tor und Kapelle kurzerhand abreißen. Erst unter Jelzin wurde der Ursprungszustand 1994 wiederhergestellt. Heute ist der Platz vor der Kapelle ein beliebter Anlaufpunkt für Touristen. Wer sich auf den „historischen Nullkilometer" (eine Bronzeplatte im Boden) stellt und eine Münze über den Rücken wirft, darf sich etwas wünschen.

Ⓜ Ochotny rjad, Ploschtschad Rewoljuzii, Teatralnaja.

Исторический музей

Historisches Museum

Das Historische Museum ist seit 1883 *das* nationale Geschichtsmuseum des Landes. In rund 40 Sälen spannt es einen Bogen von der Altsteinzeit bis zum Anfang des 20. Jh. (Die Folgezeit deckt das Museum der neuen Geschichte Russlands ab, → S. 92.) Zu den Höhepunkten zählen ein mehr als 5000 Jahre altes Eichenschiff, das Feldbett von Napoleon sowie ein Fragment des Käfigs, in dem Bauernanführer Jemeljan Pugatschow zu seiner Hinrichtung transportiert wurde. Beachtenswert ist darüber hinaus die individuelle Gestaltung vieler Säle. Besonders prächtig präsentiert sich die frühere Eingangshalle, deren Decke mit dem Stammbaum der russischen Zaren geschmückt ist.

Der dunkelrote Museumsbau entstand Ende des 19. Jh. unter der Leitung von Wladimir Sherwood. Seine neorussische Fassade, die sich harmonisch in das Ensemble aus Basilius-Kathedrale und Kremlmauer einfügt, war Vorbild für zahlreiche spätere Bauten.

Krasnaja pl. 1, Ⓜ Ochotny rjad, Ploschtschad Rewoljuzii, Teatralnaja, ☎ 495-6924019, www.shm.ru. So–Do 10–18 Uhr, Fr/Sa 10–21 Uhr, erster Di im Monat geschl. (1.10. bis 31.5. jeden Di geschl.). Eintritt 400 R. Für Laien auf dem Gebiet der russischen Sprache und/oder Geschichte empfiehlt sich ein Audio-Guide (400 R).

Historisches Museum

Казанский собор

Kasaner Kathedrale

Zahlreiche Kirchen ließ Stalin zerstören oder zweckentfremden, kaum ein Schicksal aber war so entwürdigend wie das der Kasaner Kathedrale (1543): An ihrer Stelle befand sich nach dem Abriss erst ein Lagerraum, dann eine Mensa und schließlich eine öffentliche Toilette! Seit Anfang der 1990er-Jahre steht eine Rekonstruktion der Kathedrale wieder am ursprünglichen Platz. Benannt ist das einkupplige Gotteshaus nach der wundertätigen Ikone der Gottesmutter von Kasan, die hier verwahrt und verehrt wurde. Es heißt, Fürst Poscharski habe sie bei sich getragen, als er Moskau 1612 von den polnisch-litauischen Besatzern befreite.

Nikolskaja ul. 1, Ⓜ Ochotny rjad, Ploschtschad Rewoljuzii, Teatralnaja.

Kaufhaus GUM

ГУМ
GUM

Das GUM ist der bekannteste Einkaufstempel Russlands, seine Heimat ein Prachtbau, der 1888–93 im neorussischen Stil entstand. Aleksandr Pomeranzew entwarf ein Gebäude aus drei parallel verlaufenden Gängen auf drei Stockwerken, von Wladimir Schuchow stammt das filigrane Glasdach.

Die Wurzeln des GUM reichen ins Jahr 1595 zurück, als an seiner Stelle die ersten steinernen Handelsreihen errichtet wurden. In Abgrenzung zu den Mittleren und Unteren Handelsreihen, die sich weiter südlich anschlossen, nannte man sie Obere Handelsreihen. Mehr als einmal brannten sie nieder und wurden neu aufgebaut. Ende des 19. Jh. waren sie so verfallen, dass ein Neubau beschlossen wurde. Den Namen GUM erhielt er später von den Sowjets. Die Abkürzung stand für *Gossudarstwenny Uniwersalny Magasin*, übersetzt: staatliches Kaufhaus.

Aus der ganzen Sowjetunion lockte das GUM fortan Kundschaft an. Legendär waren die Schlangen, die sich für begehrte Defizitwaren bildeten. Nur die sowjetische Elite durfte in der sog. Sektion 200 einkaufen, einem Geheimladen mit einem großen Angebot an günstigen Westprodukten. Im Zuge der Perestrojka übernahm eine Aktiengesellschaft die Geschäfte und taufte die Passage in *Glawny Uniwersalny Magasin* (Hauptkaufhaus) um.

Krasnaja pl. 3, Ⓜ Ochotny rjad, Ploschtschad Rewoljuzii, Teatralnaja. Informationen zu Öffnungszeiten etc. → Praktische Infos/Einkaufen.

Moskau im Kasten
Roter Platz, schöner Platz

Zu den populärsten Moskau-Irrtümern zählt die Annahme, der Rote Platz *(Krasnaja ploschtschad)* sei nach der Farbe seiner Bauten oder nach der Symbolfarbe des Kommunismus benannt. Doch keine der Versionen ist richtig, denn das russische Wort *krasnaja* hatte früher nicht die Bedeutung „rot", sondern „schön".

Средние торговые ряды

Mittlere Handelsreihen

Die Mittleren Handelsreihen, deren Fassade stark derjenigen des GUM gleicht, dienten anfangs dem Großhandel, später dem Verteidigungsministerium. Nach der Jahrtausendwende standen sie einige Jahre leer, bis Teile von ihr in einer Nacht-und-Nebel-Aktion 2007 abgerissen wurden. Ziel des Ganzen: Hier sollte ein Luxuskomplex aus Hotel, Apartmentanlage und Auktionshaus entstehen. Da die Abrissarbeiten ohne Genehmigung erfolgt waren, sprachen Kritiker von „Regierungsvandalismus". Nicht nur die Staatsanwaltschaft schaltete sich ein, auch die UNESCO schickte eine Mission. Mittlerweile ist das Gebäude Teil des „Kremlmuseums", das hier künftig Exponate aus seinem riesigen Bestand ausstellen will.

Krasnaja pl. 5, Ⓜ Ochotny rjad, Ploschtschad Rewoljuzii, Teatralnaja.

Basilius-Kathedrale

Памятник Минину и Пожарскому

Minin-und-Poscharski-Denkmal

In nur wenigen Städten stehen so viele Denkmäler wie in Moskau – das erste war das für Minin und Poscharski. Die beiden Männer hatten im Jahr 1612 erfolgreich einen Volksaufstand gegen die polnisch-litauischen Besatzer angeführt und damit das Ende der sog. Smuta eingeleitet. Im Februar 1818 wurde das 20 t schwere Denkmal feierlich eröffnet. Symbolisch wies der Arm von Poscharski damals auf den Kreml, denn das Denkmal stand anfangs vor dem Haupteingang des GUM. Die Kommunisten versetzten es an seine heutige Stelle, den Vorplatz der Basilius-Kathedrale.

Собор Василия Блаженного

Basilius-Kathedrale

Die Liste ihrer liebevollen Bezeichnungen ist lang, doch die schönste stammt immer noch vom Auftraggeber selbst: Eine „Hymne an die Freude" soll errichtet werden, forderte Iwan IV. Mitte des 16. Jh. Nach Beendigung der Arbeiten ließ Iwan dem Baumeister die Augen ausstechen, damit er nie wieder etwas derart Schönes baue – das zumindest besagt die Legende.

Der Aufbau der Kathedrale ist entgegen dem ersten Eindruck streng geometrisch. Um eine zentrale Turmkirche gruppieren sich vier kleine und vier große Kapellen. Der Ursprungsbau wurde im Laufe der Zeit stark erweitert und verändert. Am folgenreichsten war der Anbau einer zehnten Kapelle im Jahr 1588. Sie wurde über dem Grab eines sog. Narren in Christo oder Gottesnarren errichtet – so nannte man Stadtstreicher mit prophetischen Fähigkeiten, die im Volk sehr beliebt waren. Der Name des Narren bezeichnete ursprünglich nur die Kapelle über

Rund um die Twerskaja Westen und Osten ▲ *siehe S. 95 und 106/107*

Arbat, Rund um den Westen siehe S. 77, 95

Restaurants (S. 34)
5 im GUM: Bosco Café
7 Kortschma Taras Bulba

Cafés und Co. (S. 34)
4 Stolowaja der Alten Universität
5 im GUM: Coffeemania und Stolowaja Nr. 57

Nachtleben
1 O2 Lounge (S. 224)

Einkaufen (S. 35)
2 Modny seson
3 Ochotny Rjad
5 im GUM: Imperatorski farfor, Gastronom Nr. 1, Schostowo, Hearts of Russia
6 Kremlkiosk im Alexandergarten

---

seinem Grab, übertrug sich später jedoch auf den Gesamtbau: Basilius.

Gegen Ende des 17. Jh. erhielt der Sakralbau sein heutiges Aussehen. Katharina II. ließ ihn kunterbunt anmalen, überdachte Galerien verbanden fortan die Turmkirche mit den acht Seitenkapellen, die Außentreppen erhielten achtflächige Zeltdächer. Im Nordosten kam der Glockenturm hinzu, im Südosten eine elfte Kapelle.

Nach der Revolution von 1917 wurde die Kathedrale zunächst geschlossen, bevor sie 1923 als Museum eröffnet wurde. Bis heute finden Gottesdienste nur an wichtigen religiösen Feiertagen statt. Das verschachtelte Innere der Kathedrale ist vergleichsweise schlicht gehalten. Sehenswert sind die ornamentalen und floralen Wandmalereien, von denen die meisten aus dem 16. Jh. stammen.

Krasnaja pl. 2, Ⓜ Ochotny rjad, Ploschtschad Rewoljuzii, Teatralnaja, ☏ 495-6983304, www.saintbasil.ru. 1.5. bis 31.5. tägl. 11–18 Uhr; 1.6. bis 24.8. tägl. (außer Mi) 10–19 Uhr; 25.8. bis 3.9. tägl. (außer Mi) 10–16 Uhr; 4.9. bis 5.11. tägl. 11–18 Uhr; 6.11. bis 30.5. tägl. 11–17 Uhr. Eintritt 500 R.

Васильевский Спуск и Большой Москворецкий мост

Basilius-Abhang und Große Moskwa-Brücke

Die freie Fläche hinter der Basilius-Kathedrale entstand in den 1930er-Jahren, als Stalin hier Kirchen, Läden und Wohnhäuser niederreißen ließ. Ihr offizieller Name ist Basilius-Abhang, ihr inoffizieller: „Scheremetjewo 3" – eine Anspielung auf Mathias Rust, der auf der Fläche seine Cessna ausrollen ließ (Scheremetjewo 1 und 2 waren die Namen von Moskauer Flughäfen).

Der Basilius-Abhang ist ein optimaler Ausgangspunkt für einen Abstecher zur Großen Moskwa-Brücke, wo Sie ein atemberaubender Blick erwartet – rechter Hand auf den Kreml, linker Hand auf den neuen Park Sarjadje (→ S. 61). Und vielleicht entdecken Sie auch ein paar Blumen zum Gedenken an Boris Nemzow, der 2015 auf der Brücke erschossen wurde. Die Behörden lassen sie regelmäßig wegräumen, doch die Moskauer werden nicht müde, immer wieder neue hinzulegen.

Мавзолей Ленина

Lenin-Mausoleum

Der Kommunismus ist seit fast drei Jahrzehnten Geschichte, doch sein berühmtester Vertreter ist den Russen bis heute 1,5 Mio. $ pro Jahr wert! So viel etwa kostet der Erhalt des Mausoleums, in dem die einbalsamierte Leiche von Wladimir Iljitsch Lenin (1870–1924) liegt. Ob die Leiche „echt" ist oder Teile von ihr (wie böse Zungen behaupten) durch Wachs ersetzt sind, spielt dabei kaum eine Rolle. Fast interessanter als Lenin selbst ist das Prozedere, das den Besuch regelt: Hände darf man nicht in die Tasche stecken, Reden ist verboten. Und wer das Mausoleum nicht im vorgeschriebenen Eiltempo durchschreitet, wird von den Trillerpfeifen der Wachmänner barsch zurechtgewiesen.

Errichtet wurde das Mausoleum 1930 nach einem Entwurf von Aleksej Schtschussew. Die ineinander verschachtelten Quader aus dunkelrotem Granit tragen Züge des Konstruktivismus. Da Stalin diesen später verbot, diente dem Mausoleum laut offizieller Version eine ägyptische Pyramide als Vorbild. Seit Jahren werden regelmäßig Forderungen laut, Lenin an die Seite seiner Mutter nach St. Petersburg umzubetten, bislang jedoch vergeblich.

Auf dem Außengelände sind drei weitere Grabstätten zu besichtigen: Zwölf Büsten markieren die Gräber wichtiger sowjetischer Funktionsträger, darunter Stalin, Breschnew und Andropow. Hinter den Büsten sind insgesamt 115 Urnen in die Kremlmauer eingelassen. Sie enthalten die Asche berühmter Persönlichkeiten wie Juri Gagarin, Maksim Gorki oder Clara Zetkin. Auch Lenins weibliche Entourage fand hier die letzte Ruhe: Neben Schwester Marija Uljanowa und Ehefrau Nadeschda Krupskaja ist auch seine Geliebte Inessa Armand vertreten.

Schon vor Lenins Tod waren vor der Kremlmauer zwei Massengräber angelegt worden. Unter den beiden 100 m langen Steinplatten sind Rotgardisten und revolutionäre Soldaten begraben.

Ⓜ Ochotny rjad, Ploschtschad Rewoljuzii, Teatralnaja. Einlass an der Westspitze des Historischen Museums (→ S. 26), dort hinter der Sperre auch Abgabe von Taschen und Kameras. Di–Do und Sa/So 10–13 Uhr (in unregelmäßigen Abständen mehrere Wochen wegen „Bearbeitung" geschl.). Eintritt frei.

Manege-Platz – Манежная площадь

Памятник Жукову

Schukow-Denkmal

Im Winter 1941/42 stoppte der sowjetische Feldherr Georgi Schukow (1896–1974) den deutschen Vormarsch auf Moskau. Ein halbes Jahrhundert später wurde ihm ein Denkmal an prominenter Stelle gewidmet. Es zeigt ihn auf einem Pferd, das Reichsadler und Hakenkreuz zertrampelt. Kritiker bemängeln, dass seine Pose seltsam steif und unnatürlich wirkt.

Maneschnaja pl. (vor dem Historischen Museum), Ⓜ Ochotny rjad.

Гостиница Москва

Hotel Moskau

Bis in den letzten Winkel der ehemaligen Sowjetunion ist das Hotel Moskau bestens bekannt: Seine Silhouette ziert seit Langem das Etikett der beliebten Wodkasorte Stolitschnaja! Was Sie heute vor sich sehen, ist allerdings nicht das Originalhotel, sondern eine erst vor wenigen Jahren fertiggestellte Kopie: Der baufällige Vorgänger aus dem Jahr 1953 war zuvor abgerissen worden.

Was ihm folgen sollte, war lange umstritten. Der damalige Bürgermeister Luschkow wollte an seiner Stelle den größten Platz Europas schaffen – die Abgeordneten der gegenüberliegenden Duma konnten sich jedoch Besseres vorstellen als eine riesige Demonstrationsfläche direkt zu ihren Füßen. Nach zähem Ringen beschloss man, das Hotel mit exakt gleicher Fassade wiederaufzubauen.

Bemerkenswert an dieser Fassade ist ihre Asymmetrie. Vom Manege-Platz ist deutlich zu sehen: Die linke Seite ist mit Pilastern, Rundbögen und großen Fenstern dekoriert, die rechte dagegen viel schlichter gehalten. Als Erklärung kann nur eine Legende herangezogen werden: Ihr zufolge hat Stalin zwei unterschiedliche Entwürfe abgezeichnet – und da niemand nachzufragen wagte, wurden beide realisiert. 2014 zog in den Neubau ein Luxushotel der Kette Four Seasons ein.

Ul. Ochotny Rjad 2, Ⓜ Ochotny rjad.

Музей археологии
Archäologiemuseum

Als der Manege-Platz in den 1990er-Jahren umgestaltet wurde, fanden Bauarbeiter eine archäologische Sensation: die gut erhaltenen Fundamente einer Brücke aus dem 18. Jh., die an dieser Stelle über die Neglinnaja führte. In rekonstruierter Form ist die Brücke seit 1997 im Archäologiemuseum zu bewundern. Es liegt 7 m unter der Erde und ist laut UNESCO eines der besten seiner Art. Sehenswert sind (außer der Brücke) z. B. verschiedene Stadtmodelle, mit deren Hilfe sich die topografische Entwicklung Moskaus wunderbar nachvollziehen lässt.

Maneschnaja pl. 1 a, Ⓜ Ochotny rjad, ☏ 495-6920020, www.mosmuseum.ru. Di/Mi und Fr–So 10–20 Uhr, Do 11–21 Uhr, letzter Fr im Monat geschl. Eintritt 300 R.

Манеж
Manege

Als die Manege 1817 eröffnet wurde, feierte man sie als architektonisches Wunder: Eine Dachkonstruktion aus miteinander verzahnten Holzbohlen machte es möglich, dass im Innern keine zusätzlichen Stützpfeiler nötig waren – und das, obwohl die Halle rund 170 m lang und mehr als 40 m breit ist.

Die Funktion der Manege wandelte sich mehrfach. Anfangs eine Exerzierhalle, fanden später in ihr Ausstellungen, Konzerte oder Volksfeste statt. Um die Jahrhundertwende diente sie der Polizei als Kontrollposten, nach 1917 wurde sie als Garage genutzt. Ihre heutige Funktion als Ausstellungssaal erhielt sie Ende der 1950er-Jahre.

Im März 2004 zerstörte ein Brand die Manege. Bis heute halten sich Gerüchte, er sei absichtlich gelegt worden, um die Halle anschließend mit vergrößerter Ausstellungsfläche wiederaufbauen zu können.

Maneschnaja pl. 1, Ⓜ Biblioteka imeni Lenina, ☏ 495-9262828, www.moscowmanege.ru. Öffnungszeiten und Eintrittspreise hängen von der jeweiligen Ausstellung ab.

Гостиница Националь
Hotel National

Die prachtvolle Fassade des 1903 von Aleksandr Iwanow erbauten Hotels vereint Elemente von Historismus und Jugendstil und ist geschmückt mit mehreren Mosaiken. Das größte von ihnen zeigt eine Industrieszene und kam Anfang der 1930er-Jahre hinzu. Das Hotel selbst blickt auf eine turbulente Geschichte zurück. Im März 1918 quartierte sich Lenin für einige Nächte hier ein. Kurz darauf wurde das Hotel geschlossen und zu einem Wohnhaus für hohe Beamte umfunktioniert. Später bekamen die Mörder des deutschen

Vor den Toren des Kreml → Karte S. 29

Gesandten Graf Mirbach im Hotel National ihre Bomben ausgehändigt. Heute ist das Hotel eine beliebte Adresse für betuchte Gäste mit Sinn für Tradition.

Mochowaja ul. 15, Ⓜ Ochotny rjad. Für mehr Informationen → Übernachten, S. 251.

Дом Жолтовского
Scholtowski-Haus

Der ockergelbe Monumentalbau mit den acht mächtigen Säulen, der 1934 von Iwan Scholtowski anstelle einer ehemaligen Kirche erbaut wurde, spielte eine große Rolle im Architekturkampf der 1930er-Jahre. Parteitreue Anhänger des Sozialistischen Realismus hatten die konstruktivistische Strenge der 1920er-Jahre satt und sehnten sich nach aufgelockerten Gestaltungen. Um zu beweisen, dass auch das Volk auf ihrer Seite war, sollen sie vorbeiziehenden Demonstranten befohlen haben, enthusiastisch in die Hände zu klatschen!

Mochowaja ul. 13, Ⓜ Ochotny rjad.

Старое здание университета
Alte Universität

Die Alte Universität zieht sich fast 350 m an der Mochowaja ul. entlang und besteht aus zwei gelben Gebäudekomplexen: Der eine liegt nördlich der Straße Ul. Bol. Nikitskaja (Nr. 11), der andere südlich von ihr (Nr. 9). Die Entstehungsgeschichte der Bauten ist verworren. Nach ihrer Gründung im Jahr 1755 residierte die Universität zunächst am Roten Platz, in einem Vorgängerbau des Historischen Museums. Doch das Gebäude reichte bald nicht mehr aus und so ordnete Katharina II. einen Neubau an. Matwej Kasakow verband daraufhin am heutigen Standort (Nr. 11) mehrere bereits bestehende Gebäude mit einem monumentalen Mitteltrakt. Dieser wurde jedoch beim Brand 1812 stark zerstört, woraufhin Domenico Gilardi den heute noch erhaltenen Nachfolgebau fertigstellte. Das benachbarte Anwesen Nr. 9 kaufte die Universität 1832 aus Platzmangel dazu.

Mochowaja ul. 9 und 11, Ⓜ Ochotny rjad.

Russische Staatsbibliothek

Российская государственная
библиотека - Музей книги

Russische Staatsbibliothek mit Büchermuseum

Mit mehr als 40 Mio. Titeln ist die Russische Staatsbibliothek (nach der Library of Congress in Washington) die zweitgrößte Bibliothek der Welt. Ganze drei Jahrzehnte zogen ins Land, bis Ende der 1950er-Jahre der letzte Abschnitt des riesigen Hauptgebäudes vollendet war.

Seit 1983 verbirgt sich hinter der imposanten Säulenfassade zudem ein kleines **Büchermuseum.** Ausgestellt sind ca. 460 Raritäten aus dem In- und Ausland, darunter das Archangelsk-Evangelium aus dem 11. Jh., das erste russische Buch von 1564 sowie ein riesiger „Atlas des Großen Kurfürsten von Brandenburg". Vor dem Eingang der Bibliothek erinnert seit 1997 ein **Denkmal** an **Fjodor Dostojewski.** In Anspielung auf die Pose des Dichters sprechen Moskowiter auch vom „Hämorrhoiden-Denkmal".

Ecke Mochowaja ul./Ul. Wosdwischenka, Korp. G, Eing. 3, 4. Etage, Ⓜ Biblioteka imeni Lenina, ✆ 499-5570470, www.rsl.ru, www.leninka.ru. Mo–Sa 10–20 Uhr, letzter Mo im Monat geschl. Eintritt frei.

Александровский сад

Alexandergarten

Größter Publikumsmagnet des Alexandergartens, der Anfang der 1820er-Jahre eröffnet wurde, ist heute das **Grab des unbekannten Soldaten,** das im Mai 1967 hinzukam. Zum Gedenken an die Opfer des Zweiten Weltkriegs enthält es die Gebeine eines Soldaten, die einem Massengrab an der Leningradskoje schosse entnommen wurden. Die Ewige Flamme über ihm stammt vom Marsfeld in St. Petersburg. Jeweils zur vollen geraden Stunde findet eine feierliche Wachablösung

statt, die von vielen Schaulustigen begleitet wird.

Einige Meter weiter südlich ragt ein schlanker **Obelisk** in die Höhe. Er war ursprünglich der Zarenfamilie Romanow gewidmet. Nach der Revolution ersetzte man ihre Namen durch die von wichtigen Kommunisten. Nicht weit entfernt sind ein Denkmal (für Patriarch Germogen, 16./17. Jh.) sowie eine künstliche **Grotte** zu sehen. Wer genau hinschaut, entdeckt zwischen den großen Steinen kleine weiße Mauerstücke: Es handelt sich um die Überreste von Häusern, die der Brand 1812 zerstört hat. Im Nordwesten des Gartens fließt seit einigen Jahren ein künstlicher Fluss. Die Kaskaden mit Märchenfiguren sowie die **Pferdequadriga** stammen von Surab Zereteli.

Ⓜ Aleksandrowski sad.

Дом Пашкова

Paschkow-Haus

Klassizistisches Meisterwerk vom Ende des 18. Jh. Wer es errichtet hat, ist ungeklärt. Neuere Forschungen gehen davon aus, dass auf jeden Fall Matwej Kasakow beteiligt war.

Literaturliebhaber sind dem Paschkow-Haus bereits in Bulgakows Roman „Der Meister und Margarita" begegnet: Darin stehen der Teufel Woland und sein Gehilfe Asasello auf der Terrasse „eines der schönsten Gebäude Moskaus" und blicken hinab auf „Paläste, Riesenhäuser und zum Abriss verurteilte Häuser". Ständen die beiden heute auf der Terrasse, hätten sie ein anderes Bild vor sich: Pünktlich zum Besuch von US-Präsident Richard Nixon 1972 wurden die verfallenen Häuser zwischen Paschkow-Haus und Alexandergarten abgerissen. Seit 2016 steht dort das Denkmal für Wladimir den Großen (→ S. 34).

Mochowaja ul. 3, Ⓜ Borowizkaja.

Vor den Toren des Kreml ↓ Karte S. 29

Памятник Владимиру Великому

Denkmal für Wladimir den Großen

Das Denkmal für Wladimir den Großen sollte eigentlich 7,5 m höher sein. Doch die UNESCO meldete Bedenken an: Immerhin zählt der Kreml zum Weltkulturerbe und ein so riesiges Denkmal direkt vor seiner Nase hätte dessen Bauten in den Schatten gestellt. In überarbeiteter Form und geschrumpft auf 17,5 m wurde das Denkmal schließlich im November 2016 feierlich eröffnet.

Interessanter als das Denkmal selbst ist allerdings seine symbolische Bedeutung im heutigen Russland. Um das zu verstehen, muss man tausend Jahre zurückblicken, genau genommen ins Jahr 988. Fürst Wladimir ließ sich in diesem Jahr taufen und setzte damit die Christianisierung der Kiewer Rus in Gang. Die Crux dabei ist, dass die Kiewer Rus nicht nur Gebiete des heutigen Russlands umfasste, sondern auch Gebiete der heutigen Ukraine und Weißrusslands. Da Kiew bereits seit mehr als 150 Jahren ein großes Wladimir-Denkmal hat, musste Moskau nachziehen, musste untermauern, dass Fürst Wladi-

Wladimir der Große

mir eben auch eine Symbolfigur russischer Staatlichkeit ist. Kurz: Es musste ein eigenes Standbild her – natürlich eines, das größer und pompöser ist als der Konkurrent in Kiew!

Borowizkaja pl., Ⓜ Borowizkaja.

Praktische Infos
→ Karte S. 29

Essen & Trinken

Restaurants

*** Bosco Café 🯵, Café-Restaurant mit hohem Symbolwert: Es war 2002 das erste, das am Roten Platz seine Stühle aufstellen durfte. Bis heute ist es das einzige! Vormittags wird Frühstück angeboten, mittags und abends die Klassiker der italienischen Küche. Fr/Sa reservieren! Tägl. ab 10 Uhr. Im GUM (Erdgeschoss, 1. Gang), ☏ 495-6600550, www.bosco.ru.

** Kortschma Taras Bulba 🯷, ukrainische Küche, mehr dazu → S. 284. Tägl. 24 Std. geöffnet. Mochowaja ul. 8, Geb. 1, Ⓜ Biblioteka imeni Lenina, ☏ 985-6448544.

Cafés und Co.

Mehrere Cafés befinden sich im GUM (s. u.). Eine exponierte Lage hat z. B. **Coffeemania** 🯵 (→ S. 285): Direkt oberhalb des Brunnens lässt sich das Treiben im Konsumtempel hervorragend beobachten. Im GUM (Mittelgeschoss, 2. Gang).

Snacks

Das Einkaufszentrum **Ochotny Rjad** (s. u.) hat ein großes Fast-Food-Angebot im Untergeschoss. Im **GUM** sollte jeder das legendäre Haus-Eis probieren.

Stolowaja der Alten Universität 🯴, nur selten stößt man in Moskau heute noch auf eine Stolowaja, eine Art öffentliche Kantine aus sozialistischen Tagen. Im Zentrum dürfte dies die einzige sein. In Kremlnähe ist sie einer der wenigen Orte, der noch nicht verwestlicht ist! Unschlagbar günstiger Mittagstisch (12–15 Uhr). Mo–Fr 10–18 Uhr, Sa 10–15 Uhr. Mochowaja ul. 11 (im Ostflügel der Universität, Eing. vom Hof), Ⓜ Biblioteka imeni Lenina, Ochotny rjad.

meinTipp **Stolowaja Nr. 57** 🟥, eine weitere Stolowaja, diesmal aber keine „echte", sondern eine im pseudo-sowjetischen Stil. Nostalgische Plakate fordern dazu auf, das Tablett nach dem Essen selbst abzuräumen und (aus Liebe zur Umwelt) nicht mehr als drei Servietten zu nehmen. Dazu läuft oft beschwingte Musik vergangener Zeiten. Salate, Suppen und Kleinigkeiten sind zu empfehlen, die Fleisch- und Fischgerichte weniger. Um die Mittagszeit gerappelt voll. Tägl. 10–22 Uhr. Im GUM (Obergeschoss, 3. Gang).

Einkaufen

Souvenirs

Hearts of Russia 🟥, witzige T-Shirts von Kirill Karawajew (http://kkaravaev.com), viele von ihnen bedruckt mit Putin, Lawrow oder anderen bekannten Persönlichkeiten Russlands. Im GUM (Obergeschoss, 3. Gang).

Imperatorski farfor 🟥, wäre es nicht so schwer zu transportieren, man würde am liebsten ein ganzes Service erstehen von dem „imperatorischen Porzellan" aus St. Petersburg. Der blau-weiße Kassenschlager „Kobaltnetz" basiert auf einem Muster, das bereits im 18. Jh. für Zarin Jelisaweta entworfen wurde. Im GUM (Obergeschoss, zw. 1. und 2. Gang).

Kremlkiosk im Alexandergarten 🟦, im Schatten der Kremlmauer gibt's Bücher, Postkarten, Souvenirs u. Ä. Im gleichen Gebäude wie die Kremlkasse. Fr–Mi 9.30–16.30 Uhr.

Schostowo 🟥, nach alter russischer Tradition werden Lacktabletts mit üppigem Blumenmuster bemalt. Jedes Exemplar ist ein Unikat und vom „Künstler" gekennzeichnet. Im GUM (Obergeschoss, 3. Gang).

Kulinarisches

Gastronom Nr. 1 🟥, mit seinen Kristalllüstern und edlen Holzregalen macht der Gastronom Nr. 1 der Feinkostlegende Jelissejewski Konkurrenz (→ S. 99) – mehr noch aber mit seinem umfangreichen Angebot. Ob argentinischer Wein, kalifornische Erdbeeren oder thailändische Mangos: kaum ein Tourist, der hier nicht die Produkte seiner Heimat findet – und ganz nebenbei auch Spezialitäten aus Russland. Im GUM (Erdgeschoss, 3. Gang, im Gegensatz zum restlichen GUM 24 Std. geöffnet, Eing. dann von Wetoschny per.).

Kaufhäuser/Einkaufspassagen

meinTipp **GUM** 🟥, das Traditionshaus will laut Werbung „kein Geschäft für Reiche sein" – und ist trotzdem genau das. Vor allem im vordersten der drei Gänge reiht sich eine globale Glitzermarke an die nächste. Je weiter oben und je weiter weg vom Roten Platz, desto einfacher das Angebot. Tägl. 10–22 Uhr. Krasnaja pl. 3, Ⓜ Ochotny rjad, Ploschtschad Rewoljuzii, Teatralnaja, www.gum.ru.

Modny seson 🟦, in den unteren Etagen des wiederaufgebauten Hotels Moskau befindet sich ein Luxuskaufhaus in technisch-kühlem Design. Die erwünschte Kundschaft: Gäste der umliegenden 5-Sterne-Hotels. Tägl. 10–22 Uhr. Ul. Ochotny Rjad 2 (Eing. vom Revolutionsplatz), Ⓜ Ochotny rjad, www.modaseason.ru.

Ochotny Rjad 🟦, vergleichsweise moderate Preise ziehen jeden Tag rund 3 Mio. Kunden ins unterirdische Kaufparadies. Auf 30.000 m² Verkaufsfläche finden sie v. a. westeuropäische Standardmarken. Praktisch sind die öffentlichen Toiletten (40 R). Tägl. 10–22 Uhr. Maneschnaja pl. 1, Geb. 2, Ⓜ Ochotny rjad, www.ox-r.ru.

Stolowaja Nr. 57

870 Jahre russische Geschichte
Tour 2

Wenn der Kreml zum Pflichtprogramm einer Moskau-Reise
zählt, dann nicht nur, weil die
Kuppeln seiner Kathedralen um
die Wette strahlen oder weil die
Schätze im Diamantenfonds den
Atem rauben. Was den Kreml so
einzigartig macht, sind 870 Jahre
russische Geschichte, die in seinen
Bauten und Museen lebendig
werden. Tauchen Sie ein, ganz tief,
es lohnt sich!

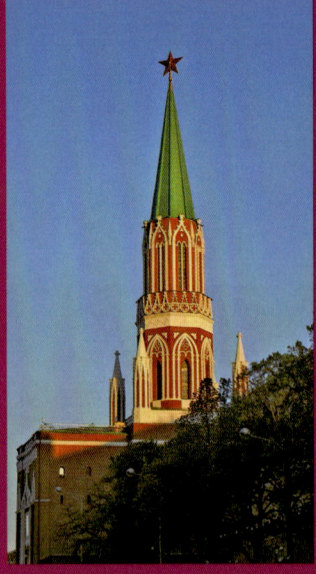

Кремль
Kreml

„Wo ist denn hier der Kreml?", fragte
Lew Rubinschtejn, der spätere Dichter,
als Kind seine Mutter. Dass er sich just
in diesem Moment im Kreml befand,
durchschaute er nicht, zu diffus war
sein Verständnis vom Wesen des
Kreml. So wie ihm ergeht es vielen Besuchern der Stadt. Jeder hat vom Kreml
gehört, jeder weiß, dass er in Moskau
liegt und irgendwie bedeutsam ist – eine
konkrete Vorstellung von ihm aber hat
kaum jemand. Was also ist der Kreml?

Zunächst: Nicht nur Moskau hat einen
Kreml, sondern viele alte russische
Städte. Kreml ist somit kein Eigen-
name. Ein Kreml ist eine befestigte Anlage, meist erhöht gelegen, die anfangs
der Verteidigung, später zunehmend
der Repräsentation diente. Von allen
russischen Kremlanlagen ist die Moskauer die berühmteste, größte und
prachtvollste.

Das annähernd dreieckige Areal umfasst 28 ha und ist von einer mächtigen
scharlachroten Mauer umgeben. Im Innern reiht sich ein imposantes Bauwerk
ans nächste: Weiß getünchte **Kathedralen**, bekrönt von einem Meer aus goldenen Kuppeln, zeugen vom einstigen
Stellenwert der russisch-orthodoxen
Kirche. Habsburgergelbe **Paläste** – anfangs Heimat von Zar und Hofstaat,
später Schaltzentralen der kommunistischen Weltmacht – beherbergen
heute Verwaltungsbehörden, darunter
den Amtssitz des russischen Präsidenten. An jeder Ecke ist zu spüren: Nicht
weniger als das Herz von Russland, das
war und ist der Kreml.

Die Anfänge der Festung sind identisch
mit den Anfängen der Stadt Moskau.
Laut Chronik beschließt Juri Dolgoruki
im Jahr 1156, auf dem Hügel am Zu-
sammenfluss von Moskwa und Neglinnaja „eine Stadt aus Holz" zu errichten.

Sie wird umschlossen von einem 7 m hohen Wall, den eine hölzerne Palisade krönt. In den folgenden Jahrhunderten dehnt sich der Kreml immer weiter aus, das Material der Befestigungen verbessert sich dabei stetig: An die Stelle der Holzpalisade treten massive Eichenstämme. Auf diese folgt eine Kalksteinmauer und schließlich – gegen Ende des 15. Jh. – die heutige Mauer aus stabilem Ziegelstein. Etwa zeitgleich entstehen die Sakralbauten, die sich bis heute um den **Kathedralenplatz** gruppieren. Iwan III.

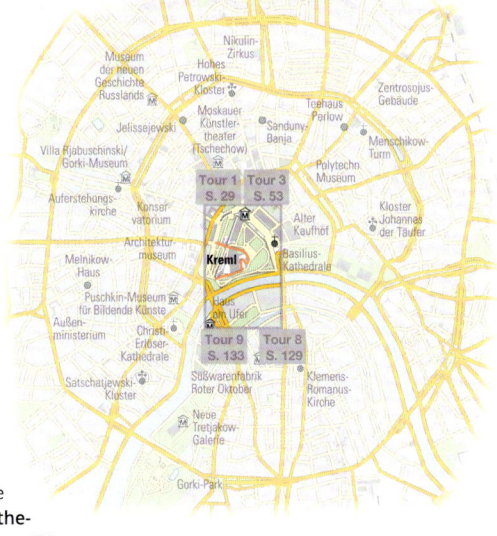

will mit ihnen seine politischen Erfolge krönen. Er beauftragt italienische Baumeister, seine Visionen umzusetzen. Vor der Kulisse der prächtigen Gotteshäuser finden fortan alle wichtigen Ereignisse statt, von kirchlichen Prozessionen über Krönungsfeiern bis hin zu Begräbniszeremonien.

Von April bis Oktober findet samstags um 12 Uhr auf dem Kathedralenplatz eine **Parade** des berittenen Kremlregiments in historischen Uniformen statt. Wer gut sehen möchte, sollte sich an sommerlichen Tagen spätestens 30 Min. vorher um einen Platz bemühen.

Das bedeutendste Gotteshaus des Landes ist die Mariä-Himmelfahrts-Kathedrale: Sämtliche Zaren werden gekrönt in ihr – auch in den 200 Jahren, als Moskau den Hauptstadt-Status an St. Petersburg abtreten muss. Die Kommunisten erheben den Kreml ab 1917 erneut zum politischen Mittelpunkt des Landes. Einige Klöster, Kapellen und Kirchen lassen sie niederreißen. Die großen Kathedralen werden geschlossen und später als Museen eröffnet.

Heute residiert im Kreml der russische Präsident. Hier empfängt er seine Gäste, hier lässt er seine Fernsehansprachen aufzeichnen. Manchmal sind seine Aufgaben auch profaner Natur: Im Dezember 2017 nahm Putin hier an der Auslosung für die Fußball-Weltmeisterschaft teil.

Orientierung

Bevor Sie den Kreml besuchen, sollten Sie aufmerksam die praktischen Infos am Ende des Kapitels lesen, insbesondere die zu den unterschiedlichen Ticketvarianten. Sofern Sie ein Standardticket erworben haben (was für den Anfang empfehlenswert ist), betreten Sie den Kreml am besten durch den rot-weißen Kutafja-Turm am Alexandergarten. Zu erreichen ist er am schnellsten über die Metrostation Biblioteka imeni Lenina (Treppe in der Mitte des Saales hoch, dann den Schildern Richtung Александровский сад folgen). Weitere Stationen befinden sich in Laufweite. Wenn Sie die Rüstkammer und/oder den Diamantenfonds separat besuchen wollen, nehmen Sie den Eingang am Borowizki-Torturm.

Im Innern des Kreml liegen die einzelnen Sehenswürdigkeiten auf engstem Raum beieinander. Sie können diese in beliebiger Reihenfolge besichtigen oder sich an die auf der Karte eingezeichnete Tour halten.

Beachten sollten Sie, dass nur ein Bruchteil der Kremlbauten für Besu-

cher zugänglich ist. Der große Rest kann bloß von außen betrachtet werden. Hinzu kommt, dass ein Teil des Geländes für Besucher gesperrt ist. Wer unerlaubtes Terrain betritt – zu erkennen an den weißen Markierungen auf dem Asphalt –, macht schnell Bekanntschaft mit den Trillerpfeifen der Wachmänner. Ausgänge befinden sich am Borowizki-Torturm, am Erlösertorturm sowie am Kutafja-Turm.

Sehenswertes
→ Detailplan Kreml

Informationen zu Öffnungszeiten und Tickets → Praktische Infos, S. 49!

Государственный Кремлёвский дворец

Staatlicher Kremlpalast

Chruschtschow sah im Kreml „ein Museum unterschiedlicher Perioden". Als Beitrag seiner Periode hinterließ er den Staatlichen Kremlpalast. Der 120 m lange Glas-Beton-Bau, 1960/61 unter der Leitung von Michail Possochin errichtet, war das Ergebnis langwieriger Diskussionen: Darf moderne Architektur die alte ergänzen und wenn ja, wie? Die Lösung lautete: Sie darf – muss sich aber in das Ensemble umliegender Bauten einfügen. Der Kremlpalast ist daher nur 19 m hoch, fast ebenso tief reicht er in die Erde hinein. In seiner Fassade spiegeln sich die historischen Gemäuer der gegenüberliegenden Bauten. Heute ist der Palast nur im Rahmen kultureller Veranstaltungen zugänglich (→ S. 214). Der große Saal, in dem früher die Parteitage der Kommunisten stattfanden, fasst 6000 Menschen und ist damit einer der größten Bühnensäle Russlands.

Потешный дворец

„Lustschloss"

Das rosafarbene Gebäude mit den vier kleinen goldenen Kuppeln wurde 1651

als Wohnhaus für den Schwiegervater von Zar Aleksej erbaut und ist heute das einzige im Kreml erhaltene Bojaren-Haus. Das Obergeschoss ragt aus der Fassade etwas hervor, denn es beherbergt eine Kapelle, und ein Altar über Wohnräumen war im 17. Jh. nicht opportun. Nach dem Tod des Bojaren zog ein Theater in das Haus, woran bis heute der russische Name erinnert: *Poteschny dworez*, was so viel heißt wie „Spaß- bzw. Belustigungspalast" (die im Deutschen gebräuchliche Übersetzung „Lustschloss" ist irreführend, denn mit einem Lustschloss westeuropäischer Palastanlagen hat das Kremlbauwerk nichts gemein). Später wechselten die Nutzer. Einer von ihnen war Iossif Stalin, dessen Frau Nadeschda hier 1932 Selbstmord beging.

Арсенал

Arsenal

Bereits 1702 von Peter dem Großen in Auftrag gegeben, konnte das Arsenal erst 130 Jahre später fertiggestellt werden. Zwischenzeitlich hatte der Zar die Errichtung von Steinbauten in Moskau verboten. Brände und der Einmarsch der Franzosen taten ihr Übriges. Die lange Bauzeit blieb nicht ohne Folgen für die Optik: Begonnen im Barock, vollendet im Klassizismus, ist der gelb-weiße Trapezbau mit dem großen Innenhof

Detailplan Kreml

1 Grab des unbekannten Soldaten
2 Mittlerer Arsenalturm
3 Obelisk
4 Nikolaus-Torturm
5 Senat
6 Dreifaltigkeitsbrücke
7 Patriarchenpalast
8 Mariä-Gewandniederlegungs-Kirche
9 Mariä-Himmelfahrts-Kathedrale
10 Facettenpalast
11 Zarenkanone
12 Zarenglocke

50 m

Blick auf den Kreml von der Patriarchenbrücke

stilistisch irgendwo dazwischen ein-zuordnen. Entlang seiner Fassade se-hen Sie Hunderte Kanonen, einige auf verzierten Lafetten, die große Masse neben- und übereinander auf einem Steinpodest. Die meisten von ihnen (mehr als 800) haben die Russen von der napoleonischen Armee erbeutet. Seit 1918 dient das Arsenal als Kaserne des Kreml-Wachregiments.

Сенатский дворец
Senat

Das gelb-weiße Dreiecksgebäude an der nordwestlichen Kremlmauer ist der offizielle Amtssitz des russischen Prä-sidenten. Hier verliest das Staatsober-haupt seine Fernsehansprachen, hier empfängt es ausländische Delegationen und hält staatliche Sitzungen ab. Er-richtet wurde das Gebäude 1776–87 nach Plänen von Matwej Kasakow. Ers-ter Hausherr war der Senat, das oberste Staatsorgan, das Peter der Große 1711 als Nachfolger der Bojaren-Duma etab-

liert hatte. In den 1990er-Jahren wurde das Gebäude für 457 Mio. $ umfassend renoviert. Sein Mittelpunkt blieb der Katharinensaal, den 24 korinthische Säulen umrunden. Zusammen mit den Basreliefs an den Wänden stellen sie ein Paradebeispiel klassizistischer In-nenausstattung dar. Überwölbt wird der Saal von einer großen Kuppel. Ihr grünes Dach ist auch vom Roten Platz zu sehen, ebenso die russische Flagge, die über ihr weht – dank Gebläse übri-gens auch an windstillen Tagen!

Колокольня Ивана Великого
Glockenturm
Iwan der Große

Der Glockenturm Iwan der Große war lange das höchste Bauwerk Moskaus und ist bis heute der wohl eleganteste Glockenturm Russlands. Die Aussicht von dort brachte schon viele ins Schwärmen. „Wer niemals den Glo-ckenturm erstiegen hat", so der Dichter Michail Lermontow 1834, der könne

gelitten haben allerdings seine beiden Anbauten. Sie stammen ursprünglich aus dem 16. bzw. 17. Jh., mussten aber nach dem Abzug der Franzosen erneuert werden.

Царь-пушка

Zarenkanone

890 mm umfasst das Kaliber der großen Zarenkanone, die Andrej Tschochow 1586 auf dem Moskauer Kanonenhof goss. Einen echten Schuss hat das 5,34 m lange Rohr, das am Fuße des Glockenturms auf einer reich verzierten Lafette steht, allerdings niemals abgefeuert, zumindest nicht im Gefecht. Die vier gusseisernen Kugeln, die zu Füßen der Lafette platziert wurden, sind daher reine Dekoration – im Übrigen eine mit Haken: Die Kanone war nicht für Kugeln, sondern für Schrot bestimmt.

sich „von Moskau keine Vorstellung machen". Er zumindest habe sich dort oben „Hals über Kopf in dieses großartige, fast unbeschreibliche Panorama verliebt."

Der Bau des Glockenturms vollzog sich in zwei Etappen. Die unteren Geschosse, die sich stufenweise über einem achteckigen Grundriss erheben, hat der Italiener Bon Frjasin 1505–08 errichtet. Gut neun Jahrzehnte später ließ Zar Boris Godunow den Turm um 20 m aufstocken, sodass er eine Gesamthöhe von 81 m erhielt. Den zylinderförmigen Kuppelunterbau, der neu hinzukam, umrundet ein Fries aus vergoldeten Lettern. Darüber hinaus schmücken ihn dekorative Kokoschniki sowie schwarz bemalte Nischen, die von unten wie schmale Fenster aussehen. 1812 befahl Napoleon, den Glockenturm zu sprengen. Doch „Iwan" überstand dies nahezu unbeschadet – seitdem hält sich der Glaube, seine Fundamente würden 30 m in die Erde reichen (tatsächlich sind es nur fünf). Stark

Царь-колокол

Zarenglocke

Mit einem Gesamtgewicht von gut 200 t ist die Zarenglocke etwa 15 Mal so schwer wie die Glocke Big Ben in London. Im Gegensatz zu dieser war ihr Klang jedoch niemals zu hören: Noch während 1737 die Verzierungsarbeiten im Gang waren, sprang beim Löschen eines Brandes ein 11,5 t schweres Stück heraus, das heute publikumswirksam vor dem Glockenturm präsentiert wird.

Патриарший дворец с церковью Двенадцати Апостолов

Patriarchenpalast mit Zwölf-Apostel-Kirche

Die Anfänge des Patriarchenpalasts reichen in die 20er-Jahre des 14. Jh. zurück, als Metropolit Pjotr seinen Sitz von Wladimir nach Moskau verlegte. Mitte des 17. Jh. nahm Patriarch Nikon einen umfassenden Umbau vor. Der neue Palast sollte den gesteigerten Einfluss der Kirche symbolisieren und die Vorherrschaft der kirchlichen über die weltliche Macht unterstreichen. Sein Interieur ist daher ähnlich kostbar und prächtig wie das der Zarenpaläste.

Hauptattraktion ist das Kreuzgemach, ein rund 280 m² großer Saal, den keine einzige Stütze trägt – seinerzeit ein Höhepunkt russischer Baukunst! Für Nikon und seine Nachfolger bot er einen würdigen Rahmen, um hier den Zaren oder ausländische Gäste zu empfangen. Nach der Abschaffung des Patriarchats durch Peter den Großen wandelte sich die Funktion des Saales: Mönche nutzten ihn fortan, um in einer aufwendigen Prozedur das sog. Salböl herzustellen. Heute noch zu sehen sind der Ofen und das silberne Aufbewahrungsbecken. In den übrigen Räumen sind mehr als 1000 Exponate ausgestellt, darunter Kirchenroben, Silberarbeiten, Textilien und Waffen.

Vom Palast ist auch die (integrierte) **Zwölf-Apostel-Kirche** zugänglich. Durch das kleine Fenster oben an der Westwand konnte Patriarch Nikon den Gottesdienst aus seinen Privaträumen verfolgen. Die geschnitzte Holz-Ikonostase, die Werke von der Wende zum 18. Jh. enthält, wurde 1929 aus einem der zerstörten Kremlklöster hierhergebracht.

Успенский собор

Mariä-Himmelfahrts-Kathedrale

So bunt und berühmt wie die Basilius-Kathedrale auf dem Roten Platz ist die Mariä-Himmelfahrts-Kathedrale nicht, ihre Bedeutung für Russland aber ist ungleich höher. Sämtliche Zaren wurden in ihr gekrönt – die Oberhäupter der russisch-orthodoxen Kirche sogar in ihr beigesetzt. Architektonisch war sie Vorbild für spätere Kathedralen (→ Kasten S. 202). Zudem war sie Aufbewah-

rungsort der berühmten Ikone Wladimirskaja, die bis heute als Haupttheiligtum von ganz Russland verehrt wird.

Vorausgegangen waren der Kathedrale mehrere Holzbauten, deren Geschichte in die Anfangszeit der Moskauer Stadtgeschichte zurückreicht. Mit dem Bau der ersten Steinkirche wurde spätestens 1326 begonnen. Die heutige Kathedrale hat der Italiener Aristotele Fioravanti in den Jahren 1475–79 errichtet. Iwan III. hatte ihm den Auftrag erteilt, die gleichnamige Kathedrale in Wladimir zum Vorbild zu nehmen – dieser aber letztlich die Schau zu stehlen!

Die Besichtigung der Kathedrale beginnt mit einem Blick auf ihr Äußeres. Zu sehen ist ein kompakter Kubus aus überwiegend grau-weißem Kalkstein, den fünf massive vergoldete Kuppeln auf hohen Tambouren krönen. Dem Kathedralenplatz zugewandt ist die Südfassade. Sie ist vertikal durch Pilaster gegliedert, an denen halbkreisförmige Giebel ruhen. In der Horizontale dominiert auf halber Höhe ein dekorativer Gürtel aus schlanken Säulen und kleinen Bögen. Hauptblickfang der Fassade aber ist das freskengeschmückte Portal. Auf den beiden kostbaren Türflügeln, heute durch Gitter geschützt, sind biblische Szenen in Gold dargestellt. An der Ostfassade befinden sich die Apsiden. Im Vergleich zu früheren russischen Kirchen sind diese viel niedriger und so weit wie möglich in den Baukörper integriert – mit diesem Kunstgriff orientierte sich Fioravanti an der italienischen Renaissance.

Im Innern findet sich der Besucher in einem – für damalige Verhältnisse – weiten und lichten Raum wieder, der über und über mit Fresken bedeckt ist. Sie stammen aus der Mitte des 17. Jh., orientieren sich aber an älteren Vorbildern. Die Ikonostase enthält Werke aus dem 12.–17. Jh. Die Originale der kostbarsten Stücke befinden sich in der Tretjakow-Galerie (→ S. 122) und sind hier durch Kopien ersetzt. Weitere Höhepunkte des Gemeinderaums sind die Grabstätten der russischen Metropoliten und Patriarchen, unter denen das vergoldete Bronzegitter-Häuschen des Patriarchen Germogen hervorsticht. Darüber hinaus verteilen sich mehrere Betstühle über den Raum. Herausragende Bedeutung kommt dem hölzernen Betstuhl der Zaren aus dem Jahr 1551 zu. Er ist mit einer Art Krone geschmückt und reich mit Schnitzereien verziert.

Церковь Ризположения

Mariä-Gewandniederlegungs-Kirche

Die unscheinbarste Kremlkirche hat nur eine einzelne, vergoldete Kuppel und entstand 1484/85 anstelle einer abgebrannten Vorgängerkirche. Bei der Gestaltung orientierten sich die Baumeister an den Traditionen ihrer Heimatstadt Pskow: Sie übernahmen von dort das achteckige Fundament, auf dem der Kuppelunterbau ruht, außerdem die niedrigen Apsiden im Osten sowie die schlanken Säulen im Innern. Die Fresken und Ikonen stammen aus der ersten Hälfte des 17. Jh.

Теремной дворец

Terempalast

Elf kleine Kuppeln ziehen am Kathedralenplatz magisch die Blicke auf sich. Vor allem morgens, wenn die Sonne im Osten steht, entfalten sie anmutig ihre volle Schönheit. Dann leuchten die farbigen Kacheln ihrer Backsteintrommeln, und wenn der Himmel blau ist, dann heben sich die vergoldeten Halbmondkreuze strahlend von ihm ab. Die elf Kuppeln krönen jedoch nicht, wie man meinen könnte, ein einzelnes Gotteshaus. Unter ihrem Dach, aus dem sie seit 1683 hervorragen, sind gleich vier Kirchen vereint! Sie sind über- und nebeneinandergeschichtet und verteilen

Mariä-Himmelfahrts-Kathedrale

sich damit über mehrere Stockwerke des sog. Terempalasts.

Der Terempalast, 1635/36 für Zar Michail Romanow und seine Familie errichtet, ist das geheimnisvollste Bauwerk des Kreml: Nicht nur dass Tagesbesucher ihn nicht betreten dürfen – sie haben nicht mal die Möglichkeit, ihn von außen zu betrachten, denn er ist fast vollständig zugebaut. Nur wer an einer der seltenen Sonderführungen teilnimmt, erhält Zugang zu seiner märchenhaften Welt.

Farbiges Fensterglas taucht die Innenräume in leichtes Dämmerlicht, kunstvoll verzierte Kachelöfen schmücken die Ecken, hinzu kommen gewölbte Decken und in leuchtenden Farben bemalte Wände. Ein Höhepunkt des Palasts ist der **Teremok**, eine Art Turmzimmer für die Zarenkinder, das mit seinem rot-weiß gemusterten Dach den stufenartig aufgebauten Palast nach oben hin abschließt. In den westlichen Teil des Palasts sind zwei weitere Kirchen integriert. Bei der einen handelt es sich um den ältesten Gebäudeteil einer Kirche, der im Kreml erhalten ist (1393/94).

Грановитая палата
Facettenpalast

Die Fassade dieses Palasts ist mit über 1000 Diamantquadern aus weißem Kalkstein verkleidet. Bei Sonnenschein ergibt dies ein schönes Spiel aus Licht und Schatten – fast wie bei den Facetten eines Edelsteins! Das Herz des Palasts, den Pietro Antonio Solari und Marco Ruffo in den Jahren 1487–91 erbaut haben, ist der Prunksaal im hohen Obergeschoss: Mit knapp 500 m² war er seinerzeit der größte Saal Russlands. In ihm wurden Thronfolger gekürt, militärische Siege gefeiert und Versammlungen abgehalten. Außerdem empfing der Herrscher in dem Saal ausländische

Gäste und bot ihnen – wie von Iwan IV. überliefert – auch mal Schwan- oder Elchgehirne an.

Vorgelagert ist dem Prunksaal die Heilige Diele, die von außen durch eine markante Treppe erreicht wird. Peter der Große musste auf ihr als neunjähriger Junge mit ansehen, wie die sog. Strelizen Mitglieder seiner Familie ermordeten.

Благовещенский собор
Mariä-Verkündigungs-Kathedrale

Die Mariä-Verkündigungs-Kathedrale ist aus mindestens drei Gründen einen aufmerksamen Blick wert: Der Natursteinsockel, auf dem sie ruht, ist das Überbleibsel einer Vorgängerkirche aus dem späten 14. Jh. und damit die älteste erhaltene Bausubstanz im Kreml, die Besucher zu Gesicht bekommen. Die Ikonostase im Gemeinderaum gilt nicht nur als die schönste von Russland, sondern auch als Urtyp einer voll entwickelten Ikonenwand überhaupt. Überdurchschnittlich hoch und damit außergewöhnlich ist außerdem die Zahl der vergoldeten Kuppeln: Neun Stück

Weißgetünchte Kathedralen ...

ragen aus dem vergoldeten Dach hervor, weshalb die Moskauer die Kathedrale liebevoll „Goldzipfel" nennen.

Errichtet wurde das Gotteshaus 1484–89 von Baumeistern aus Pskow. Ihr heutiges Erscheinungsbild erhielt sie nach einem Brand Mitte des 16. Jh. An den vier Ecken kamen Anbauten in Gestalt kleiner Kirchen hinzu. Die bis dahin offenen Galerien wurden überwölbt. Zudem ließ Iwan IV. im Südosten eine Treppe hinzufügen. Sie gab ihm die Möglichkeit, durch ein Gitter den Gottesdienst zu verfolgen – selbst teilnehmen durfte er nicht mehr, weil seine vierte Heirat den Regeln der russisch-orthodoxen Kirche widersprach.

Im Innern betritt man zunächst eine überwölbte Galerie. Ihre Wände sind mit Fresken bedeckt, v. a. solchen zu biblischen Themen, aber auch mit Darstellungen antiker Gelehrter wie Plutarch, Aristoteles oder Homer. Eine Besonderheit des Gemeinderaums ist – neben der Ikonostase – der Fußboden, der aus kleinen Silizium-Platten mit eingesprenkelten Achat- und Jaspissteinen besteht.

Архангельский собор

Erzengel-Kathedrale

Kein anderes Kremlbauwerk orientiert sich so stark an der italienischen Renaissance wie die Erzengel-Kathedrale, die der Venezianer Alewis Nowy in den Jahren 1505–08 erbaut hat. Charakteristisch sind z. B. die Pilaster mit den Kompositkapitellen, die die Fassade vertikal strukturieren, oder die Muschelornamente in den Sakomaren (den Bögen unterhalb des Daches), die von den Russen später vielfach kopiert wurden. Was v. a. aus der Vogelperspektive ins Auge springt, ist die frappierende Asymmetrie des Bauwerks: Nord- und Südfassade sind in fünf Sektionen aufgeteilt, Ost- und Westfassade dagegen in drei. Die Sektionen selbst wiederum sind unterschiedlich breit. Verstärkt wird das asymmetrische Bild durch spätere Anbauten und durch die unterschiedlich großen Kuppelpaare.

Im Innern der Kathedrale treffen Sie auf 45 Ziegelgrabsteine. Unter ihnen befinden sich die Gebeine der russischen Herrscher von Iwan I. (1341) bis

Kreml → Karte S. 39

… und ein Meer aus goldenen Kuppeln

Iwan V. (1696). Nach Verlegung der Hauptstadt wurden die Zaren in St. Petersburg beigesetzt. Nur für Pjotr II. machte man eine Ausnahme: Er starb 1730 in Moskau an Pocken. Aus Angst vor einer weiteren Verbreitung der Seuche durfte sein Leichnam nicht überführt werden.

An den Wänden hinter den Grabstätten sind stilisierte Bildnisse der Verstorbenen zu sehen. Der Rest des Innenraums ist mit biblischen Themen ausgemalt. Die Fresken entstanden Mitte des 17. Jh., wohl unter Leitung von Simon Uschakow. Etwas jünger ist die vierreihige Ikonostase (1679–81), die 1813 jedoch in Teilen erneuert werden musste, da die Franzosen sie beschädigt hatten.

Тайницкий сад

Kremlpark

Wo sich bis in die frühe Sowjetzeit hinein zwei Kirchen befanden, erstreckt sich heute ein gepflegter Park, der v. a. an heißen Sommertagen zu einer willkommenen Pause unter schattenspendenden Bäumen einlädt. Bei besonderen Anlässen wird der Garten allerdings auch anderweitig genutzt: 2008 etwa durfte der libysche Diktator Muammar al-Gaddafi in ihm sein Beduinenzelt aufschlagen.

Большой Кремлёвский дворец

Großer Kremlpalast

Das gelb-weiße Hauptgebäude des Großen Kremlpalasts kennt jeder deutsche Fernsehzuschauer: Es ist ein beliebter Hintergrund für die Live-Schaltungen deutscher Korrespondenten. Bei der Gestaltung der Fassade griff der Architekt Konstantin Thon in historistischer Manier auf unterschiedliche Baustile zurück: Klassizistische Regelmäßigkeit paarte er mit dekorativen Motiven der altrussischen Baukunst.

Im Innern befinden sich die berühmten Ordenssäle. Im **Andreassaal** finden seit 2000 die Amtseinführungen der russischen Präsidenten statt. Zu Sowjetzeiten war er mit dem benachbarten **Alexandersaal** zu einem Sitzungssaal verbunden, in dem der Oberste Sowjet (das höchste Staatsorgan) tagte. Im westlich angrenzenden **Katharinensaal** unterzeichnete Willy Brandt 1970 den deutsch-sowjetischen Vertrag. Der östlich angrenzende **Georgssaal** ist mit 1250 m² der größte der Ordenssäle. Der **Wladimirsaal** schließlich, nach dem Orden Wladimir benannt, bildet die Schnittstelle zwischen dem von Thon Mitte des 19. Jh. errichteten Hauptgebäude und den älteren Bauten, die er in das Palastensemble integrierte, darunter der Terem- und der Facettenpalast.

Оружейная палата

Rüstkammer

In der Moskauer Rüstkammer sind nicht nur Rüstungen und Waffen ausgestellt, ihre Kostbarkeiten sind vielfältiger Natur: Sie umfassen prunkvolle Krönungsroben und opulent verzierte Throne, kunstvoll gefertigte Fabergé-Eier und uralte Schmuckerzeugnisse, zaristische Kutschen sowie wertvolle Kronen. Größter Schatz der Sammlung ist die mit Zobel umrandete **Monomach-Kappe**: Sie ist mit Smaragden und Rubinen besetzt und gehörte zu den Kroninsignien, bis Peter der Große Kaiserkronen im westlichen Stil einführte.

Die Geschichte der Rüstkammer reicht zurück ins 14., vielleicht sogar ins 13. Jh. Zu dieser Zeit entstanden auf dem Kremlgelände die ersten Werkstätten. Aufgabe der Rüstkammer war, diese zu leiten und zu beaufsichtigen. Die Werkstätten stellten neben Rüstungen und Waffen auch Schmuck, Gebrauchsgegenstände u. v. a. her. Bald ging es dabei nicht mehr nur um den praktischen Nutzen, sondern auch um die ästhetische Ausgestaltung. Ende des 15. Jh. ordnete

Moskau im Kasten
Ikonen und Ikonostasen: Tor zur himmlischen Welt

Ikonen werden als Mittler zwischen Gläubigen und Gott verstanden: Sie sollen die Gläubigen bei ihrem Gebet unterstützen, jedoch ohne sie dazu zu verführen, fälschlicherweise das Bild und nicht den Heiligen anzubeten.

In orthodoxen Sakralbauten werden Ikonen in Reihen angeordnet und bilden damit die Ikonostase. Diese trennt das Kirchenschiff vom Altarraum, dem Allerheiligsten, und damit symbolisch die irdische von der himmlischen Welt. Erste Ikonenwände entstanden bereits Ende des 12. Jh., maßgeblich weiterentwickelt wurden sie im 14. Jh. von Feofan Grek und seinem Schüler **Andrej Rubljow**. Die Anzahl der Ikonenreihen einer solchen Wand variiert je nach Größe der Kirche: In großen Kathedralen setzt sich die Ikonostase meist aus fünf Reihen zusammen.

In der Mitte der untersten Reihe (Verehrungsreihe) befindet sich die kunstvoll verzierte Königstür (auch Heilige Pforte), die nur von Priestern und Diakonen und nur während des Gottesdienstes durchschritten wird. Geschmückt ist sie meist mit den vier Evangelisten und der Verkündigung. Links von der Königstür (sprich für den Betrachter links) findet sich eine Ikone der Gottesmutter, rechts davon eine von Jesus Christus. Neben dieser wiederum ist der Kirchenpatron abgebildet, dem die Kirche geweiht wurde. Die zweite und **wichtigste Ikonenreihe** (Deesis, auch Fürbittenreihe genannt) beinhaltet die Ikonen von Maria und Johannes dem Täufer, die beide um Seelenheil bitten. Außerdem werden in der Deesis oft die Erzengel Michael und Gabriel sowie Apostel dargestellt. Die darüberliegende Festtagsreihe vereint Ikonen zu den orthodoxen Hauptfesten, darunter die Geburt Christi und Mariä Himmelfahrt, sowie zur Dreifaltigkeit. Die bekannteste Dreifaltigkeitsikone stammt aus dem 15. Jh. aus der Hand Rubljows und ist neben vielen anderen Originalen in der Tretjakow-Galerie ausgestellt. Die Propheten aus dem Alten Testament schmücken die darüberliegende Prophetenreihe. Die Reihe der Erzväter (Abraham, Isaak u. a.) schließt die Ikonostase nach oben hin ab.

Kreml → Karte S. 39

Iwan III. den Bau eines Schatzhofes an, 1547 wurde die Rüstkammer erstmals als Aufbewahrungsort erwähnt. Die Sammlung wuchs schnell, denn gelagert wurden nicht nur Gegenstände aus eigener Produktion, sondern auch Geschenke und Beutestücke aus dem Ausland. 1571 war die Sammlung bereits so groß, dass 450 Schlitten notwendig waren, um sie vor den heranrückenden Tataren in Sicherheit zu bringen. 1806 schließlich wandelte Aleksandr I. die Rüstkammer per Erlass in ein Museum um. Mitte des 19. Jh. bezog es das von Konstantin Thon neu errichtete Gebäude, das optisch große Parallelen zum Hauptgebäude des Großen Kremlpalasts aufweist.

Die Ausstellung der Rüstkammer erstreckt sich über zwei Stockwerke, die Höhepunkte konzentrieren sich im Erdgeschoss. In jedem Saal geben Infotafeln einen groben Überblick, auch auf Deutsch.

Es ist empfehlenswert, sich bereits im Foyer mit einem (ebenfalls auf Deutsch erhältlichen) **Audio-Guide** auszustatten (Pfand 2000 R oder Reisepass).

Алмазный фонд
Diamantenfonds

„Und dieses Volk will von uns Kredite?", soll Bill Clinton ungläubig gefragt haben, als er die Schätze im Diamantenfonds sah. Eine nachvollziehbare Frage: Der Wert der hier aufbewahrten Edelsteine, Juwelier-Meisterwerke, Gold- und Platinklumpen muss unermesslich sein.

Die Geschichte des Diamantenfonds begann im Jahr 1719, als Peter der Große im St. Petersburger Winterpalast ein „Brillanten-Zimmer" einrichten ließ. Nach der Revolution gingen die Bestände in den Besitz des Staates über, genauer: in den des Finanzministeriums, dem der Fonds bis heute unterstellt ist. Um die funkelnde Pracht zur Geltung zu bringen, sind die beiden Ausstellungsräume komplett abgedunkelt. Der spannende Teil befindet sich im hinteren Raum.

Die **Große Zarenkrone,** 1762 für Katharina II. hergestellt, ist mit rund 5000 Brillanten besetzt und von einem großen dunkelroten Stein gekrönt, dem zweitgrößten Spinell der Welt, der fast 400 Karat hat. Nicht weniger beeindruckend ist daneben das Zepter mit dem berühmten **Orlow-Diamanten.** Katharina II. erhielt den Stein, mit 189,62 Karat einer der größten geschliffenen Diamanten der Welt, als Geschenk von ihrem Liebhaber, dem Fürsten Grigori Orlow. Ebenfalls als Geschenk kam 1829 der sog. **Schah-Diamant** nach Russland. Der Schah von Persien entschuldigte sich mit dem 89-karätigen Stein bei Zar Nikolaj I. für die Ermordung des russischen Gesandten in Teheran. Im vorderen Raum sind ungeschliffene Diamanten zu besichtigen, v. a. aus Jakutien. Der größte von ihnen (342 Karat) trägt den skurrilen Namen „26. Parteitag der KPdSU". Neutraler benannt ist einer der weltweit größten Goldklumpen: Das „Große Dreieck" wiegt 36,2 kg und wurde 1842 im Ural gefunden.

Кремлёвская стена

Kremlmauer

Die rote Ziegelsteinmauer des Kreml entstand an der Wende vom 15. zum 16. Jh. Sie ist mehr als 2 km lang, bis zu 19 m hoch und stellenweise 6,5 m breit. Nach oben schließt sie ein Band aus Schwalbenschwanzzinnen ab – eine Hommage der italienischen Baumeister an Befestigungen ihrer Heimat. Die Mauer des Castelvecchio in Verona, die bereits im 14. Jh. gebaut wurde, sieht z. B. nahezu identisch aus!

Ein wesentliches Charakteristikum der Mauer sind ihre Türme. Als wichtigster gilt seit jeher der **Erlösertorturm,** der 1491 nach Plänen von Pietro Antonio Solari am Roten Platz errichtet wurde. Eine seiner Besonderheiten ist die große Uhr, die in ihrer heutigen Form Mitte des 19. Jh. dazukam. Allein ihr Minutenzeiger ist 3,28 m lang. Nicht weniger gigantisch sind ihre Glocken, die sog. Kuranten: Die größte wiegt mehr als 2000 kg.

Das optische Gegenstück zum Erlösertorturm stellt der **Dreifaltigkeitstorturm** von Alewis Frjasin dar, der mit 80 m der höchste Kremlturm ist. Wie die meisten anderen erhielt er im 17. Jh. – als der Verteidigungsaspekt der Festung in den Hintergrund trat – ein auffälliges Zeltdach. Durch eine Brücke ist der Dreifaltigkeitstorturm verbunden mit dem **Kutafja-Turm.** Als einziger der 20 Türme ist er der Kremlmauer ein Stück vorgelagert. Schwer zu verfehlen ist sein roter, durchbrochener Mauerkranz, der wie eine Krone auf dem weißen Sockel ruht.

Auf den wichtigsten Türmen thronen seit den 1930er-Jahren rubinrote Sterne. Sie bestehen aus 6–7 mm dünnem Glas, das von innen erleuchtet wird. Nur zweimal in ihrer Geschichte wurden die Sterne abgeschaltet: im Zweiten Weltkrieg aus Sicherheitsgründen sowie während der Dreharbeiten zum Film „Der Barbier von Sibirien", einem viel beachteten Historiendrama des Regisseurs Nikita Michailkow aus den 1990er-Jahren.

Praktische Infos

Basis-Infos

Öffnungszeiten: tägl. (außer Do) 10–18 Uhr (1.10. bis 14.5. bis 17 Uhr). An Feiertagen (ggf. auch kurz vorher und nachher) sowie bei Staatsbesuchen ist der Kreml gelegentlich geschl.

Kasse: Die Kassen befinden sich im Alexandergarten, zu dem am Kutafja-Turm eine Treppe hinunterführt.

Telefon/Internet: ☎ 495-6953776 (24 Std.), ☎ 495-6970349 (Führungen), ☎ 495-6974611 (Büro). www.kreml.ru.

Informationen: Im Eingangsbereich der Kathedralen und Museen sind Infomaterialien erhältlich.

Foto/Video: Im Innern der Kathedralen und Paläste ist Fotografieren/Videofilmen verboten.

Taschen/Aufbewahrungsstelle: Größere Taschen müssen Sie an der Aufbewahrungsstelle, der sog. *kamera chranenija*, abgeben. Sie befindet sich am Fuße des Kutafja-Turms und ist i. d. R. tägl. (außer Do) 9–18.30 Uhr geöffnet (im Winter ab 10 Uhr). Wer die Rüstkammer und/oder den Diamantenfonds unabhängig vom Rest des Kreml besucht, findet vor Ort eine eigene Aufbewahrungsstelle vor.

Essen & Trinken: In den Sommermonaten verkauft ein kleiner Stand im Kremlpark Eis und Getränke.

Tickets

Da die Situation an den Kassen unübersichtlich ist, sollte man sich bereits im Vorfeld mit den unterschiedlichen Ticketvarianten vertraut machen:

Standardticket: Mit dem Standardticket (Erw. 500 R) können die Kathedralen und der Patriarchenpalast besichtigt werden. Die Bezeichnungen auf den Schildern lauten „Архитектурный Ансамбль Соборной площади" bzw. „The architectural ensemble of the cathedral square".

Ticket für Glockenturm Iwan der Große: Es besteht die Möglichkeit, zur Aussichtsplattform des Glockenturms („Колокольня Ивана Великого", „Ivan the Great Bell Tower") hochzusteigen, allerdings nur in Kombination mit einer (russischsprachigen) Audio-Guide-Führung durch die Ausstellung im Turm (Dauer

45 Min.). Das Ticket kostet 250 R. Der Zutritt zum Turm ist nur sechsmal am Tag möglich: um 10.15, 11.15, 13, 14, 15 und 16 Uhr, von 15.5. bis 30.9. zusätzlich um 17 Uhr. Kinder unter 14 J. haben (auch in Begleitung von Erw.) keinen Zutritt.

Ticket für die Rüstkammer: Die Rüstkammer („Оружейная палата", „Armoury chamber") ist verhältnismäßig klein und kann nicht unbeschränkt Besucher aufnehmen. Einlass ist daher nur viermal am Tag (tägl. außer Do um 10, 12, 14.30 und 16.30 Uhr) – dementsprechend können Tickets (Erw. 700 R) ebenfalls nur viermal am Tag gekauft werden. Der Verkauf beginnt jew. 30 bzw. 45 Min. vorher. Da die Ticketanzahl pro Termin („Séance") begrenzt ist, sollte man sich spätestens zu Beginn der Verkaufszeit an der Kasse einfinden.

Ticket für den Diamantenfonds: Der Diamantenfonds („Алмазный фонд", „Diamond Fund") befindet sich zwar auf dem Gelände des Kreml, ist aber nicht Teil des „Kremlmuseums". Die Tickets (Erw. 500 R) müssen im Ticketpavillon im Alexandergarten an Kasse 4 gekauft werden (ÖZ Kasse: tägl. außer Do 9–12 und 13–16.30 Uhr). Der Eingang zum Diamantenfonds befindet sich wenige Schritte hinter dem Borowizki-Torturm, neben dem Eingang zur Rüstkammer (s. o.). Tägl. außer Do 10–13 und 14–17.20 Uhr geöffnet (besser so früh wie möglich da sein, sonst sind die Tickets evtl. ausverkauft); ☎ 495-6292036. www.gokhran. ru/ru/exhibition.

Führungen

Einige Sehenswürdigkeiten im Kreml können **ausschließlich im Rahmen einer Führung** besichtigt werden, z. B. der Große Kremlpalast inkl. Terem- und Facettenpalast. Diese äußerst sehenswerten (und nicht ganz günstigen) Führungen finden leider sehr selten statt. Am besten fragt man schon vor der Reise nach bei Patriarshy Dom Tours (→ S. 246).

Vom Kreml selbst werden leider nur russischsprachige Führungen für Gruppen (bis 20 Personen) angeboten. Diese kosten 4000 R pro Gruppe (plus pro Person das Eintrittsticket). Englischsprachige Führungen bietet Patriarshy Dom Tours an (→ S. 246).

Durch Moskaus älteste Straßen

Tour 3

Zusammen mit dem Kreml stellt Kitaj-gorod den historischen Kern der Stadt dar. Unzählige alte Kirchen haben Brände und Abrisswellen überlebt. Am Rande des Viertels reihen sich berühmte Bauwerke wie das Bolschoj-Theater, die Duma oder die Geheimdienstzentrale Lubjanka aneinander. Im Süden des Viertels hat 2017 der große Sarjadje-Park eröffnet!

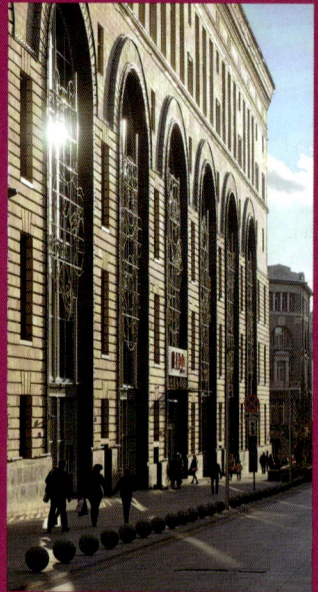

Китай-город

Kitaj-gorod

Seit Langem rätseln Forscher, worauf der Name Kitaj-gorod wohl zurückgeht, einig sind sie sich nur darin: Die wörtliche Übersetzung „China-Stadt" führt in die Irre. Stattdessen bietet die Forschung mehrere Alternativen an, etwa den Verweis auf das altrussische Wort *kita*. Es bezeichnete ein Bündel aus Holzstangen, mit deren Hilfe einst der Befestigungsring um das Viertel angelegt wurde.

Die erste Befestigung, ein einfacher Schutzwall samt Graben, entstand Ende des 14. Jh. 150 Jahre später trat eine steinerne Mauer an ihre Stelle (mehr dazu → S. 196). Heute verläuft hier ein Halbring aus viel befahrenen Straßen, den zahlreiche bedeutende Bauwerke säumen.

Im Innern des Quartiers – dem eigentlichen Kitaj-gorod – konzentrieren sich die historischen Baudenkmäler an drei zentralen Straßen: der Warwarka, der Ilinka und der Nikolskaja. Alle drei führen vom Roten Platz gen Osten und hatten einst bedeutende altrussische Städte zum Ziel.

Spaziergang

Der Spaziergang beginnt an einem dicken runden Turm, dem Nachbau eines Wehrturms, der einst Teil der Mauer von Kitaj-gorod war. Zu erreichen ist er am besten über die Metrostationen Teatralnaja oder Ploschtschad Rewoljuzii (jeweils den Schildern Richt. Площадь Революции folgen).

Wenn Sie das Vestibül der Station verlassen und einige Schritte vortreten, sehen Sie linker Hand einen tiefroten Ziegelsteinbau (1890–92). Er nahm anfangs die Städtische Duma und später das Lenin-Museum auf. Derzeit beherbergt er das **Museum zur Geschichte des Krieges von 1812**. Vor seiner pseudorussischen Fassade erstreckt sich der Revolutionsplatz. In sowjetischen Nachschlagewerken ist es so dargestellt, als sei dieser nach der Oktoberrevolution von 1917 benannt – in Wahrheit trägt er den Namen schon seit der Revolution im Februar: Zehntausende Moskowiter hatten sich währenddessen auf ihm versammelt und gegen das zaristische System demonstriert. Überragt wird der Platz vom gewaltigen Hotel Moskau (→ Tour 1).

Nach rechts fällt Ihr Blick auf die elegante Fassade des **Hotels Metropol**. Geradeaus lockt in der Ferne das säulengeschmückte Portal des **Bolschoj-Theaters**. Nähern Sie sich ihm über den **Theaterplatz**, bis Sie zu einer Bushaltestelle gelangen: Sie ist ein guter Standort, um die Bauten auf der gegenüberliegenden Straßenseite näher zu betrachten.

Rechts flankiert den Platz das **Maly-Theater**, links das Akademische Jugendtheater. Noch weiter links schließt sich das zartgrüne **Haus der Gewerkschaften** an, hinter ihm erhebt sich die **Staatsduma**.

Der Duma den Rücken kehrend, setzen Sie den Weg nach rechts fort, an der Nordfassade des Hotels Metropol entlang, bis rechter Hand ein schneeweißer Torbogen auftaucht: der Eingang zum **Tretjakow-Durchgang**, dem Anlaufpunkt Nummer eins neureicher Russen, die ihr Geld loswerden wollen. Zwischen Torbogen und Hotel haben Teile der alten Stadtmauer die stalinistische Abrisswelle überstanden. Weiter geradeaus, vorbei an einem Denkmal,

das den ersten russischen Buchdrucker Iwan Fjodorow darstellt, und der skurrilen Fassade des Kaufhauses Nautilus, mündet die Straße in den **Lubjanka-Platz**.

Wenn Sie das Kaufhaus Nautilus umrunden, gelangen Sie in die **Nikolskaja ul.**, die seit ihrer Umwandlung in eine Fußgängerzone enorm an Attraktivität gewonnen hat. Die bedeutenden Bauten liegen alle auf der rechten Straßenseite. Am Ende versteckt sich im idyllischen Hof von Haus Nr. 7–9 (→ Foto S. 59) die Kathedrale des Saikonospasski-Klosters.

Ein weiteres Gotteshaus, die **Christi-Erscheinungs-Kathedrale**, liegt im Bogojawlenski per. Er zweigt von der Nikolskaja gen Südosten ab und führt auf das orangefarbene Gebäude der einstigen Börse zu (Nr. 6). Es wurde 1836–39 von Michail Bykowski anstelle einer Kirche errichtet und beherbergt heute die Industrie- und Handelskammer. Rechts daneben stiehlt ihm der **Alte Kaufhof** mit seiner klassizistischen Säulenfassade die Schau.

Am Börsenplatz können Sie wählen: Entweder Sie gehen geradeaus, durch

Alter Telegraf im Polytechnischen Museum

den Rybny per., schnurstracks zum **Sarjadje-Park** und lassen den Rundgang dort ausklingen. Oder Sie verlängern den Spaziergang und biegen links in die Ul. Ilinka ab.

Die Bauten an der Ilinka, der jüngsten Straße Kitaj-gorods, stammen größtenteils von der vorletzten Jahrhundertwende: Banken, Versicherungsgesellschaften und Handelsfirmen leisteten sich damals repräsentative Neubauten. Heute beherbergen diese Ministerien, Gerichte und andere wichtige Institutionen.

Am Ende der Straße gelangen Sie zu einer großen Kreuzung. Wenn Sie dort nach links schauen, sehen Sie auf der gegenüberliegenden Straßenseite einen pseudorussischen Bau, in dem sich das **Polytechnische Museum** befindet (derzeit geschlossen). Sie aber wenden sich nach rechts und schlendern die Straße Staraja pl. hinunter, bis rechts die Ul. Warwarka abzweigt.

Bevor Sie die einzelnen Bauten der **Ul. Warwarka** näher in Augenschein nehmen, lohnt ein Abstecher zum Nikitnikow per. Dort versteckt sich eines der prachtvollsten Gotteshäuser der Stadt: die **Dreifaltigkeitskirche „in Nikitniki"**. Zurück an der Ul. Warwarka, beginnt der letzte Abschnitt der Tour. Er führt Sie die Straße entlang bis zum Roten Platz oder – alternativ – in den **Park Sarjadje** hinein, der sich hinter den Kirchen erstreckt.

Moskau im Kasten
Sarjadje: heute, gestern, vorgestern

Das Gelände, auf dem heute der Sarjadje-Park liegt, hat eine wechselvolle Vergangenheit. Wohl schon im 11. Jh., noch bevor Moskau erstmals in den Chroniken auftauchte, siedelten sich hier Handwerker und einfache Händler an. Den Namen Sarjadje, wörtlich übersetzt „hinter den Reihen", erhielt es im 16. Jh., als am Roten Platz die ersten Handelsreihen entstanden. Bis ins 20. Jh. hinein war das Quartier so dicht besiedelt wie nur wenige andere, was Stalin ein Dorn im Auge war: Er ließ das Viertel abreißen, um an seiner Stelle ein Zuckerbäcker-Hochhaus zu errichten. Der Entwurf dafür entpuppte sich jedoch als überproportioniert und verschwand im Papierkorb. Stattdessen entstand das legendäre Hotel Rossija, das bei seiner Eröffnung im Jahr 1967 das größte Hotel der Welt war. Scharen von Touristen verirrten sich in seinen endlosen Gängen – und genossen zugleich die prestigevolle Lage zum Schnäppchenpreis. 2006 wurde das Hotel geschlossen und anschließend Stück für Stück abgetragen. Für die nächsten elf Jahre verwandelte sich das Areal zunächst in eine riesengroße Brachfläche, dann in eine Baustelle, bevor im Herbst 2017 der neue Park feierlich eröffnet werden konnte.

Rund um die Twerskaja Osten ▲
siehe S. 106/107

E inkaufen (S. 63)
1 Zentrales Kinderkaufhaus
2 Alena Akhmadullina
3 Tretjakow-Durchgang
4 Nikolskaya Plaza
8 Aljonka
9 Pawlopossadskije platki
11 Wologodski len

C afés und Co. (S. 63)
1 Zentrales Kinderkaufhaus
5 Chleb Nassuschtschny
10 Kitajski Ljotschik Dschao Da
13 Gastrozentr Sarjade

R estaurants (S. 62)
6 Godunow
7 Warenitschnaja Nr. 1
12 Woschod

N achtleben
10 Kitajski Ljotschik Dschao Da (S. 221)

Sehenswertes

Музей Отечественной войны 1812 г.

Museum zur Geschichte des Krieges von 1812

200 Jahre nach Napoleons Russland-feldzug hat in Moskau ein Museum er-öffnet, das den glorreichen Sieg der Russen über die Franzosen ausgiebig würdigt. Im Zentrum der Ausstellung steht die große Schlacht bei Borodino, ausführlich beleuchtet werden aber auch die Ursachen und Folgen des französisch-russischen Krieges.

Pl. Rewoljuzii 2/3, Ⓜ Ploschtschad Rewoljuzii. ☎ 495-6923731, www.shm.ru. So–Do 10–18 Uhr, Fr/Sa 10–21 Uhr, letzter Di im Monat geschl. (1.10. bis 31.5. jeden Di geschl.). Eintritt 350 R.

Гостиница Метрополь

Hotel Metropol

Vor einigen Jahren fragten die Veran-stalter der Nacht der Museen beim Ho-tel Metropol an, ob es bereit sei, Besu-cher zu empfangen. Die Leitung ent-schied sich dagegen. Und so blieb der Blick ins Innere ein Privileg der be-tuchten Gästeschar. Entschädigt wer-den die Ausgeschlossenen mit einer fantastischen Jugendstilfassade, die William Walcot mit Unterstützung zahlreicher Künstler gestaltet hat. Prunkstück des Hauses ist das große Mosaik von Michail Wrubel, das die Nordfassade ziert. Begründet und finanziert hat das 1905 eröffnete Hotel der Mäzen Sawwa Mamontow. Während der Revolution von 1917 war es ein Hauptschauplatz der Kämpfe zwischen Rot- und Weißgardisten.

Teatralny pr. 1/4, Ⓜ Teatralnaja. Für mehr Informationen → Übernachten, S. 251.

Für mehr Informationen → Übernachten, S. 251.

Театральная площадь
Theaterplatz

Bis Anfang des 19. Jh. verstreuten sich über das Gebiet des heutigen Theaterplatzes einzelne Adelshöfe. Zwischen ihnen floss weitverzweigt die Neglinnaja, die immer wieder über die Ufer trat. Nach dem Brand von 1812 erhielt Ossip Bowe den Auftrag, aus dem eingeäscherten Viertel beiderseits des Flusses einen repräsentativen Platz zu gestalten.

Heute teilt sich dieser in eine nördliche und eine südliche Hälfte. Südlich der Straße Teatralny pr. zieren den Platz ein Brunnen und ein Denkmal. Die Figuren für den Brunnen, an dem Kutscher früher ihre Pferde tränkten, schuf Iwan Witali. Das 1961 aufgestellte **Denkmal** ist **Karl Marx** gewidmet. Nach dem Zerfall der Sowjetunion gab es Überlegungen, den 8 m hohen Granitklotz von Lew Kerbel zu entfernen. Mit 160 t erwies sich dieser jedoch als zu schwer.

Nördlich der Straße erstreckt sich der bedeutendere Teil des Platzes: Er ist umschlossen von einem Ensemble harmonisch aufeinander abgestimmter Bauten und wird dominiert vom Bolschoj-Theater.

Ⓜ Teatralnaja.

Большой театр
Bolschoj-Theater

Im Oktober 2011 hatte das Warten ein Ende: Nach sechs langen Renovierungsjahren empfing die Hauptbühne des Bolschoj-Theaters wieder Gäste!

Bolschoj-Theater: klassizistischer Säulenbau

Das Moskauer Kulturvolk war erleichtert, dass der Termin diesmal eingehalten wurde – allzu oft war er zuvor schon verschoben worden.

Seitdem die Baugerüste verschwunden sind, ist das Bolschoj-Theater auf dem modernsten Stand der Technik – an seiner Optik aber hat sich so gut wie nichts geändert. Warum auch? Das Bolschoj-Theater zählt zu den prachtvollsten Opernhäusern der Welt. Der Innenraum ist auf fünf Rängen reich mit vergoldetem Stuck und roten Plüschsesseln ausgestattet. Größter Blickfang ist die imposante Zarenloge. Von außen beeindruckt das Bauwerk mit acht mächtigen Säulen und einem Giebel, den eine bronzene Quadriga krönt.

Die Geschichte des Theaters reicht bis ins Jahr 1776 zurück. Damals trägt das Theater noch den Namen Medoks und vereint unter seinem Dach sowohl eine Musik- als auch eine Sprechtheatersparte. 1780 bezieht das Ensemble ein Gebäude am heutigen Standort, das jedoch 1805 in Flammen aufgeht. Nachdem der große Brand von 1812 auch die Umgebung verwüstet, wird Ossip Bowe damit beauftragt, den Theaterplatz neu zu gestalten. Mit der baulichen Veränderung geht eine inhaltliche einher: Die Dramasparte zieht 1824 unter dem Namen Maly-Theater in einen Neubau an der Ostseite des Platzes (s. u.). Das „große" Theater (*bolschoj* = groß) konzentriert sich fortan auf Ballett und Oper und bezieht im Jahr darauf den Prachtbau im Norden des Platzes, der seinerzeit (nach der Mailänder Scala) das zweitgrößte Opernhaus Europas ist. Bei einem Brand 1853 wird er stark beschädigt. Albert Kawos übernimmt den Wiederaufbau.

Nach der Neueröffnung 1856 baut das Bolschoj schrittweise seinen guten Ruf auf. Ob Tschajkowski, Rubinschtejn oder Rachmaninow, sie alle stehen persönlich am Dirigentenpult. Schaljapins

kräftiger Bass erfüllt den Zuschauersaal. Weltberühmte Tänzerinnen wie Galina Ulanowa oder Majja Plissezkaja verzaubern das Publikum.

Teatralnaja pl. 1, Ⓜ Teatralnaja. Für Informationen zu Veranstaltungen im Bolschoj-Theater → S. 214.

Малый театр
Maly-Theater

Der Name des „kleinen" Theaters (*maly* = klein) ist keineswegs Programm: Das Maly zählt zu den populärsten Bühnen von ganz Russland. Seinen Ruhm hat im 19. Jh. der Dramaturg Aleksandr Ostrowski (→ S. 216) begründet, dem vor dem Eingang ein Denkmal gewidmet ist: Der Bildhauer Nikolaj Andrejew präsentierte ihn im Schlafrock, tief in Gedanken versunken.

Teatralny pr. 1, Geb. 1, Ⓜ Teatralnaja. Für Informationen zu Veranstaltungen im Maly-Theater → S. 218.

Дом Союзов
Haus der Gewerkschaften

Das Haus der Gewerkschaften geht zwischen den bombastischen Bauten der Umgebung leicht unter, dabei ist seine Geschichte reich an Ereignissen: Im 19. Jh., als das Haus noch der Moskauer Adelsversammlung gehörte, tanzten Dichter wie Puschkin oder Lermontow auf glanzvollen Bällen. Zar Aleksandr II. kündigte 1856 die bevorstehende Bauernbefreiung an. 1924 wurde hier der Leichnam von Lenin aufgebahrt. Den traurigsten Teil seiner Geschichte erlebte das Haus in den 1930er-Jahren, als in ihm die grausamen Schauprozesse abgehalten wurden.

Ein Großteil der genannten Ereignisse fand im 600 m² großen **Kolonnensaal** statt, dem wohl schönsten klassizistischen Saal von ganz Moskau, den Matwej Kasakow Ende des 18. Jh. schuf. Seinen Namen verdankt er 28

Kitaj-gorod ↓ Karte S. 53

korinthischen, mit Stuckmarmor verkleideten Holzsäulen. Tagsüber ist der Saal nicht zugänglich. Abends finden gelegentlich Konzerte statt.

Ecke Ul. Ochotny Rjad/Ul. Bol. Dmitrowka, Ⓜ Teatralnaja.

Государственная Дума
Staatsduma

Das wuchtige graue Gebäude mit dem sowjetischen Wappen am Giebel dürfte einigen aus dem Fernsehen bekannt sein: Hier sitzt die Duma, das Unterhaus des russischen Parlaments. Errichtet Anfang der 1930er-Jahre von Arkadi Langman für den Rat für Arbeit und Verteidigung, beherbergte der Bau zwischenzeitlich den Rat der Volkskommissare bzw. den Ministerrat sowie die sowjetische Planbehörde.

Tretjakow-Durchgang

Bis heute steht er wie kein zweiter für das „neue Moskau" – diesen wegweisenden Titel gab Juri Pimenow seinem berühmten Gemälde von 1937: Eine Frau sitzt am Steuer eines offenen Wagens und fährt geradewegs auf das Ratsgebäude zu. Zusammen mit dem gegenüberliegenden Hotel Moskau symbolisiert es eine scheinbar lichte Zukunft.

Ul. Ochotny Rjad 1, Ⓜ Ochotny rjad.

Третьяковский проезд
Tretjakow-Durchgang

Dem Bau des Tretjakow-Durchgangs (1870/71) ging ein Fall von Bestechung voraus: Für die Erlaubnis, die Mauer von Kitaj-gorod an dieser Stelle zu durchbrechen, verlangte die Stadt Moskau eine Gegenleistung. Zum Glück waren die Bauherren, die Brüder Pawel und Sergej Tretjakow, nicht gerade arm und konnten einen Teil ihrer Immobilien feilbieten. Realisiert hat das Projekt der Architekt Aleksandr Kaminski. Er baute auf beiden Seiten des Durchgangs ein Gebäude mit einem großen Torbogen. Bei der Gestaltung der Fassade orientierte er sich stilistisch an der Mauer.

Verbindet Nikolskaja ul. und Teatralny pr., Ⓜ Lubjanka.

Лубянская площадь
Lubjanka-Platz

Die Moskowiter lässt die Chiffre Lubjanka bis heute erzittern. Schuld daran ist das ockergelbe Gebäude am Rande des Platzes, das 1897/98 von Aleksandr Iwanow für die Versicherungsgesellschaft Rossija erbaut wurde. 1918 nahm es der sowjetische Geheimdienst in Beschlag, der vermeintliche Staatsfeinde in seinen berüchtigten Gefängnissen verhörte, misshandelte und nicht selten auch tötete.

Symbol des Schreckens war seit 1958 das **Denkmal** für Geheimdienstbegründer **Feliks Dserschinski**, das auf einer Verkehrsinsel in der Mitte des Platzes stand. Bis heute erzählen sich die Moskauer, wie Spitzel durch einen unterirdischen Geheimgang in den Hohlraum des Denkmals gelangten, um von dort die Passanten zu beobachten. Im Zuge der Perestrojka stürzten Demonstranten den „eisernen Feliks" vom Sockel. Heute steht er im Kunstpark Museon (→ S. 137).

Zum Gedenken an die Opfer der Stalin'schen Repressionen haben Menschenrechtsaktivisten am südöstlichen Rand des Platzes einen Findling von den Solowezki-Inseln aufgestellt. Jedes Jahr am 29. Oktober werden hier in einem zwölfstündigen „Marathon des Leids" die Namen all jener Menschen verlesen, die unter Stalin erschossen wurden

Im Nordwesten begrenzt den Platz das legendäre **Detski mir**: ein Kaufhaus für Kinder, das seine Schätze in einem Bauwerk präsentiert, das Erwachsene begeistert. Riesengroße Arkadenfenster zieren die Fassade, im Innern erwartet den Besucher eine prachtvolle Eingangshalle. Nach jahrelanger Sanierung feierte das 1957 eröffnete Traditionshaus 2015 die Neueröffnung. Seitdem ist das Kaufhaus um eine Attraktion reicher: Vom obersten Stock gelangt man auf eine **Aussichtsplattform**, die innerhalb des Moskauer Zentrums einzigartig ist: Nirgendwo sonst sieht man sämtliche Kirchen des historischen Stadtkerns auf einen Blick! Der offizielle Name des Kaufhauses lautet neuerdings übrigens „Zentrales Kinderkaufhaus".

Ⓜ Lubjanka.

Никольская улица
Nikolskaja uliza

Die Nikolskaja ul. verband den Kreml einst mit den Städten Rostow und Jaroslawl. Sie war jahrhundertelang das geistige Zentrum der Stadt.

Alte Apotheke / Аптека Феррейна (Nr. 21): Die Apotheke des Deutschen Karl Verein galt mit ihren Kristallkronleuchtern, Marmortreppen und vergoldeten Vasen als eine der schönsten Apotheken der Welt. Den repräsentativen Neubau, den wir heute vor uns sehen, gab allerdings erst Sohn Wladimir Ende des 19. Jh. in Auftrag. In historistischer Manier vermischte der Architekt Adolf Erichson unterschiedliche Stile, sodass die Fassade sowohl Züge der Neorenaissance als auch des Neobarock trägt. Das Innere ist leider nicht zugänglich.

Ⓜ Lubjanka.

Synodaldruckerei / Синодальная типография (Nr. 15): Die verspielte Fassade der ehemaligen Synodaldruckerei (1810–14) zieren Säulen und Fantasiefiguren, zwei Sonnenuhren sowie Fenster im neogotischen Stil. Entworfen wurde sie von Aleksej Bakarew und Iwan Mironowski. Die beiden Architekten hatten die Ehre, ihr Gebäude an einem historischen Ort zu errichten: Genau hier, in einem der Vorgängerbauten, hatte Iwan Fjoforow 1564 das erste russische Buch gedruckt! Von den Bauten aus der Zeit Fjodorows ist nichts erhalten. Im (leider nicht zugänglichen) Hof aber befindet sich das älteste erhaltene bürgerliche Haus Moskaus (1679/80).

Ⓜ Lubjanka, Ploschtschad Rewoljuzii.

Ehemaliges Nikolauskloster / Бывший Никольский монастырь (Nr. 11): An der Stelle von Haus Nr. 11 befand sich vom 14. bis zum 20. Jh. das Nikolauskloster, nach dem sowohl die Straße als auch ein Kremlturm benannt ist. Heute erinnert daran nur der Glockenturm, der in das blassgrüne Gebäude an der Straßenfront integriert ist.

Ⓜ Lubjanka, Ploschtschad Rewoljuzii.

Kathedrale des Saikonospasski-Klosters / Собор Заиконоспасского монастыря (Nr. 7–9, im Hof): Nur selten schaffen es Moskauer Kirchen in die

Tagespresse, im Juli 2008 war es so weit: Um 5 % soll sich der Turm der Kathedrale geneigt haben. Der Grund: In unmittelbarer Nähe fanden unterirdische Bauarbeiten statt. Wie früher ist die Kathedrale heute wieder Teil des Saikonospasski-Klosters. Es wurde im Jahr 1600 von Zar Boris Godunow gegründet und nahm 1687–1814 die sog. Slawisch-Griechisch-Lateinische Akademie auf. Diese war die erste höhere Lehranstalt Russlands und quasi Vorläufer der Moskauer Universität. Vor einigen Jahren wurde an der Straßenfront der rot-weiße Glockenturm wieder aufgebaut.

Ⓜ Ploschtschad Rewoljuzii.

Богоявленский собор
Christi-Erscheinungs-Kathedrale

Die Kathedrale mit dem kräftigen rosafarbenen Anstrich wurde etappenweise im 17. Jh. erbaut. Nicht zu übersehen sind die typischen Merkmale des Naryschkin-Barock: der aus weißen Ziegeln gemauerte Fassadenschmuck, die in sechs Flächen unterteilte Goldkuppel sowie der Aufbau mit einer (unteren) Winter- und einer (oberen) Sommerkirche. Bei Restaurierungsarbeiten stießen Archäologen vor einigen Jahren auf die Überreste einer Vorgängerkirche: Sie wird ins Jahr 1342 datiert und gilt damit als eine der ersten Steinkirchen der Stadt. Das **Kloster**, zu dem die Kathedrale einst gehörte, war mit Gründungsjahr 1296 sogar das zweitälteste von ganz Moskau.

Bogojawlenski per. 2, Geb. 4, Ⓜ Ploschtschad Rewoljuzii.

Гостиный двор
Alter Kaufhof

Das blassblaue Klassizismus-Wunder mit den korinthischen Säulen entstand Anfang des 19. Jh. unter Leitung des italienischen Architekten Giacomo Quarenghi und bot bis zu 760 Geschäften Platz. Seit den 1990er-Jahren ist der Kaufhof um eine Attraktion reicher: Der fast 12.000 m² große Innenhof erhielt das größte freitragende Glasdach Europas. Denkmalschützer sind von ihm alles andere als begeistert, denn statt eine eigenständige Tragstruktur zu errichten, legte man es auf das historische Gemäuer. Heute finden im Kaufhof vor allem Messen statt.

Häuserblock zw. Ul. Warwarka, Chrustalny per., Ul. Ilinka und Rybny per., Ⓜ Ploschtschad Rewoljuzii.

Политехнический музей
Polytechnisches Museum

Ein Holzkühlschrank aus dem 19. Jh., das erste Periodensystem von Mendelejew oder die erste sowjetische Atombombe aus dem Jahr 1951: Das Polytechnische Museum widmet sich der Technikgeschichte. Der Museumsbau entstand in mehreren Etappen zwischen 1875 und 1907 und vereint aufgrund der langen Bauzeit unterschiedliche Stile in sich: Während man die beiden ersten Gebäudeteile im neo-altrussischen Stil des 17. Jh. errichtete, orientierte man sich beim dritten Gebäude an Elementen des Jugendstils. Berühmt ist das Museum nicht zuletzt für sein großes Auditorium, in dem einst aufsehenerregende Lesungen von Dichtern wie Jewgeni Jewtuschenko oder Bulat Okudschawa stattfanden. Noch bis mindestens 2019 ist das Museum geschlossen. Ein Teil der Ausstellung wird ersatzweise auf dem WDNCh-Gelände gezeigt (→ S. 152).

Nowaja pl. 3/4, Eing. 1 (Gebäudemitte), Ⓜ Kitaj-gorod, Lubjanka, ☎ 495-6250614, www.poly mus.ru.

Церковь Троицы в Никитниках
Dreifaltigkeitskirche „in Nikitniki"

Der Kaufmann Grigori Nikitnikow war so reich, dass ihn selbst der Zar um

Finanzspritzen bat. Nur jemand wie er konnte im 17. Jh. eine Kirche finanzieren, die in ihrer Pracht denen im Kreml kaum nachsteht. Bemerkenswert ist v. a. der Innenraum: Selten sind Fresken und Ikonen so gut erhalten, selten treten sie in einer derart beeindruckenden Fülle auf. Ihr Urheber ist u. a. Simon Uschakow, Hofmaler von Zar Aleksej I. Sein Atelier befand sich in einem roten Steinhaus in Sichtweite der Kirche, das bis heute erhalten ist (Ipatjewski per. 12).

Nikitnikow per. 3, Ⓜ Kitaj-gorod, www. nikitniki.ru. In der Regel tägl. geöffnet. Eintritt variiert.

Улица Варварка
Uliza Warwarka

Die älteste erhaltene Straße Moskaus begeistert Besucher mit einem Sammelsurium aus Kuppeln und Türmen, die scheinbar nahtlos ineinander übergehen.

Kirche des Hl. Georg / Церковь Георгия Победоносца (Nr. 12): Auf den ersten Blick scheinen Kirche und Glockenturm nicht zueinanderzupassen – und das hat einen Grund: Die rot-weiße Kirche mit den vier blauen Kuppeln wurde Mitte des 17. Jh. errichtet und ist vom Barock geprägt. Der ebenfalls rot-weiße Glockenturm kam rund 150 Jahre später hinzu und trägt klassizistische Züge.

Ⓜ Kitaj-gorod.

Haus der Romanow-Bojaren / Палаты бояр Романовых (Nr. 10): Oft ist zu lesen, im Haus der Romanow-Bojaren sei 1596 der spätere Zar Michail I. geboren. Dies aber ist eine Legende. Das heutige Gebäude wurde erst 1674 und damit lange nach dem Tod des Zaren errichtet. Nur die Fundamente stammen aus früherer Zeit, als die Romanow-Familie hier ein ausgedehntes Anwesen besaß, doch vom Geburtshaus des Zaren stammen auch diese nicht.

Verschnaufpause im Hinterhof

Mitte des 19. Jh. ließ Aleksandr II. das Gebäude aufwendig renovieren, mit einem geräumigen Holzaufbau versehen und darin eines der ersten Moskauer Museen eröffnen. Heute führt die Ausstellung in die Lebensumstände des russischen Adels im 16. und 17. Jh. ein.

Ⓜ Kitaj-gorod, ☏ 495-6981256, www.shm.ru/museum/pbr. Do–Mo 10–18 Uhr, Mi 11–19 Uhr, erster Mo im Monat geschl. Eintritt 350 R.

Kathedrale des Snamenski-Klosters / Собор Знаменского монастыря (Nr. 8 a): Die neuerdings leuchtend rot getünchte Backsteinkirche war Teil eines Klosters, das Zar Michail I. 1631 auf dem Gelände des Familienanwesens gründete (s. o.). Errichtet wurde sie Ende des 17. Jh. mithilfe von Leibeigenen. Der etwas abseits stehende rosa-weiße Glockenturm (Nr. 8) entstand rund hundert Jahre später (1784–89).

Ⓜ Kitaj-gorod.

Kirche des Hl. Maksim / Церковь Максима Исповедника (Nr. 4): Die kleine, weiße Kirche stammt aus dem Jahr 1698 und ist mit barocken Fensterumrahmungen geschmückt. Der zartgelbe Glockenturm aus dem Jahr 1829, wegen seiner leichten Neigung auch „fallender Turm" genannt, ist vom Empire geprägt. Ebenso wie die berühmte Basilius-Kathedrale auf dem Roten Platz ist die Kirche nach einem hier beerdigten Gottesnarren benannt.

Ⓜ Kitaj-gorod.

Alter Englischer Hof / Старый Английский двор (Nr. 4 a): Knapp hundert Jahre war das schlichte weiße Steinhaus in den Händen der Engländer. Schuld daran war eine Irrfahrt: Englische Schiffe suchten einen Seeweg nach Indien, liefen jedoch 1553 an der nördlichen Dwina-Mündung auf Grund. Der Kapitän machte sich auf den Weg nach Moskau, wo er mit Iwan IV. zusammentraf. Dieser schenkte den Engländern als offiziellen Sitz das Haus an der Warwarka: die erste ausländische Botschaft Moskaus! Schon Mitte des 17. Jh. kam es jedoch zu diplomatischen Verstimmungen und das Haus wechselte den Besitzer. Heute erinnert ein kleines Museum an die russisch-englischen Beziehungen. Spannend ist aber auch das Haus selbst: Es ist einer der ältesten erhaltenen weltlichen Bauten Moskaus.

Eing. auf der von der Straße abgewandten Seite, Ⓜ Kitaj-gorod, Ploschtschad Rewoljuzii, ☎ 495-6060353, www.mosmuseum.ru. Di/Mi und Fr–So 10–18 Uhr, Do 11–21 Uhr, letzter Fr im Monat geschl. Eintritt 200 R (100 R für Wechselausstellungen).

Kirche der Hl. Barbara / Храм Варвары Великомученицы (Nr. 2): Mit den korinthischen Säulen und der Rotunde als Kuppel ist die lachsfarbene Kirche von Rodion Kasakow (1796–1804) ein typisches Beispiel des Moskauer Klassizismus. 2007 entdeckten Archäologen das steinerne Fundament der Vorgängerkirche, die Alewis Nowy 1514 erbaut hatte.

Ⓜ Kitaj-gorod.

Park Sarjadje: große Wiese und fantastische Blicke

Парк Зарядье

Sarjadje-Park

Dass dieser Park überhaupt existiert, ist ein kleines Wunder. Als das Hotel Rossija, das bis 2006 auf dem Gelände der heutigen Grünanlage stand, abgerissen wurde, ging jeder davon aus, dass an seiner Stelle teure Hotels und Einkaufszentren entstehen würden – immerhin handelte es sich um den teuersten Baugrund von ganz Moskau! Doch es kam anders. Und es kam gut: Mitten in der Stadt gibt es nun eine Grünanlage, mit Blick auf Kreml und Basilius-Kathedrale. Eine große Wiese, auf der man sich lang machen kann. Ein Stück Leben in einer Gegend, die lange leblos war. Selbst wer Moskau gut kennt, hat den Kreml noch nie aus dieser Perspektive gesehen! Und auch die vielen Kirchen an der Ul. Warwarka kommen endlich richtig zur Geltung!

Landschaftlich gesehen ist der Park eine Art Russland in Miniaturform. Er teilt sich in die vier **Landschaftszonen**, die das Land prägen: Wald, Steppe, Grasland und Tundra. Es ist eine künstlich erschaffene Welt. Und sie wirkt – zumindest für Kenner der Stadt – noch künstlicher, weil aufgeschüttete Hügel das ursprüngliche Landschaftsrelief vollkommen verändert haben.

Der neue Park ist aber nicht nur ein Park, er ist – wie sollte es anders sein in dieser Stadt der Superlative – ein Erlebnisparcours: Im **Flugsimulator** gleiten Sie dank parabolischem Bildschirm über die russische Hauptstadt, im Panoramakino reisen Sie mit einer **Zeitmaschine** in die russische Vergangenheit und in der **Eishöhle** zittern Sie auch im Hochsommer bei Minusgraden.

Besonders hervorzuheben sind zwei architektonische Highlights: Von der **schwebenden Brücke**, einer 70 m langen

Kitaj-gorod → Karte S. 53

Aussichtsplattform in Form eines „V", die stützenlos über der Moskwa schwebt, hat man einen herrlichen Blick auf den Kreml. Nicht weniger beeindruckend ist die neue **Philharmonie:** Auf ihrem begehbarem Dach wurden subtropische Sträucher gepflanzt. Sie können dort auch im Winter überleben, weil sich über ihnen eine gigantische Glaskruste wölbt, unter der es das ganze Jahr über mollig warm ist.

Neben den neuen Bauten sind auch alte Gemäuer in den Park integriert: Da ist zum einen die **Kirche der Hl. Anna an der Ecke,** die jahrelang ein Schattendasein hinter großen Bauzäunen fristete und jetzt wieder ihren anmutigen Charme zeigen kann. Zum anderen ist ein Teil der **Mauer von Kitaj-gorod** zu sehen. Sie wurde bereits Anfang des 16. Jh. gebaut, war 6 m hoch, ebenso breit, und insgesamt 2,5 km lang. Ihr Erscheinungsbild veränderte sich im Laufe der Zeit mehrfach: Im 17. Jh. kamen Wehrtürme hinzu, im 19. Jh. die Zinnen. Dann, in den 30er-Jahren des 20. Jh., stand die Mauer Stalins Umgestaltungsplänen im Weg und wurde fast vollständig dem Erdboden gleichgemacht. Ein übrig gebliebener Abschnitt begrenzt den Park heute auf seiner Ostseite.

Nicht zuletzt dient der Park aber auch der Weiterbildung: Im **Florarium** können Sie tropische Pflanzen bestaunen, im **Museum** archäologische Funde aus Sarjadje aus dem 14. bis 18. Jh. und in der sog. **Kuppel** lernen Sie mehr über das Viertel Sarjadje und die Entstehung des Parks.

Ul. Warwarka 6 (zw. Ul. Warwarka, Moskworezkaja ul., Moskworezkaja nab. u. Kitajgorodski pr.), Ⓜ Kitaj-gorod, ☎ 495-4020111, www.zaryadyepark.ru. 24 Std. geöffnet, Eintritt frei.

Flugsimulator (Полёт, im Medienzentrum): Mo 14.30–19.30 Uhr, Di–So 11–19.30 Uhr, Eintritt 790 R, Kinder (zugelassen ab 6 J. bzw. ab 1,20 m) 150 R.

Zeitmaschine (Машина времени, im Medienzentrum): Mo 15–19 Uhr, Di–Fr 11–19 Uhr, Sa/So 11–19.20 Uhr, Eintritt 600 R.

Eishöhle (Ледяная пещера): Tägl. 10.30–20.30 Uhr, Eintritt 200 R. (man liest täglich, dass sie kurz vor der Eröffnung steht... lass uns noch ein paar Tage warten)

Florarium (Флорариум): Tägl. (außer Mo) 10–20 Uhr, Eintritt 150 R.

Sarjadje-Museum (Музей): Tägl. 10–20 Uhr (Zugang ab 10.20 Uhr alle 20 Minuten, letztes Mal 19.40 Uhr), Eintritt 100 R.

Kuppel (Купол): Tägl. 10–20 Uhr, Eintritt frei.

Medienzentrum (Медиацентр): Tägl. 10–20 Uhr.

Im Medienzentrum befinden sich die **Kassen für sämtliche Angebote** des Parks. Außerdem gibt es hier eine **Touristeninformation!**

Essen und Trinken: Auf dem Parkgelände befinden sich das Restaurant Woschod und das Selbstbedienungsrestaurant Gastrozentr Sarjadje (→ S. 62/63). Zwei Cafés haben außerdem an der neuen Uferpromenade eröffnet, die über eine Unterführung am Museum erreicht werden kann.

Einkaufen: Im Medienzentrum ist ein netter Souvenirladen (tägl. 9–21 Uhr).

Praktische Infos

→ Karte S. 53

Essen & Trinken

Restaurants

★★★★ Godunow Ⓖ, ausgewiesene Touristenhochburg mit Folkloreprogramm und deutscher Speisekarte, in dem schon Helmut Kohl die russische Küche genoss. Das Klostergewölbe aus dem 17. Jh. teilt sich in mehrere Säle, deren Wände traditionell bunt bemalt sind. Tägl. 12–24 Uhr. Teatralnaja pl. 5/1 (Eing. im Durchgang neben dem Turm, zu erkennen am bunten Torbogen), Ⓜ Ploschtschad Rewoljuzii, ☎ 495-6984480, ☎ 495-6984490, www.godunov.net.

★★★ Woschod ⓬, so naheliegend und doch einzigartig in Moskau – ein Restaurant, das

Gerichte aus sämtlichen ehemaligen Sowjetrepubliken anbietet: ukrainischen Borschtsch und kasachische Manty, usbekischen Plow und moldauischen Mamalyga-Brei. Tägl. 12–24 Uhr. Ul. Warwarka 6 (im Park Sarjadje), Ⓜ Kitajgorod, ✆ 495-5310430, http://rappoport. restaurant/restaurant/voshod. ∎

** **Warenitschnaja Nr. 1** ❼, russische Küche zu günstigen Preisen, mehr dazu → S. 285. Mo–Fr 8–24 Uhr. Nikolskaja ul. 11/13, Geb. 2, Ⓜ Ploschtschad Rewoljuzii.

Cafés und Co.

Kitajski Ljotschik Dschao Da ❿, → Nachtleben, S. 221.

Chleb Nassuschtschny ❺, vollgestopfte Bücherregale und viel helles Holz laden dazu ein, mehr als nur einen Kaffee hier zu trinken! Mehr dazu → S. 285. Mo–Fr 7–23 Uhr, Sa/So 8–23 Uhr. Nikolskaja ul. 8/1, Ⓜ Lubjanka, Ploschtschad Rewoljuzii.

Snacks

Zentrales Kinderkaufhaus ❶, im obersten Stock sind sämtliche Fast-Food-Ketten Moskaus auf einem Fleck versammelt (siehe unten).

Gastrozentr Sarjadje ⓭, laut Werbung ein „moderner Food-Court" mit acht „Gourmet-Inseln". Etwas unübersichtlich, aber günstiger als das Restaurant Woschod. Tägl. 12–21 Uhr. Ul. Warwarka 6 (im Park Sarjadje), Ⓜ Kitajgorod, http://zaryadyegastrocenter.ru.

Einkaufen

Souvenirs

Auf dem Revolutionsplatz verkaufen Stände die allseits bekannten Souvenirs.

Pawlowopossadskije platki ❾, die berühmten russischen Tücher mit den großen Blumen gibt es hier ganz frisch aus der Fabrik. Tägl. 11–21 Uhr. Wetoschny per. 9 (Passage, Untergeschoss), Ⓜ Ploschtschad Rewoljuzii, www.platki.ru.

Wologodski len ⓫, modischen Schick lassen die Leinenprodukte aus der russischen Stadt Wologda vermissen, dafür haben sie eine lange Tradition und eine robuste Qualität. Neben Kleidung gibt's Handtücher, Tischdecken und Bettwäsche. Tägl. 10–20 Uhr. Alter Kaufhof (s. o.), Eing. Ul. Ilinka (Gebäudemitte), www.linens.ru.

Kulinarisches

Aljonka ❽, viele bunte Bonbons in knallig buntem Umfeld! Mit den altmodischen Süß-

Gastrozentr Sarjadje

warenläden der Vergangenheit hat Aljonka nichts mehr gemein, die Bonbons aber schmecken so gut wie früher! Witziges Detail: Die farbenfrohen Tapeten setzen sich aus vielen unterschiedlichen Bonbonpapieren zusammen! Tägl. 9–22 Uhr. Nikolskaja ul. 4/5, → Ploschtschad Rewoljuzii, www.uniconf.ru.

Mode

Alena Akhmadullina ❷, die Kollektionen der russischen Designerin orientieren sich mal an den 1920er-, mal an den 1970er-Jahren – was bleibt, ist ihre Vorliebe für märchenhafte Motive. Tägl. 11–22 Uhr. Nikolskaja ul. 25, → Lubjanka, www.alenaakhmadullina.ru.

Kaufhäuser/Einkaufspassagen

Zentrales Kinderkaufhaus (früher: Detski mir) ❶, wer glaubt, im größten Kinderkaufhaus Russlands russisches Spielzeug kaufen zu können, der wird enttäuscht. Einen Großteil der Fläche nimmt die britische Kette Hamley's in Beschlag und die verlangt saftige Preise. Eine Puppe, die es bei Amazon Deutschland für 35 Euro gibt, kostet hier glatt das Sechsfache! Insgesamt ist das Kaufhaus aufgrund der schlechten Beschilderung sehr unübersichtlich. Ein Blick ins Innere lohnt daher mehr aus architektonischer Sicht. Tägl. 10–22 Uhr. Teatralny pr. 5/1, Ⓜ Lubjanka, www.cdm-moscow.ru.

Nikolskaya Plaza ❹ die von Kempinski betriebene Edelpassage hat u. a. Philipp Plein und den russischen Designer Igor Guljajew im Angebot. Tägl. 10–22 Uhr. Nikolskaja ul. 10, Ⓜ Lubjanka, www.nikolskayaplaza.ru.

Tretjakow-Durchgang ❸, hier kauften in den 1990er-Jahren schon die sog. Neuen Russen ein. Bis heute eine der ersten Adressen der Stadt. Tägl. 11–22 Uhr. Mehr dazu → S. 56.

Im einstigen Adelsviertel
Tour 4

Ein Kunstmuseum von Weltruf, überragt vom größten orthodoxen Gotteshaus Europas: Damit beginnt der Spaziergang durch Chamowniki. Fortgesetzt wird er im einstigen Adelsviertel, das mit zeitloser Eleganz begeistert.

- **Christi-Erlöser-Kathedrale**, das größte orthodoxe Gotteshaus Europas, S. 66
- **Puschkin-Museum für Bildende Künste**, westeuropäische Klassiker von Rembrandt bis Renoir, S. 68
- **Ul. Pretschistenka**, auf den Spuren des Moskauer Adels, S. 64

Хамовники
Chamowniki

Lange war Chamowniki ein sehr schönes, aber unlebendiges Viertel. Kaum Geschäfte, keine Clubs, nur wenige Orte zum Einkehren. Das hat sich geändert. Mit jedem Jahr haben sich mehr Cafés und Restaurants hier angesiedelt, sowohl in den verträumten Seitengassen als auch an den beiden zentralen Straßen des Viertels: der Ostoschenka und der Pretschistenka.

Die Ostoschenka entstand bereits im 14. Jh. als Teil des Weges von Kiew nach Wladimir. Südlich von ihr zogen sich Wiesen und Weiden zum Fluss hinunter. Das russische Wort für Heuschober *(stog)* findet sich bis heute im Straßennamen wieder. Die Pretschistenka diente seit dem 16. Jh. als Verbindungsweg zum Neuen Jungfrauenkloster (→ S. 149). Eine dort aufbewahrte Ikone *(pretschistaja*, „allerreinste")* gab der Straße im 17. Jh. ihren Namen.

Das Umfeld der beiden Straßen wird oft unter dem Begriff Adelsviertel zusammengefasst. Er kam im späten 18. Jh. auf, als sich viele Aristokraten in der Gegend niederließen und sie mit eleganten Villen schmückten. Heute residieren darin Museen, Galerien und vor allem viele Botschaften.

Spaziergang

Der Rundgang beginnt an der Metrostation Kropotkinskaja. Egal, welchen Ausgang Sie nehmen: Sie werden nicht lange suchen müssen, um die gigantische **Christi-Erlöser-Kathedrale** zu entdecken. Nach der Besichtigung haben Sie die Wahl: Nach rechts (mit dem Rücken zum Haupteingang der Kathedrale stehend) führt der Weg zum sog. Museumsdorf. Sein Höhepunkt ist das **Puschkin-Museum für Bildende Künste**, das die Klassiker der westeuropäischen Kunstgeschichte präsentiert, von Rembrandt bis Renoir. Weniger bekannte Maler aus Russland lernen Sie im **Rjorich-Museum** sowie in der **Galerie Glasunow** kennen.

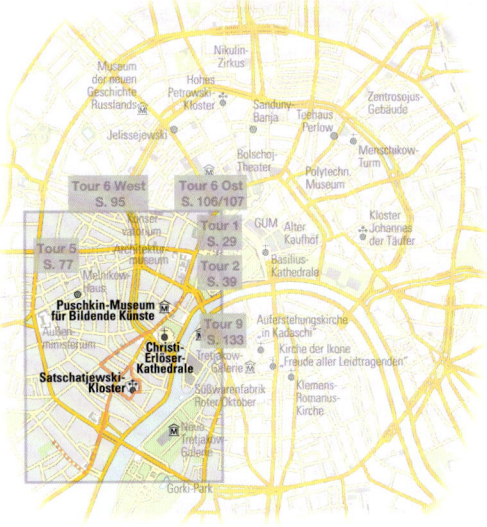

Wer auf den Kunst-Abstecher verzichtet, wendet sich nach links, überquert die große Kreuzung, und geht in die Ul. Pretschistenka hinein, eine der elegantesten Straßen von ganz Moskau.

Das weiße Steinhaus am Anfang der Pretschistenka stammt aus dem 17. Jh. und ist eines der ältesten der Umgebung. Auf seinen Stufen liegen manchmal frische Blumen. Sie erinnern an den Menschenrechtsanwalt Stanislaw Markelow und die Journalistin Anastassija Baburowa, die im Januar 2009 auf dem Gehweg kaltblütig ermordet wurden. Im weiteren Verlauf säumen wunderschöne Villen die Straße. Gleich mehrere beherbergen Museen und Galerien. Literaturliebhaber steuern das **Puschkin-** und/oder das **Tolstoj-Museum** an, Kunstfreunde treffen weiter hinten auf die **Galerie Surab Zereteli** und den **Ausstellungssaal der Russischen Akademie der Künste**. Zwischen ihnen liegen Schmuckstücke wie das Haus Nr. 20, dessen Fassade mit Muscheln, Adlern und nicht zuletzt einem wunderschönen schmiedeeisernen Balkon dekoriert ist. Im 20. Jh. war es Schauplatz einer stürmischen Liebesgeschichte: Der junge Dichter Sergej Jessenin lebte hier mit seiner Muse, der fast 20 Jahre älteren Tänzerin Isadora Duncan.

Gut 100 m hinter Haus Nr. 20 zweigt nach links der Setschenowski per. ab. Er führt zur Ul. Ostoschenka, in die Sie links abbiegen. Nach einigen Metern fällt Ihr Blick auf ein Haus mit Türmchen (Nr. 21). Im ersten Moment erinnert es an ein mittelalterliches Schloss in Miniaturform. Tatsächlich hat Lew Kekuschew mit ihm aber ein frühes Beispiel des Moskauer Jugendstils realisiert (1901/02). Erst vor Kurzem wieder hergestellt wurde das Markenzeichen des Architekten: die 3 m hohe Löwenskulptur auf dem Giebel (*lew* = Löwe). Wenige Schritte weiter lädt das **Moskauer Haus der Fotografie** mit dem **Multimedia Art Museum** zu sehenswerten Ausstellungen ein.

Direkt gegenüber biegen Sie rechts ab, sodass Sie geradewegs auf den Eingang des **Satschatjewski-Klosters** zulaufen. Nach der Besichtigung umrunden Sie es entlang seiner Mauer (2-j Satschatjewski per.), bis Sie auf den Molotschny per. stoßen. Dort wenden Sie sich nach rechts und am Ende erneut nach rechts, bis Sie wieder an der Ul. Ostoschenka angelangt sind, in die Sie nun nach links abbiegen.

An der Ostoschenka treffen Sie bald darauf auf ein **Museum**, das den Dichter **Iwan Turgenew** ehrt. Ihm gegenüber liegt die Linguistische Universität. Zahlreiche Plaketten an der Fassade erinnern an berühmte Studenten, etwa den Schriftsteller Iwan Gontscharow oder den Schweizer Kommunisten Fritz Platten.

Das letzte Ziel ist das sog. Proviantlager an der Ecke zum Gartenring, das seit einigen Jahren das **Moskau-Museum** beherbergt. Durch eine Unterführung gelangen Sie auf die andere Straßenseite und damit zum Eingang der Metrostation Park kultury.

Zum Abschluss bietet sich ein Abstecher zu dem wohl schönsten Wohnhausmuseen Moskaus an. Gehen Sie dafür geradeaus weiter, bis rechter Hand die farbenfrohe Nikolauskirche „in Chamowniki" auftaucht (→ S. 170). Die Straße, die hinter ihr nach rechts abzweigt, führt zum Tolstoj-Wohnhaus (→ S. 176).

Sehenswertes

Храм Христа Спасителя
Christi-Erlöser-Kathedrale

Ähnlich wie die Dresdner Frauenkirche ist die Christi-Erlöser-Kathedrale erst vor wenigen Jahren wiederauferstanden – im Unterschied zur Frauenkirche wurde ihr Ursprungsbau jedoch nicht von Bomben zerstört, sondern auf Befehl von Stalin 1931 gesprengt: Der Diktator plante an ihrer Stelle den gigantischen Sowjetpalast (→ Kasten).

Der Wiederaufbau erfolgte in den 1990er-Jahren weitgehend originalgetreu. Die weiße Fassade schmücken wie einst bogenförmige Fenster und Tore, speerförmige Kokoschnik-Ornamente sowie zahlreiche Skulpturen, die Motive aus dem Alten Testament und der russischen Geschichte darstellen. Das Innere der Kathedrale ist auf einer Fläche von 22.000 m² mit Fresken ausgemalt.

Moskau im Kasten
Vom höchsten Gebäude der Welt zum beliebtesten Schwimmbad der Stadt

Der Ort, an dem sich heute die Christi-Erlöser-Kathedrale erhebt, hat eine bewegte Geschichte hinter sich. Bis in die 1930er-Jahre hinein stand hier der Vorgängerbau der Kathedrale. Stalin ließ ihn sprengen, um an seiner Stelle den Palast der Sowjets zu errichten. Dieser sollte nicht nur das höchste Gebäude der Welt werden, er sollte eine neue architektonische Ära unter sowjetischem Stern einläuten. Die ersten Pläne von Boris Iofan sahen einen 415 m hohen Symbolbau der Superlative vor, bekrönt von einer überdimensionalen Arbeiterstatue. Im Verlauf der Planungen trat an ihre Stelle eine Lenin-Statue, deren Höhe auf dem Papier auf bis zu 100 m anwuchs! 1937 begannen die Bauarbeiten am Fundament. Technische Probleme und der einsetzende Krieg versetzten dem Projekt jedoch schon bald den Todesstoß. Ein neuer Wettbewerb verlief nach dem Krieg im Sande. In die bereits ausgehobene Baugrube zog ein öffentliches Freiluftschwimmbad ein. Die Hauptstadtbewohner nahmen das neue Angebot rege an. Nur das nahe gelegene Puschkin-Museum für Bildende Künste beäugte seinen Nachbarn mit Argwohn: Die hohe Luftfeuchtigkeit, so die Sorge, könne den Kunstwerken Schaden zufügen.

Der Ursprungsbau der Kathedrale entstand im Verlauf des 19. Jh. und war quasi ein Gemeinschaftsprojekt der Romanow-Zaren: Beschlossen hat den Bau Aleksandr I. (1801–25), der mit dem Gotteshaus seinen Triumph über Napoleon krönen wollte. Baubeginn war unter Nikolaj I. (1825–55), der den heutigen Standort wählte und sich für den Architekten Konstantin Thon entschied. Der Großteil der jahrzehntelangen Bauarbeiten fiel in die Regierungszeit von Aleksandr II. (1855–81). Geweiht hat die Kathedrale 1883 schließlich Aleksandr III. (1881–94).

Heute ist die Kathedrale das zentrale Gotteshaus der russisch-orthodoxen Kirche. Weltweit bekannt geworden ist sie im Februar 2012 durch den Skandalauftritt der Frauen-Band Pussy Riot. Ihre Mitglieder führten vor dem Altar ein „Punk-Gebet gegen die Allianz von Staat und Kirche" auf und wurden dafür später zu hohen Haftstrafen verurteilt. Im Keller der Kathedrale soll sich, so erzählen die Moskauer, übrigens ein Bordell befinden.

Ul. Wolchonka 15, Ⓜ Kropotkinskaja, www.xxc.ru. Di–So 10–17 Uhr, Mo und nach Feiertagen 13–17 Uhr, Gottesdienst tägl. 17 Uhr. Eintritt frei. Tickets für Führungen inkl. **Aussichtsplattform** (Mo 13–18 Uhr, Di–Fr 10–18 Uhr, Sa 10–16.30 Uhr, So 12–16.30 Uhr, ca. 75 Min., 250 R) verkauft das Exkursionsbüro auf dem Vorplatz (tägl. 9–13 und 13.45–18 Uhr).

Музей изобразительных искусств им. Пушкина

Puschkin-Museum für Bildende Künste

Das Puschkin-Museum ist nach der Eremitage in St. Petersburg das zweitgrößte Kunstmuseum Russlands und eines der bedeutendsten der Welt. Seinen Ruhm verdankt es v. a. seiner umfangreichen Sammlung westeuropäischer Gemälde vom 8. bis 20. Jh. Besonders stark vertreten sind französische Impressionisten wie Cézanne, Monet oder Renoir. Hinzu kommen Flamen, Holländer und Spanier, darunter Schwergewichte wie Rembrandt, Rubens oder Goya. Einen zweiten Schwerpunkt bildet die Kunst der Antike und des alten Ägypten. Viel Aufmerksamkeit zieht der berühmte Schatz des Priamos auf sich: Heinrich Schliemann grub ihn Ende des 19. Jh. in Troja aus. Nach dem Zweiten Weltkrieg kam er als Beutekunst nach Moskau.

Die Bestände des Museums verteilen sich derzeit auf drei Gebäude entlang der Ul. Wolchonka. In den kommenden Jahren soll das Museum allerdings umfassend modernisiert werden. Wichtigste Maßnahme ist die Renovierung des baufälligen Hauptgebäudes. Darüber hinaus sollen die einzelnen Häuser durch unterirdische Tunnel miteinander verbunden und die Straßen zwischen

Prachtvoll: die Christi-Erlöser-Kathedrale

ihnen in Fußgängerzonen und Grünanlagen umgewandelt werden. Neubauten sollen die Ausstellungs- und Lagerfläche verdreifachen. Die Fertigstellung des Projekts ist bis 2020 geplant.

Hauptgebäude: Das 1912 eröffnete Hauptgebäude wurde von Roman Klejn erbaut. Starken Einfluss auf seine Gestalt nahm zudem Gründungsdirektor Iwan Zwetajew. Der Professor der Moskauer Universität (und Vater der Dichterin Marina Zwetajewa, → S. 81) ließ sich von berühmten Museen der damaligen Zeit inspirieren: Einige Säle gelten z. B. als architektonische Zwillinge von Sälen im Dresdner Albertinum. Ausgestellt sind die Kunst der Antike und des alten Ägypten sowie Gemälde westeuropäischer Künstler bis Anfang des 19. Jh. Die Höhepunkte: Botticellis „Verkündigung" und Rembrandts „Haman und Ahasver beim Gastmahl Esthers" und das „Große Diadem", das Prunkstück des Troja-Schatzes!

Ul. Wolchonka 12, ✆ 495-6979578. Di/Mi/Sa/So 11–20 Uhr, Do/Fr 11–21 Uhr. Eintritt 300 R (Kombiticket mit Galerie für die Kunst Europas und Amerikas 550 R).

Galerie für die Kunst Europas und Amerikas im 19. und 20. Jh.: Der für viele wichtigste Teil des Museums hat 2006 ein eigenes Gebäude bezogen: Den großen Impressionisten und Postimpressionisten steht hier ein ganzes Stockwerk zur Verfügung. Der Rest der Ausstellung widmet sich übrigen Strömungen, von Romantik bis Avantgarde. Nicht versäumen: Renoirs „Weiblicher Akt (Anna)", Matisses „Goldfische" und Monets „Boulevard des Capucines".

Ul. Wolchonka 14 (Eing. Mal. Snamenski per.), ✆ 495-6971546. Öffnungszeiten und Eintritt wie Hauptgebäude.

Museum für Privatsammlungen: Um bedeutende Kunstwerke einzelner Sammler einem breiten Publikum zugänglich zu machen, wurde 1985 das Museum für Privatsammlungen gegründet. Zu sehen sind rund 1500 Werke, darunter etliche von prominenten Russen wie Repin, Serow, Wrubel, Schischkin oder Rodtschenko. Die Ausstellung ist nicht thematisch, sondern nach einzelnen „Spendern" sortiert. Bis 2019 ist das Museum aufgrund von Renovierungsarbeiten geschlossen.

Ul. Wolchonka 10 (Eing. Kolymaschny per.), ✆ 495-6971610.

Für alle Gebäude Ⓜ Kropotkinskaja. www.arts-museum.ru.

Музей им. Рериха

Rjorich-Museum

Schneebedeckte Berggipfel, so weit das Auge reicht: Der Himalaja ist das mit Abstand häufigste Motiv auf den Gemälden von Nikolaj Rjorich (1874–1947). Zahlreiche Reisen hatten den Künstler nach Tibet, China oder in die Mongolei geführt, die letzten zwei Jahrzehnte seines Lebens verbrachte er in Indien.

Mal. Snamenski per. 3/5, Ⓜ Kropotkinskaja, ✆ 926-0748737, www.roerichsmuseum.ru. Di/Fr–So 11–20 Uhr, Mi/Do 12–21 Uhr. Eintritt 200 R.

Галерея Глазунова

Galerie Glasunow

Seine Ausstellungen in Moskau brachen stets Besucherrekorde. Das bestärkte die Stadt 2004 darin, mit Ilja Glasunow (1930–2017) einen Deal abzuschließen: Der Maler überließ ihr mehr als 300 Werke im Wert von rund 600 Mio. $, als Gegenleistung durfte er sie in einer frisch renovierten Villa in allerbester Innenstadtlage präsentieren. Auf das größte Interesse stoßen seine monumentalen Wandgemälde, die bis zu 8 m lang und 4 m hoch sind.

Ul. Wolchonka 13, Ⓜ Kropotkinskaja, ✆ 495-6918454, www.glazunov.ru. Di/Mi/Fr/Sa/So 11–19 Uhr, Do 11–21 Uhr, letzter Fr im Monat geschl. Eintritt 200 R.

Chamowniki → Karte S. 67

Музей Пушкина

Puschkin-Museum

Chronologisch zeichnet die Ausstellung in 15 Sälen das Leben und Werk von Nationaldichter Aleksandr Puschkin nach (→ auch Kasten S. 86). Zu sehen sind Erstausgaben, Briefe, Manuskripte sowie persönliche Gegenstände. Gruseliges Highlight ist der Instrumentenkasten des Arztes, der Puschkin nach einem Duell 1837 Beistand leistete – letztlich erfolglos. Das hellgelbe Säulenpalais im Empirestil haben Afanassi Grigorjew und Domenico Gilardi nach dem Brand von 1812 für die Adelsfamilie Chruschtschow erbaut.

Ul. Pretschistenka 12/2 (Eing. Chruschtschowski per.), Ⓜ Kropotkinskaja, ☎ 495-6375674, www.pushkinmuseum.ru. Di/Mi/Fr/Sa/So 10–18 Uhr, Do 12–21 Uhr, letzter Fr im Monat geschl. Eintritt 200 R.

Музей Толстого

Tolstoj-Museum

Das 1911 gegründete Tolstoj-Museum verteilt sich auf vier Standorte in Mos-kau und Umgebung. Der Schwerpunkt dieser Filiale liegt auf dem umfangreichen Werk des Dichters, nicht fehlen dürfen daher Originalmanuskripte seiner großen Romane. Zu dem schmucken Holzhaus steht Tolstoj in keiner Beziehung: Afanassi Grigorjew hat es 1817–22 für die Familie Lopuchin errichtet.

Ul. Pretschistenka 11/8, Ⓜ Kropotkinskaja, ☎ 495-6377410, www.tolstoymuseum.ru. Mi/Fr/Sa/So 10–18 Uhr, Di/Do 12–20 Uhr, letzter Fr im Monat geschl. Eintritt 300 R.

Галерея искусств Зураба Церетели

Galerie Surab Sereteli

Das Highlight der 2001 gegründeten Galerie ist der Saal „Meine Zeitgenossen": Er enthält Skulpturen und Porträts bekannter Persönlichkeiten, von Juri Luschkow bis Mutter Theresa – alle aus der Hand des umstrittenen Künstlers Surab Sereteli. Der ockerweiße Palast stammt aus den 80er-Jahren des 18. Jh.

Ul. Pretschistenka 19, Ⓜ Kropotkinskaja, ☎ 495-6374150, www.rah.ru, www.tsereteli.ru. Di/Mi/Do/Sa/So 12–20 Uhr, Fr 12–22 Uhr. Eintritt 300 R.

Im einstigen Adelsviertel

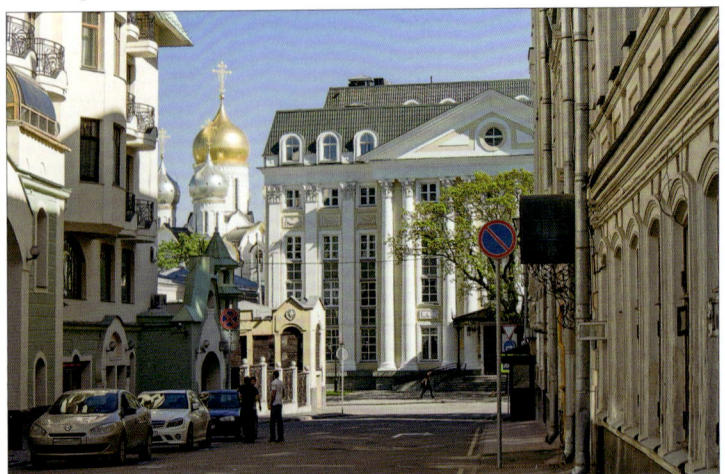

Выставочный зал РАХ

Russische Akademie der Künste – Ausstellungssaal

Der Mäzen Iwan Morosow kaufte 1899 das rosarote Palais, um Freunden und Bekannten darin seine Kunstsammlung zu präsentieren. Das Innere ließ er von Lew Kekuschew aufwendig umgestalten. Nach der Revolution gingen Morosows Bestände in den Besitz des Staates über, der 1919 ein öffentliches Museum einrichtete. Rund 30 Jahre später zog die Akademie der Künste ein, die seitdem Ausstellungen zeigt.

Ul. Pretschistenka 21, Ⓜ Kropotkinskaja, ☎ 495-6372569, www.rah.ru. Di 12–22 Uhr, Mi–So 12–20 Uhr. Eintritt 100 R.

Московский дом фотографии – Мультимедиа Арт Музей

Moskauer Haus der Fotografie mit Multimedia Art Museum

Bei seiner Gründung im Jahr 1996 war das **Haus der Fotografie** das erste Fotomuseum Russlands. Und obwohl ihm mittlerweile etliche Galerien Konkurrenz machen, bleibt es eine wichtige Anlaufstelle für Fotoliebhaber. Das im Oktober 2010 eröffnete Ausstellungsgebäude beherbergt unter seinem Dach außerdem das **Multimedia Art Museum,** das vor puristisch weißen Wänden Video- und Onlinekunst präsentiert.

Ul. Ostoschenka 16, Ⓜ Kropotkinskaja, ☎ 495-6371100, www.mamm-mdf.ru. Tägl. (außer Mo) 12–21 Uhr. Eintritt 500 R.

Зачатьевский монастырь

Satschatjewski-Kloster

Jahrelang war das Klostergelände eine Baustelle und man brauchte viel Vorstellungskraft, um den Charme des Klosters zu erkennen. Mittlerweile sind

Satschatjewski-Kloster

die meisten Bauten restauriert und erstrahlen in neuem Glanz.

Ein erstes Kloster wurde an diesem Standort bereits 1360 gegründet. Es brannte Mitte des 16. Jh. nieder, woraufhin 1584 die Neugründung erfolgte. Unter den Sowjets verlor das Kloster einen Großteil seiner Bauten, darunter die neogotische Hauptkathedrale von Matwej Kasakow (1804–07). Vor Kurzem wurde an ihrer Stelle ein Neubau fertiggestellt, der optisch allerdings keinerlei Parallelen zum Vorgänger aufweist. Das einzige Originalgebäude der Anlage ist die rote Barockkirche über dem Haupttor (1696). Die dritte Kirche der Anlage, Mitte des 19. Jh. von Michail Bykowski errichtet und in den 1930er-Jahren bis zur Unkenntlichkeit umgebaut, erhielt ihr ursprüngliches Aussehen vor einigen Jahren zurück.

2-j Satschatjewski per. 2, Ⓜ Kropotkinskaja, Park kultury, ☎ 495-6951691.

Malerarbeiten an der Ul. Ostoschenka

Музей Тургенева
Turgenew-Museum

Eine bekannte Erzählung von Iwan Turgenew (1818–83) heißt „Mumu", nach ihr hat der Volksmund das Holzhaus seiner Mutter benannt, das dem Dichter häufig Unterschlupf bot. Die Fassade sah bis vor Kurzem noch etwa so aus, wie Turgenew sie beschrieb: grau, mit weißen Säulen und verfallenem, schiefem Balkon. Bei Redaktionsschluss war das Museum, das den Werdegang des Dichters nachzeichnet, aufgrund von Renovierungsarbeiten vorübergehend geschlossen.

Ul. Ostoschenka 37, Geb. 7, Ⓜ Park kultury, ☎ 495-6951078, www.pushkinmuseum.ru.

Музей Москвы
Moskau-Museum

Die drei eingeschossigen Bauten, die Fjodor Schestakow in den 1830er-Jahren nach einem Entwurf von Wassili Stassow errichtet hat, dienten anfangs als Lebensmittellager, zu Sowjetzeiten als Garage. Mittlerweile zeigt das Moskau-Museum in ihnen sehenswerte Wechselausstellungen, v. a. zur Moskauer Stadtgeschichte. (Die Dauerausstellung ist dagegen nur für eingefleischte Moskau-Kenner mit guten Russischkenntnissen interessant.)

Subowski bul. 2 (Eing. Ul. Ostoschenka 48), Ⓜ Park kultury, ☎ 495-7390008, www.mosmuseum.ru. Di/Mi/Fr/Sa/So 10–20 Uhr, Do 11–21 Uhr, letzter Fr im Monat geschl. Eintritt 200 R.

Praktische Infos   → Karte S. 67

Essen & Trinken

Restaurants

*** Akademija 🄴, diese Filiale liegt der imposanten Kathedrale zu Füßen. Italienisch-asiatische Küche, mehr dazu → S. 284. Mo–Fr 8–24 Uhr, Sa/So 10–24 Uhr. Ul. Wolchonka 15, Ⓜ Kropotkinskaja, ☎ 495-6374427.

*** Dom 12 🄶, gemischte Küche, beliebt bei Ausländern. Mehr dazu → S. 223. Tägl. 12–6 Uhr. Mansurowski per. 12, Ⓜ Kropotkinskaja, Park kultury, ☎ 903-9688897, www.dom12cafe.ru.

Mein Tipp *** **Elardschi**  5, erste Wahl, wenn Sie georgisch essen gehen wollen. Im Sommer lauschige Terrasse im Hof, im Winter behagliche Wohlfühlatmosphäre im Innern. Als Vorspeise sollten Sie unbedingt *Pchali* probieren, das sind kleine Gemüsebällchen mit Walnuss und Spinat oder Roter Bete. Auch nicht fehlen dürfen das leckere Käsebrot *Chatschapuri* und als Hauptgericht natürlich: Schaschlik! Mehr dazu → S. 17. Tägl. 12–24 Uhr. Gagarinski per. 15A, Ⓜ Kropotkinskaja, ✆ 495-6277897, www.ginza.ru.

*** **Tiflis** 7, noch ein Georgier in diesem Viertel, diesmal mit einer herrlich weinumrankten Terrasse. Experimente bei der Wahl der Speisen sollte man vermeiden – stattdessen auf das konzentrieren, was die georgische Küche berühmt gemacht hat, z. B. *Chinkali* oder *Zypljonok tabaka* (→ S. 209/210). Tägl. 12–24 Uhr. Ul. Ostoschenka 32, Ⓜ Park kultury, ✆ 499-7669728, www.tiflis.ru.

🍃 *** **Lavka Lavka** 9, köstliche Bio-Gerichte, mehr dazu → S. 284. Mo–Sa 10–22 Uhr, So 10–20 Uhr. Pomeranzew per. 3, Ⓜ Park kultury, ✆ 962-3692641.

** **Miles** 1, hier gibt's Burger und Phở-Bò-Suppe, dazu eine gute Auswahl an Craft Beer. Gut geeignet für Mittagspause oder Feierabendbier. Mo–Do 8–24 Uhr, Fr–So 24 Std. geöffnet. Gogolewski bul. 2, Ⓜ Kropotkinskaja, ✆ 916-8007942, www.facebook.com/Cafe-Miles-Moscow-1768506443428999.

** **Obras schisni** 8, gemütliches Restaurant mit jüdischer Küche. Hauptgerichte enthält die Speisekarte nicht – man isst einfach mehrere Vorspeisen. Besonders zu empfehlen: der israelische Vorspeisenteller mit einer Auswahl köstlicher Kleinigkeiten (850 R). Glutenfreie Gerichte und Gerichte mit Nüssen sind extra gekennzeichnet. Mo–Fr 11–23 Uhr, Sa/So 10–23 Uhr. Ul. Pretschistenka 40/2, Geb. 2, Ⓜ Park kultury, ✆ 499-3808745, www.o-zh.ru.

Cafés und Co.

Café AnderSon 3, Filiale der netten Familiencafé-Kette. Hier nur mit kleiner Spielecke, aber gewohnt schmackhaften Speisen! Mehr dazu → S. 284. Mo–Fr 9–23 Uhr, Sa/So 10–23 Uhr. Gagarinski per. 6, Ⓜ Kropotkinskaja, ✆ 499-2716165.

Chleb Nassuśchtschny 10, seit dem Umzug in ein größeres Gebäude auch für eine längere Mittagspause geeignet. Mehr dazu → S. 285. Mo–Fr 7–23 Uhr, Sa/So 8–23 Uhr. Subowski bul. 11A (Ecke Komsomolski prosp.), Ⓜ Park kultury.

Snacks

Gorjatschi chleb 4, der Kiosk vor der Christi-Erlöser-Kathedrale verkauft Piroggen und Co. zum Schnäppchenpreis. Tägl. 8–13 und 14–20 Uhr.

Einkaufen

Kulinarisches

🍃 **Lavka Lavka** 9, Lavka Lavka wird jedes deutsche Bio-Herz mit Freude erfüllen: Die Kooperative verkauft Lebensmittel russischer Bauern, die nach ökologischen Richtlinien wirtschaften. Der Käufer erfährt en detail, wie, wo und von wem die einzelnen Produkte hergestellt werden. Mo–Sa 10–22 Uhr, So 10–20 Uhr. Pomeranzew per. 3, Ⓜ Park kultury, ✆ 962-3692641, www.lavkalavka.com.

Restaurant Tiflis

Flaniermeile und Mythos
Tour 5

Der Alte Arbat ist die berühmteste
Fußgängerzone Russlands und
Herz des gleichnamigen Viertels.
Straßenmusiker, Porträtzeichner
und Touristen lieben seine
lebendige Gegenwart.
Sentimentale Erinnerungen
umranken die Vergangenheit.

Арбат
Arbat

„Ach Arbat, mein Arbat", seufzt Bulat
Okudschawa ins Mikrofon, „du bist
mein Schicksal, meine Freude bist du
und mein Leid." Wer sich den Chanson
des Liedermachers anhört, spürt die
Trauer um ein Viertel, das dem
Untergang geweiht ist. Als Okudschawa 1959 das Lied über den Arbat
schreibt, ist dessen Schicksal besiegelt:
Quer durch das Viertel wollen die
Stadtplaner eine Schneise schlagen.
Wo bis dahin krumme Gassen vor sich
hin schlummern, ist ein breiter Prospekt vorgesehen, den Rand des **Neuen
Arbat** sollen Hochhäuser zieren.

In den 1960er-Jahren überrollt eine gigantische Abrisswelle das Viertel. Verschont bleibt der **Alte Arbat**, seit dem
14. Jh. die Hauptstraße des Viertels und
– viel wichtiger – seine Seele.

Was den Arbat im Bewusstsein der
Moskowiter so hervorhebt, ist seine
Vergangenheit als Hort einer ganz bestimmten Bevölkerungsstruktur. Ein
langjähriger Moskau-Korrespondent
beschrieb sie als „originelle Mischkul-
tur aus künstlerischem Milieu und kleinen Leuten". Sie habe für eine bestimmte „Lebensart, für eigene Traditionen, eigenen Jargon" gestanden.

Während der Perestrojka wird der Alte
Arbat zum Symbol der neuen Freiheit.
In der ersten Fußgängerzone der Sowjetunion können die Hauptstadtbewohner unbeschwert flanieren. Die Fassaden erhalten einen neuen Anstrich.
Viele Straßenmusiker verbreiten gute
Stimmung. Nicht jeder ist über die Veränderungen glücklich. Zu sehr scheint
der Jahrmarktcharakter das Wesen des
Viertels zu konterkarieren.

Und auch heute gehen die Meinungen
auseinander. Die einen freuen sich über
„westliche" Atmosphäre: Porträtzeich-

ner ziehen Schaulustige an, Backpacker aus den Hostels lassen ihr Geld in Cafés und Souvenirshops und sind froh, dass endlich jemand Englisch mit ihnen spricht. Andere sehen die Schattenseiten: Die meisten Cafés verkaufen Fast Food, die Souvenirshops Massenware vom Fließband. Seelenlos nennen sie den Arbat, ein Viertel, dessen Glanz vergangen ist.

Spaziergang

Folgen Sie in der Metrostation Arbatskaja (dunkelblau) den Schildern к улицам Арбат und steuern Sie draußen auf die auffällig verzierte **Morosow-Villa** zu. Sie säumt die Ul. Woswischenka, die nach rechts zum Kreml führt, vorbei am Moskauer **Architekturmuseum**.

Sie wenden sich allerdings nach links und gehen auf eine große Kreuzung zu. Bevor Sie dort angelangt sind, werfen Sie einen Blick nach rechts in eine kleine Gasse hinein: Sie sehen dort das sog. Mosselprom-Haus. Es ist bekannt für seine Ostfassade (von hier leider nicht zu erkennen), die Aleksandr Rodtschenko und Wladimir Majakowski Anfang der 1920er-Jahre im Stil der Avantgarde bemalt haben.

An der großen Kreuzung geht die Ul. Woswischenka geradeaus in den Neuen Arbat (Ul. Nowy Arbat) über. Sie aber nehmen die Unterführung, halten sich danach etwas links und biegen in den Alten Arbat (Ul. Stary Arbat) ein.

Alter Arbat

Schon nach etwa 200 m sieht man in der Ferne das **Außenministerium**, das mit seiner Zuckerbäckerspitze das gesamte Viertel überragt. Nach weiteren 400 m zweigt nach links der Kaloschin per. ab, der zum **Herzen-Museum** führt. Zurück am Alten Arbat stoßen Sie bald darauf auf eine großen Säulenbau: Er beherbergt das Wachtangow-Theater. Direkt dahinter führt nach rechts der Bol. Nikolopeskowski per. ab, in dem sich das **Skrjabin- Museum** befindet.

Wenn Sie am Alten Arbat einen Blick in die nächste Seitenstraße nach links werfen (den Kriwoarbatski per.), dann entdecken Sie eine bunt bemalte Mauer und davor – wahrscheinlich – ein paar Jugendliche. Die Mauer ist Treffpunkt von Anhängern der Rockband Kino, die während der Perestroika die beliebteste Band der Sowjetunion war. Nachdem Frontmann Wiktor Zoj 1990 im Alter von nur 27 Jahren bei einem Autounfall gestorben war, entstanden solche Wände als Zeichen der Verehrung in vielen russischen Städten.

In der darauffolgenden Seitenstraße (rechts, Spassopeskowski per.) versteckt sich eine kleine Kirche (1711). Bekannt ist sie v. a. durch ein berühmtes Gemälde von Wassili Polenow: Der Wandermaler stellte sie 1878 im Hintergrund seines Gemäldes „Moskauer Hof" dar, das eine dörfliche Idylle inmitten der Stadt abbildet.

Zurück am Alten Arbat treffen Sie auf ein **Denkmal** zu Ehren von **Bulat Okudschawa**. Wenn Sie an ihm vorbeigehen und die nächste Straße nach links abbiegen, gelangen Sie zum auffälligen **Melnikow-Haus**, dessen Hof seit Neuestem für Besucher zugänglich ist.

Am Alten Arbat folgen am Ende noch zwei Literaturmuseen: das türkisfarbene Haus mit der **Puschkin-Wohnung** und das hellgrüne Haus mit dem **Bely-Museum**. Kurz dahinter geht's rechts rein in den Troilinski per., wo die Metrostation Smolenskaja liegt.

Neuer Arbat

Neuer Arbat

Wer auch den Neuen Arbat und das Viertel nördlich von ihm kennenlernen möchte, kommt mit auf die nächste Etappe des Rundgangs. Dafür den Troilinski per. bis zum Ende gehen, dort links, vorbei am Hotel Mercure Arbat, und dann rechts auf den Gartenring, diesem 600 m folgen und wieder rechts abbiegen in die Straße Neuer Arbat.

Was Sie nun vor sich sehen, ist die größte städtebauliche Sünde der Sowjetunion oder – je nach Blickwinkel – das Ergebnis eines interessanten architektonischen Projekts. Insgesamt neun Hochhäuser, alle mindestens 24 Etagen hoch, säumen auf beiden Seiten den breiten Prospekt. Rechts sind die Häuser, die übrigens an aufgeschlagene Bücher erinnern sollen, durch einen 850 m langen Sockelbau verbunden, in dem sich Geschäfte und Restaurants angesiedelt haben. Links ducken sich zwischen den Hochhäusern zweigeschossige Bauten, die u. a. ein Kino und einen Buchladen (→ S. 83) beherbergen.

Folgen Sie dem Neuen Arbat, bis Sie nach 350 m eine Bushaltestelle erreichen. Dort, wo die Passanten heute den breiten Bürgersteig entlanghasten, lag einst das sog. Hundeplätzchen: ein idyllischer Platz, der nach den Hundezwingern des zaristischen Jägerhofes benannt war. Wer alte Bilder von ihm anschaut und sie mit der Gegenwart abgleicht, der versteht erst so richtig, wie grundlegend sich der Arbat in den 1960er-Jahren verändert hat.

Gehen Sie nun durch die Unterführung hinter der Bushaltestelle auf die gegenüberliegende Straßenseite und dort in den Borissoglebski per., wo ein **Museum** die Dichterin **Marina Zwetajewa** ehrt. Am Ende der Straße biegen Sie rechts in die Powarskaja ul. ab – es sei denn, Sie haben Lust auf einen Abstecher in den oberen Teil der Powarskaja, wo mehrere elegante Villen den Weg säumen. Das

edelste Haus der Straße ist die Jugendstilvilla von Lew Kekuschew (1903/04), in der heute die Botschaft von Neuseeland residiert (Nr. 44). Als harmonische Ergänzung stellte Adolf Seligson 1911 das benachbarte Palais fertig, das heute von der deutschen Botschaft genutzt wird (Nr. 46). Am Ende der Straße folgen noch das **Zentrale Haus der Schriftsteller** (Nr. 50) sowie ein prachtvoller Herrensitz (Nr. 52): In diesem „großen, in ganz Moskau berühmten Haus" (1787) siedelte Tolstoj in seinem Roman „Krieg und Frieden" die Familie Rostow an. Nur wenige Schritte von hier entfernt liegt übrigens das Tschaikowski-

Museum. Es ist zwar in Tour 6 integriert (→ S. 93), von hier aber viel besser zu erreichen. Gehen Sie anschließend die Powarskaja zurück.

Hinter dem Borissoglebski per., von dem Sie gekommen sind, stoßen Sie rechts auf ein Denkmal, das dem Literaturnobelpreisträger Iwan Bunin (1870–1953) gewidmet ist. Es steht in einem kleinen Park, der die Hauptstadtbewohner mit einer alten Ulme begeistert: Als eine von wenigen hat sie den Brand von 1812 überlebt.

Kurz bevor Sie wieder den Neuen Arbat erreichen, führt ein Abstecher nach rechts zum ehemaligen Wohnhaus von **Michail Lermontow**, das heute ein **Museum** beherbergt. Durch die Unterführung erreichen Sie die Metrostation Arbatskaja.

Boulevardring

Wer noch immer Lust hat auf mehr, der wendet sich nach rechts und schlendert zum Abschluss den beschaulichen Gogolewski bul. hinunter, den v. a. auf der linken Seite zahlreiche hübsche Villen säumen. Den Boulevard selbst schmückt seit 2007 ein interessantes Denkmal, das an den Literaturnobelpreisträger Michail Scholochow (1905–84) erinnert. Rauchend und gedankenverloren sitzt er in einem Fischerboot, hinter seinem Rücken halten sich mühsam einige Pferde über Wasser. Die in unterschiedliche Richtungen schwimmenden Tiere symbolisieren die im Bürgerkrieg rivalisierenden Roten und Weißen und damit die Spaltung des Landes.

Auf Höhe des Denkmals führt links eine kleine Treppe zu einer Filiale des Moskauer Museums für moderne Kunst, in der wechselnde Ausstellungen stattfinden (Gogolewski bul. 10, Do 13–21 Uhr, Fr–Mi 12–20 Uhr, letzter Mo im Monat geschl., Eintritt 150 R).

Dahinter schließt sich das Fotozentrum der Journalistenunion an (Nr. 8), eine auf Reportagefotografie spezialisierte Galerie, die seit mehr als 30 Jahren vielversprechende Ausstellungen à la World Press Photo zeigt (tägl. außer Mo 11–19 Uhr, Eintritt ab 50 R, www.foto-expo.ru). Am Ende mündet der Boulevard in den Eingangsbereich der Metrostation Kropotkinskaja.

Sehenswertes

Особняк Морозова
Morosow-Villa

„Bislang wusste nur ich, dass du verrückt bist – jetzt weiß es die ganze Welt", seufzte die Mutter von Arseni Morosow, als sie Ende des 19. Jh. sein neues Heim in Augenschein nahm: Die Fassade hatte der Architekt Wiktor Masyrin nach dem Vorbild einer spanischen Villa mit kleinen Muscheln verziert. Das spitzenartige Maßwerk erinnert dagegen an einen Palast im portugiesischen Sintra. Nach dem Tod von Morosow, dem Spross einer reichen Kaufmannsfamilie, wechselte das Haus mehrfach den Besitzer. 1959 zog ein Verband ein, der kulturelle Verbindungen zum Ausland pflegte. Die Villa ist daher auch als Haus der Freundschaft bekannt.

Ul. Wosdwischenka 16, Ⓜ Arbatskaja.

Музей архитектуры
Architekturmuseum

Die Schätze des Museums umfassen nicht nur Modelle, Zeichnungen und Fotos von existierenden Bauwerken Moskaus, sondern auch Entwürfe für nicht realisierte Projekte. Die wechselnden Ausstellungen sind immer sehenswert, ein Schwerpunkt liegt auf der sowjetischen Avantgarde.

Im Innenhof sind Überreste einer Apothekerstube aus dem 17. Jh. erhalten, die den Zarenhof einst mit Kräutern und Honig belieferte. Außerdem sind dort Fragmente des Triumphbogens ausgestellt, der von 1829 bis 1936 auf dem Platz vor dem Weißrussischen Bahnhof stand. Eine Kopie des Triumphbogens steht seit 1968 am Kutusowski prosp. (→ S. 163).

Ul. Wosdwischenka 5, Ⓜ Aleksandrowski sad, ☎ 495-6912109, www.muar.ru. Mi/Fr/Sa/So 11–20 Uhr, Di/Do 13–21 Uhr. Eintritt 250 R.

Außenministerium

Das Zuckerbäcker-Hochhaus war fast fertig, da schaltete sich Stalin höchstpersönlich ein: Ein Turm sollte das Ministerium bekrönen und damit an die Moskauer Tradition anknüpfen. Für Wladimir Gelfrejch und Michail Minkus war der Wille des Diktators Gesetz – und zugleich eine Katastrophe. Nicht nur wurde ihr Entwurf damit verunstaltet, viel schlimmer: Das Stahlskelett war bereits aufgerichtet und vermochte keinen massiven Turm mehr zu tragen. In der Not stellte das Architektenteam lediglich ein Stahlgerippe auf und verkleidete es mit bemaltem Blech. Bis vor einigen Jahren konnte man den Farbunterschied zum Rest der Fassade gut erkennen. (Die heute sichtbare Farbdifferenz geht allerdings auf Restaurierungsarbeiten der letzten Jahre zurück.)

Smolenskaja-Sennaja pl. 32/34, Ⓜ Smolenskaja.

Fußgängerzone Alter Arbat: Showeinlagen für jeden Geschmack

Музей Герцена
Herzen-Museum

Das niedliche Häuschen gehörte einst der Familie von Aleksandr Herzen (1812–70). Heute erinnert ein Museum an den Intellektuellen, der wegen zarenkritischer Äußerungen 1835 verbannt wurde und zwölf Jahre später ins westliche Ausland emigrierte.

Das benachbarte Anwesen (Nr. 25) war im 19. Jh. übrigens ebenfalls im Besitz der Familie Herzen. In den 1990er-Jahren verkaufte es die Stadt an eine jugoslawische Firma, die das ursprüngliche Haus niederreißen ließ. Heute steht an seiner Stelle ein sog. Nowodel, ein auf alt gemachter Neubau, was Denkmalschützern ganz und gar nicht gefällt.

Per. Siwzew Wraschek 27, Ⓜ Arbatskaja, Smolenskaja, ☎ 499-2415859, www.goslitmuz.ru. Di/Fr/Sa/So 11–18 Uhr, Mi/Do 11–21 Uhr. Eintritt 150 R.

Музей Скрябина

Skrjabin-Museum

Wenn das Wohnmuseum von Aleksandr Skrjabin (1872–1915) authentischer wirkt als andere, dann liegt das
vor allem daran, dass die Exponate
nicht nachträglich zusammengesam-
melt wurden: Sie sind nach dem Tod
des Komponisten gar nicht erst fortge-
schafft worden. Zu besichtigen sind u. a.
sein Bechstein-Klavier und seine sog.
Farborgel – eine Vorrichtung, die fla-
ckerndes Licht an die Wand projizierte,
was die Musik untermalen und eine
mystische Atmosphäre erzeugen sollte.

Bol. Nikolopeskowski per. 11, Ⓜ Arbatskaja,
Smolenskaja, ✆ 499-2411901, www.anscriabin.
ru. Mi/Fr/Sa/So 11–19 Uhr, Do 13–21 Uhr, letzter Fr im Monat geschl. Eintritt ab 200 R.

Melnikow-Haus

Памятник Булату Окуджаве

Okudschawa-Denkmal

Der Liedermacher Bulat Okudschawa
(1924–97) hat den Arbat besungen wie
kein Zweiter, kein Text über das Viertel
kommt ohne ein Zitat von ihm aus. Der
Bildhauer Georgi Franguljan stellte den
Barden dar, als mache der sich gerade
auf den Weg zu einem Spaziergang. Die
beiden Bronzebögen hinter ihm symbolisieren zusammen mit Tisch und Bänken einen typischen Arbat-Hof. In die
Rückseite der Bögen sind Liedtexte
eingraviert.

Ul. Arbat, Ecke Plotnikow per., Ⓜ Smolenskaja.

Дом Мельникова

Melnikow-Haus

Ein Haus wie dieses konnte nur in der
kurzen Phase des Konstruktivismus
entstehen: Zwei jeweils dreistöckige
Zylinder schieben sich sanft ineinander, über ihre runde Fassade verteil-
en sich kleine sechseckige Fenster, die
entfernt an Bienenwaben erinnern.
Entworfen wurde diese „Ikone der
Avantgarde" Ende der 1920er-Jahre
von Konstantin Melnikow, der es als
Wohnhaus und Atelier für sich und
seine Familie nutzte. Seit Kurzem
kann das Haus besichtigt werden,
allerdings nur mit Anmeldung. Für
alle zugänglich ist neuerdings der Hof.

Kriwoarbatski per. 10 (im Hof), Ⓜ Smolenskaja,
www.muar.ru. Hof tägl. 10–19 Uhr (Okt. bis
März bis 17 Uhr). Russischsprachige Führung
tägl. (außer So und Mo) um 13 Uhr (rechtzeiti-
ge Anmeldung auf der Internetseite erforder-
lich, 600 R, Reisepass mitbringen).

Мемориальная квартира Пушкина

Puschkin-Wohnung

Weil Puschkin in dem Empirehaus
1831 für einige Monate eine Wohnung
mietete, eröffnete man darin 1986 ein
Museum. Persönliche Gegenstände sind

nicht erhalten. Eine Ausstellung im Erdgeschoss vermittelt dagegen einen Eindruck vom Moskau des frühen 19. Jh. Das Denkmal gegenüber vom Museum zeigt Puschkin mit seiner Frau Natalija.

Ul. Arbat 53 (gleicher Eing. wie Bely-Museum, s. u.), Ⓜ Smolenskaja, ☎ 499-2419295, www. pushkinmuseum.ru. Mi/Fr/Sa/So 10–18 Uhr, Do 12–21 Uhr, letzter Fr im Monat geschl. Eintritt 200 R.

Мемориальная квартира Белого
Bely-Museum

Seinen bekanntesten Roman schrieb Andrej Bely (1880–1934) über „Petersburg". Die ersten 26 Jahre seines Lebens aber verbrachte der Symbolist in einer Wohnung am Moskauer Arbat. Im Jahr 2000 hat darin ein Museum eröffnet. Besonders stolz präsentiert es einen Strampelsack des Dichters, den eine Verwandte dem Museum 1995 vermacht hat.

Ul. Arbat 55 (Eing. im Hof), Ⓜ Smolenskaja, ☎ 499-2417702, www.pushkinmuseum.ru, http://kvartira-belogo.guru.ru. Mi/Fr/Sa/So 10–18 Uhr, Do 12–21 Uhr, letzter Fr im Monat geschl. Eintritt 200 R.

Музей Цветаевой
Zwetajewa-Museum

Es waren turbulente Jahre, die Marina Zwetajewa (1892–1941) im Borissoglebski per. verlebte: Im Jahr des Einzugs, 1914, schlitterte sie in eine lesbische Beziehung, die sie später als „erste Katastrophe ihres Lebens" bezeichnete. 1917 zog ihr Mann auf Seiten der Weißen in den Bürgerkrieg. 1920 starb ihre dreijährige Tochter an Entkräftung. Mit ihrer zweiten Tochter emigrierte Zwetajewa zwei Jahre später ins Ausland. Das Museum erinnert an die persönlichen Lebensumstände der Dichterin ebenso wie an ihr umfangreiches Werk: Von 15 Büchern, die zu ihren Lebzeiten erschienen sind, entstanden elf in die-

sem Haus. Auf der gegenüberliegenden Straßenseite erinnert ein anrührendes Denkmal an die Dichterin.

Borissoglebski per. 6, Ⓜ Arbatskaja, ☎ 495-6953543, www.dommuseum.ru. Tägl. (außer Mo) 12–19 Uhr, Do bis 21 Uhr, letzter Fr im Monat geschl. Eintritt 200 R.

Центральный дом литераторов
Zentrales Haus der Schriftsteller

Diese Villa im „Jugendstil romantischer Prägung" wurde 1889 von Pjotr Bojzow erbaut. Schon bald nach der Fertigstellung zog die Gräfin Aleksandra Olsufjewa ein, die weitverzweigte Bekanntschaften pflegte: Sie empfing nicht nur Moskauer Freimaurer, sondern auch Zar Aleksandr III. höchstpersönlich. Den Literaten gehört das Haus seit 1932. In der Zeit des Tauwetters war es Zufluchtsstätte junger Dichter wie Jewgeni Jewtuschenko und Bulat Okudschawa. Nicht von hier zu sehen ist der neuere und weniger repräsentative Teil des „Hauses an zwei Straßen", der sich der Bol. Nikitskaja zuwendet.

Powarskaja ul. 50, Ⓜ Barrikadnaja.

Музей Лермонтова
Lermontow-Museum

Michail Lermontow (1814–41), neben Puschkin der bedeutendste Vertreter der russischen Romantik, lebte nur wenige Jahre in dem putzigen Holzhaus, doch es waren äußerst produktive Jahre: Noch im Teenageralter verfasste er hier 17 Poeme, drei Dramen und mehr als 200 Gedichte. Wenn er schrieb, dann saß am liebsten im Zwischengeschoss. Dieses ist heute ebenso zugänglich wie die übrigen Räume, die er zusammen mit seiner Großmutter bewohnte.

Ul. Mal. Moltschanowka 2, Ⓜ Arbatskaja, ☎ 495-6915298, www.goslitmuz.ru. Di/Fr/Sa/So 11–18 Uhr, Mi/Do 11–21 Uhr. Eintritt 50 R.

Arbat → Karte S. 77

Außerhalb des Rundgangs

Дом Наркомфина

Narkomfin-Haus

Jahrzehntelang rottete das Narkomfin-Haus vor sich hin, dann setzte es der World Monuments Fund dreimal hintereinander auf die Liste bedrohter Bauwerke – inzwischen wird das Haus restauriert. Als schützenswert gilt es v. a. wegen des dahinterstehenden Gesellschaftsentwurfs: Moissej Ginsburg und Ignati Milinis entwarfen mit ihm Ende der 1920er-Jahre ein sog. Kommunehaus, das bedeutete, dass den Bewohnern (den Mitarbeitern des Volkskommissariats für Finanzen, *Narodny komissariat finanzow*) zum Schlafen kleine Wohneinheiten von 37 m² zugeteilt waren. Den Hauptteil ihrer Freizeit verbrachten sie gemeinschaftlich. Verantwortlich für die laufende Restaurierung ist Alexej Ginsburg, der Enkel des Architekten. Bis 2019 sollen die Bauarbeiten abgeschlossen sein.

Nowinski bul. 25 (im tiefen Hof), Ⓜ Krasnopresnenskaja, www.narkomfin.ru.

Praktische Infos   → Karte S. 77

Essen & Trinken

Restaurants

In der Fußgängerzone Alter Arbat werben unzählige Restaurants um touristische Kundschaft, viele mit zweifelhaftem Ruf. Es lohnt daher ein Abstecher in die Seitenstraßen:

**** Cantinetta Antinori 15, teures Restaurant, für das es lohnt zu sparen – obwohl „nur" italienisch und dazu nicht mal einzigartig: Die Moskauer Cantinetta ist schon die vierte nach Zürich, Wien und Florenz. Gemeinsam ist allen ihre Verbindung zur toskanischen Winzerfamilie Antinori. In das Moskauer Palais aus dem 19. Jh. fügt sich das mediterrane Interieur harmonisch ein. Angenehm auch zum Draußensitzen. Tägl. ab 12 Uhr. Deneschny per. 20, Ⓜ Arbatskaja, Smolenskaja, ☎ 499-2413771, www.novikovgroup.ru, www.cantinetta-antinori.com.

**** Tschemodan 11, ein Restaurant mit sibirischer Küche, das ist eine Besonderheit, selbst in Moskau! Was aber erwartet die Gäste dort? Die Pelmeni sind mit Fleisch vom Yak aus dem Altaj-Gebirge gefüllt. Der sog. Muksun (ein Lachs) kommt aus dem Fluss Jenissej. Und die Nüsse, die das Hirschfleisch garnieren, stammen von sibirischen Zedern. Was Sie auch wählen, gewöhnlich wird es bestimmt nicht sein! Tägl. ab 12 Uhr. Gogolewski bul. 25, Geb. 1, Ⓜ Arbatskaja, Kropotkinskaja, ☎ 495-6953819, www.chemodan-msk.ru.

**** White Rabbit 12, das wohl bekannteste Restaurant Moskaus, das weit über die Grenzen der Stadt hinaus ein Begriff ist. 2016 und 2017 wurde es in die Liste der 50 weltbesten Restaurants gewählt, als einziges russisches Restaurant überhaupt! Seinen guten Ruf hat es Starkoch Wladimir Muchin zu verdanken – nicht zuletzt aber auch der fantastischen Aussicht! So–Mi 12–24 Uhr, Do–Sa 12–2 Uhr. Smolenskaja pl. 3 (Zugang durch das Kaufhaus Smolenski passasch, Tür hinten rechts, Lift in 5. Etage, dort umsteigen in anderen Lift und weiter bis 14. Etage), Ⓜ Smolenskaja, ☎ 495-6622999, www.whiterabbitmoscow.ru.

*** ZDL (Zentralny Dom Literatow) 1, das Restaurant im Zentralen Haus der Künstler ist eine Legende. . Wer wissen will warum, sollte einen Tisch im prächtigen Eichensaal *(dubowy sal)* reservieren: Umgeben von holzgetäfelten Wänden und neogotischen Glasfenstern, haben hier schon etliche Dichter und Diplomaten gespeist. Das Preisniveau ist angesichts des edlen Umfelds mehr als angemessen. Europäisch-russische Küche. Elegante Kleidung erwünscht. Mo–Fr 12–24 Uhr, Sa/So 12–24 Uhr. Powarskaja ul. 50, Ⓜ Barrikadnaja, ☎ 495-6633003, www.restcdl.ru.

🌿** Lavka Lavka 14, köstliche Bio-Gerichte, mehr dazu → S. 284. Tägl. 10–22 Uhr. Plotnikow per. 19/38, Geb. 2 (Ecke Per. Siwzew Wraschek), Ⓜ Smolenskaja, ☎ 968-7611728.

** Warenitschnaja Nr. 1 8, die Wände sind leuchtend gelb, die Gardinen rot-weiß kariert – in dieser Filiale geht es bunt und ungezwungen zu. Mehr dazu → S. 285. Tägl. 10–24 Uhr. Ul. Arbat 29, Ⓜ Arbatskaja, ☎ 499-2411211.

Cafés und Co.

Chleb Nassuschtschny , Filiale der beliebten Chleboteka-Kette. Mehr dazu → S. 285. Mo–Fr 7–23 Uhr, Sa/So 9–22 Uhr. Ul. Arbat 32, Ⓜ Arbatskaja.

Paul 🔳, französische Konditerskaja. Mehr dazu → S. 285. Mo–Fr 7.30–23 Uhr, Sa/So 9–23 Uhr. Ul. Arbat 54/2, Geb. 1 (im Hof), Ⓜ Smolenskaja.

Snacks

Praga (Kulinarija) 🔳, zugegeben, als Tourist ergibt sich selten die Notwendigkeit, eine ganze Torte zu kaufen. Dennoch wäre es unverzeihlich, die Exemplare der Kulinarija Praga zu verschweigen: Sorten wie *Molotschje moloko* stehen im ganzen Land für vollendete Konditorkunst. Wer für Torten partout keine Verwendung findet, der konzentriert sich auf den herzhaften Rest wie Bliny, Salate oder Syrniki. Die Bänke des nahen Gogolewski bul. eignen sich hervorragend für ein Picknick! Tägl. 10–21 Uhr. Ul. Arbat 2/1, Ⓜ Arbatskaja, www.praga.ru.

Einkaufen

Souvenirs

Der Alte Arbat ist in der Moskauer Innenstadt die erste Adresse für Souvenirjäger. Traditionelle Produkte findet man bei alteingesessenen Platzhirschen wie **Arbatskaja lawiza** (Kunsthandwerk, Nr. 27), **Russkaja wyschiwka** (Textilien, Nr. 31), **Jantar Rossii** (Bernstein, Nr. 33) oder **Samozwety** (Schmuck, Nr. 35). Daneben haben sich in den letzten Jahren etliche Souvenirläden mit Klamaukfaktor etabliert, gute Beispiele dafür sind **Mir suwenirow** (Nr. 4) oder **Suwenirgrad** (Nr. 43). In Letzterem gibt es eine große Auswahl an Souvenirs für Kinder: T-Shirts, Matrjoschkas mit Kindermotiven, Schürzen u. a. Die Preise nehmen sich nicht viel. Die Öffnungszeiten variieren, zwischen 11 und 19 Uhr haben alle geöffnet.

Kulinarisches

Aljonka 🔳, Schokolade frisch aus der Fabrik (→ S. 63). Tägl. 9–21 Uhr. Powarskaja ul. 29/36 (Ecke Trubnikowski per.), Ⓜ Barrikadnaja, www.konfetki.ru, www.uniconf.ru.

Lavka Lavka 🔳, auch im Arbat jetzt der beliebte Bio-Laden, mehr dazu → S. 73.

Warenitschnaja Nr. 1

Bücher

Zahlreiche **Bücherstände** säumen die Fußgängerzone Alter Arbat im Westen.

Moskowski Dom Knigi 🔳, seit 1967 ist das „Haus des Buches" ein beliebter Anlaufpunkt für Leseratten. Der Flachbau am Neuen Arbat hat auch eine Abteilung für fremdsprachige Literatur. Mo–Fr 9–23 Uhr, Sa/So 10–23 Uhr. Ul. Nowy Arbat 8, Ⓜ Arbatskaja, www.mosdomknigi.ru, www.mdk-arbat.ru.

Antiquitäten/Antiquariate

Trotz komplizierter Ausfuhrbestimmungen: Die vielen Geschäfte am Alten Arbat und in den Seitenstraßen sind allein zum Stöbern einen Besuch wert, z. B. das Antiquariat **Bukinist** 🔳, das zwischen der Masse an russischen Raritäten auch einige auf Deutsch oder Englisch im Angebot hat (Mo–Sa 11–19 Uhr, Ul. Arbat 36/2, Geb. 1). Einige Stände am Alten Arbat verkaufen – zumeist kitschige – Bilder.

Sonstiges

Vedenina Design 🔳 hier ist (fast) alles aus Holz: Ohrringe, Postkarten, Notizbücher, Lesezeichen – entworfen von der russischen Designerin Lidija Wedenina. Mo–Fr 12–20 Uhr, Sa/So 11–21 Uhr. Ul. Nowy Arbat 19 (Pavillon), Ⓜ Arbatskaja, www.vedeninadesign.com.

Detski mir 🔳, Sie brauchen ein Mitbringsel für Nichten, Neffen, Enkel oder den eigenen Nachwuchs? Dann auf zum Detski mir, in die „Welt der Kinder"! Mit dem „Zentralen Kinderkaufhaus" am Lubjanka-Platz (das ebenfalls als Detski mir bekannt ist) hat dieses Kaufhaus nichts gemein. Und es hat den großen Vorteil, dass die Preise um einiges günstiger sind. Tägl. 9–23 Uhr. Ul. Woswischenka 10, Ⓜ Arbatskaja, www.detmir.ru.

Arbat → Karte S. 77

Shoppen, feiern und flanieren
Tour 6

Die Twerskaja uliza ist die zentrale Achse der russischen Metropole. Sie zieht sich vom Kreml in Nordwestrichtung durch die Innenstadt. In den Vierteln links und rechts von ihr pulsiert das hauptstädtische Leben: Kultur auf der einen Seite, Konsum auf der anderen.

- **Villa Rjabuschinski**, feinster Moskauer Jugendstil, S. 90
- **Patriarchenteich**, lauschiger Rückzugsort im Herzen der Millionenmetropole, S. 91
- **Jelissejewski**, einkaufen in prachtvoller Umgebung, S. 99
- **Museum sowjetischer Spielautomaten**, Reise in die kommunistische Vergangenheit, S. 105

Окрестности Тверской
Rund um die Twerskaja

Mit der Gründung von St. Petersburg im Jahr 1703 gewann der Weg nach Nordwesten an Bedeutung – und mit ihm die Twerskaja ul., die alte Handelsstraße, die im 12. Jh. als Verbindung in die Stadt Twer entstanden war. Wenn die Zaren aus St. Petersburg fortan zur Krönung nach Moskau reisten, dann war die Twerskaja ihre Bühne. Ihren Status als Prestigemeile hat sie seitdem nicht verloren.

Die Kommunisten verordneten der Straße im 20. Jh. eine Rundumerneuerung: Ihr Verlauf wurde begradigt, ihre Breite verdoppelt. Monumentale Fassaden setzen sie seitdem repräsentativ in Szene. Heute ist die Twerskaja eine viel befahrene Hauptverkehrsstraße und bei den Moskowitern mehr als beliebt. Hier flanieren sie, hier geben sie ihr Geld aus, und wenn große Feste anstehen, dann gehört das Pflaster ihnen.

Das Umfeld der Twerskaja erschließt ein langer Spaziergang, der sich in zwei Etappen teilt: Die erste führt gen Westen, ins intellektuelle Herz der Stadt. Das Zentrum der Moskauer Konsumwelt liegt östlich der Twerskaja und wird auf Etappe 2 erkundet. Obwohl die Spaziergänge aneinander anschließen, ist es aufgrund ihrer Länge nicht zu empfehlen, beide an einem Tag zu machen.

1. Etappe: Westlich der Twerskaja

Im Gebiet zwischen Twerskaja ul. und Arbat, administrativ dem Rayon Presnja zugeordnet, lebten einst viele Dichter, Künstler, Schauspieler und Musiker. Etliche Wohnhausmuseen halten die Erinnerung an sie bis heute aufrecht. Auf den Konzert- und Theaterbühnen lebt das kulturelle Erbe des Viertels allabendlich fort. Und in den Cafés und Kneipen vergnügt sich die russische Großstadt-Boheme. Vor allem die Gegend rund um den Patriarchenteich hat sich in ein regelrechtes Szeneviertel verwandelt.

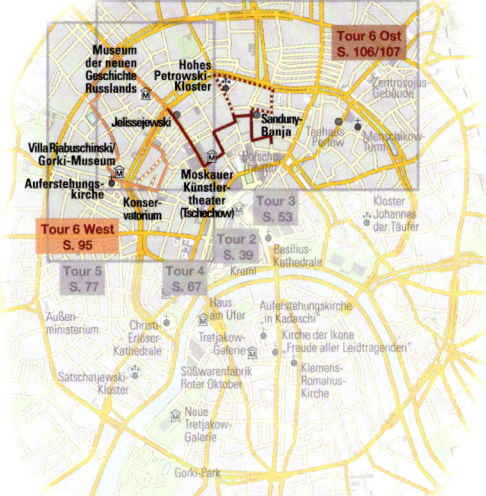

Spaziergang

Startpunkt der Tour ist der Twerskoj bul., der älteste und für viele schönste Abschnitt des **Boulevardrings.** Zu erreichen ist er am besten über die Metrostation Twerskaja (den einzigen Ausgang Richtung к Тверскому бульвару nehmen). Sie liegt an einer großen Kreuzung, dem **Puschkin-Platz.**

Den mit Linden bepflanzten Boulevard säumen feudale Villen, darunter das beliebte Café Puschkin (Nr. 26 a, links), das Geburtshaus von Aleksandr Herzen (Nr. 25, rechts) und das hellgelbe Gebäude des Puschkin-Theaters (Nr. 23, rechts). Ihm gegenüber schob sich in den 1970er-Jahren ein monumentaler Block aus dunklem Tuffstein zwischen die pastellfarbenen Fassaden: das Moskauer Künstlertheater (Gorki, Nr. 22, links).

Hinter dem Theater geht es links in die Gasse Schwedski tup. hinein. Es lohnt aber, den Boulevard vorher noch etwas weiter entlangzuschlendern. Sie treffen dort auf ein anrührendes Denkmal des Dichters Sergej Jessenin (1895–1925), auf das **Jermolowa-Museum** (Nr. 11, rechts), das zu einer Reise in die russische Theatergeschichte einlädt, und auf eine Filiale des Moskauer Museums für moderne Kunst (Nr. 9, rechts; Do 13–21 Uhr, Fr–Mi 12–20 Uhr, letzter Mo im Monat geschl., Eintritt 150 R).

Im Schwedski tup. gehen Sie am Ende rechts, dann links und wieder rechts in den Wosnessenski per. hinein. Er wird überragt vom roten Backsteinbau der anglikanischen Kirche (Nr. 8). Richard Knill Freeman baute sie 1882–84 im Stil der viktorianischen Neogotik. In das eiserne Gitter arbeitete er Symbole des Vereinigten Königreichs ein: die Rose von England, die Distel von Schottland und das Kleeblatt von Irland. Am Ende der Straße steht die Kleine Auferstehungskirche.

Biegen Sie an der Kirche rechts in die Bol. Nikitskaja ab – nicht aber, ohne vorher einen Blick auf das **Konservatorium** zu werfen, das der Kirche schräg *links* gegenüberliegt! Es ist schon deshalb nicht zu verfehlen, weil aus irgendeinem Fenster fast immer musikalische Kostproben ins Freie dringen.

An der Bol. Nikitskaja folgen auf den nächsten 300 m vier weitere Bauten bzw. Museen, die Sie beachten sollten: Zunächst zweigt nach rechts eine schmale Gasse in einen Hof ab, in dem sich die **Galerie Art4** versteckt. Auf der linken Straßenseite schließt sich gleich darauf das Majakowski-Theater an, ein dunkelrotes Eckhaus, das Konstantin Terski und Fjodor Schechtel 1885/86 im russischen Stil errichtet haben. Wieder auf der rechten Seite führt kurz darauf der Leontjewski per. zum **Stanislawski-Museum**. Direkt dahinter folgt das markante Gebäude der Nachrichtenagentur Itar-Tass (1977) (→ Foto S. 205): Die Fenster mit den abgerundeten Ecken sollen an Fernsehbildschirme erinnern, das vorgelagerte Hauptportal schmückt eine bronzene Weltkugel. Darunter prangt in großen Lettern der Schriftzug TASS, so der Name des Nachrichtenorgans bis Anfang der 1990er-Jahre.

Hinter dem Itar-Tass-Gebäude stoßen Sie auf den Platz Nikitskije worota. Nach links entführt Sie der Nikitski bul. zum **Gogol-Museum** und zum **Orientmuseum**. Geradeaus erhebt sich die gelbe **Auferstehungskirche**.

Wenn Sie rechts an der Kirche vorbeigehen, gelangen Sie in die Ul. Mal. Nikitskaja. Auf Höhe der Kirche zweigt nach rechts die Ul. Spiridonowka ab. Gleich am Anfang steht die **Villa Rjabuschinski**, das Aushängeschild des Moskauer Jugendstils, in deren Räumen sich das **Gorki-Museum** befindet. Wenige Schritte hinter ihr teilt sich die Straße. Wenn Sie sich rechts halten und der Ul. Spiridonowka noch einige Meter folgen, treffen Sie auf der linken Seite auf das schlossähnliche **Morosow-Haus** (Nr. 17). Der Rundgang aber führt dort, wo sich die Straße teilt, nach rechts in einen kleinen Weg hinein, der Sie zur schönen Mal. Bronnaja ul. bringt. Biegen Sie dort links ab und folgen Sie der Straße bis zum **Patriarchenteich**. Bekannt geworden ist dieser durch Bulgakow, der ihm mit seinem Kultroman „Der Meister und Margarita" ein unvergessliches Denkmal setzte. Bulgakow-Fans nehmen daher jetzt wie Romanheld Berlios auf einer der Bänke Platz – „das Gesicht dem Teich, den Rücken der Mal. Bronnaja zugekehrt" – und holen die Pflichtlektüre aus der Tasche.

Moskau im Kasten
Poet des Volkes: Aleksandr Puschkin

Aleksandr Puschkin ist ein Nationaldichter im wahrsten Sinne des Wortes. Jeder kennt ihn, jeder liebt ihn, niemand stellt seinen Status ernsthaft in Frage. Ein russischer Witz unterstreicht das. Er lautet: „Welches bedeutende Ereignis war 1799? – Puschkin ist geboren. – Und was war 1812? – Puschkin war 13 Jahre alt." Dass im gleichen Jahr die Franzosen in Moskau einmarschierten und die Stadt zum Großteil in Flammen aufging: nebensächlich. Moskau – die Stadt, in der Puschkin geboren und aufgewachsen ist, in der er geheiratet hat und in die er immer wieder zurückkehrte – zelebriert das Gedenken an den Dichter besonders intensiv. Gemeint sind nicht (nur) die beiden Museen, die ihm und seinem Werk gewidmet sind (→ S. 70, 80). Gemeint ist die Omnipräsenz seines Namens. Ihn tragen u. a. ein Platz, eine Uferstraße und eine Metrostation, ein Theater und ein Kino, ein Kunstmuseum, ein Café und ein Spracheninstitut. Hinzu kommen Denkmäler, Büsten und Gedenktafeln in unüberschaubarer Zahl. Im Westen sind Puschkins Werke (u. a. „Eugen Onegin", „Ruslan und Ljudmila", „Der Gefangene im Kaukasus") weniger bekannt als die der großen Realisten Tolstoj und Dostojewski. Für Nichtrussen ist daher schwer zu ermessen, *wie* tief Puschkin im Volk verwurzelt ist. Aber testen Sie selbst: Bitten Sie einen x-beliebigen Russen um ein Puschkin-Zitat. Sie werden es kriegen. Sofort. Garantiert.

Am Patriarchenhaus zweigt nach Nord-osten der Jermolajewski per. ab, in dem Sie auf eine weitere Filiale des Mos-kauer Museums für moderne Kunst treffen (Nr. 17). Auf 800 m² zeigt sie sehenswerte Ausstellungen (Do 13–21 Uhr, Fr–Mi 12–20 Uhr, dritter Mo im Monat geschl., Eintritt 250 R). Über die nächste Querstraße nach links gelan-gen Sie zum Gartenring. Dort setzen Sie den Spaziergang nach rechts fort und erreichen nach wenigen Schritten er-neut einen Bulgakow-Schauplatz: das Haus Nr. 10, in dem der Dichter (unter der fiktiven Hausnummer 302 b) den Teufel Woland ansiedelte und in dem er selber einige Jahre lebte. Heute erin-nern gleich zwei Museen an Roman und Autor: ein staatliches, das **Bulga-kow-Museum,** sowie ein privates, das **Bulgakow-Haus.**

Boulevardring

Weiter geradeaus, stoßen Sie auf den **Triumphplatz.** Seit der Verkehr hier vor einigen Jahren unter die Erde verbannt wurde, ist der Platz wieder voller Leben. Überdimensionale Schaukeln laden Kinder wie Erwachsene dazu ein, sich in luftige Höhen zu schwingen!

Für die letzte Etappe des Spaziergangs biegen Sie rechts in die Twerskaja ul. ab. Dieser folgen Sie so lange, bis auf der rechten Straßenseite ein knallrotes Empire-Palais vom Ende des 18. Jh. auftaucht. Anfangs residierte in ihm der Englische Club, dem 500 Mitglieder der Moskauer Aristokratie angehörten. 1924 zog das **Museum der neuen Ge-schichte Russlands** ein. Zum Schluss bummeln Sie die Twerskaja noch ein paar Schritte hinunter, bis Sie erneut am Puschkin-Platz landen.

Sehenswertes

Бульварное кольцо
Boulevardring

Man nehme zehn Sandwege, pflanze an ihrem Rand Blumen, Büsche, Bäume an, schmücke die Wege mit Bänken, Denkmälern und kleinen Spielplätzen und reihe sie im Halbkreis aneinander: Voilà, fertig ist der Boulevardring! Er ist insgesamt gut neun Kilometer lang und wurde Ende des 18. Jh. anstelle der ehe-maligen Stadtmauer angelegt (→ S. 196). Leider unterbrechen immer wieder gro-ße Kreuzungen den Weg, sodass ent-spannte Spaziergänge nur auf Teilab-schnitten möglich sind.

Пушкинская площадь
Puschkin-Platz

Der Puschkin-Platz ist der wichtigste Verkehrsknotenpunkt der Moskauer Innenstadt: Mit dem Boulevardring und der Twerskaja ul. treffen hier zwei zen-trale Achsen aufeinander, drei kreuzen-de Metrolinien spülen pausenlos Men-schen ans Tageslicht. Einheimische

Rund um die Twerskaja (Westen) → Karte S. 95

nennen den Platz daher gern das „Gehirn" oder auch das „wirkliche Zentrum" der Stadt. In seinen heutigen Ausmaßen entstand er in den 1930er-Jahren, nachdem an seiner Stelle ein Kloster aus dem 17. Jh. zerstört worden war.

Mittelpunkt des Platzes ist das **Puschkin-Denkmal**, das wohl beliebteste und bekannteste Denkmal von ganz Moskau. Enthüllt wurde es bereits 1880, damals noch auf der gegenüberliegenden Seite der Straße. Damit die Sonne den Nationaldichter besser anstrahlen kann, so heißt es, wurde er 1950 an seinen heutigen Standort versetzt.

Ⓜ Puschkinskaja, Tschechowskaja, Twerskaja.

Konservatorium

Музей Ермоловой

Jermolowa-Museum

Prächtige Stuckdecken, kitschige Blumentapeten und gehäkelte Deckchen erzeugen auf drei Etagen eine wohlige Behaglichkeit und zugleich die Ahnung: So konnte nur wohnen, wer hoch verehrt wurde, jemand wie Marija Jermolowa (1853–1928), die große Schauspielerin. Als sie 1889 das hübsche Haus am Boulevardring bezog, hatte sie bereits große Erfolge gefeiert. Unter den Kommunisten erhielt sie als erste die begehrte Auszeichnung „Volkskünstlerin". Das Museum führt in die Moskauer Theaterwelt ein und zeichnet anschaulich die Vita der Aktrice nach.

Twerskoj bul. 11, Ⓜ Twerskaja, ☎ 495-6905416, www.gctm.ru. Fr–So 12–19 Uhr, Mi/Do 13–21 Uhr, letzter Fr im Monat geschl. Eintritt 300 R.

Московская консерватория

Konservatorium

Bis zuletzt trotzte das Konservatorium allen Tendenzen von Globalisierung und Modernisierung: Die Sitzbänke waren hart wie Stein. Vom Geländer blätterte der Putz ab. Und in der Pause gab's nicht Prosecco und Brezeln, sondern *Schampanskoje* und Weißbrot mit Kaviar. 2010 war Schluss damit: Der Große Saal – das 1901 eröffnete Prachtstück des Hauses – schloss zwecks Renovierung seine Türen. Der ehrgeizige Plan: Schon ein Jahr später, zum Tschajkowski-Wettbewerb, sollte er wieder eröffnet werden. Ob der neue Glanz den verschlissenen Charme von früher wettmachen kann, darüber herrscht geteilte Meinung. Fest steht: Das Konservatorium war, ist und bleibt Anlaufpunkt Nummer eins für Liebhaber klassischer Konzertmusik. Hier treten russische wie internationale Größen auf, hier werden Premieren der Stars von morgen gefeiert.

Seinen Ruhm verdankt das 1866 eröffnete Konzerthaus in erster Linie Pjotr Tschajkowski. Der große Komponist unterrichtete mehr als 20 Jahre am Konservatorium und trat natürlich auch persönlich auf. Vor dem Eingang erinnert ein Denkmal von Wera Muchina an ihn. In das Gitter dahinter arbeitete sie Noten aus seinen Werken ein.

Ul. Bol. Nikitskaja 13/6, Ⓜ Biblioteka imeni Lenina. Für Informationen zu Veranstaltungen im Konservatorium → S. 214. Mit vorheriger Anmeldung steht Besuchern ein kleines **Museum** offen (Mo–Fr 12–17 Uhr, ✆ 495-6299098).

Галерея АРТ4

Galerie ART4

Als der Millionär Igor Markin 2007 seine private Galerie eröffnete, hatte er ein Ziel vor Augen: Sie sollte sich vom staatlichen Kunstbetrieb positiv abheben. Und das tat sie. Wenn der ehemalige Bauunternehmer einmal in der Woche seine Galerie für das Publikum öffnete, strömten die Besucher in Scharen herbei – auch deshalb, weil sie bei Markin zugleich Juroren waren: An die Kacheln der Toilettenwände durften sie Kommentare kritzeln, mit Aufklebern das beste und das schlechteste Bild markieren. Mittlerweile ist die wilde Anfangszeit Geschichte. Noch immer aber zeigt die Galerie interessante Ausstellungen bekannter wie unbekannter Künstler.

Chlynowski tup. 4, Ⓜ Twerskaja, ✆ 499-1365656, www.art4.ru. Mo–Fr 11–19 Uhr, Eintritt frei.

Музей Станиславского

Stanislawski-Museum

Konstantin Stanislawski (1863–1938), Regisseur, Schauspieler und Mitinitiator des Moskauer Künstlertheaters, ist Begründer einer viel beachteten Schauspieltheorie: ein Gefühl nicht nur darstellen, sondern tatsächlich haben – das war sein Anspruch, der bis heute

viele Anhänger hat. Herzstück des Hauses, in dem Stanislawski die letzten 17 Jahre seines Lebens verbrachte, ist der Oneginsaal: Er ist benannt nach der Tschajkowski-Oper „Eugen Onegin", deren Premiere 1922 in ihm stattfand.

Leontjewski per. 6 (Eing. im Hof), Ⓜ Twerskaja, ✆ 495-6292442, www.mxatmuseum.com. Mi 12–19 Uhr, Do 11–21 Uhr, Fr 13–21 Uhr, Sa/So 11–18 Uhr, letzter Do im Monat geschl. Eintritt 250 R.

Музей Гоголя

Gogol-Museum

Das Museum zeichnet das Leben und Werk des Dichters Nikolaj Gogol (1809–52) nach. Im Zentrum steht dabei seine Moskauer Periode, die zugleich seine letzte war. Schon als Gogol 1848 an den Boulevardring zog, steckte er in einer tiefen Schaffenskrise. Vier Jahre später starb er im Alter von 42 Jahren an den Folgen strengen Fastens. Gogols Gram und seine Verzweiflung hat der Bildhauer Nikolaj Andrejew in dunkle Bronze gegossen: Mit hängenden Schultern und gesenktem Kopf hüllt sich der Schriftsteller frierend in einen Mantel. Diese ehrliche, aber wenig heroisierende Darstellung kam nicht überall gut an: Seinen ursprünglichen Platz, den Gogolewski bul., musste das Denkmal in den 1950ern deshalb räumen.

Nikitski bul. 7 a, Ⓜ Arbatskaja, ✆ 495-6914547, www.domgogolya.ru. Di/Mi/Fr 12–19 Uhr, Do 14–21 Uhr, Sa/So 12–18 Uhr, letzter Di des Monats geschl. Eintritt 200 R.

Музей Востока

Orientmuseum

Das Museum zeigt (Alltags-)Kunst aus dem Orient, womit schwerpunktmäßig große Länder wie Indien, Iran, Japan und China gemeint sind. Zu sehen sind neben Gemälden, Grafiken und Skulpturen auch schöne Teppiche und Möbel bis hin zu Geschirr und Kleidung.

Rund um die Twerskaja (Westen) → Karte S. 95

Gegründet wurde das Museum 1918 auf der Basis von nationalisierten Privatsammlungen. 1984 bezog es das gelbe Empire-Haus, das Domenico Gilardi 1822 im Auftrag der Familie Lunin fertiggestellt hatte.

Nikitski bul. 12 a, Ⓜ Arbatskaja, ☎ 495-6910212, www.orientmuseum.ru. Di/Fr/Sa/So 11–20 Uhr, Mi/Do 12–21 Uhr. Eintritt 400 R.

Храм Вознесения Господня
Auferstehungskirche

Wer im Taxi an der Auferstehungskirche vorbeifährt, wird nicht selten vom Fahrer aufgeklärt: Hier heiratete der große Puschkin 1831 seine Natalija. Und wer Glück hat, bekommt noch zwei, drei Anekdoten obendrauf. Etwa

die vom Hochzeitsring, der zu Boden fiel, oder die vom Windzug, der die Kerze löschte. Gern erzählen die Taxifahrer auch, dass die Trauungszeremonie in der Vorhalle stattfinden musste, da die Kirche noch gar nicht fertig war – was stimmt, denn beendet wurden die Bauarbeiten erst 1840. Die Architekten Ossip Bowe und Fjodor Schestakow schufen einen schlichten Bau im spätklassizistischen Stil. Sein einziger Schmuck sind die ionischen Portiken an drei Seiten.

Vor der Kirche wurde 1999 ein Springbrunnen in Gestalt eines Pavillons eröffnet. Die beiden Figuren darin stellen Puschkin und Natalija dar. Der Dichter ist etwas größer als seine Frau – ein Umstand, der nachweislich falsch ist.

Ul. Bol. Nikitskaja 36, Ⓜ Arbatskaja, Twerskaja. Tagsüber geöffnet.

Особняк Рябушинского – Музей Горького
Villa Rjabuschinskimit Gorki-Museum

Für den Millionär Stepan Rjabuschinski schuf Fjodor Schechtel Anfang des 20. Jh. ein Kleinod des Moskauer Jugendstils. Die Fassade dekoriert ein Mosaikfries aus verglasten Ziegeln, auf hellblauem Untergrund winden sich weiß-lila Blumen. Jedes Fenster ist unterschiedlich gestaltet, alle sind verziert mit geschwungenen hölzernen Streben, die an die Äste eines Baumes erinnern. Wellenartig geschwungen sind auch die Eisengitter, die das Gelände und die Balkone umzäunen, sowie das Highlight der Villa, das Sie im Innern erwartet: die berühmte Treppe aus poliertem Kalkstein, die den Besucher wie „auf einem Wellenkamm" hinauf und hinab trägt. Unten mündet sie in eine Bronzelampe, die, einer Qualle gleich, auf und ab zu schwimmen scheint. Heute beherbergt die Villa ein **Museum** zu Ehren des Schriftstel-

Villa Rjabuschinski:
Moskauer Jugendstil

lers **Maksim Gorki** (1868–1936), der die letzten fünf Jahre seines Lebens in ihr verbringen durfte.

Ul. Mal. Nikitskaja 6/2, Ⓜ Arbatskaja, Twerskaja, ☎ 495-6973241, www.imli.ru. Mi–So 11–17.30 Uhr, letzter Do im Monat geschl. Eintritt frei.

Дом Морозова
Morosow-Haus

Als Zeichen seiner Liebe ließ der Kunstmäzen und Stofffabrikant Sawwa Morosow für seine Frau Sinaida ein neogotisches Schloss erbauen. Die Fassade versah der noch junge Architekt Fjodor Schechtel mit Türmen, Spitzbogenfenstern und Wasserspeiern. Für die Innenausstattung holte er bekannte Künstler wie Michail Wrubel mit ins Boot. Heute wird das Haus vom Außenministerium genutzt.

Ul. Spiridonowka 17, Ⓜ Barrikadnaja, Majakowskaja, Twerskaja.

Patriarchenteich

Патриаршие пруды
Patriarchenteich

Am Patriarchenteich spielt eine der berühmtesten Szenen der russischen Literaturgeschichte: Genau hier ließ Bulgakow den abgetrennten Kopf von Berlios über die Straße hüpfen. Schuld an dem Unglück war die Straßenbahn Annuschka, die heute allerdings nicht mehr hier langfährt. Die Geschichte des Patriarchenteichs begann jedoch lange vor Bulgakows Zeit. Angelegt Anfang des 17. Jh., sollten die Teiche (damals waren es noch drei!) den nahen Patriarchenhof mit frischem Fisch beliefern. Später entwickelten sie sich zu einem der beliebtesten Ausflugsziele innerhalb des Gartenrings. Ende des 19. Jh. wurden zwei der Teiche zugeschüttet, denn statt Fisch war nun Baugrund gefragt.

Überragt wird der Teich seit 2002 vom gelb-weißen **Patriarchenhaus**, das anfangs viel Streit hervorrief. Hauptziel-scheibe der Kritik war der überladene Schmuck der Fassade, der typisch ist für den sog. Luschkow-Stil. In den Statuen auf der Balustrade hat Architekt Sergej Tkatschenko übrigens Akteure des Moskauer Immobilienmarkts verewigt.

Ⓜ Majakowskaja, Twerskaja.

Музей Булгакова
Bulgakow-Museum

Das staatliche Bulgakow-Museum hat gegenüber dem Bulgakow-Haus einen großen Pluspunkt: In seinen Räumen hat der Schriftsteller Michail Bulgakow (1891–1940) wirklich gelebt, genau hier ließ er Teufel Woland sein Unwesen treiben! Eröffnet wurde das Museum im März 2007 – ein Treffpunkt für Bulgakow-Verehrer war der Ort aber schon früher. Anfang der 1980er-Jahre begannen sie, die Wände des Treppenaufgangs über und über bunt zu bemalen, mit Romanzitaten, Zeichnungen oder einfachen Liebeserklärungen. Seit 2006 sind die Wände grün-weiß übertüncht. Vereinzelte Kritzeleien werden regelmäßig entfernt.

Bol. Sadowaja ul. 10, Whg. 50 (Code 50, zweiter Eing. im Hof links, ganz oben), Ⓜ Majakowskaja, ✆ 495-6995366, www.bulgakovmuseum.ru. Di/Mi/Fr/Sa/So 12–19 Uhr, Do 14–21 Uhr. Eintritt 150 R.

Булгаковский Дом

Bulgakow-Haus

Winzig, chaotisch, lebendig – dies ist kein staatliches Museum, dies ist ein Erinnerungsort, den Bulgakow-Liebhaber auf private Initiative geschaffen haben. Von verstaubten Vitrinen fehlt jede Spur. Stattdessen hängen an den Wänden Computerbildschirme, an denen sich Besucher durch Fotos, Briefe oder Filmausschnitte klicken. Ein kleines Café lädt zum Schmökern und Verweilen ein.

Bol. Sadowaja ul. 10 (erster Eing. im Hof links), Ⓜ Majakowskaja, ✆ 495-9700619, www.dom bulgakova.ru. Mo–Do 13–23 Uhr, Fr 13–1 Uhr, Sa 12–1 Uhr, So 12–23 Uhr. Eintritt frei.

Триумфальная площадь

Triumphplatz

Wo sich Gartenring und Twerskaja kreuzen, fanden einst festliche Zeremonien statt: Zaren und andere hohe Gäste wurden offiziell begrüßt und von hier in den Kreml geleitet. Der Name des Platzes erinnert an den Triumph über die Schweden im Jahr 1721. Zu Sowjetzeiten war der Platz allerdings lange nach Wladimir Majakowski benannt. An den Revolutionsdichter erinnert bis heute ein Denkmal. Bei seiner Einweihung 1958 traten spontan junge Leute nach vorne und trugen dem überraschten Publikum Gedichte vor, darunter auch zensierte. Dies war ein Affront gegen das Regime, doch gestoppt wurde er nicht. Fortan traf sich die Intelligenzija öfter am „Majak", ein sowjetischer Hyde Park war geboren!

Triumphplatz

Die Südseite des Platzes nehmen der Tschajkowski-Konzertsaal (Nr. 4/31, → S. 215) und das Satire-Theater ein (Nr. 2), im Westen wird der Platz seit 1950 vom Hotel Peking flankiert, einer Art Miniaturversion der sieben Zuckerbäcker-Schwestern.

Ⓜ Majakowskaja.

Музей современной истории России

Museum der neuen Geschichte Russlands

Das Museum behandelt die russische Geschichte von der Bauernbefreiung im Jahr 1861 bis hin zur Gegenwart. Seit einigen Jahren sind Exponate zu sehen, die früher undenkbar waren: An das sowjetische Lagersystem erinnert das Gitter eines Barackenfensters. Zum jahrzehntelang geleugneten Hitler-Stalin-Pakt sind Geheimprotokolle ausgestellt. Nicht länger verschwiegen werden auch die Aktivitäten antisowjetischer Organisationen oder die Massendeportationen der 1940er-Jahre. Trotz der inhaltlichen Erweiterung steht im Zentrum aber nach wie vor eines: die Heroisierung der Sowjetunion.

Twerskaja ul. 21, Ⓜ Twerskaja, ✆ 495-6995458, www.sovr.ru. Mi 12–21 Uhr, Di/Do/Fr/Sa/So 11–19 Uhr, letzter Fr im Monat geschl. Eintritt 250 R.

Außerhalb des Rundgangs

Музей Чайковского

Tschajkowski-Museum

Pjotr Tschajkowski ist der berühmteste Komponist Russlands – kein Wunder, dass die Stadt Moskau ihm ein Museum widmet. Und ebenfalls kein Wunder, dass noch in der letzten Ecke des Museums seine Musik erklingt. Zwölf Jahre hat Tschajkowski in Moskau gelebt, 14 Monate davon in diesem Haus. „Wenn mich das Schicksal nicht nach Moskau geführt hätte", so der Komponist, „dann hätte ich nicht das getan, was ich tat." Zu sehen sind u.a. Originalnoten seiner Opern Pikowaja Dama (Pique Dame) und Jewgeni Onegin (Eugen Onegin).

Kudrinskaja pl. 46/54, Ⓜ Barrikadnaja, ✆ 495-6911514, www.glinka.museum. Di/Sa 11–19 Uhr, Do/Fr 12–21 Uhr, So 11–18 Uhr. Eintritt 200 R.

Музей Чехова

Tschechow-Museum

In dem kleinen roten Haus am Gartenring, das Anton Tschechow mit seiner Familie von 1886 bis 1890 bewohnte, wurden einige Räume möglichst originalgetreu wieder eingerichtet (→ Kasten S. 101). Die Ausstellung im Erdgeschoss konzentriert sich auf die Moskauer Periode, die im Obergeschoss auf die Zeit in Melichowo und Jalta. Das Haus selbst, so heißt es, hat der Dichter nicht sonderlich gemocht: Zu laut sei es ihm gewesen, da jede Dreiviertelstunde eine Pferdebahn vorbeifuhr.

Sadowaja-Kudrinskaja ul. 6, Ⓜ Barrikadnaja, ✆ 495-6913837, www.goslitmuz.ru. Di/Fr/Sa/So 11–18 Uhr, Mi/Do 11–21 Uhr. Eintritt 150 R.

Praktische Infos → Karte S. 95

Essen & Trinken

Restaurants

**** Aist 25, im Sommer liefern sich die glatt polierten Limousinen der Moskauer Schickeria schon mittags einen Schaukampf vor dem Eingang. Nicht zu Unrecht: Die wunderschöne Terrasse sucht ihresgleichen! Am Abend ist ohne Reservierung kein Platz zu finden. Serviert wird gemischte Küche, von Gegrilltem über Antipasti bis Sushi. Reichhaltig ist auch die Frühstückskarte. Mo–Fr ab 9 Uhr, Sa/So ab 10 Uhr. Mal. Bronnaja ul. 8/1, Ⓜ Twerskaja, ✆ 499-9407040, www.aistcafe.ru.

**** Puschkin 14, was die Kremlkathedralen unter den Bauwerken, ist das Puschkin unter den Restaurants: ein Muss! Sowohl der Bibliothekssaal im Erdgeschoss als auch der Apothekensaal im Obergeschoss imponieren mit Stuck und alten Holzmöbeln und wirken so echt, als hätte Puschkin höchstpersönlich gerade den Raum verlassen – dabei wurde die rosa Villa erst in den 1990er-Jahren gebaut. Russische Küche. Apothekensaal tägl. 24 Std., Bibliothekssaal tägl. 12–24 Uhr. Twerskoj bul. 26 a, Ⓜ Twerskaja, ✆ 495-7390033, www.cafe-pushkin.ru.

**** Rybny basar 8, sehr gutes Fischrestaurant, das allerdings auch sehr hohe Preise verlangt. Ganz besonders zu empfehlen: der „Bretonische Hummer", der auf der Zunge zergeht. Tägl. 12–24 Uhr. Mamonowski per. 2, Ⓜ Majakowskaja, ✆ 495-6505444, www.rbazar.ru.

Konditerskaja vom Café Puschkin

*** Scandinavia 7, Restaurant mit idyllischem Biergarten: Unter großen Kastanien stehen einfache Tische und Stühle aus Holz, ganz unprätentiös und damit selten in Moskau. Hier draußen sind die Preise auch niedriger als drinnen. Skandinavische bzw. nordeuropäische Küche. Tägl. 12–24 Uhr. Mal. Palaschewski per. 7, Ⓜ Twerskaja, ☎ 495-9375630, www.scandinavia.ru.

**** Grand Cru 15, neues Design, stabile Qualität, so wirbt das Grand Cru nach seiner Renovierung um Kundschaft. Wurde vom renommierten Magazin „Wine Spectator" – einer Art Michelin für Weine – mit zwei „Gläsern" ausgezeichnet! Die Speisekarte ist kurz und erlesen. Tägl. 12–23 Uhr. Mal. Bronnaja ul. 22, Geb. 2, Ⓜ Majakowskaja, Twerskaja, ☎ 495-6500118, www.grandcru.ru.

*** Uilliam's 22, wenn ein Restaurant zur Mittagszeit proppenvoll ist, wenn die Gäste vor der Tür sogar Schlange stehen, dann ist das ein sicheres Zeichen dafür, dass das Essen hier schmeckt und die Atmosphäre stimmt. Europäische Küche, auch vegetarische Karte. Tägl. ab 10.30 Uhr. Mal. Bronnaja ul. 20 a, Ⓜ Majakowskaja, Twerskaja u. a, ☎ 495-6506462, www.ginza.ru.

mein lipp ***** Mari Wanna** 20, so heimelig können nur Russen ein Restaurant einrichten – wie wunderbar, dass endlich jeder Zutritt hat! Anfangs war das Mari Wanna kein öffentliches Restaurant, sondern ein „geheimer Ort irgendwo am Patriarchenteich", von dem nur Eingeweihte die Adresse kannten. Erhalten ist aus dieser Zeit das Privileg der Stammgäste, einen eigenen Schlüssel zu bekommen. Sie sollen sich wie zu Hause fühlen oder vielmehr wie in Großmutters Stube, wo altmodische Lampenschirme die Blumentapeten in sanftes Licht eintauchen (→ Foto S. 282). Abends unbedingt reservieren! Russische Küche. Tägl. 9–23 Uhr. Spiridonjewski per. 10 a, Ⓜ Twerskaja, ☎ 495-6506500, www.marivanna.ru.

*** Saxon + Parol 18, nicht mehr neu, aber immer noch der letzte Schrei im Patriarchenviertel: das Restaurant Saxon + Parol, eine Kopie des gleichnamigen Restaurants in New York. Chefkoch Brad Farmerie zaubert Steaks und Burger, die man nicht vergessen wird. Mo–Fr 12–24 Uhr, Sa/So 11–24 Uhr. Spiridonjewski per. 12/9, Ⓜ Puschkinskaja, Twerskaja, ☎ 903-7550343, www.saxonandparole.ru.

** Chatschapuri 16, georgische Köstlichkeiten in herzlicher Atmosphäre. Stargast ist das Schaf Anatoli (Tolik) Baran, das gelegentlich im Café vorbeischaut, sogar eine eigene Facebook-Seite hat und von den Moskowitern innig geliebt wird. Mo–Do 10–23 Uhr, Fr 10–1 Uhr, Sa 11–1 Uhr, So 11–23 Uhr. Bol. Gnesdnikowski per. 10, Ⓜ Twerskaja, www.hacha.ru.

** Jean-Jacques 36, die Straße nennt sich Boulevard, also wird draußen gesessen auf dem Trottoir, ganz wie in Paris. Dass sich den besagten Boulevard meist lange Blechschlangen entlangschieben, ist nebensächlich – zu schön sind die Sonnenstrahlen und das lange Frühstück (Mo–Fr 9–12 Uhr, Sa/So bis 14 Uhr). Mehr dazu → S. 284. Tägl. 24 Std. (Pause 6–7 Uhr). Nikitski bul. 12, Ⓜ Arbatskaja, ☎ 986-6655110, www.jan-jak.com.

** Prostyje weschtschi 31, schummerige Weinbar im gewölbten Tiefparterre, perfekt für ein Glas Chianti nach dem Besuch im Konservatorium. Dazu schmackhafte Snacks à la Bruschetta. Am Wochenende Frühstück bis 15 Uhr. Eine weitere Filiale liegt im Viertel Samoskworetschje (→ S. 128). So–Do 10–24 Uhr, Fr 10–2 Uhr, So 11–2 Uhr. Ul. Bol. Nikitskaja 14/2, Geb. 7, Ⓜ Ochotny rjad, ☎ 495-6293494, www.gastroteka.ru.

Cafés und Co.

Coffeemania (Kofemanija) 34, die erste und noch immer beste Filiale von Coffeemania begrüßt die Gäste mit einer tollen Sommerterrasse – ideal für einen Besuch vor dem Konzert im Konservatorium. Mehr dazu → S. 285. Tägl. 24 Std. Ul. Bol. Nikitskaja 13/6, Geb. 1, Ⓜ Biblioteka imeni Lenina.

Kwartira 44 28, → Nachtleben, S. 224.

Restaurant Uilliam's

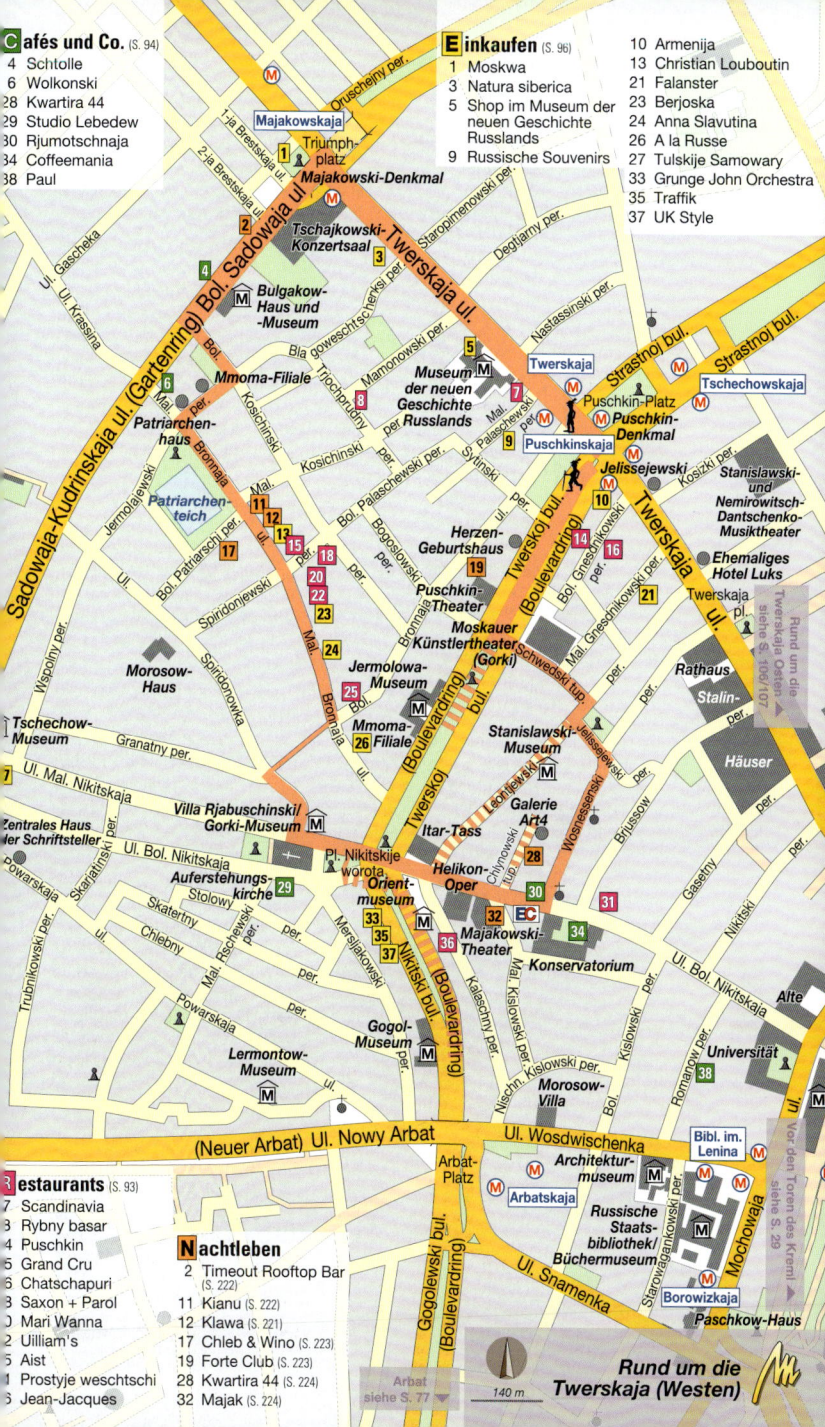

Paul **38**, französische Konditerskaja, mehr dazu → S. 285. Mo–Fr 7.30–22 Uhr, Sa 10–22 Uhr, Romanow per. 2/6, Geb. 7 (im Hof), Ⓜ Ochotny rjad.

mein Tipp **Schtolle** **4**, ihren Namen hat die Petersburger Piroggen-Kette vom deutschen Wort „Stollen" geborgt – geschmackliche Parallelen aber sind nicht vorhanden. Die Piroggen gibt es herzhaft und süß in verschiedenen Größen. Göttlich: die Variante mit Lauch *(s lukom)*. Entweder vor Ort in Kaffeehaus-Atmosphäre genießen oder mitnehmen. Tägl. 8–23 Uhr. Bol. Sadowaja ul. 3, Geb. 1, Ⓜ Majakowskaja, www.stolle.ru.

Studio Lebedew **29**, nichts passt zusammen, die Stühle nicht, die Servietten nicht, und eng ist es auch noch. Wohl genau deshalb ist das Café von Artemi Lebedew und seinen Partnern so wunderbar. Die Waffeln mit *sguschtschonka* (einer ebenso klebrig-süßen wie dickflüssigen russischen Kondensmilch) sind ein Traum. Und wem zaubern frische Wiesenblumen auf den Tischen kein Lächeln auf die Lippen? Schattige Sommerterrasse, außerdem ist ein Laden für Geschenke und Wohnaccessoires integriert. Ein weiteres Café von Lebedew liegt im Viertel Basmanny (→ S. 118). Mo–Fr 8–23 Uhr, Sa/So 10–23 Uhr. Ul. Bol. Nikitskaja 35 (Ecke Mal. Rschewski per.), Ⓜ Arbatskaja, Twerskaja, www.cafeterius.ru.

Wolkonski **6**, die Schlange am Wochenende ist legendär, ebenso die Törtchen, Pralinen und Baguettes. Im linken Teil des Verkaufsraums werden sie zum Mitnehmen verkauft, im rechten lädt ein großer Tisch in der Mitte zur kommunikativen Verschnaufpause ein. Mo–Fr 7.30–23 Uhr, Sa/So 8–23 Uhr. Bol. Sadowaja ul. 2/46, Ⓜ Majakowskaja, www.wolkonsky.ru.

Snacks

Rjumotschnaja **30**, uriges Überbleibsel aus Sowjettagen, in dem der Mittagstisch noch nicht Business Lunch heißt, sondern altmodisch *domaschni obed* („hausgemachtes Mittagessen"). Im Angebot: russische Klassiker. Schnell hin, bevor auch diese Rarität verschwindet! Tägl. 11–23 Uhr. Ul. Bol. Nikitskaja 22/2, Geb. 1, Ⓜ Arbatskaja, Twerskaja.

Einkaufen

Souvenirs

Russische Souvenirs **9**, große Auswahl an traditionellen russischen Souvenirs, auch solchen, die man sonst selten findet, etwa handgemachtes Spielzeug. Die Preise sind niedriger als anderswo, da hier hauptsächlich Russen einkaufen. Tägl. 9.30–20 Uhr. Mal. Palaschewski per. 6 (2. Etage), Ⓜ Twerskaja, www.nashipodarki.ru.

Shop im Museum der neuen Geschichte Russlands **5**, der Museumsshop verkauft statt Pseudo-Drucken echte Propagandaplakate, außerdem alte Postkarten, Briefmarken

Café Studio Lebedew: eng und urgemütlich

u. v. a. Auch zugänglich für Nichtmuseumsbesucher. Di–Sa 10–17 Uhr.

Tulskije samowary **27**, definitiv eines der originellsten Mitbringsel aus Moskau: ein Samowar aus der Stadt Tula! Sie haben die Qual der Wahl: silber, gold oder mit Blumen bemalt? Kostenpunkt: mindestens 80 Euro. Sie können aber auch das 10- oder 20-Fache ausgeben. Tägl. 9–21 Uhr. Mal. Nikitskaja ul. 33, Ⓜ Barrikadnaja, www.samovary.ru.

Kulinarisches

Armenija **10**, toller Laden mit einem großen Angebot an armenischen Lebensmitteln. Im Zentrum steht freilich der berühmte *cognac*, den es – je nach Alter und damit Qualität – in verschiedenen Preisklassen gibt. Darüber hinaus lockt ein großes Regal mit armenischer Marmelade, außerdem mit Trockenfrüchten und anderen Spezialitäten. Tägl. 9–23 Uhr. Twerskaja ul. 17 (Eing. Twerskoj bul.), Ⓜ Puschkinskaja, Twerskaja, www.facebook.com/restoranarmeniya.

Moskwa **1**, dieses kleine Geschäft verkauft das kulinarische Wahrzeichen der Stadt: eine Nusstorte mit knallrotem Guss aus Marmelade und *sguschtschonka* (Studio Lebedew). Tägl. 10–21 Uhr. Triumfalnaja pl. 1, Ⓜ Majakowskaja, http://tortmoskwa.ru.

Bücher

Falanster **21**, schon die gekritzelte Wegbeschreibung auf der Internetseite ist vielsagend: In den Häusern an der Twerskaja wohnen die „Kapitalisty", hier im Laden werden „Bücher gegen Geld getauscht". Keine Frage, Falanster ist eine alternative Buchhandlung für ein linksintellektuelles Publikum. Die Auswahl an englischer Literatur ist klein – die an russischen Standardwerken und Neuerscheinungen zu Politik und Geschichte dafür umso größer und besser. Nicht abschrecken lassen von dem heruntergekommenen Treppenhaus! Tägl. 11–20 Uhr. Mal. Gnesdnikowski per. 12/27 (kein Schild, Eing. im Torbogen rechts, 2. Etage), Ⓜ Puschkinskaja, www.falanster.su.

Mode

Sowohl am Nikitski bul. als auch an der Mal. Bronnaja ul. haben sich diverse Boutiquen angesiedelt. Ihr Publikum: stilbewusste Menschen der Megalopolis Moskau. Das Preisniveau: gehoben, aber nicht abgehoben.

Nikitski bul. (Ⓜ Arbatskaja): Nr. 17 + Nr. 17/1: **UK Style** **37** und **Traffik** **35**, hier hän-

Samoware aus der Stadt Tula

gen globale Marken an der Stange, die bei uns z. T. schwer zu bekommen sind. Deshalb gilt: Wer neugierig ist auf britische, japanische oder skandinavische Mode, aber lieber nach Moskau als nach London, Tokio oder Kopenhagen reist, der ist goldrichtig hier (tägl. 11–22 Uhr, www.ukstyle.ru, www.trafficmoscow.ru); Nr. 25: **Grunge John Orchestra** **33**, lässige Outdoor-Kleidung aus russischer Produktion (tägl. 11–22 Uhr, www.grungejohn.com).

Mal. Bronnaja ul. (Ⓜ Twerskaja): Nr. 4: **A la Russe** **26**, Label der Russin Anastasia Romantsova (tägl. 10–22 Uhr, www.alarusse.com); Nr. 12, Geb. 4 (Eing. im Hof): **Anna Slavutina** **24**, schöner Schmuck (Mo–Fr 10–20 Uhr, Sa/So 15–21 Uhr, www.slavutina.ru); Nr. 20, Geb. 1: **Berjoska** **23**, Pumps mit Absätzen, auf denen selbst Russinnen schwer laufen können (Mo–Fr 11–21 Uhr, Sa 11–22 Uhr, So 12–21 Uhr, www.beryozka.com); Nr. 24/1: **Christian Louboutin** **13**, weltbekannter Schuhdesigner, natürlich auch in Moskau präsent (Mo–Sa 11–22 Uhr, So 12–22 Uhr, www.christianlouboutin.com).

Sonstiges

Natura siberica **3**, Kosmetikprodukte aus sibirischen Kräutern. Mehr dazu → S. 128. Tägl. 10–22 Uhr. Twerskaja ul. 27, Geb. 2, Ⓜ Majakowskaja, www.naturasiberica.ru.

Rund um die Twerskaja (Westen)   → Karte S. 95

Blick auf das Hohe Petrowski-Kloster

2. Etappe: Östlich der Twerskaja

Zwischen den Straßen Twerskaja und Lubjanka erstreckt sich ein großes Einkaufsviertel. Einst verschlafene Gassen sind gespickt mit Boutiquen. Hinzu kommen Passagen und kleine Fußgängerzonen. Wer sich jetzt freut auf einen ausgedehnten Einkaufsbummel, sollte anfangen zu sparen: Die Preise sind für neureiche Russen kalkuliert. Nicht zufällig ballen sich genau hier auch die teuersten Hotels und Restaurants der Stadt.

Die Konzentration an Geschäften östlich der Twerskaja hat spätestens seit dem 19. Jh. Tradition. Vorher bestimmte die Kirche das Leben im Viertel. Schon früh wurden am Boulevardring drei Klöster gegründet. Die Straßen, die sie mit dem Kreml verbanden – die Petrowka, die Roschdestwenka und die Bol. Lubjanka –, stellen noch heute die zentralen Nord-Süd-Achsen dar.

Spaziergang

Der Spaziergang beginnt dort, wo der vorherige endet: am Puschkin-Platz (→ S. 87), den Sie über die Metrostationen Twerskaja, Tschechowskaja oder Puschkinskaja erreichen. Nehmen Sie einen beliebigen Ausgang und halten Sie draußen Ausschau nach dem Puschkin-Denkmal. Von dort schlendern Sie die Twerskaja auf der linken

Straßenseite hinunter (im wörtlichen Sinn, denn es geht bergab!), vorbei am Edelgeschäft **Jelissejewski** und dem **ehemaligen Hotel Luks** (bei Redaktionsschluss Baustelle) bis zu einem kleinen Platz, auf dem ein Reiterstandbild an Juri Dolgoruki erinnert. Seinen Blick richtet der Moskauer „Stadtgründer" auf ein auffälliges rotes Gebäude:

das Moskauer **Rathaus**. Hinter ihm beginnt der südliche Abschnitt der Twerskaja, den auf beiden Seiten monumentale **Stalin-Häuser** säumen. Kurz vor seinem Ende, auf Höhe des Telegrafenamts mit der markanten Weltkugel an der Fassade, zweigt nach links eine Fußgängerzone ab.

Der Kamergerski per. zieht mit seinen Cafés, Restaurants und Fast-Food-Ketten Scharen von Touristen an. Für intellektuellen Ausgleich sorgt das traditionsreiche **Moskauer Künstlertheater**. Von hier geht es jetzt im Zickzack weiter: am Ende der Gasse links in die Bol. Dmitrowka, dann rechts in den Stoleschnikow per., anschließend wieder links in die Petrowka. Hier müssen Sie sich entscheiden. Variante 1: Sie biegen rechts in die Straße Petrowskije linii ab, die Sie direkt zur Neglinnaja ul. bringt. Variante 2: Sie machen einen Abstecher in den Norden des Viertels, wo drei Klöster, ein Kunstmuseum und ein netter Park auf Sie warten.

Für den Abstecher biegen Sie an der Petrowka nicht rechts ab, sondern gehen weiter geradeaus. Weit hinten sehen Sie schon die dicke rote Mauer des **Hohen Petrowski-Klosters**. Ihm gegenüber liegt das **Moskauer Museum für moderne Kunst**. Kurz hinter dem Museum stößt die Petrowka auf den Boulevardring. Für eine Pause eignet sich der **Ermitasch-Garten**, der geradeaus nach etwa 350 m folgt. Den Spaziergang setzen Sie nach rechts (über den Petrowski bul.) fort. Der Weg führt leicht bergab, quert eine große Kreuzung und steigt dann wieder leicht an. Weit hinten fällt Ihr Blick auf die neu errichtete Kathedrale des **Sretenski-Klosters**. Sie aber biegen schon vorher in die Ul. Roschdestwenka ab.

Auf der linken Seite liegt der Eingang zu einem weiteren Kloster, dem **Mariä-Geburt-Kloster**, auf der rechten kurz dahinter eine gelbe Barockkirche. Vor ihr führt der Swonarski per. den Hügel hinunter. Am Ende sollten Sie unbedingt einen Blick in das üppige Barockfoyer der **Sanduny-Banja** werfen, das mit Marmorsäulen und vergoldeten Stuckdecken imponiert. Am Ende des Swonarski per. gehen Sie links in die Neglinnaja ul. und beenden den Abstecher.

Je weiter Sie die Neglinnaja hinunterschlendern, desto hektischer wird die Atmosphäre. Sie nähern sich erneut dem Moskauer Konsumzentrum. Ein Vorbote ist die **Petrowski-Passage**. Kurz darauf rückt ein grauer Betonbau ins Blickfeld, er beherbergt das **Zentrale Universalkaufhaus ZUM**.

Vor dem ZUM setzen Sie den Weg nach links durch die Straße Kusnezki most fort, in der sich zahlreiche Geschäfte aneinanderreihen. Zwischen ihnen liegt neuerdings das **Museum sowjetischer Spielautomaten**. An der nächsten Kreuzung geht's rechts rein (Ul. Roschdestwenka) Richtung Metro, die Sie nach ca. 80 m erreichen (Metrostation Kusnezki most, Eingang hinter zwei Rundbögen).

Sehenswertes

Елисеевский

Jelissejewski

Das 1901 von dem Wein- und Kolonialwarenhändler Grigori Jelissejew eröffnete Feinkostgeschäft ist bis heute die erste Adresse der Stadt, wenn es darum geht, in prunkvoller Umgebung einzukaufen. Verantwortlich für die pompöse Ausstattung der Innenräume mit riesigen Kristalllüstern, üppig verzierten Säulen und großen Spiegeln an den Wänden war Gawril Baranowski.

Twerskaja ul. 14, Ⓜ Twerskaja. Mehr dazu → Praktische Infos/Einkaufen, S. 108.

Rathaus

Бывшая Гостиница Люкс

Ehemaliges Hotel Luks

Die legendäre Kommunistenabsteige war lange v. a. in linksintellektuellen Zirkeln bekannt – seit dem Kinofilm von Leander Haußmann aus dem Jahr 2011 hat sich das geändert: Er erzählt die Geschichte eines Kabarettisten, der aus Nazi-Deutschland nach Moskau flieht. Sein Schlupfloch: das Hotel Luks, in dem er zunehmend in den Strudel des stalinistischen Terrors gerät.

Der Handlungsstrang des Films orientiert sich grob an der historischen Realität: Das Hotel Luks, gern bezeichnet als Hauptquartier der Weltrevolution, war seit 1933 Zufluchtsort deutscher Kommunisten und Sozialdemokraten, darunter Walter Ulbricht und Herbert Wehner. Sie wohnten Tür an Tür mit Berufsrevolutionären der Kommunistischen Internationale, der das Hotel seit 1921 als Gästehaus diente. Da es bald aus allen Nähten platzte, musste es 1934 um zwei Geschosse aufgestockt werden. Den baulichen Veränderungen folgten politische, die weitaus dramatischer waren. Mitte der 1930er-Jahre mutierte der einstige Zufluchtsort in ein gefängnisähnliches Ghetto. Reihenweise ließ der NKWD ausländische

Funktionäre verhaften, z. T. deportieren und ermorden. Erst Stalins Tod leitete 1953 das Ende des Schreckens ein. Derzeit wird das Hotel in ein Luxushotel umfunktioniert, die Eröffnung ist für 2019 geplant.

Twerskaja ul. 10, Ⓜ Twerskaja.

Ратуша

Rathaus

Das Moskauer Rathaus blickt auf eine bewegte Geschichte zurück: 1782 von Matwej Kasakow fertiggestellt, wurde es Ende der 1930er-Jahre zunächst um fast 14 m nach hinten versetzt, um eine einheitliche Straßenfront zu bilden. 1946 stockte Dmitri Tschetschulin das Gebäude um zwei Geschosse auf und stutzte zudem die beiden Seitenflügel. Wo heute der Bürgermeister sitzt, residierten früher die Generalgouverneure, ab 1917 die Männer des Moskauer Stadt-Sowjets.

Twerskaja ul. 13, Ⓜ Twerskaja.

Тверская улица 4, 6, 9, 11

Stalin-Häuser

An kaum einem anderen Ort lässt sich die im Generalplan von 1935 beschlossene Stadterneuerung so exemplarisch demonstrieren wie am unteren Abschnitt der Twerskaja, v. a. an den Häusern Nr. 4 und 6. Zum Beispiel die Verbreiterung bestehender Straßen: Bis in die 1930er-Jahre hinein war die Twerskaja an dieser Stelle gerade mal 16 m breit. Wo heute die Autos auf mehreren Spuren gen Norden heizen, befand sich eine Häuserzeile. 1937 begann Aleksej Mordwinow mit der Umgestaltung. Die Häuserzeile wurde größtenteils abgerissen – die neue entstand einige Meter weiter hinten. Erstmals zum Einsatz kam dabei die von Stalin präferierte Kulissenarchitektur: Während sich vorher auf einer Länge von rund 500 m etwa 20 individuell gestaltete Häuser aneinanderreihten, waren es nun zwei große Blöcke mit einer einheitlichen und v. a. repräsentativen Fassade.

Ähnlich monumental ist das Gebäudeensemble auf der gegenüberliegenden Straßenseite (Nr. 9 und 11), das 1949 unter der Leitung von Anatoli Schukow und Wiktor Andrejew entstand. Den rotbraunen Granit, aus dem das Sockelgeschoss besteht, hatte Hitler übrigens im Sommer 1941 aus Finnland heranschaffen lassen, um daraus ein Siegesmonument zu errichten.

Ⓜ Ochotny rjad.

Московский художественный театр им. Чехова

Moskauer Künstlertheater (Tschechow)

Die Geburtsstunde des Theaters schlug am 19. Juni 1897, als die Regisseure Stanislawski und Nemirowitsch-Dantschenko zu einem legendären Abendessen zusammentrafen. Ihre 18 Stunden während Begegnung ging als zentrales Ereignis in die russische Kulturgeschichte ein. Den Ruhm des Theaters begründete im Jahr darauf die erfolgreiche Inszenierung des Stücks „Die Möwe"

von Anton Tschechow (→ Kasten). Vier Jahre später zog das Theater an seinen heutigen Standort, wo Fjodor Schechtel ein ehemaliges Theatergebäude aufwendig renoviert hatte.

Die hellgrüne Außenfassade dekorierte er mit Jugendstillampen und hellbraunen Fensterrahmen. Über dem (östlichen) Eingang brachte er ein markantes Flachrelief an: Deutlich zu sehen ist die stilisierte Möwe, bis heute das Markenzeichen des Theaters. Aufgrund von Differenzen über die politische und künstlerische Ausrichtung kam es 1987 zur Spaltung: Ein Teil der Truppe zog an den Twerskoj bul. (Künstlertheater Gorki, → S. 85), der andere blieb am Kamergerski per. (Künstlertheater Tschechow). Über die gemeinsame Geschichte informiert hier ein kleines **Museum**. Ausgestellt sind u. a. Stanislawskis Stuhl aus dem Zuschauersaal, der Reisekoffer von Tschechow (Initialen ATsch) und ein Brief, in dem Bulgakow um Aufnahme am Theater bat.

Kamergerski per. 3 a (Eing. zum Museum unter dem Flachrelief), Ⓜ Ochotny rjad, ☎ 495-6923866, www.mxatmuseum.com. Mi–So 11–18 Uhr. Eintritt 200 R. Für Informationen zu Veranstaltungen im Theater → S. 218.

Rund um die Twerskaja (Osten) → Karte S. 106/107

Moskau im Kasten
Anton Tschechow: nach Moskau, nach Moskau …

Seine berühmten Theaterstücke – insbesondere „Die Möwe", „Drei Schwestern" und „Der Kirschgarten" – werden heute nicht nur in Moskau inszeniert, sondern auf allen großen Bühnen dieser Welt: Die Rede ist von Anton Tschechow, der 1860 im südrussischen Taganrog geboren wurde und schon zu Schulzeiten erste Kurzgeschichten verfasste. Mit den Erlösen finanzierte er später sein Medizinstudium an der Moskauer Lomonossow-Universität, doch nicht als Arzt, sondern als Dramatiker fand er seine Bestimmung. Ab

1892 lebte Tschechow unweit von Moskau im Dorf Melichowo und schrieb dort einige seiner bekanntesten Werke. Die russische Metropole zog ihn aber – wie seine drei Schwestern, die sich in der Provinz „nach Moskau, nach Moskau" sehnten – immer wieder magisch an. Bei Proben am Moskauer Künstlertheater lernte er 1898 seine große Liebe, die Schauspielerin Olga Knipper, kennen. Drei Jahre später starb Tschechow im deutschen Kurort Badenweiler mit nur 44 Jahren an Herzschwäche. (→ auch S. 93)

Высоко-Петровский монастырь

Hohes Petrowski-Kloster

Die Gründung des Klosters ist eng mit dem Aufstieg Moskaus im 14. Jh. verknüpft: Metropolit Pjotr hatte seinen Sitz gerade in den Moskauer Kreml verlegt und damit den Machtanspruch Moskaus symbolisch untermauert. Als Zweitsitz gründete er ein Kloster, das bis heute seinen Namen trägt. Ebenfalls nach ihm benannt ist die älteste Kirche, die gut sichtbar in der Mitte der Anlage steht: Den rundlich anmutenden Backsteinbau hat 1514–17 der italienische Architekt Alewis Nowy errichtet. Selbst für Laien ist erkennbar, dass er sich deutlich von den meisten umliegenden Bauten unterscheidet. Deren Fassaden sind zwar ebenfalls rot,

jedoch reich mit weißem Schmuck an Fenstern, Ecken oder Türmchen versehen – ein untrügliches Zeichen für den Naryschkin-Barock, der seinem Namen in diesem Fall besonders gerecht wird: Mithilfe von Finanzspritzen der Familie Naryschkin ließ Peter der Große das Kloster Ende des 17. Jh. umfassend umbauen.

Ul. Petrowka 28/2, Ⓜ Tschechowskaja, ✆ 495-2369424, www.vpmon.ru. Tägl. 7–19 Uhr. Eintritt frei.

Московский музей современного искусства

Moskauer Museum für moderne Kunst

In der englischen Übersetzung klingt das Museum besonders wichtig: Moscow Museum of Modern Art, kurz: Mmoma – fast so wie das berühmte Vorbild in New York. Gründer und Direktor des russischen Doubles ist Surab Zereteli, dessen Privatsammlung 1999 den Grundstock bildete. Heute decken die Bestände ein breites Spektrum ab: von der russischen Avantgarde über sowjetische SozArt bis hin zur Gegenwartskunst. Vereinzelte Werke westlicher Künstler wie Dalí, Picasso oder Miró runden das Angebot ab. Von Zereteli selbst sind im Museum keine Werke ausgestellt, stattdessen diverse Skulpturen im Hof.

Ul. Petrowka 25, Geb. 1, Ⓜ Tschechowskaja, ✆ 495-2313660, www.mmoma.ru. Fr–Mi 12–20 Uhr, Do 13–21 Uhr, dritter Mo im Monat geschl. Eintritt 350 R, Kombiticket für alle Filialen (→ S. 78, 85, 87) 500 R.

Сад Эрмитаж

Ermitasch-Garten

Der Ermitasch-Garten begeistert Jung und Alt: Kinder toben auf dem Spielplatz oder erfreuen sich an den Tiergehegen, Touristen machen ein Picknick im Gras, Hochzeitspaare lassen sich vor romantischen Pavillons fotografieren.

Zereteli-Skulpturen im Hof des Mmoma

Seit seiner Gründung im Jahr 1894 bietet der Garten aber nicht nur Erholung – er bietet die „kulturellste Art der Erholung": Gleich drei Theater ziehen am Abend das Publikum an. Auf der offenen Bühne treten regelmäßig Musiker auf.

Ul. Karetny Rjad 3, Ⓜ Tschechowskaja, ☏ 495-6990849, www.mosgorsad.ru. Tägl. 24 Std. Eintritt frei.

Sanduny-Banja

Сретенский монастырь
Sretenski-Kloster

Zum Schutz vor den Mongolen nahmen die Moskauer im Jahr 1395 eine wundertätige Ikone in Empfang, die berühmte Wladimirskaja (siehe auch S. 123). Weil sie ihren Zweck erfüllte und Moskau verschont blieb, gründete man zwei Jahre später am Ort der „Begegnung" *(sretenije)* ein Kloster. Aus früher Zeit erhalten ist nur eine kleine fünfkupplige Kathedrale aus den 1670er-Jahren. Die übrigen Bauten, darunter zwei Kirchen, wurden Ende der 1920er-Jahre abgerissen. An ihrer Stelle entstand ein Wohnheim für die Offiziere des NKWD. Diese nutzten das Gelände auch für Erschießungen. Zum Gedenken an die Opfer weihte Patriarch Aleksej II. 1995 am Eingang ein Holzkreuz. In den letzten Jahren wurde im Zentrum der Anlage eine neue Kathedrale gebaut, die allerdings keine Parallelen zu einem Vorgängerbau aufweist.

Ul. Bol. Lubjanka 19, Ⓜ Sretenski bulwar. Tägl. 7–19 Uhr.

Рождественский монастырь
Mariä-Geburt-Kloster

1386 in Erinnerung an den Sieg auf dem Schnepfenfeld gegründet, erlangte das Kloster 1525 traurige Berühmtheit: Wassili III. ließ seine Gemahlin hier zur Nonne scheren. Der Grund: Sie konnte ihm keinen Thronfolger schenken.

Von den Moskauer Innenstadtklöstern ist dieses am wenigsten auf Besucher eingestellt, was schade ist, denn im Gegensatz zu anderen sind erstaunlich viele historische Bauten erhalten. Über dem Eingangstor erhebt sich ein gelber Glockenturm (1835/36). Die schlichtschöne Hauptkathedrale dahinter stammt aus den frühen Tagen des 16. Jh., wurde später aber mehrfach verändert. Ungewöhnlich für Moskau ist ihre einzelne, auf einem hohen Tambour ruhende Kuppel. Rechts von der Kathedrale liegt eine fünfkupplige Kirche vom Ende des 17. Jh., links von ihr das Refektorium mit angeschlossener Kirche: Es wurde erst Anfang des 20. Jh. im russisch-byzantinischen Stil errichtet. Nicht zugänglich waren zuletzt die Bauten im hinteren Teil des Geländes.

Ul. Roschdestwenka 20, Ⓜ Trubnaja.

Ul. Kusnezki most

Сандуновские Бани

Sanduny-Banja

Die Geschichte der schönsten Banja Moskaus begann im Jahr 1806, als der Schauspieler Sila Sandunow am Fluss Neglinnaja ein erstes Badehaus baute. Der heutige Gebäudekomplex von Boris Frejdenberg und Sergej Kalugin entstand knapp 100 Jahre später. Sein Glanzstück ist bis heute die „obere Männerabteilung". Ein Hauch Orient, ein Tupfer Gotik und einige Spritzer antiker Elemente erzeugen in ihr die Atmosphäre einer anderen Welt und bringen die Gäste zum Schwärmen: Schaljapin sprach von der „Zaren-Banja", John Travolta wähnte sich in einem Museum. Weniger pompös, aber nicht minder erholsam sind die beiden Frauenabteilungen.

Neglinnaja ul. 14, Geb. 3–7, (Eing. Männertrakt Swonarski per., Eing. Frauentrakt im Hof), Ⓜ Kusnezki most, Trubnaja, ☎ 495-7821808, www.sanduny.ru. Mehr Informationen zum Banja-Besuch → S. 261.

Петровский пассаж

Petrowski-Passage

Wenige Jahre nach Fertigstellung der Sanduny-Banja (s. o.) durften Boris Frejdenberg und Sergej Kalugin ihre Teamfähigkeit erneut unter Beweis stellen. Sie bauten eine Passage, die in vielen Punkten dem GUM ähnelt: Die Geschäfte sind in drei Stockwerken angeordnet und durch Brücken miteinander verbunden. Für das filigrane Glasdach war erneut Wladimir Schuchow verantwortlich.

Ul. Petrowka 10/Neglinnaja ul. 13, Ⓜ Kusnezki most. Mehr dazu → Praktische Infos/Einkaufen, S. 109.

ЦУМ

ZUM (Zentrales Universalkaufhaus

Als die Schotten Andrew Muir und Archibald Merrilees um 1880 in Moskau das erste und bis dato größte Kaufhaus Russlands eröffneten, betraten sie Neuland auf vielen Bereichen:

Erstmals fanden die Damen einen abgedunkelten Raum vor, in dem sie die Abendgarderobe unter realen Lichtverhältnissen testen konnten. Erstmals galten nach westeuropäischem Vorbild feste Preise.

Um die Jahrhundertwende zerstörten mehrere Feuer das Kaufhaus, und so gaben die Schotten bei Roman Klejn einen Neubau in Auftrag. Er stellte ihn 1908 fertig und erregte damit nicht weniger Aufsehen als sein Vorgänger. Nach der Revolution nahm die sowjetische Regierung das Kaufhaus unter staatliche Obhut und nannte es ZUM – *Zentralny Uniwersalny Magasin*.

Ul. Petrowka 2, Ⓜ Teatralnaja. Mehr dazu → Praktische Infos/Einkaufen, S. 109.

Музей советских игровых автоматов

Museum sowjetischer Spielautomaten

Ein Museum mit Spaß-Faktor: Im Tausch gegen heutige Rubelscheine erhält man Münzen mit Hammer-und-Sichel-Symbol. Mit ihnen setzt man Spielautomaten in Gang, die mindestens 25 Jahre alt sind und aus allen Teilen der Sowjetunion stammen. Kurz: eine herrliche Zeitreise in die kommunistische Vergangenheit!

Ul. Kusnezki most 12, Ⓜ Kusnezki most, ✆ 495-6284515, www.15kop.ru. Tägl. 11–21 Uhr. Eintritt 450 R.

Praktische Infos   → Karte S. 106/107

Essen & Trinken

Neben den nachfolgend aufgeführten Lokalen reihen sich im Kamergerski per. mehrere Cafés und Restaurants aneinander.

Restaurants

**** Ararat 🟥32, zu Sowjetzeiten sprach die ganze Stadt von dem Armenier namens Ararat. Das Nobelhotel Hyatt baute das Restaurant nach und hängte zum Beweis am Eingang ein altes Foto auf. Neu ist freilich der Chefkoch. Sein ganzer Stolz: die Suppe *Jerewanski bosbas*. Tägl. 12–24 Uhr. Neglinnaja ul. 4 (im gleichnamigen Hotel), Ⓜ Kusnezki most, Teatralnaja, ✆ 495-7831234, www.moskva.park.hyatt.com.ru.

**** Mr. Lee 🟥28, asiatisches Restaurant mit australischem Chefkoch. Dieser konzentriert sich auf chinesische, malaysische und thailändische Küche. Sein persönlicher Tipp für die Vorspeise: pochierte Eier in süß-saurer Sauce oder Salat mit Huhn, Garnelen und Pampelmuse. Tägl. ab 12 Uhr. Ul. Kusnezki most 7, Ⓜ Kusnezki most, ✆ 495-6287678, www.novikovgroup.ru.

**** Usbekistan (Restaurant) 🟥8/**Beloje solnze pustyni** 🟥8, zwei miteinander verbundene Restaurants mit unterschiedlichen Konzepten: Das 1951 eröffnete **Usbekistan** zählt zu den ältesten Restaurants der Stadt. 1997 übernahm Arkadi Nowikow das Zepter und setzte eine umfassende Renovierung in Gang. Eigens aus Usbekistan eingeflogene Meister schnitzten Ornamente und Möbelstücke. Orientalische Teppiche und Fackeln komplettieren die Tausendundeine-Nacht-Atmosphäre! Das **Beloje solnze pustyni** ist ebenso folkloristisch geprägt, orientiert sich dabei aber an einem sowjetischen Kultfilm. Jeder Saal ist einem Schauplatz nachempfunden, lebensgroße Figuren kopieren die Filmhelden. Gemeinsam sind beiden der erotische Bauchtanz am Abend und die vielseitige Speisekarte: Arabische, aserbaidschanische und asiatische Gerichte ergänzen das usbekische Menü, das im Zentrum steht. Im Sommer teilen sich beide Restaurants eine ebenso ruhige wie reich bepflanzte Veranda im Garten. Tägl. 12–24 Uhr (Usb.) bzw. 12–3 Uhr (Bel.). Neglinnaja ul. 29, Ⓜ Trubnaja, ✆ 495-6230585 (Usb.) bzw. ✆ 495-625-2596 (Bel.), www.uzbek-rest.ru (Usb.) bzw. www.bsp-rest.ru (Bel.).

*** Baraschka 🟥12, Aserbaidschan light, so das Motto von Baraschka. Die traditionellen Speisen sind dem europäischen Gaumen angepasst, sprich leichter als üblich. Gleiches gilt für die Einrichtung: Statt Trachten und Folkloredeko erinnern nur dezente Details wie bunte Kissen oder Früchte an den Kaukasus. Tägl. 11–24 Uhr. Ul. Petrowka 20/1 (Eing. Petrowskije lini), Ⓜ Trubnaja, ✆ 495-6252892, www.novikovgroup.ru.

Rund um die Twerskaja (Osten) ↓ Karte S. 106/107

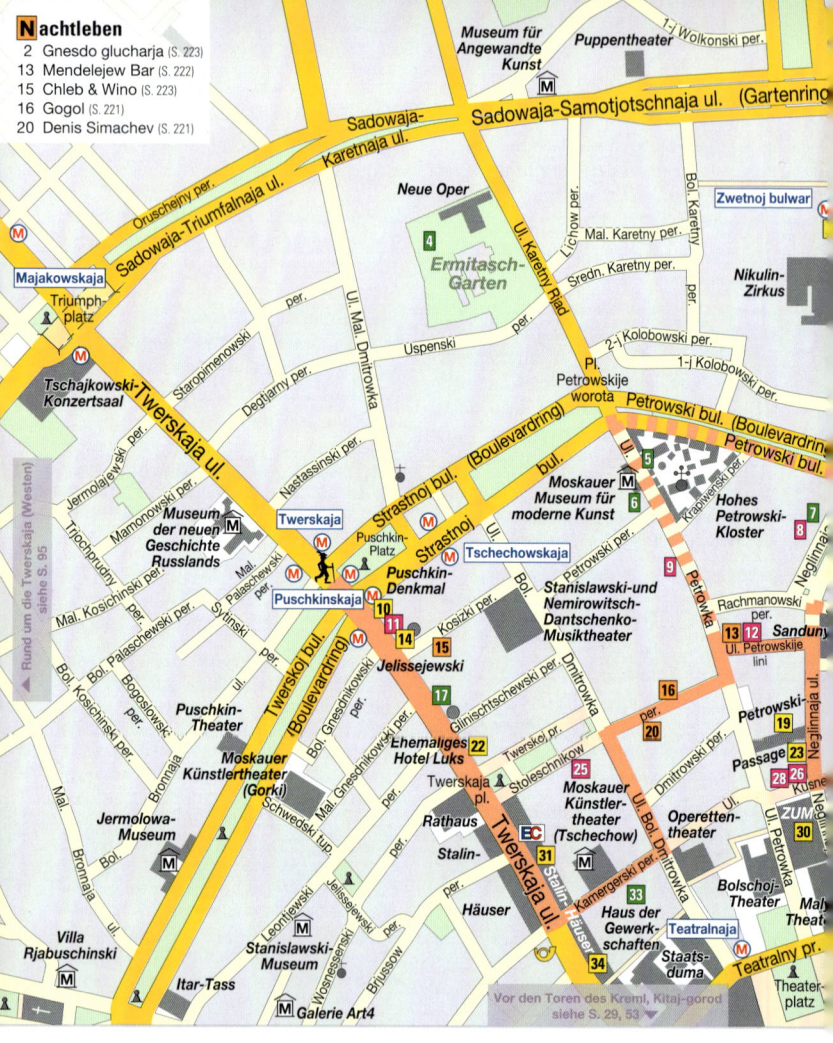

Map labels:

Museum für Angewandte Kunst
Puppentheater
Wolkonski per.
Sadowaja-Samotjotschnaja ul. (Gartenring
Sadowaja-Karetnaja ul.
Oruschejny per.
Neue Oper
Zwetnoj bulwar
Sadowaja-Triumfalnaja ul.
Majakowskaja
Triumph-platz
Ermitasch-Garten
Nikulin-Zirkus
Ul. Karetny Rjad
Mal. Karetny per.
Sredn. Karetny per.
Tschajkowski-Konzertsaal
Twerskaja ul.
Staropimenowski per.
Degtjarny per.
Uspenski per.
2-j Kolobowski per.
1-j Kolobowski per.
Pl. Petrowskije worota
Petrowski bul. (Boulevardrin
Nastassinski per.
Strastnoj bul. (Boulevardring)
bul.
Petrowski bul. (Boulevardrin
Museum der neuen Geschichte Russlands
Twerskaja
Moskauer Museum für moderne Kunst
Hohes Petrowski-Kloster
Puschkin-Platz
Strastnoj
Tschechowskaja
Puschkinskaja
Puschkin-Denkmal
Petrowski per.
Jelissejewski
Stanislawski-und Nemirowitsch-Dantschenko-Musiktheater
Ul. Petrowskije lini
Sanduny
Twerskoi bul.
Kosizki per.
Glinischtschewski per.
Petrowka
Rachmanowski per.
Puschkin-Theater
Twerskó pr.
Ehemaliges Hotel Luks
Petrows-
Moskauer Künstlertheater (Gorki)
Stoleschnikow per.
Passage
Jermolowa-Museum
Twerskaja pl.
Moskauer Künstler-theater (Tschechow)
Ul. Bol. Dmitrowka
Operetten-theater
ZUM
Villa Rjabuschinski
Rathaus
Stalin-
Häuser
Bolschoj Theater
Stanislawski-Museum
Itar-Tass
Kamergerski per.
Haus der Gewerk-schaften
Teatralnaja
Staats-duma
Theater-platz
Galerie Art4
Twerskaja ul.
Vor den Toren des Kreml, Kitaj-gorod siehe S. 29, 53 ▼
Teatralny pr.

Side label: ◄ Rund um die Twerskaja (Westen) siehe S. 95

***GlawPiwTorg** , wer die UdSSR nicht live erlebt hat, kann hier ins Umfeld der sowjetischen Nomenklatura eintauchen. Imitiert wird ein Ministerium (das „Ministerium für gesunde Erholung") inkl. typischer Raffgardinen, roter Läufer und Tischen mit grünem Lederbezug. Statt Aktenbergen landen auf ihnen die Klassiker der russischen bzw. sowjetischen Küche und nicht zuletzt das hauseigene Bier. Abends oft Live-Musik. Tägl. 8–24 Uhr. Ul. Bol. Lubjanka 5, Ⓜ Lubjanka, ✆ 495-6282591, www.glavpivtorg.ru.

***Vogue** 26, vor großen Modefotos schlürfen langbeinige Schönheiten ihre Margarita-

Cocktails – diese passende Kulisse für das „neue Moskau" hat Arkadi Nowikow in Kooperation mit der Zeitschrift Vogue geschaffen. Schön auch zum Frühstücken. Mo–Do 8.30–1 Uhr, Fr 8.30–2 Uhr, Sa 12–2 Uhr, So 12–1 Uhr. Ul. Kusnezki most 7/9 (Ecke Neglinnaja ul.), Ⓜ Kusnezki most, ✆ 495-6231701, www. novikovgroup.ru.

Jean-Jacques 25, gleich zwei Filialen der französischen Restaurantkette in diesem Viertel, mehr dazu → S. 284. Tägl. 24 Std. (Pause 6–9 Uhr, am WE bis 10 Uhr). 1) Zwetnoj bul. 24, Korp. 1, Ⓜ Zwetnoj bulwar, ✆ 968-6655106; 2)

Stoleschnikow per. 6, Korp. 1, Ⓜ Ochotny rjad, ☎ 968-6655109. www.jan-jak.com.

🌿 *** **Lavka Lavka** 9, was in den Läden der Lavka-Lavka-Kette in den Regalen steht, kommt im Restaurant auf den Teller: Bioprodukte von Landwirten aus der russischen Provinz! Man erfährt sogar die Namen der Bauern, die Eier, Kartoffeln, Fleisch oder Zwiebeln liefern. Eindeutig ein Highlight in Moskau! Europäische und russische Küche. Mo 18–24 Uhr, Di/Mi/Do/So 12–24 Uhr, Fr/Sa 12–1 Uhr. Ul. Petrowka 21-2 (im Hof, hinten links),

Ⓜ Teatralnaja, ☎ 903-1155033, www.lavkalavka.com.

** **Warenitschnaja Nr. 1** 11, russische Küche in gewohnt bunter Umgebung. Mehr dazu → S. 285. Tägl. 10–24 Uhr. Twerskaja ul. 14, Ⓜ Puschkinskaja, Twerskaja, ☎ 903-1476221.

* **Dschagannat** 24, vegetarischer Klassiker, über Jahre hinweg konkurrenzlos. Ganz vorne befindet sich ein Café (genannt: Kofejnja), im Mittelteil werden an einem Tresen warme und kalte Snacks verkauft, hinten befindet sich das Restaurant (genannt: Kafe). Eine weitere Filiale

liegt im Viertel Basmanny (→ S. 118). Tägl. 10–23 Uhr (Café Mo–Fr ab 8 Uhr). Ul. Kusnezki most 11, Ⓜ Kusnezki most, ✆ 495-6283580, www.jagannath.ru.

Cafés und Co.

Chleb Nassuschtschny 33, dank ihrer Lage die Filiale mit der höchsten Touristendichte. Mehr dazu → S. 285. Mo–Fr 7–24 Uhr, Sa/So 8–24 Uhr. Kamergerski per. 5/6, Ⓜ Teatralnaja.

Mart 6, ein Café-Restaurant, das fast jeder mag: Kunstfreunde freuen sich über kleine Ausstellungen, Leseratten über den integrierten Buchladen (tägl. 12–22 Uhr), Musikliebhaber kommen donnerstags zum Jazz (Beginn der Konzerte 21 Uhr). Und will jemand einfach nur was essen, dann geht das freilich auch. Zur Auswahl stehen georgische und europäische Speisen. So–Do 11–24 Uhr, Fr/Sa 11–6 Uhr. Ul. Petrowka 25, Geb. 1 (im Museum für moderne Kunst, Eing. an der Südseite des Gebäudes), Ⓜ Tschechowskaja, www.cafemart.ru.

Tschajchona Nr. 1 4, bunte Sessel und Sofas unter freiem Himmel laden zum Relaxen ein: Neben 40 verschiedenen Teesorten stehen usbekische Speisen auf der Karte. Tägl. 11–24 Uhr. Ul. Karetny Rjad 3 (Ermitasch-Garten), Ⓜ Tschechowskaja, www.chaihona.com.

Ziferblat 17, witziges Café, in dem pro Minute bezahlt wird, mehr dazu → S. 118. Tägl. 10–24 Uhr. Twerskaja ul. 12, Geb. 1 (klingeln und „Ziferblat" sagen), Ⓜ Puschkinskaja, Twerskaja, www.pushkin.ziferblat.net.

Restaurant Lavka Lavka

Snacks

Monastyrski chleb 5, wie viele andere Klöster verkauft auch das Hohe Petrowski-Kloster in einem kleinen Laden Piroggen und andere Leckereien. Tägl. 9–20 Uhr. Ul. Petrowka 28/2 (neben dem Eing. zum Kloster), Ⓜ Teatralnaja.

Usbekistan (Kulinarija) 7, orientalische Gerichte zum Mitnehmen: Snacks wie Tschebureki, Hauptgerichte wie Plow, Süßspeisen wie Baklava und dazu eine große Auswahl an Salaten. Tägl. 11–21 Uhr. Neglinnaja ul. 29, Ⓜ Trubnaja.

Tscheburetschnaja Druschba 1, die Tschebureki sind unschlagbar billig und auch der Wodkapreis bricht alle Rekorde! Wer aber Löffel oder Servietten braucht, muss dafür – wie in Sowjettagen – extra zahlen. Tägl. 9–21 Uhr. Pankratjewski per. 2, Ⓜ Sucharewskaja.

Einkaufen

Kulinarisches

meinTipp **Jelissejewski 14**, im opulent verzierten Hauptraum der Feinkostlegende (→ S. 99) finden Sie Lebensmittel. Die hinteren Räume sind für Alkohol und Souvenirs reserviert. Tägl. 24 Std. Twerskaja ul. 14, Ⓜ Twerskaja, www.eliseevskiy.ru.

🌿 **Lavka Lavka 9**, wer keine Gelegenheit hat, im angeschlossenen Restaurant zu speisen (→ S. 107), der sollte zumindest ein originelles Mitbringsel erwerben. Mehr dazu → S. 284. Tägl. 11–23 Uhr. Ul. Petrowka 21, Geb. 1,2 (im Hof, hinten links), Ⓜ Teatralnaja, www.lavkalavka.com.

Mode

H&M 10, als ob es eines letzten Beweises bedurft hätte, dass Moskau endlich in die erste Liga der globalisierten Metropolen aufgestiegen ist, hat 2017 auch H&M seine Tore in Moskau eröffnet. Tägl. 10–23 Uhr. Twerskaja ul. 16, Ⓜ Twerskaja, www2.hm.com.

Vintage Voyage 23, selbst wer wenig Interesse für Mode aufbringt, kann sich dem Zauber, der von diesem Laden ausgeht, nicht entziehen. Er verkauft gebrauchte – aber extrem gut erhaltene – Kleider, Röcke und Mäntel von Stardesignern aus den 1950er- bis 1980er-Jahren. Schnäppchenjäger werden enttäuscht sein, die Schätze von Chanel, Hermes und Gucci haben ihren Preis. Tägl. 12–21.30 Uhr. Neglinnaja ul. 9 (im Hof rechts), Ⓜ Teatralnaja, www.vintagevoyage.ru.

Kusnezki most 20 27, nirgendwo in Moskau ist die Auswahl an russischen Designern größer

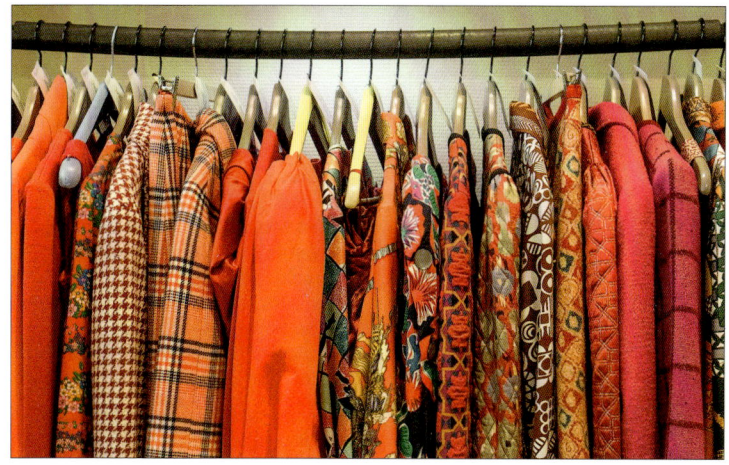

Retro-Mode bei Vintage Voyage

als hier! Halten Sie Ausschau nach Namen wie Nina Donis, Serguei Teplov, Gosha Rubchinsky, ZDDZ oder Vika Gazinskaya. Auch dabei: moderne Männermode von Tigran Avetisyan. Tägl. 11–23 Uhr. Ul. Kusnezki most 20, → Kusnezki most, www.km20.ru.

Bücher

Dom inostrannoj knigi **29**, wer seine Reiselektüre zu Hause gelassen hat, wird im „Haus des ausländischen Buches" fündig: Im Regal mit deutschsprachigen Schmökern sind die russischen Klassiker ebenso vertreten wie heutige Krimistars. Mo–Fr 9–21 Uhr, Sa/So 10–20 Uhr. Ul. Kusnezki most 18/7, Ⓜ Kusnezki most, www.mosdomknigi.ru.

Moskwa **22**, neben Biblio-Globus und Moskowski Dom Knigi eine weitere große Buchhandlung der Stadt. Ihre Pluspunkte: die zentrale Lage und die langen Öffnungszeiten! Mit etwas Glück findet man deutsche Zeitschriften. Tägl. 9–23 Uhr. Twerskaja ul. 8, Geb. 1, Ⓜ Twerskaja, www.moscowbooks.ru.

Musik

Transilwanija **31**, viele Moskauer halten diesen gut sortierten Hinterhof-Musikladen für den besten der Stadt. Ein Wunder, dass er in dieser prestigevollen Lage noch nicht schließen musste. Tägl. 11–21 Uhr. Twerskaja ul. 6/1, Geb. 5 (im Hof, hinten links), Ⓜ Ochotny rjad, www.transylvania.ru.

Kaufhäuser/Einkaufspassagen

Petrowski-Passage **19**, Edelpassage, eher aus architektonischer Sicht interessant (siehe vorne). Mo–Sa 10–22 Uhr, So 10–20 Uhr. Ul. Petrowka 10/Neglinnaja ul. 13, Ⓜ Kusnezki most, Teatralnaja.

ZUM **30**, Kaufhaus mit Tradition, das überwiegend Luxusmarken bietet, darunter auch Mode des russischen Stardesigners Igor Chapurin. Gut zu wissen: In der 5. Etage gibt's häufig Sonderangebote. Mo–Sa 10–22 Uhr, So 11–22 Uhr. Ul. Petrowka 2, Ⓜ Teatralnaja, www.tsum.ru.

Zwetnoj (Tsvetnoy) **3**, das erste Moskauer Kaufhaus, das aufgebaut ist wie ein deutscher Karstadt: Man kommt rein und landet in der Parfümabteilung, in den mittleren Etagen hängt Kleidung an der Stange und ganz oben gibt's was zu essen. Große Auswahl an russischen und internationalen Marken. Mo–Sa 10–22 Uhr, So 11–22 Uhr. Zwetnoj bul. 15, Geb. 1, Ⓜ Zwetnoj bulwar, www.tsvetnoy.com.

Sonstiges

Natura siberica **34**, Kosmetikprodukte aus sibirischen Kräutern. Mehr dazu → S. 128. Tägl. 10–22 Uhr. Twerskaja ul. 4, Geb. 2, Ⓜ Majakowskaja. www.naturasiberica.ru.

Fotolab **18**, gutes Fotofachgeschäft. Mo–Sa 9–22 Uhr, So 10–21 Uhr. Ul. Roschdestwenka 11, Ⓜ Kusnezki most, www.fotolab.ru.

Rund um die Twerskaja (Osten) → Karte S. 106/107

Im Moskau von vorgestern

Tour 7

Ein Viertel, so unprätentiös wie kein zweites im Moskauer Zentrum: keine touristischen Highlights, kaum teure Restaurants. Stattdessen winden sich rund um den „Sauberen Teich" morbide Gassen, in denen der Charme des alten Moskau fortbesteht. Aber Vorsicht: Das erste 5-Sterne-Hotel hat bereits eröffnet!

Басманный

Basmanny

Im 17. Jh., als der *Tschisty prud*, der „Saubere Teich", noch vor den Toren der Stadtmauer liegt, ist er alles andere als rein: Er dient den Metzgern der nahen Mjasnizkaja ul. als Abfallgrube. Die Infektionsgefahr ist bedenklich, der Gestank unerträglich. 1703 befiehlt Fürst Aleksandr Menschikow, das Gewässer zu reinigen. Seit dem 19. Jh. ist der „Saubere Teich" ein beliebtes Ausflugsziel der Moskowiter.

Bis heute hat in seinem Umkreis viel von dem überlebt, was die Essayistin Olga Martynowa einmal „morsche Eleganz" genannt hat. Wer den Potapowski per. oder den Chochlowski per. entlang spaziert, versteht sofort, was sie meint.

Etwas hektischer sind die drei Hauptstraßen des Viertels. Die Ul. Marossejka (die weiter östlich in die Ul. Pokrowka übergeht) erhielt ihren Namen von den sog. Kleinrussen *(Malorusskije)*. So nannte man die Ukrainer, die sich im 17. Jh. südlich der Straße niederließen. Heute ist sie mit Cafés und Restaurants gespickt. Die Mjasnizkaja ul. (s. o.) hat sich seit 1850 zu einer belebten Geschäftsstraße entwickelt und ist derzeit im Begriff, die nächste Szenemeile zu werden. Der Name der Ul. Soljanka erinnert an den früheren Salzhof (*sol* = Salz).

Spaziergang

Vom Juschkow-Haus zur Choralsynagoge

Wenn Sie das Vestibül der Metrostation Tschistyje prudy in Richtung Мясницкая verlassen (vorher Rolltreppe hoch Richtung Выход в город und dann links halten), blicken Sie auf den Turgenew-Platz, der überragt wird vom Hauptgebäude des Ölgiganten Lukoil. Sie wenden sich nach links und biegen in die Mjasnizkaja ul. ein. Auf der rechten Seite empfängt Sie das hellgelbe **Juschkow-Haus** (Дом Юшкова) mit seinem klassizistischen Säulenrundbau (Nr. 21). Wassili Baschenow hat es Ende des 18. Jh. für den Freimaurer Iwan Juschkow errichtet. Später nahm es wechselnde Kunsthochschulen auf, darunter die legendäre Wchutemas, das sowjetische Bauhaus-Pendant. Gleich im Anschluss an das Juschkow-Haus

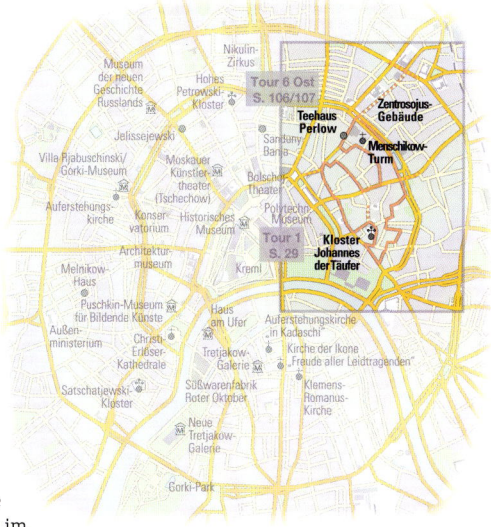

folgt das originelle **Teehaus Perlow** (Чайный дом Перлова) dessen Fassade mit Drachenfiguren, einem chinesischen Pagodenturm und fernöstlich anmutenden Schriftzeichen geschmückt ist. Besitzer des Hauses war der Teehändler Perlow: Er wollte dem chinesischen Prinzen Li Chunczan, der sich 1896 zur Krönung von Nikolaj II. angekündigt hatte, seine Ehre erweisen und beauftragte Karl Gippius, sein Geschäftshaus in chinesischem Stil umzugestalten. Letztendlich war die Mühe allerdings vergeblich: Der Prinz besuchte den Teeladen der Konkurrenz.

Wenn Sie vor dem Eingang des Teehauses auf die gegenüberliegende Straßenseite schauen, dann fällt Ihr Blick auf das **Alte Hauptpostamt** (Почтамт) (Nr. 26). Seine Fassade besticht durch strenge Linien und wird von einer Rotunde gekrönt. Leider schwer zugänglich ist die imposante Schalterhalle, die sich drei Geschosse in die Höhe reckt und von Wladimir Schuchow kunstvoll überdacht wurde.

Die nächste abzweigende Straße entführt Sie nach links ins Dickicht der Moskauer Altstadtgassen. Biegen Sie am Ende links ab und folgen Sie dem Straßenverlauf. An der nächsten Kreuzung (mit dem Archangelski per.) bietet sich ein kurzer Abstecher nach links zum **Menschikow-Turm** (Меншикова башня) an, einer Barockkirche vom Anfang des 18. Jh., die bei ihrer Fertigstellung das höchste Bauwerk Moskaus war. Großen Anteil daran hatte eine 30 m lange Goldspitze samt Engel. Heute ist von dieser nichts mehr zu sehen, denn nach einem Brand im Jahr 1723 musste sie einer kleineren Spitze in Form einer Flamme weichen.

Hinter der Kreuzung wird die Gasse, die jetzt den Namen Potapowski per. trägt, immer ruhiger. Hektik verbreitet erst wieder die Ul. Pokrowka, in die Sie am Ende rechts abbiegen. Die kleine **Cosmas-und-Damian-Kirche**, die sich 200 m weiter von einem Büroklotz abhebt, hat Matwej Kasakow in den Jahren 1791–1803 erbaut. Benannt ist sie nach den beiden Schutzheiligen der Schmiede, die in der Nähe ihre Werkstätten hatten. In dem türkisfarbenen Gebäude ihr gegenüber (Nr. 17) sitzt heute die weißrussische Botschaft.

Direkt vor ihr führt nach rechts der **Armjanski per.** ab, in dem sich im 16. Jh. die armenische Kolonie ansiedelte.

Heute sind v. a. zwei Bauten von Interesse: Das blau-weiße Palais Nr. 11, errichtet Ende des 18. Jh., gehörte ab 1810 der Familie von Dichter Fjodor Tjuttschew. Das gelbe Palais weiter nördlich (Nr. 2) war seit Mitte des 18. Jh. Heimat der armenischen Familie Lasarew. Heute residiert in ihm die armenische Botschaft. Im Hof gegenüber begrüßt das kleine **Lichtermuseum** (Музей Огни) seine Besucher mit nostalgischen Straßenlaternen aus dem 19. Jh. (Nr. 3, Geb. 1, evtl. klingeln, Fr–Mi 11–18 Uhr, Do 11–20 Uhr, Juni–Aug. So/Mo geschl., Eintritt ab 70 R, www.ognimos.ru).

Am Ende der Gasse biegen Sie links in den Kriwokolenny per. ab, der Sie in einem Bogen zurück zur Mjasnizkaja ul. bringt. Dort setzen Sie den Weg nach links fort, geradewegs zu auf eine belebte Altstadtkreuzung. Wer Lust hat auf ein spannendes Literaturmuseum, der sollte der Straße (die sich leicht nach rechts windet) nun einige Schritte bis zum **Majakowski-Museum** (Музей Маяковского) folgen. Bei Redaktionsschluss war es leider noch geschlossen. Es lohnt sich aber, mit einem Blick auf die Internetseite zu prüfen, ob es wieder geöffnet hat, denn das Museum ist ein Highlight unter den Moskauer Literaturmuseen. Besucher, die das Leben und Werk von Wladimir Majakowski (1893–1930) nicht kennen, stellt es vor ein Rätsel: grellbunte Metallkonstruktionen, zersprungene Spiegel, nichts als Chaos. Dem traditionellen Design russischer Literaturmuseen entspricht nur das Kämmerlein am Anfang der Ausstellung. In ihm schrieb der futuristische Dichter seine bekanntesten Stücke – und schoss sich im Alter von 36 Jahren mit einer Pistole mitten ins Herz (Lubjanski pr. 3/6, Geb. 4, www.mayakovsky.museum).

Weiter geht es durch den Bol. Slatoustinski per. Wo dieser auf die Ul. Marossejka stößt, gehen Sie schräg links gegenüber in den Bol. Spassoglinischtschewski per. hinein. Das nächste Ziel

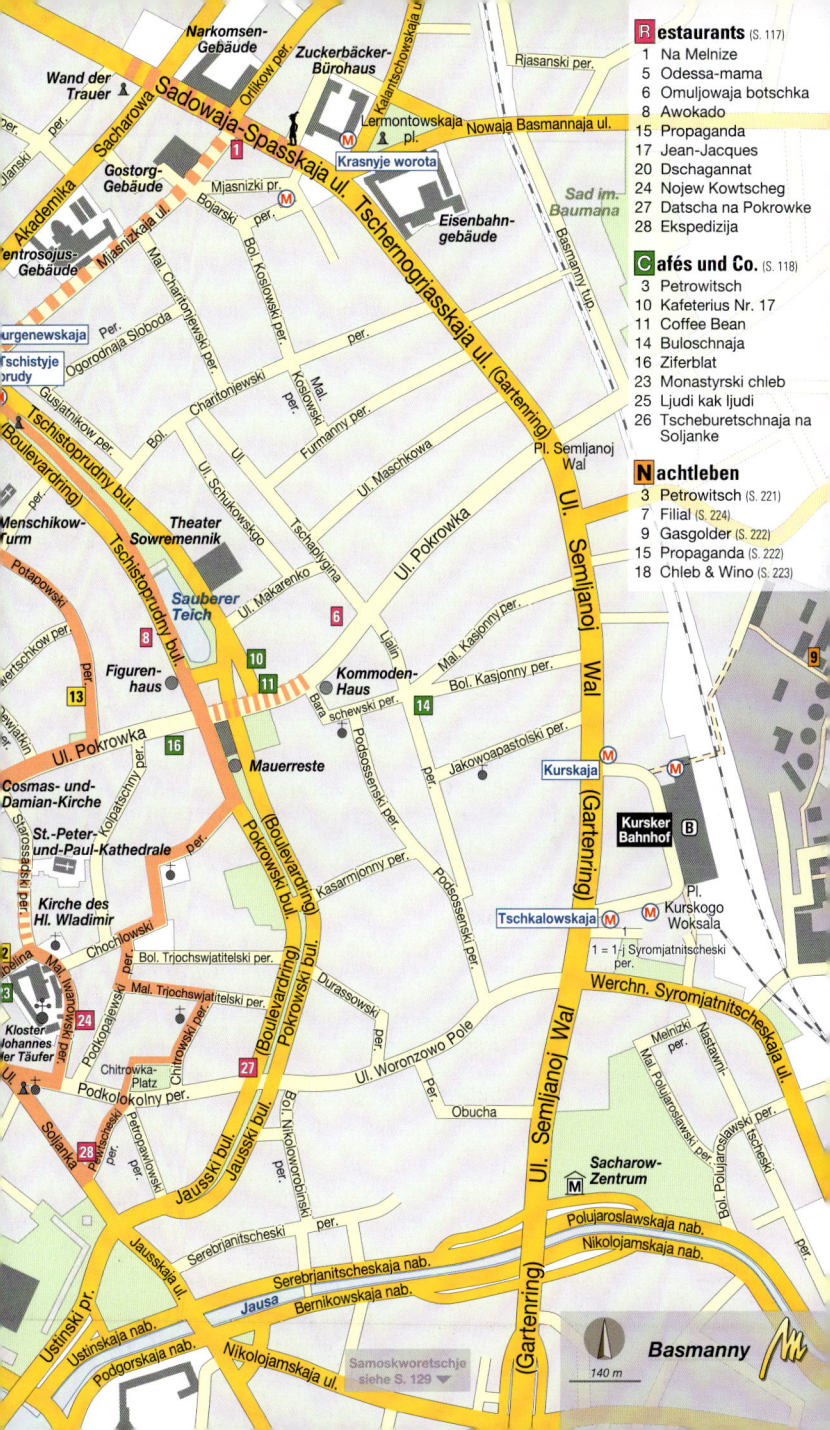

Narkomsen-Gebäude
Zuckerbäcker-Bürohaus
Wand der Trauer
Sacharowa
Sadowaja-Spasskaja ul.
Onikow per.
Kalanschowskaja ul.
Lermontowskaja pl.
Nowaja Basmannaja ul.
Rjasanski per.
Krasnyje worota
Gostorg-Gebäude
Mjasnizki pr.
Bojarski per.
Eisenbahn-gebäude
Sad im. Baumana
Akademika
Centrosojus-Gebäude
Mjasnizkaja
Mal. Charitonjewski per.
Bol. Koslowski per.
Charitonjewski per.
Basmanny tup.
urgenewskaja Per.
Tschistyje rudy
Ogorodnaja Sloboda
Gusjatnikow per.
Mal. Koslowski per.
Furmanny per.
Mal. Maschkowa
Pl. Semljanoj Wal
Tschistoprudny bul.
Bol.
Ul. Schukowskogo
Ul. Tschaplygina
Ul. Pokrowka
Ul. Semljanoj Wal (Gartenring)
Menschikow-Turm
Theater Sowremennik
Ul. Makarenko
Sauberer Teich
Lialin per.
Ul. Maschkowa
Figuren-haus
Kommoden-Haus
Mal. Kasjonny per.
Bol. Kasjonny per.
Bara schewski per.
Ul. Pokrowka
Mauerreste
Podsossenski per.
Jakowoapostolski per.
Kurskaja
Cosmas- und Damian-Kirche
Kolpatschny per.
Kasarmjonny per.
Podsossenski per.
Kursker Bahnhof
St.-Peter-und-Paul-Kathedrale
Kirche des Hl. Wladimir
Chochlowski per.
Durassowski per.
Pl. Kurskogo Woksala
Tschkalowskaja
1 = 1-j Syromjatnitscheski per.
Kloster Johannes der Täufer
Bol. Trjochswjatitelski per.
Mal. Trjochswjatitelski per.
Podkopajewski
Chitrowski
Ul. Woronzowo Pole
Werchn. Syromjatnitscheskaja ul.
Melnizki per.
Mal. Poljarnoslawski per.
Chitrowka-Platz
Podkolokolny per.
Obucha
Sacharow-Zentrum
Soljanka
Jaussski bul.
Nikolowrobinski per.
Petropawlowski per.
Ustinskaja nab.
Podgorskaja nab.
Serebrjanitscheski per.
Polujaroslawskaja nab.
Nikolojamskaja nab.
Ustinski pr.
Jauss-kaja ul.
Jausa
Serebrjanitscheskaja nab.
Bernikowskaja nab.
Nikolojamskaja ul.

Samoskworetschje siehe S. 129

Basmanny

140 m

M Krasnyje worota
M Kurskaja
M Tschkalowskaja
B Kursker Bahnhof

ist die zartgelbe **Choralsynagoge** (Хоральная синагога), die von einer mächtigen silberfarbenen Kuppel gekrönt wird. Bevor die Synagoge 1906 eröffnet wurde, mussten die Moskauer Juden einen steinigen Weg zurücklegen: Zunächst war es ihnen verboten, im Viertel Sarjadje (→ S. 52) – wo die meisten von ihnen lebten – eine Synagoge zu errichten. Dann wichen sie auf den heutigen Standort aus, ließen einen prächtigen Kuppelbau errichten und weihten diesen 1891 ein – doch schon bald schwappte eine neue Antisemitismuswelle über die Stadt: Die Synagoge musste versiegelt werden, ihre Kuppel wurde zerstört. Nach der Revolution von 1905 entspannte sich die Lage und der Bau konnte neu eröffnet werden. Die Kuppel indes kam erst in den 1990er-Jahren hinzu. Sehenswert ist auch der im maurischen Stil gehaltene Innenbereich (tägl. 10–18 Uhr). Gegenüber der Synagoge wurde 2017 eine kleine Grünfläche angelegt.

Wer den Spaziergang jetzt beenden möchte, wendet sich am Ende der Gasse nach rechts, wo nach einigen Metern die Metrostation Kitaj-gorod folgt.

Durch das ehemalige Gaunerviertel Chitrowka

Alle anderen gehen links die Ul. Sabelina hinauf, wo sich malerisch die **Kirche des Hl. Wladimir** (Церковь святого Владимира) erhebt. Sie wurde 1514–16 von dem Italiener Alewis Nowy erbaut, der auch im Kreml wichtige Spuren hinterließ. Vor der Kirche zweigt nach links der Starossadski per. ab, dem Sie für einen Abstecher einige Meter folgen sollten, denn Sie treffen in ihm auf ein unerwartet vertrautes Gebäude: die evangelisch-lutherische **St.-Peter-und-Paul-Kathedrale** (Собор свв. Петра и Павла) (Nr. 7/10). Sie entstand Anfang des 19. Jh., als die deutsche Gemeinde (→ S. 171) am hiesigen Standort ein Stück Land erwarb. Ihr neogotisches Kleid erhielt sie 1862, Anfang des 20. Jh. wurde sie deutlich vergrößert. Zu Sowjetzeiten bezog ein Kino die Kirchenräume, später ein Studio der Firma Diafilm. Der Gemeinderaum wurde vollständig zerstört. Nach langwierigen Renovierungsarbeiten erstrahlt das Gotteshaus mittlerweile in neuem Glanz. Im Oktober 2017 gab die russische Regierung

---

Das Gaunerviertel Chitrowka

Die Geschichte des Viertels begann im Jahr 1823: Generalmajor Nikolaj Chitrowo kaufte ein Stück Land am hügeligen Podkolokolny per. und ließ dort einen Marktplatz anlegen – seitdem steht sein Name für ein ganzes Stadtviertel und vielmehr noch: für ein ganz bestimmtes Milieu im Moskau der vorherigen Jahrhundertwende. Chitrowka war eine frühe Form des städtischen Slums. In seinen Gassen sammelten sich entflohene Häftlinge und Männer vom Land, die infolge der Bauernbefreiung 1861 nach Moskau geströmt waren und Arbeit suchten. Tagsüber lungerten sie in berüchtigten Kneipen herum. Nachts suchten sie Zuflucht in heruntergekommenen Elendsquartieren. Die Revolution setzte dem Treiben ein Ende. In den 1930er-Jahren wurde auf dem Platz eine Schule gebaut. Mittlerweile ist auch sie schon wieder verschwunden: Die Baufirma Don-Stroj wollte an ihrer Stelle ein großes Bürohaus aus Glas und Beton errichten. Als die Pläne 2008 bekannt wurden, liefen die Anwohner Sturm und sammelten Tausende von Unterschriften. Zu groß war die Sorge, dass ein moderner Neubau der beschaulichen Gegend ihren Charme rauben könnte. Mittlerweile wurde auf dem Areal ein kleiner, hübscher Platz angelegt.

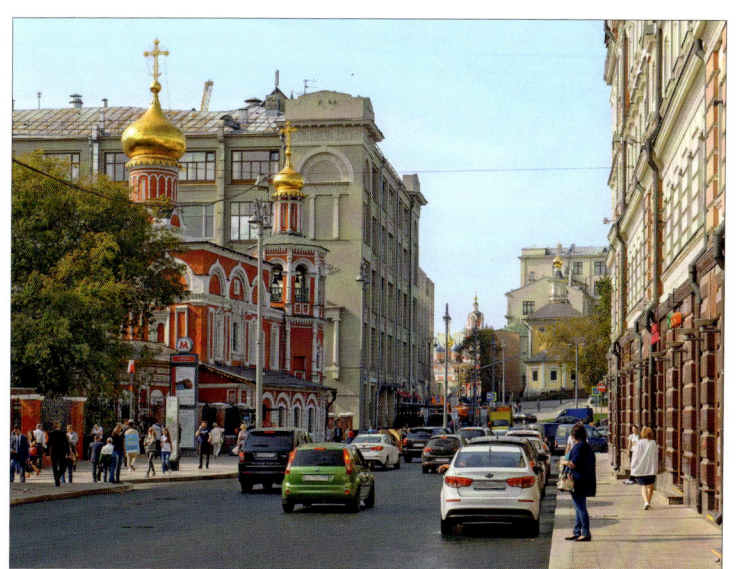

Straße Soljanski pr.

das Kirchengebäude in Anwesenheit von Bundespräsident Frank-Walter Steinmeier an die Evangelisch-Lutherische Kirche Russlands zurück.

Wenn Sie anschließend den gleichen Weg zurückgehen, laufen Sie auf das **Kloster Johannes der Täufer** (Иоанно-Предтеченский монастырь) zu (tägl. 8–20 Uhr). Während ein großer Teil des Geländes seit Sowjetzeiten vom Innenministerium besetzt ist, hat sich auf dem verbliebenen Grundstück wieder ein lebhaftes Klosterleben entfaltet. Im Mittelpunkt steht die Kathedrale Johannes der Täufer (1860–79): Michail Bykowski hat sie mit einer mächtigen Rundkuppel versehen und sich dabei an italienischen Renaissancemotiven orientiert. Einen Kontrast bilden altrussische Elemente wie die offene Bogengalerie. Bis ins 20. Jh. hinein diente das Nonnenkloster aus dem 16. Jh. auch als Gefängnis. Die berühmteste Insassin war die uneheliche Tochter von Zarin Jelisaweta und Graf Aleksej Rasumow-

ski, die 25 Jahre in einer winzigen Klosterzelle ausharren musste.

Entlang der Klostermauern folgen Sie dem Mal. Iwanowski per., bis dieser auf den Podkolokolny per. stößt. Dort wenden Sie sich nach rechts und umrunden in einem Linksbogen eine Kirche, vor der ein Denkmal an die Geiselnahme von Beslan erinnert. Vorbei an einem rosé getünchten Gebäude mit weißem Säulenportikus, gehen Sie die Ul. Soljanka so lange weiter, bis nach links der Pewtscheski per. abzweigt. Er mündet in eine Kreuzung, an der Sie geradeaus gehen. Links säumt den Weg eine niedrige, verfallene Häuserzeile, rechts erstreckt sich ein kleiner Platz: das Herz des einstigen Gaunerviertels **Chitrowka** (→ Kasten).

Der folgende Abschnitt des Spaziergangs führt Sie im Zickzack durch Moskaus Altstadtgassen: Wenn Sie den Platz halb umrundet haben, biegen Sie links in den Chitrowski per. ab, hinter einer kleinen Kirche gleich wieder links in den Mal. Trjochswjatitelski per. und dann rechts in den Podkopajewski per. Wo dieser auf den Chochlowski per. stößt, setzen Sie die Tour nach rechts fort. Vorbei an einer apricotfarbenen Barockkirche aus dem 17. Jh., windet sich die Gasse in mehreren Biegungen bis zum Pokrowski bul. Dort wenden Sie sich nach links und gehen 1 km lang geradeaus. Vorbei kommen Sie dabei an einem weiteren neuen Platz, auf dem Mauerreste aus dem 16. Jh. freigelegt wurden. Es sind die einzigen Reste der Mauer um die sog. Weiße Stadt überhaupt, die in Moskau zu sehen sind (→ S. 196). Einen weiteren Zwischenstopp legen Sie an der nächsten Kreuzung ein. Etwas weiter entfernt ist rechter Hand das türkisfarbene **Kommoden-Haus** (Дом-комод) (1766–69) zu sehen, ein reich verziertes Palais, das einige an ein barockes Möbelstück erinnert. Andere betonen dagegen die Parallelen zum grandiosen Winterpalast in St. Petersburg: Wie dort hebt sich von einer pastellfarbenen Fassade markant der weiße Kalksteindekor ab, von Verkröpfungen über korinthische Säulen bis hin zu dekorativ verzierten Fenstern. Ob das Haus ebenfalls auf Bartolomeo Rastrelli zurückgeht, ist ungewiss, fest steht jedoch, dass es ein Architekt seiner Schule war. Das Kommoden-Haus ist der am besten erhaltene Barockpalast Moskaus westeuropäischer Prägung.

Am Boulevardring, der jetzt Tschistoprudny-Boulevard heißt, taucht anschließend auf der linken Straßenseite das **Figurenhaus** auf (Nr. 14): Seine zartblaue Fassade ist mit einer Fantasiewelt aus Tieren und Pflanzen überzogen.Vorbild für den Künstler Sergej Waschkow war eine berühmte Kathedrale der Stadt Wladimir. Hinter dem Haus beginnt der **Saubere Teich** (Чистые пруды). Auf seiner Ostseite (rechts) errichtete Roman Klejn 1914 das Kino Kolisej (Nr. 19 a). Sein Markenzeichen ist der elegant-weiße Porti-

kus der Hauptfassade. Seit 1974 beherbergt der Bau das **Theater Sowremennik** (Театр Современник).

Am Ende des Boulevards erinnert ein **Denkmal** (1959) an den Dichter **Aleksandr Gribojedow** (Памятник Грибоедову). Er steht auf einem Sockel, den ein bronzener Theatervorhang ummantelt. Unter ihm sind Figuren aus seinem bekanntesten Stück („Verstand schafft Leiden") dargestellt. Hinter dem Denkmal, an der Metrostation Tschistyje prudy, endet der Spaziergang.

An der Metrostation Tschistyje prudy beginnt die Fahrt mit der **Straßenbahn Annuschka** (→ S. 245).

Auf den Spuren des Konstruktivismus

Liebhaber von Avantgarde-Architektur sollten jetzt die Gelegenheit nutzen, den Tag mit einem weiteren, kurzen Spaziergang zu einigen Höhepunkten des Konstruktivismus zu krönen. Biegen Sie für diese etwa 20-minütige Verlängerung hinter dem Metropavillon (bei McDonald's) rechts ab. Schon bald treffen Sie auf das berühmte **Zentrosojus-Gebäude** (Здание Центросоюза) (Nr. 39), einen dunkelroten Tuffsteinbau, in dem früher der Zentralverband der Konsumgenossenschaften saß. Geschaffen hat ihn in den 1930er-Jahren der französischschweizerische Architekt Le Corbusier, der dabei zahlreiche Merkmale seiner neuen Architektursprache verwirklichte: die große Glasfront und den Dachgarten, die Rampen, die – ähnlich wie in einem Parkhaus – von Stockwerk zu Stockwerk führen, oder die Stelzen, auf denen das Gebäude ruht. Seine Hauptfront wendet das Gebäude, das heute das Amt für Statistik beherbergt, allerdings der Parallelstraße zu.

Im weiteren Verlauf der Mjasnizkaja passieren Sie das **Gostorg-Gebäude** (Здание Госторга) (Nr. 47). Der maßgeblich von Boris Welikowski errichtete

Bau (1925–27) zeichnet sich durch großzügige Verglasung sowie einen symmetrischen Aufbau aus. Hausherr war der Staatshandel (Gostorg). An der Kreuzung zum Gartenring sehen Sie linker Hand die rötliche **Narkomsem-Gebäude** (Здание Наркомзема) (Sadowaja-Spasskaja ul. 11), ehemals Sitz des Volkskommissariats für Landwirtschaft (1928–33). Aleksej Schtschussew, der Erbauer des Lenin-Mausoleums, stattete es mit markanten Gesimsen und expressiven Gebäudeecken aus. Untypisch für den Konstruktivismus ist die Betonung der Horizontalen. Für architektonische Abwechslung sorgt das Zuckerbäcker-Hochhaus zur Rechten: Das 1953 von Aleksej Duschkin und Boris Mesenzew fertiggestellte **Verwaltungsgebäude** steht am höchsten Punkt des Gartenrings und erfüllt damit vorbildlich das übergeordnete Ziel der Sieben Schwestern, das hügelige Relief der Stadt zu betonen.

Hinter ihm, an der Ecke zur Now. Basmannaja ul., erhebt sich erneut ein konstruktivistisches Gebäude, leicht zu erkennen an der riesigen Turmuhr am Eckpfeiler (1929–31): Im Auftrag des Volkskommissariats für das Eisenbahnwesen wandelte Iwan Fomin ein bereits bestehendes Gebäude aus dem 19. Jh. um und verlieh ihm seine unverwechselbar avantgardistische Note. Rechterhand liegt nun die **Metrostation Krasnyje worota** mit ihrem halbkugelförmigen Pavillon: Nikolaj Ladowski baute ihn 1935 und damit zu einer Zeit, als der Konstruktivismus in den letzten Atemzügen lag.

Wer noch nicht erschöpft ist, sollte zuallerletzt einen Abstecher vom Abstecher machen, und zwar zur sogenannten **Wand der Trauer** (Стена скорби), dem russlandweit ersten offiziellen Monument, das an die Opfer der Stalin'schen Repressionen erinnert und erst im Oktober 2017 eröffnet wurde. Das beeindruckende Denkmal ist 6 m hoch und 30 m lang. Es besteht aus gesichtslosen Bronzefiguren, die der Erde zu entschweben scheinen. In den Himmel projizierte Lichtsäulen sollen die Seelen der Opfer personifizieren (Ecke Gartenring / Prosp. Akademika Sacharowa, Ⓜ Krasnyje worota).

Basmanny → Karte S. 112/113

Praktische Infos

→ Karte S. 112/113

Essen & Trinken

Restaurants

**** Ekspedizija 🟥28, eines der wenigen Moskauer Restaurants, das seine Rezepte bei den Völkern des hohen Nordens abguckt und mit ausgefallenen Fischgerichten aufwartet. Nicht versäumen sollten Sie *stroganina*, tiefgefrorenen, hauchdünn geschnittenen rohen Fisch. Zur Verdauung steht anschließend eine Banja bereit! Tägl. ab 12 Uhr. Pewtscheski per. 6, Ⓜ Kitaj-gorod, ☎ 495-7756075, www.expedicia.ru.

**** Nojew Kowtscheg 🟥24, das armenische Restaurant, in dem schon die Vorspeisen auf der Zunge zergehen, eignet sich auch gut für Vegetarier. Obligatorisch ist ein Glas armenischer *konjak*! Tägl. 12–24 Uhr. Mal. Iwanowski per. 9, Ⓜ Kitaj-gorod, ☎ 495-9170717, www.noevkovcheg.ru.

*** Na Melnize 🟥1, das Restaurant präsentiert sich als typisch russische Holzhütte: die Wände aus Baumstämmen, dazu hübsch verzierte Fensterrahmen. Im Zentrum plätschert eine Wassermühle *(melniza)*. Klassische russische Küche. Tägl. 12–24 Uhr. Sadowaja-Spasskaja ul. 24, Ⓜ Krasnyje worota, ☎ 495-6258890, www.namelnitse.ru.

** Awokado 🟥8, vegetarisches Restaurant, in dem nicht nur Fleischgerichte, sondern auch Alkohol und Zigaretten tabu sind. Von den Plätzen am Fenster und auf der Terrasse hat man Blick auf den Boulevard und den Teich. Auch für Veganer geeignet. Frühstück 10–12 Uhr, Mittagstisch 12–17 Uhr. Geöffnet Mo-Sa 10–23 Uhr, So 12–23 Uhr. Tschistoprudny bul. 12, Korp. 2, Ⓜ Tschistyje prudy, ☎ 495-6217719. www.avocadocafe.ru.

** Datscha na Pokrowke 🟥27, kuschelige Oma-Sofas im Innern, draußen einfache

Holzmöbel unter großen Bäumen – der perfekte Datscha-Ersatz mitten in der Stadt! Aber Achtung, wenn der Magen knurrt: Die Wartezeiten sind rekordverdächtig. Russische Küche. Tägl. ab 12 Uhr. Pokrowski bul. 18/15, Geb. 2 (Eing. Podkolokolny per., evtl. klingeln), Ⓜ Kitaj-gorod, ✆ 499-7649995, www.dacha-na-pokrovke.ru.

** Jean-Jaques 🔢17, die beliebte Kette jetzt auch in diesem Viertel. Ob Frühstück oder Absacker: Ins Jean-Jaques kann man immer gehen. Mehr dazu → S. 284. Tägl. 24 Std. (Pause 6–8 Uhr, Sa/So bis 10 Uhr). Ul. Marossejka 15, Ⓜ Kitaj-gorod, ✆ 968-6655107, www.jan-jak.com.

** Odessa-mama 🔢5, die ukrainische Stadt Odessa war immer ein Ort, an dem Menschen aus ganz unterschiedlichen Gegenden zusammentrafen. Genau diese Vielfalt will Tatjana Melnikowa, die Besitzerin des Restaurants, auf die Teller bringen. So–Do 11–23 Uhr, Fr/Sa 11–2 Uhr. Kriwokolenny per. 10, Geb. 5, Ⓜ Tschistyje prudy, ✆ 964-6471110, www.cafe odessa.ru.

** Omuljowaja botschka 🔢6, ob getrocknet, gebraten, geräuchert oder gedünstet: Omul schmeckt immer! Der Omul ist ein Lachsfisch, der ausschließlich im sibirischen Baikalsee lebt. Nur selten findet er seinen Weg nach Moskau, niemals wohl nach Westeuropa – Sie sollten sich die Chance, ihn zu probieren, daher nicht entgehen lassen! Tägl. 12–24 Uhr. Ul. Pokrowka 33, Ⓜ Kurskaja, ✆ 495-6244071, www.omulrest.ru.

** Propaganda 🔢15, bevor die Tische ab 23 Uhr zum Tanzen beiseite geräumt werden, ist der Club Propaganda ein guter Ort, um unkompliziert eine Kleinigkeit essen zu gehen. Mehr dazu → S. 222.

* Dschagannat 🔢20, Ableger des legendären Restaurants am Kusnezki most (→ S. 107) und damit ein vegetarisches Lokal mehr in Moskau! Tägl. 10–23 Uhr. Ul. Marossejka 4, Ⓜ Kitaj-gorod, ✆ 495-9781611, www.jagannath.ru.

Cafés und Co.

𝓶𝓮𝓲𝓷Tipp Buloschnaja 🔢14, Kaffeehaus an einer ruhigen Altstadtkreuzung, mit Liebe eingerichtet und ausnahmsweise (noch) nicht Teil einer Kette. Tägl. 9–23 Uhr. Ljalin per. 7/2, Korp. 2, Ⓜ Kurskaja (dunkelblau), www.buloshnaya.ru.

Coffee Bean 🔢11, beliebter Anlaufpunkt für Backpacker aus den umliegenden Hostels.

Mehr → S. 285. Mo–Sa 8–23 Uhr, So 9–22 Uhr. Ul. Pokrowka 21, Ⓜ Tschistyje prudy, Kitaj-gorod.

Kafeterius Nr. 17 🔢10, geräumiger als das kleine Café an der Bol. Nikitskaja (→ S. 96), aber mit den gleichen Wohlfühlcharakter ausgestattet ist dieses Café von Produktdesigner Artemi Lebedew. Seine unbestreitbaren Vorzüge sind das Rund-um-die-Uhr-Frühstück und der günstige Mittagstisch. Mo–Sa 10–22 Uhr, So 10–20 Uhr. Tschistoprudny bul. 23, Ⓜ Tschistyje prudy.

Ljudi kak ljudi 🔢25, vollgestopftes Café, in dem praktisch nie ein Platz frei ist. Kleinigkeiten wie Piroggen oder Sandwichs schmecken aber auch im Stehen. Ideal für kontaktfreudige Menschen, die mit den Moskowitern auf Tuchfühlung gehen und dabei, getreu dem namensgebenden Motto, einfach „Mensch bleiben" wollen. Mo–Mi 9–23 Uhr, Do 9–1 Uhr, Fr 9–6 Uhr, Sa 11–6 Uhr, So 11–23 Uhr. Soljanski tup. 1/4 (Eing. Soljanski pr., zu erkennen an brauner Holztür), Ⓜ Kitaj-gorod, www.ludikakludi.com.

𝓶𝓮𝓲𝓷Tipp Petrowitsch 🔢3, am Abend hat nur Zutritt, wer eine Clubkarte besitzt. Als Entschädigung gibt's den besten Mittagstisch des Viertels: „All you can eat" für nur 200 R! Das Innere ist chaotisch-bunt zusammengewürfelt und soll an eine sowjetische Kommunalka erinnern. Erfinder des Konzepts ist der Karikaturist Andrej Bilscho, dessen Zeichnungen selbst die Salz- und Pfefferstreuer schmücken. Siehe auch Nachtleben, S. 86 f. Mittagstisch Mo–Fr 12–17 Uhr. Mjasnizkaja ul. 24, Geb. 3 (im Hof hinter der Kofejnja, hinten links nach einer grauen Metalltür und Karikaturen Ausschau halten), Ⓜ Tschistyje prudy, www.club-petrovich.ru.

Ziferblat 🔢16, wer es schafft, ins Café Ziferblat vorzudringen, kann von sich behaupten, ein echter Moskau-Kenner zu sein. Leicht zu finden ist es nämlich nicht. Doch wer Erfolg hat, wird belohnt: mit einem Café der besonderen Art! Hier zahlt man nicht für das, was man isst und trinkt – sondern für die Zeit, die man hier verbringt! In der ersten und zweiten Stunde kostet der Aufenthalt drei Rubel pro Minute, in der dritten und vierten Stunde nur noch zwei Rubel. Als Gegenleistung darf man sich hier den ganzen Tag aufhalten. Kaffee und Tee gibt's umsonst, außerdem Kleinkram wie Gebäck oder Obst. Das Personal ist auf internationale Gäste eingestellt und spricht hervorragend Englisch. Eine weitere Filiale liegt im Viertel Twerskaja Osten (→ S. 108). Mo–Do 8.30–24

Uhr, Fr 8.30–6 Uhr, Sa 10–6 Uhr, So 10–24 Uhr. Ul. Pokrowka 12, Geb. 1 (im Hof links halten, kleines Schild, Treppe hoch, unscheinbare Tür), Ⓜ Kitaj-gorod, www.pokrovka.ziferblat.net.

Snacks

Tscheburetschnaja na Soljanke ⓴, das Licht ist grell, das Besteck aus Plastik, und trotzdem ist der Imbiss niemals leer. Das liegt v. a. daran, dass die Tschebureki spottbillig sind (ab 50 R) und der Wodka ebenso. So–Do 6–24 Uhr, Sa/So 6–5 Uhr. Soljanski tup. 1/4 (Eing. Soljanski pr.), Geb. 1, Ⓜ Kitaj-gorod.

Monastyrski chleb ㉓, der kleine Stand vor dem Kloster Johannes der Täufer verkauft „Klosterbrot" und andere schmackhafte Kleinigkeiten wie Käsekuchen mit Beeren. Tägl. (außer So) tagsüber geöffnet. Ul. Sabelina, Ⓜ Kitaj-gorod.

Einkaufen

Souvenirs

Imperatorski farfor ⓳, russisches Porzellan, mehr dazu → S. 35. Tägl. 10–22 Uhr. Ul. Marossejka 4/2, Geb. 1, Ⓜ Kitaj-gorod, www.ipm.ru.

Tulskije samowary ㉑, ein russischer Samowar kann nicht nur Tee kochen, er sieht zudem dekorativ aus und ist damit ein beliebtes Souvenir. Besonders weit verbreitet sind Samoware aus der Stadt Tula, die auch in diesem Laden verkauft werden. Sie haben die Wahl zwischen bunt bemalten oder klassisch silbernen Exemplaren und müssen mindestens 120 € für ein Stück zahlen. Mo–Fr 10–20 Uhr, Sa/So 12–17 Uhr. Bol. Spassoglinischtschewski per. 8 (Eing. durch das Nachbargeschäft, evtl. an die Scheibe klopfen), Ⓜ Kitaj-gorod. www.samovar-online.com.

Kulinarisches

mein Tipp **Teehaus Perlow** ❷, in fantastischer Umgebung mischt sich der Duft von Kaffee, Tee und Schokolade, dazu gibt's Teilchen, Torten und andere Süßwaren. Mehr s. o. Mo–Fr 10–21 Uhr, Sa 10–20 Uhr, So 10–19 Uhr. Mjasnizkaja ul. 19, Ⓜ Tschistyje prudy, www.chai-cofe.com.

Mode

Parcel ⓭, winzige Boutique in ruhiger Altstadtgasse. Verkauft hauptsächlich Mode der Ukrainerin Ksenia Schnaider, einem neuen Star am osteuropäischen Modehimmel. Bekannt geworden ist sie mit einer „Jeans über der Jeans". Außerdem im Programm: die südkoreanische

Café Ziferblat

Marke AMomento aus Seoul. Tägl. 11–22 Uhr. Potapowski per. 8/12, Ⓜ Tschistyje prudy.

Bücher

Biblio-Globus ⓬, eine der größten und besten Buchhandlungen der Stadt, in der auch das Angebot an Musik und DVDs umfangreich ist. Mo–Fr 9–22 Uhr, Sa/So 10–21 Uhr (im Sommer z. T. leicht eingeschränkt). Mjasnizkaja ul. 6/3, Geb. 1, Ⓜ Lubjanka, www.biblio-globus.ru.

Geschenke und Wohnaccessoires

Prosto tak ㉒, witzige Geschenkideen – vom Vokabel-Klopapier bis zur Mini-Espressomaschine. Tägl. 11–21 Uhr. Ul. Sabelina 3, Geb. 7, Ⓜ Kitaj-gorod, www.buro-nahodok.ru, www.vot-tak.com.

Antiquitäten/Antiquariate

Antikwar na Mjasnizkoj ❹, die Wurzeln des urigen Antiquariats liegen im 19. Jh. Heute verkauft Wladimir Tschujko schwerpunktmäßig alte Drucksachen wie Bücher, (Post-)Karten oder Fotos. Mo–Fr 11–19 Uhr, Sa 11–18 Uhr (im Sommer Sa geschl.). Mjasnizkaja ul. 13, Geb. 3, Ⓜ Tschistyje prudy, www.antiqbook13.ru.

Im Viertel „jenseits der Moskwa"

Tour 8

Wo sich hier und da noch Holzhäuser zwischen eleganten Kaufmannsvillen ducken und Glockentürme die Straßenränder schmücken, da ruht das Viertel Samoskworetschje. Geschäftiger geht es in der berühmten Tretjakow-Galerie zu: Sie präsentiert die Sahnestücke der russischen Malerei und zieht Besucher aus aller Welt an.

Замоскворечье

Samoskworetschje

Wer auch immer Samoskworetschje beschrieben hat, der hat v. a. eines betont: die Ruhe und den Gegensatz zum Rest der Stadt. Samoskworetschje war eine „Insel", das „andere Moskau" oder „echte Provinz".

Erstmals erwähnt Mitte des 14. Jh., entwickelt sich das Viertel schnell zu einem beliebten Wohnort der Handwerker. Streng nach Zünften getrennt, lassen sie sich nördlich des Klimentowski per. nieder. Weiter südlich siedelt Iwan IV. im 16. Jh. einen Teil der Strelizen an, Soldaten und Offiziere der zaristischen Leibgarde. Ihre Präsenz im Süden der Stadt ist von großer Bedeutung, schließlich greifen auch Feinde meist aus dieser Richtung an. An der Schwelle zum 18. Jh. ändert sich die Bevölkerungsstruktur: Adlige und Kaufleute rücken nach. Als dritte Gruppe kommen im 19. Jh. die Unternehmer hinzu.

Von den einschneidenden Veränderungen der Sowjetzeit bleibt Samoskworetschje weitgehend verschont. Ebenso tapfer entzieht es sich zunächst dem Bauboom der postsowjetischen Ära – doch dann kommt die Wende. Ende der 1990er-Jahre erobert McDonald's das vergessene Paradies, bald darauf wird es eng und laut in den schmalen Gassen. Heute sind die Gehwege frisch gepflastert. In die sanierten Häuser sind Restaurants eingezogen. Und selbst die „Perle" von Samoskworetschje, die ziegelrote Klemens-Romanus-Kirche, erstrahlt seit einigen Jahren in völlig neuem Glanz.

Wer die Augen offen hält, der findet dennoch die Spuren vergangener Zeiten. Am leichtesten fällt das am Wochenende, wenn eine ungewohnte Stille in die Gassen einzieht. Dann sind die vielen Kirchenglocken zu hören, die oft raffiniert per Hand geläutet werden, und es fällt auf, wie anders das Viertel auch heute noch ist: Von Luxusboutiquen fehlt jede Spur, stattdessen rosten am Straßenrand noch Ladas vor sich hin.

Spaziergang

Auf zur Tretjakow-Galerie!

Am einzigen Ausgang der Metrostation Tretjakowskaja wenden Sie sich nach links und gehen bis zur Straße Ul. Bol. Ordynka. Hier halten Sie kurz inne und werfen einen Blick nach rechts, wo Sie die leuchtend gelbe **Kirche der Ikone „Freude aller Leidtragenden"** (Храм иконы Божией Матери „Всех скорбящих Радость") erblicken. Sie gilt als einer der letzten Höhepunkte des russischen Klassizismus und besteht aus zwei Teilen: Im Westen liegen der Glockenturm und das Refektorium, beide Ende des 18. Jh. von Wassili Baschenow errichtet. Die Kuppelkirche im Osten stammt von Ossip Bowe und ist 40 bis 50 Jahre jünger als der Rest. Ihren komplizierten Namen erhielt die Kirche von einer gleichnamigen Ikone. Sie soll 1688 die Schwester des damaligen Patriarchen geheilt haben und ist bis heute im linken Seitenaltar zu bewundern.

Ihr Weg führt Sie nun geradeaus in eine schmale Gasse hinein, bis zu einem kleinen Platz, den links das prachtvolle Gitter der **Demidow-Villa** (Особняк Демидовых) säumt. Die Demidow-Villa entstand etappenweise seit den 1770er-Jahren und beeindruckt heute mit einem großen Säulenportikus sowie einer von Reliefs und Me-

daillons geschmückten Fassade. Von 1882 bis 1917 nahm es ein Männergymnasium auf, heute beherbergt es eine Bibliothek. Das Schmuckstück des Anwesens, die gusseiserne Umzäunung, ließ die Industriellenfamilie Demidow Mitte des 18. Jh. in einer ihrer Fabriken im Ural gießen.

Nach rechts zweigt jetzt der Lawruschinski per. ab. Auf seiner linken Seite breitet sich die berühmte **Tretjakow-Galerie** (Третьяковская галерея) (→ Kasten S.. 122/123) aus, für die Sie ausreichend Zeit einplanen sollten.

Gehen Sie nach dem Besuch der Tretjakow-Galerie geradeaus weiter bis zur **Luschkow-Brücke** (Лужков мост). Die nach dem langjährigen Bürgermeister Juri Luschkow benannte Fußgängerbrücke steht ganz im Zeichen der Romantik: An „Liebesbäumen" bringen Paare Schlösser an, die sie vorher mit ihren Namen beschriften. Den Schlüssel werfen sie in den Fluss – ein Symbol für ewige Verbundenheit. Im Juli 2008 kam die Bank der Versöhnung hinzu. Sie ist in der Mitte niedriger als an den Seiten, sodass Streithähne gezwungen sind zusammenzurücken. Das Geländer der Brücke hat Surab Zereteli gestaltet.

Die Tretjakow-Galerie

Monet, van Gogh, Picasso? Kennt jeder. Doch was ist mit Repin oder Surikow? Namen wie diese lassen das Herz der Russen höherschlagen, ihre und viele andere Werke begründeten den Ruhm der Tretjakow-Galerie, die der wohlhabende Textilkaufmann Pawel Tretjakow Mitte des 19. Jh. gründete.

Als Tretjakow 1856 seine ersten beiden Gemälde erwarb, ahnte niemand, dass er damit den Grundstein für ein natio-nales Kunstmuseum legen würde. Doch seine Sammlung wuchs rasant und schon bald konnte das heimische Wohnzimmer die Schätze nicht mehr fassen. Unmittelbar neben seinem Privathaus errichtete Aleksandr Kaminski 1872–74 einen ersten Anbau. Zahlreiche weitere folgten, sodass ein Sammelsurium aus unterschiedlichsten Gebäuden entstand. Nach dem Tod Tretjakows begannen 1899 aufwendige Erweiterungs- und Renovierungsarbeiten. Aus dieser Zeit stammt die märchenhafte Hauptfassade, die Wiktor Wasnezow entwarf. Markant ist u. a. der Keramikfries aus Vögeln und Blumen, den unten ein Band mit kyrillischen Buchstaben abschließt.

Während der Sowjetzeit erweiterte die Tretjakow-Galerie ihren Bestand um Gemälde aus verstaatlichten Privatsammlungen sowie aus kleineren Museen und säkularisierten Kirchen. Heute umfasst er rund 150.000 Werke und ist auf zwei Standorte verteilt: Im Hauptsitz am Lawruschinski per. (der „Alten" Tretjakow-Galerie") sind neben Ikonen v. a. Gemälde russischer Künstler aus dem 18. und 19. Jh. ausgestellt. Der Folgezeit widmet sich die „Neue Tretjakow-Galerie" 1 km weiter (→ S. 137).

Ein Rundgang durch die Säle der Tretjakow-Galerie gleicht einem Streifzug durch die russische **Kunstgeschichte**.

Ihr erster Höhepunkt, die Ikonenmalerei, hielt mit der Übernahme des orthodoxen Glaubens im Jahr 988 Einzug in Russland. Nirgendwo sonst wurde sie fortan so anspruchsvoll kultiviert wie hier. Heute besitzt die Tretjakow-Galerie die wertvollste **Ikonensammlung** der Welt. Zu den berühmtesten Werken zählt die „Gottesmutter von Wladimir" (kurz: Wladimirskaja), das

Galeriegründer Pawel Tretjakow

„allergrößte russische Heiligtum". Geschaffen hat sie ein unbekannter Künstler im frühen 12. Jh.; ausgestellt ist sie publikums-wirksam vor der Ikonostase in der integrierten Nikolauskirche. Besondere Aufmerksamkeit verdienen darüber hinaus die Werke von Andrej Rubljow, der nicht selten als Urvater der russischen Ikonenmalerei bezeichnet wird und nachfolgende Meister maßgeblich beeinflusste (Zu Ikonen siehe auch Kasten S. 47).

Die Öffnung Russlands nach Europa, maßgeblich vorangetrieben durch Peter den Großen, führte 1757 zur Eröffnung der Russischen Akademie der Künste. Diese wollte ihren Studenten die Errungenschaften der westeuropäischen Kunsttradition vermitteln und bildete einige der bekanntesten Maler des Landes aus. Zur beliebtesten Stilrichtung entwickelte sich schnell der ästhetische **Realismus**. Besonders gefragt waren imposante Landschaftsgemälde: Darstellungen von weitläufigen Feldern, mystischen Fichtenwäldern oder endlosen Horizonten. Beachtenswert sind die Werke von Orest Kiprenski, Karl Brjullow oder Aleksandr Iwanow.

Als gesellschaftliche Spannungen in der zweiten Hälfte des 19. Jh. merklich zunahmen und sich die Akademie davon unbeeindruckt zeigte, rebellierte eine kleine Gruppe junger Studenten gegen das überholte dogmatische Lehrsystem und rief eine selbstständige Künstlerkooperative ins Leben. Diese wollte die Kunst aus dem Zentrum heraus an die Menschen tragen und organisierte zwischen 1870 und 1923 mehr als 40 Wanderausstellungen in ganz Ostmitteleuropa. Sie gaben der Gruppe ihren Namen: **Peredwischniki** (Wanderer). Die Peredwischniki-Gruppe

Auch auf Postkarten beliebt: Gemälde aus der Tretjakow-Galerie

brachte viele der bedeutendsten russischen Künstler hervor, darunter Iwan Kramskoj, Iwan Schischkin, Ilja Repin, Wassili Wereschtschagin und Wassili Surikow. Entscheidend für den Fortbestand der Gruppe war die Gunst des Kunstmäzens Tretjakow, der viele Gemälde für seine Sammlung aufkaufte – auch dann, wenn sie ihm persönlich ob der sozialen Schärfe nicht sonderlich gefielen …

Lawruschinski per. 10, Ⓜ Tretjakowskaja, ☎ 495-9511362, www.tretyakovgallery.ru. Di/Mi/So 10–18 Uhr, Do/Fr/Sa 10–21 Uhr. Eintritt 500 R. Kostenlose Faltblätter auf Deutsch und Englisch gibt es im Foyer. Die Ausstellung ist größtenteils chronologisch angeordnet. Beim Rundgang müssen Sie den vorgegebenen Wegen folgen.

Kritiker halten es für eine Schande, da sich der Künstler nicht an die historische Wahrheit gehalten habe: Die runden Medaillons sollen das Moskauer Wappen darstellen – vom Speer des Hl. Georg aber fehlt jede Spur.

Wenn Sie die Brücke überqueren, gelangen Sie zum **Sumpfplatz,** auch Bolotnaja-Platz (Болотная площадь), der seit Jahrhunderten ein beliebter Treffpunkt der Moskauer ist: Früher, als das Gelände noch sumpfig war und nicht bebaut werden konnte, fanden auf ihm die beliebten Faustkämpfe statt. Viele Schaulustige zogen auch öffentliche Hinrichtungen an, etwa die von Jemeljan Pugatschow, dem Anführer des Bauernaufstands, der 1775 in einem Käfig hierher transportiert wurde. Zum letzten Mal geriet der Platz in die Schlagzeilen, als dort im Protestwinter 2011/2012 große Demonstrationen stattfanden. Der Prozess gegen einige Teilnehmer ist als „Bolotnaja-Prozess" bekannt.

Der Sumpfplatz liegt auf der sog. **Insel ohne Namen**. Sie entstand Ende des 18. Jh., als Katharina II. den Nordteil

von Samoskworetschje durch einen Kanal vom Rest abtrennen ließ. Ziel der Maßnahme war die Eindämmung der alljährlichen Überschwemmungen.

Durch die ehemalige Webervorstadt

Gehen Sie nun über die Brücke zurück und biegen Sie links und gleich danach wieder rechts ab in die ehemalige Webervorstadt (1-j Kadaschowski per.). Ihr Blick fällt sogleich auf die leuchtenden Kuppeln der **Auferstehungskirche „in Kadaschi"** (Храм Воскресения Христова в Кадашах). Die bis vor Kurzem stark verfallene Kirche aus dem 17. Jh. trägt deutliche Züge des Naryschkin-Barock. Motive der Holzschnitzerei werden in Stein wiederholt – hier besonders deutlich zu sehen an den drei Reihen übereinander angeordneter „Hahnenkämme". In Auftrag gegeben hat den Bau der Kirche die Zunft der Weber. Vor einigen Jahren tobte um die Auferstehungskirche übrigens ein erbitterter Kampf. Der Grund: In unmittelbarer Nähe zur Kirche sollte ein

Auf der Luschkow-Brücke

Büro- und Wohnkomplex realisiert werden, der – so die Kritiker – das idyllische Panorama des Viertels zerstört und den Sakralbau selbst beschädigt hätte. Der massive Protest hat immerhin kleine Früchte getragen: Zwar wird auf dem entsprechenden Gelände gebaut, doch werden die Häuser deutlich niedriger sein als anfangs geplant.

Vor der Kirche biegen Sie links ab in den 2-j Kadaschowski per. Wo dieser auf die Bol. Ordynka trifft, wenden Sie sich nach rechts und begeben sich kurz darauf nach links in den Tschernigowski per. Nach zwei Kurven öffnet sich hier ein malerisches Panorama: Auf beiden Seiten säumen den Weg zwei alte Kirchen, rechts die **Michail-und-Fjodor-Kirche** (Церковь Михаила и Фёдора), links die **Kirche Johannes der Täufer „am Walde"** (Храм Иоанна Предтечи под Бором). Der Namenszusatz bei Letzterer verweist auf die Umgebung der Vorgängerkirche: Sie wurde bereits Anfang des 16. Jh. errichtet und war damit das erste Gotteshaus südlich der Moskwa. Die heutige Kirche stammt aus dem Jahr 1658.

Ihr Glockenturm, der rund 100 Jahre später folgte, schmückt die Ecke zur **Pjatnizkaja uliza** (Пятницкая улица), eine der wichtigsten und zugleich ältesten Straßen des Viertels. Ihr nördlicher Abschnitt entstand bereits Anfang des 16. Jh., als der Marktplatz am Roten Platz verkleinert wurde und u. a. nach Samoskworetschje ausweichen musste. Der südliche Teil kam im 17. Jh. hinzu. Wie kaum eine andere Straße konnte die Pjatnizkaja ihr Antlitz früherer Zeiten bewahren.

Vorbei an Klemens-Romanus-Kirche und Martha-Maria-Kloster

Vom Glockenturm lassen Sie sich jetzt auf der Pjatnizkaja Richtung Süden treiben. Bei **Haus Nr. 6/1** können Sie

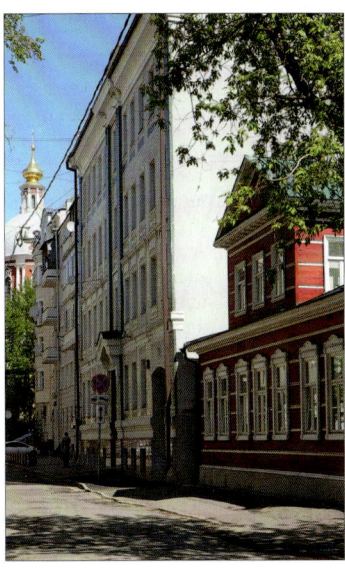

In den Gassen von Samoskworetschje

Samoskworetschje → Karte S. 129

einen Blick in den Hinterhof werfen, der – abgesehen von den parkenden Autos – noch genauso aussieht wie im 19. Jh. Beachten Sie z. B. die geschlossenen Galerien an der rückwärtigen Straßenfront, in denen sich damals die Gemeinschaftstoiletten befanden.

An der Ecke zum Klimentowski per. taucht schließlich das Schmuckstück des Viertels auf: die leuchtend rote **Klemens-Romanus-Kirche** (Храм Климента). Welcher Baumeister sie 1762–74 errichten ließ, ist ungeklärt. Fachleute kommen zu dem Schluss, dass es ein Architekt der Petersburger Schule gewesen sein muss. Nachdem die Bolschewiki 1917 die Macht übernommen hatten, ließen sie die Kirche bald schließen. Dass sie nicht abgerissen wurde, hat sie laut Legende Klemens Woroschilow zu verdanken: Der General soll sich aufgrund der Namensgleichheit für sie starkgemacht haben. Zu Sowjetzeiten diente die Kirche als Bücherlager. Nach aufwendigen Renovierungs-

arbeiten konnte sie im März 2009 feierlich neu eröffnet werden.

Knapp 250 m weiter biegen Sie rechts
in den Golikowski per. ab, der nach wenigen Schritten einen Rechtsbogen
macht. In dem blauen Holzhaus im
Garten vor bzw. links neben Ihnen
wurde 1823 der Dramaturg **Aleksandr
Ostrowski** geboren. Heute beherbergt es
ein **Museum** über ihn (Музей
Островского). Ausgestellt sind zum
einen persönliche Gegenstände, zum
anderen Relikte seiner Arbeit am Maly-
Theater. Nicht zuletzt bietet ein Besuch
aber auch die Chance, ein typisches
Holzhaus aus dem 19. Jh. von innen
kennenzulernen (Fr–So   12–19 Uhr,
Mi/Do 13–21 Uhr, letzter Fr im Monat
geschl., Eintritt 200 R, www.gctm.ru).

Der Eingang zum Museum liegt auf der
anderen Seite des Hauses. Sie erreichen
ihn, indem Sie hinter dem Museum –
parallel zu seiner Nordfassade – einen
Hof durchqueren. Auf dem Weg passieren Sie ein weiteres **Holzhaus** (Golikowski per. 9), diesmal in Dunkelrot,
das im frühen 19. Jh. entstand, unmittelbar nach dem großen Brand von
1812. Durch den Hof gelangen Sie in
die Ul. Mal. Ordynka. Sie wenden sich
nach links, wo der Eingang zum
Museum folgt.

Ihm gegenüber liegt die kleine, weiße
Nikolauskirche „in Pyschi" (Храм
Святителя Николая в Пыжах) aus dem
Jahr 1672. Ihre Geschichte ist untrennbar mit der Geschichte der Strelizen
verbunden, worauf ihr Name gleich
doppelt hinweist: Nikoly war der
Schutzheilige der zaristischen Leibgarde. Und Hauptmann Pyschow stand
dem Regiment vor, das den Bau der
Kirche finanzierte. Den einstigen Geld-
geber verrät darüber hinaus das äußere
Erscheinungsbild: Die kleinen Kügelchen auf Kuppeln und Kreuzen sind
typisch für die Kirchen der Strelizen.
An der Kirche vorbei, schlendern Sie
weiter Richtung Süden, biegen schließ-

Ostrowski-Museum

lich rechts in den kurzen Iwerski per.
ab und kurz darauf wieder rechts in die
Bol. Ordynka. Auf dem letzten Abschnitt der Tour versteckt sich hinter
einer weißen Toreinfahrt das **Martha-
Maria-Kloster** (Марфо-Мариинская
обитель). Im Zentrum der Anlage steht
eine für Moskau ungewöhnliche Kirche: Ihr einkuppliger Bau erinnert an
altrussische Kirchen in Pskow oder
Nowgorod – nur moderne Elemente wie
die spitz zulaufenden Giebel oder die
Steinmetzarbeiten an der Fassade deu-
ten darauf hin, dass die Kirche erst Anfang des 20. Jh. entstand. Entworfen
hat sie Aleksej Schtschussew, von dem
auch das Lenin-Mausoleum auf dem
Roten Platz stammt. Gegründet wurde
das Kloster von der Großfürstin Jelisaweta Romanowa, einer 1864 in Darm-
stadt geborenen deutschen Prinzessin,
die später den Russen Sergej Romanow
heiratete. Wenige Schritte weiter stoßen Sie wieder auf die Metrostation
Tretjakowskaja.

Ausklang im ruhigen Südteil des Viertels

Wer möchte, kann den Spaziergang um einen Abstecher in den ruhigen wie unbekannten Südteil des Viertels verlängern (→ Karte S. 129). Sie treffen in ihm auf weitere charmante Holzhäuser, darunter das ehemalige Wohnhaus von Marina Zwetajewa, das ein Künstler originell modernisiert hat (1-j Kasatschi per. 8), außerdem befindet sich eines im 3-j Monettschikowski per. 9. Darüber hinaus sind zwei Museen zu besichtigen: Das **Tropinin-Museum** (Музей Тропинина) zeigt Werke des Malers Wassili Tropinin (1776–1857), der als einer der Ersten auf seinen Porträts auch die Arbeiterschaft verewigte (Schtschetininski per. 10, Fr–Mo 10–18 Uhr, Do 13–21 Uhr, letzter Mo im Monat geschl., Eintritt 200 R, www.museum-tropinina.ru).

Das **Theatermuseum** (Театральный музей им. Бахрушина) das der Mäzen Aleksej Bachruschin bereits im Jahr 1894 gründete, stellt Meilensteine der russischen Bühnenkunst aus, darunter die Ballettschuhe von Wazlaw Nischinski, Notizen von Nikolaj Rimski-Korsakow und ein Stück des Theaterbodens, auf dem Marija Jermolowa ihre größten Erfolge feierte. Auf jeden Fall sollte man einen Blick in die schöne Eingangshalle werfen: Sie ist der einzige Teil des Hauses, dessen Originalzustand erhalten ist (Ul. Bachruschina 31/12, Di/Fr/Sa/So 12–19 Uhr, Mi/Do 13–21 Uhr, Eintritt 300 R, www.gctm.ru).

Wenn Sie Glück haben, durchzieht die Gassen ein Duft von Karamell: Er entweicht den Schloten einer Süßwarenfabrik, die mit ihrem Firmenladen bestens gewappnet ist für den aufsteigenden Heißhunger.

Theatermuseum

Samoskworetschje → Karte S. 129

Praktische Infos

→ Karte S. 129

Essen & Trinken

Außer den unten genannten finden sich weitere Restaurants im nördlichen Teil der Pjatnizkaja ul. sowie im Klimentowski per.

Restaurants

**** Oblomow 22, so heißt der Held aus einem Roman von Iwan Gontscharow, und der würde sich in diesem Café-Restaurant pudelwohl fühlen: Im Erdgeschoss, das für Kaffee und Kuchen reserviert ist, sorgen Sessel und Kachelöfen für gemütliche Stunden. Einen Stock höher werden russische und europäische Spezialitäten in Landhausatmosphäre serviert. Mit Sommerterrasse. Tägl. 12–24 11 Uhr. 1-j Monettschikowski per. 5, Ⓜ Pawelezkaja (braun), ☎ 495-9536828, www.restoblomov.ru.

*** Björn 1, beliebtes Restaurant mit „nordischer Küche". Smørrebrød und Skrei schmecken in skandinavischem Design! Tägl. 12–24 Uhr. Pjatnizkaja ul. 3, Ⓜ Nowokusnezkaja, ☎ 495-9539059, www.bjorn.rest.

** Correa's 18, das Menü des Restaurants wechselt wöchentlich, stets im Angebot sind Salate, Sandwichs, Pizzen (mit dem besten Preis-Leistungs-Verhältnis der Stadt!) sowie weitere Standards der europäischen Küche.

Die Atmosphäre ist angenehm zwanglos. Mo–Fr 8–23 Uhr, Sa/So 9–23 Uhr. Ul. Bol. Ordynka 40, Geb. 2 (im Hof links halten), Ⓜ Tretjakowskaja, ✆ 495-7256035, www.correas.ru.

** Kortschma Taras Bulba 🔟7, ukrainische Küche, mehr dazu → S. 284. So–Do 9–24 Uhr, Fr/Sa 9–2 Uhr. Pjatnizkaja ul. 14, Ⓜ Nowokusnezkaja, ✆ 495-9537153.

** Prostyje weschtschi 🔟13, diese Mischung aus Pub, Café und Weinbar ist ein Ableger der gleichnamigen Lokalität in der Bol. Nikitskaja ul. (→ S. 94). Mo–Fr ab 8 Uhr, Sa/So ab 12 Uhr. Pjatnizkaja ul. 29 (Eing. Klimentowski per.), Ⓜ Nowokusnezkaja, Tretjakowskaja, ✆ 495-2258050, www.gastroteka.ru.

** Sok 🔟9, im vegetarierfeindlichen Moskau ist jedes Restaurant mit fleischloser Kost ein Ereignis und somit eine Erwähnung wert. Leider wird das durchaus passable Geschmackserlebnis etwas beeinträchtigt durch die geschmacklose Einrichtung. Tägl. 11–23 Uhr. Lawruschinski per. 15, Ⓜ Tretjakowskaja, ✆ 495-9537963, www.cafe-cok.ru.

** Warenitschnaja Nr. 1 🔟12, russische Küche, mehr dazu → S. 285. Tägl. 10–24 Uhr. Klimentowski per. 10, Geb. 2, Ⓜ Tretjakowskaja, ✆ 903-7560334, www.varenichnaya.ru.

Cafés und Co.

Aldebaran 🔟15, kleines Jugendstilcafé in der Nähe der Tretjakow-Galerie. Neben Süßwaren gibt's auch herzhafte Speisen, im Sommer draußen am verkehrsberuhigten Platz. Mo–Fr 10–23.30 Uhr, Sa/So 11–23.30 Uhr. Bol. Tolmatschowski per. 4, Geb. 1, Ⓜ Tretjakowskaja, www.aldebaran.cafe.

Coffee Bean 🔟3, mehr dazu → S. 285. Mo–Sa 8–23 Uhr, So 9–22 Uhr. Pjatnizkaja ul. 5, Ⓜ Nowokusnezkaja.

Kwartira 44 🔟19, → Nachtleben S. 224

Chleb Nassuschtschny 🔟4, eine der ersten Filialen der beliebten Kette und im Gegensatz zu anderen Standorten etwas ruhiger, da es zwei getrennte Bereiche gibt. Mehr dazu → S. 285. Mo–Fr 7–23 Uhr, Sa/So 8–23 Uhr. Pjatnizkaja ul. 6/1, Geb. 1, Ⓜ Nowokusnezkaja.

Paul 🔟8, französische Konditerstube. Mehr dazu → S. 285. Mo–Fr 7.30–23 Uhr, Sa/So 9–23 Uhr, Pjatnizkaja ul. 20, Ⓜ Nowokusnezkaja.

Snacks

Stand vor der Klemens-Romanus-Kirche 🔟14, Überbleibsel aus vergangenen Tagen. Vor zehn Jahren stand an jeder Ecke einer dieser kleinen Wagen, die russisches Gebäck verkauften, mittlerweile sind sie eine Rarität. Probieren Sie doch mal einen *Sotschnik* (mit Quark gefülltes Teilchen aus Butter und Smetana), einen *Keks* (muffinähnlicher Kuchen) oder einen *Bublik* (eine Art Bagel, oft mit Mohn bestreut)! Klimentowski per., Ⓜ Tretjakowskaja, tagsüber geöffnet.

Einkaufen

Souvenirs

Gschelski farfor 🔟6, vom Eierbecher bis zur Zuckerdose: Die russische Keramik in Weiß-Blau wird seit Mitte des 17. Jh. im Ort Gschel hergestellt. Tägl. 10–21 Uhr. Pjatnizkaja ul. 10, Geb. 1, Ⓜ Nowokusnezkaja, www.farfor-gzhel.ru.

Imperatorski farfor 🔟5, russisches Porzellan, → S. 35. Tägl. 10–22 Uhr. Pjatnizkaja ul. 6, Ⓜ Nowokusnezkaja, www.ipm.ru.

Kulinarisches

Aljonka 🔟20, ob Schoko, Karamell oder Halva: Naschkatzen haben hier die Qual der Wahl. Die Russen kaufen ihre Bonbons gleich säckeweise, da sie um einiges billiger sind als anderswo. Tägl. 8–20 Uhr. 2-j Nowokusnezki per. 13/15, Ⓜ Pawelezkaja (braun), www.uniconf.com.

Dom mjoda 🔟17, Winnie Puh wäre selig vor Glück im „Haus des Honigs": Mehr als 150 Sorten laden zum Probieren ein, die meisten stammen aus russischen Regionen wie Tatarstan oder Karelien. Mo–Sa 9–20 Uhr, So 10–20 Uhr. Nowokusnezkaja ul. 5/10, Geb. 1, Ⓜ Nowokusnezkaja, www.dommeda.ru.

Gedrucktes

Alte Tretjakow-Galerie 🔟10, im Foyer der Galerie sind Bücher (auch dt.), Postkarten und Poster erhältlich. Adresse und Öffnungszeiten s. o.

Sonstiges

🌿Natura siberica 🔟16, originelles Mitbringsel für Freundin, Mutter oder Ehefrau: Kosmetikprodukte aus sibirischen Kräutern! Nicht unwichtig: Zahnpasta, Körperlotion und Haarshampoo werden in äußerst hübschen Verpackungen präsentiert. Tägl. 10–22 Uhr. Pjatnizkaja ul. 31/2, Ⓜ Tretjakowskaja, www.natura siberica.ru.

Alternativen zu Kreml und Co.

Tour 9

Die Fabrik Roter Oktober und der Gorki-Park zeigen eine Seite der Stadt, die viele von ihr nicht erwarten. Sie zeigen, wie modern und fröhlich Moskau sein kann und wie unbeschwert die Jugend aufwächst, zumindest ein Teil von ihr. Ein Rundgang, den jeder machen sollte!

Fabrik Roter Oktober, hier pocht das Herz des neuen Moskau, S. 132

Neue TretjakowGalerie, sowjetische und russische Kunst des 20. Jh., S. 137

Gorki-Park, ein Schaufenster der Lebensfreude, S. 138

Якиманка

Jakimanka

Aus Gewohnheit nennen die Moskowiter das gesamte Gebiet südlich der Moskwa Samoskworetschje. Administrativ aber trägt der westliche Teil den Namen Jakimanka. Die Geschichte des Viertels deckt sich weitgehend mit der des Nachbarviertels von Samoskworetschje (→ S. 120). Die dauerhafte Besiedlung begann allerdings später, da v. a. der äußerste Westteil häufig überschwemmt war. Erst der Bau des Kanals Ende des 18. Jh. (→ S. 124) behob das Problem.

Der größte Teil des Rundgangs führt durch den **Gorki-Park**. Planen Sie auf jeden Fall genug Zeit für ihn ein. Es gibt so viel zu entdecken, dass man sich viele Stunden hier aufhalten kann. Zu den Highlights zählen zwei herausragende Museen für moderne Kunst: Die Neue Tretjakow-Galerie zeigt u. a. die russische Avantgarde des 20. Jh. Die Galerie Garasch konzentriert sich auf aktuelle Strömungen. Eine tolle Fotogalerie ist zudem in die blutroten Klinkerhallen der ehemaligen **Süßwarenfabrik Roter Oktober** eingezogen: Zusammen mit aufregenden Restaurants, originellen Geschäften und angesagten Clubs lädt sie zu einer spannenden Entdeckungstour ein!

Spaziergang

Der Rundgang beginnt an der Christi-Erlöser-Kathedrale (→ S. 66), die Sie über die Metrostation Kropotkinskaja erreichen. Wenn Sie das Gotteshaus umrunden, gelangen Sie zur Patriarchenbrücke, von der Sie einen wunderschönen Blick auf den Kreml haben. Außerdem sehen Sie von der Brücke bereits Ihre nächsten Ziele: linkerhand das große, graue **Haus am Ufer**, daneben das kleine **Haus des Awerki Kirillow**

– rechterhand die Back-steinbauten der **Süßwaren-fabrik Roter Oktober**. Zu erreichen sind alle drei über eine Treppe, die hinter dem Fluss von der Brücke hinabführt.

Die Fabrik Roter Oktober nimmt die gesamte West-spitze der sog. Insel ohne Namen ein. Wer ihr Ge-lände erforschen will, der halte sich an den kom-mentierten Plan auf S. 136. Nach der Fabrik-Er-kundung gehen Sie zurück zur Patriarchenbrücke und über diese weiter zum „Fest-land". Von hier aus spazieren Sie auf der schönen neuen Uferpromenade an der Moskwa entlang.

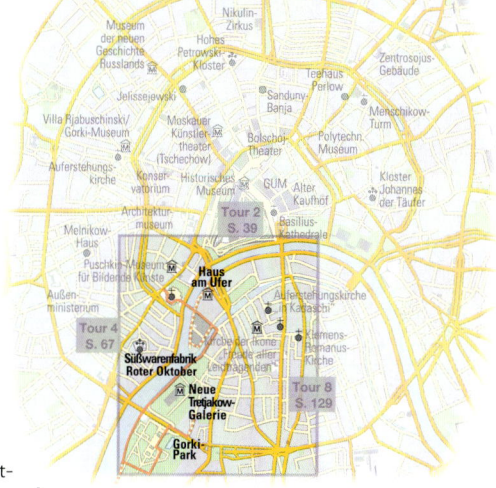

Auf dem Weg springt Ihnen schon bald das riesengroße **Denkmal von Peter dem Großen** ins Auge. Ihm gegenüber breitet sich eine Grünanlage aus. Sie nennt sich **Kunstpark Museon** und ist bereits Teil des Gorki-Parks, der sich aus mehreren „Zonen" zusammensetzt. Auf dem Gelände des Kunstparks tref-fen Sie u. a. auf einen lang gestreckten Flachbau. Er beherbergt sowohl die **Neue Tretjakow-Galerie** als auch das **Zentrale Haus der Künstler**. Kurz vor Redaktionsschluss wurde allerdings bekannt, dass beide Institutionen zu-sammengelegt werden.

Vor dem Flachbau erstreckt sich nun der Fontänen-Platz, für viele die Hauptattraktion der neuen Promenade. Rund 200 Düsen spritzen schlanke Wassersäulen in die Höhe, bei Dunkel-heit werden diese bunt beleuchtet (→ Foto S. 143). Der Rest der Promenade zeichnet sich durch seine organischen Formen aus: geschwungene Bänke, sanf-te Hügel, gewellte Dächer – alles kon-zipiert von dem russischen Architek-turbüro Wowhaus, das etliche weitere Orte der Stadt mutig modernisiert hat.

Wenn Sie hinter dem Flachbau weiter am Ufer entlang- und unter der Krymski-Brücke hindurchgehen, ge-langen Sie in den Hauptteil des **Gorki-Parks**, in dem u. a. die **Galerie Garasch** und das **Gorki-Park-Museum** liegen.

Am Ende des Park-Spaziergangs haben Sie zwei Möglichkeiten. Die erste: Sie verlassen den Park am anderen Ende, weit hinten, wo er zunächst in den **Neskutschny Sad** und anschließend in die **Sperlingsberge** übergeht. In diesem Fall steuern Sie die Metrostationen Schabolowskaja, Leninski prospekt oder Worobjowy gory an (→ Karte S. 136). Möglichkeit Nr. 2: Sie kehren zum Haupteingang zurück. In diesem Fall wenden Sie sich nach Verlassen des Parks nach rechts und gehen zum Kaluga-Platz, wo Sie nicht nur die bei-den Metrostationen Oktjabrskaja vor-finden, sondern auch das größte Lenin-Denkmal der Stadt. Und wer zum Abschluss noch zwei architektonische Perlen entdecken möchte, der wendet sich am Kaluga-Platz nach links: Auf der rechten Straßenseite der Ul. Bol. Jakimanka liegt das **Igumnow-Haus**, ihm gegenüber die farbenfrohe Kirche **Iwans des Kriegers**.

Sehenswertes

Дом на набережной

Haus am Ufer

Für manch unwissenden Betrachter verschandelt der wuchtige Bau bloß das Ufer der Moskwa. Die Masse an Gedenktafeln an der Fassade lässt jedoch ahnen, dass seine Geschichte komplexer ist: Fast 1000 Menschen und damit etwa ein Drittel der Bewohner wurden zwischen 1934 und 1953 in diesem Haus verhaftet, etwa die Hälfte von ihnen anschließend ermordet.

Als der von Boris Iofan errichtete Wohnkomplex 1931 eröffnet wurde, blickten seine Bewohner in eine lichte Zukunft. Nur wer weit aufgestiegen war, hatte eine der begehrten Wohnungen ergattert: Sie waren größer als anderswo und rund um die Uhr mit heißem Wasser ausgestattet. Nur wenige Schritte waren nötig, um zu Post, Friseur oder Wäscherei zu gelangen. Doch schon nach wenigen Jahren kroch Angst in die Flure. Aus Stalins Freunden waren Feinde geworden. Jeder musste fürchten, das nächste Opfer des NKWD zu werden.

Was es bedeutet hat, in diesem Haus zu leben und zu überleben, veranschaulicht seit 1989 ein kleines **Museum**. Führungen bietet es nur auf Russisch an. Doch auch wer den Inhalt der einzelnen Worte nicht versteht: Der Schrecken, den das Haus verbreitet hat, ist auch so zu spüren (siehe auch S. 217).

Ul. Serafimowitscha 2 (erster Eing. an der Flussseite), Ⓜ Borowizkaja, Kropotkinskaja, Poljanka, ☏ 495-9594936, www.museum.narod.ru. Di/Mi/Fr 10–18.30 Uhr, Do 11–21 Uhr, Sa/So 11–18 Uhr, letzter Fr im Monat geschl. Eintritt 100 R.

Палаты Аверкия Кириллова

Haus des Awerki Kirillow

Anstelle eines Klosters aus dem 14. Jh. ließ sich der Zarengärtner Awerki Kirillow Mitte des 17. Jh. ein prächtiges Zuhause bauen: Es bestand aus einem Wohnhaus und einer Kirche, die durch Arkaden miteinander verbunden waren. Da das Wohnhaus Anfang des 18. Jh. umgestaltet wurde, sind die anfänglichen Parallelen zur Kirche heute nur schwer auszumachen. Nur mit viel Fantasie erkennt man einander ähnelnde Friese und Fensterumrahmungen. Die Kirche selbst hat Kokoschniki und fünf vergoldete Kuppeln auf hohen Tamburen. Die Überdachung der kleinen Vortreppe ruht auf gedrungenen Pfeilern mit Zwillingsbögen. Im Innern der Kirche ist die Ikonostase aus italienischem Marmor erhalten (1913). Gerüchten zufolge existiert ein unterirdischer Geheimgang zum Kreml.

Bersenewskaja nab. 18–22, Ⓜ Kropotkinskaja.

Кондитерская фабрика Красный Октябрь

Süßwarenfabrik Roter Oktober

Als vor einigen Jahren bekannt wurde, dass die Produktion der Fabrik Roter Oktober *(Krasny Oktjabr)* an den Stadtrand verlagert wird, schwappte eine Schockwelle über die Stadt. Ausgerechnet die beliebteste, die traditionsreichste aller Fabriken? Das industrielle Markenzeichen der Stadt? Das war schwer zu verkraften, zumal die blutroten Klinkerhallen nach der Luxussanierung Lofts und andere elitäre Räumlichkeiten aufnehmen sollten.

Gegründet wurde die Fabrik Mitte des 19. Jh. von dem Deutschen Theodor Ferdinand von Einem. Zusammen mit einem Landsmann machte er sie hoffähig und durfte ab 1913 den Zaren beliefern. Die Bolschewiki enteigneten die Fabrik und nannten sie „Roter Oktober". Ebenfalls geändert wurden die Namen vieler Produkte. Statt Bojaren-Waffel gab's jetzt *Mischka kossolapy* (tollpatschiger Bär), bis heute einer der beliebtesten Schokoladenbonbons im Sortiment.

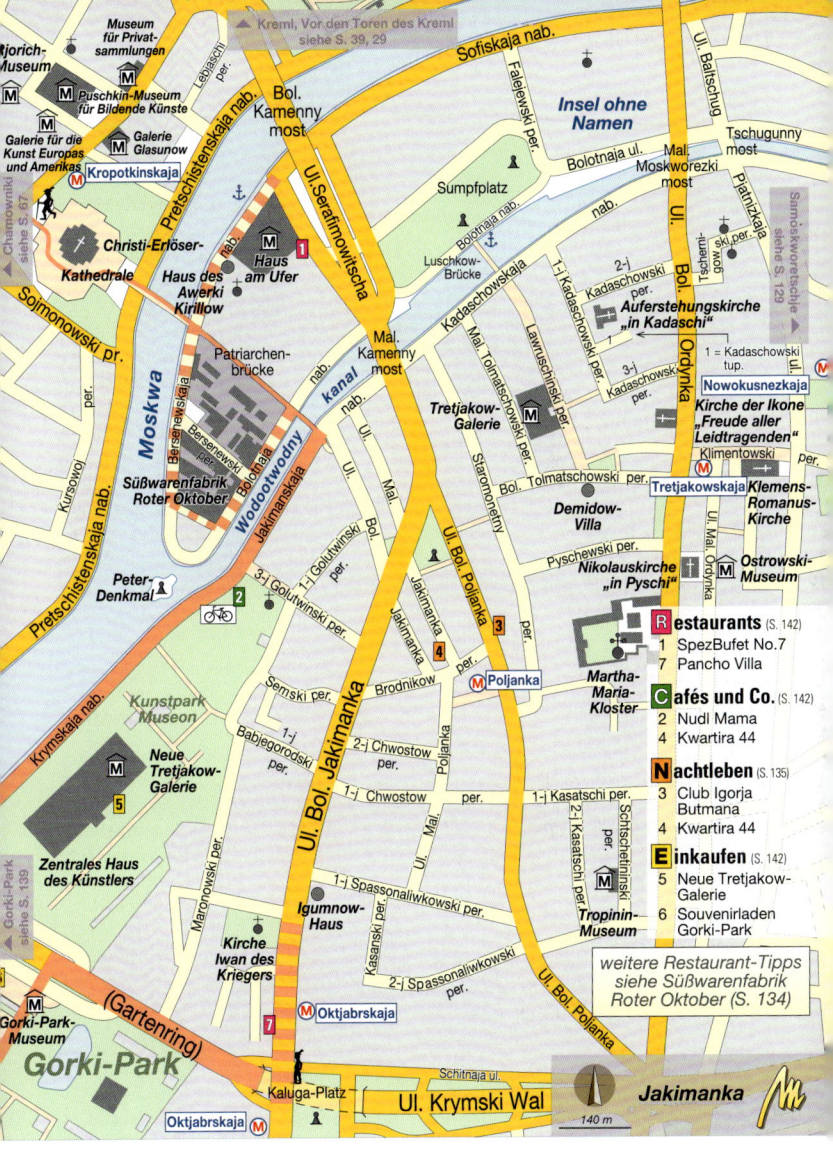

2007 war der Umzug der Produktionsstätten an den Stadtrand abgeschlossen. Das ehemalige Fabrikgelände hat sich seitdem – ähnlich wie Winsawod (→ S. 166) – in einen Abenteuerspielplatz für Erwachsene verwandelt: Zu entdecken sind Galerien, Geschäfte,

Restaurants und Clubs in unüberschaubarer Zahl. Das Herz des modernen Moskau, hier pocht es laut wie nirgendwo sonst.

Bersenewskaja nab. 6, Ⓜ Kropotkinskaja (von dort über die Patriarchenbrücke), www.red ok.ru, www.uniconf.ru.

Gelände Roter Oktober

→ Karte S. 136

Neben den aufgeführten Geschäften, Clubs, Restaurants und Galerien eröffnen permanent neue. Es lohnt daher, mit offenen Augen über das Gelände zu streifen und einen Blick in die Höfe zu werfen.

Galerien

Fotozentrum Brüder Lumière 10, jahrelang quetschte sich die Galerie Lumière in einen winzigen Raum im Zentralen Haus des Künstlers. Im Fotozentrum ist jetzt Platz für große Ausstellungen, v. a. russischer und sowjetischer Künstler. Bolotnaja nab. 3, Geb. 1. Tägl. (außer Mo) 12–20 Uhr. ☐ 495-2289878, www.lumiere.ru. Eintritt ab 200 R.

In das ehemalige Kraftwerk **GES-2** neben der Süßwarenfabrik Roter Oktober soll 2019 ein großes, neues Kunstzentrum einziehen. Die Pläne klingen spannend! Mehr Infos auf www.rpbw.com.

Strelka-Institut

Das **Strelka-Institut 2**, das im Mai 2010 eröffnet hat, ist auf der einen Seite ein Institut im wahrsten Sinne des Wortes: mit Studenten, Dozenten, Bibliothek und Abschlussprojekten.

Ein Institut, das eine „neue Generation" von Architekten, Designern und Medienspezialisten heranzüchten möchte – miterdacht und konzipiert von dem niederländischen Stararchitekten Rem Koolhaas. Auf der anderen Seite ist das Strelka-Institut ein offener Ort der Begegnung für alle, die an kreativem Austausch interessiert sind. Für sie gibt es Workshops, Diskussionsrunden, Filmabende oder auch mal Public Viewing bei wichtigen Fußballspielen. Im Sommer finden zahlreiche Veranstaltungen im Innenhof statt, der mit viel Holz einem Amphitheater nachempfunden ist. Bersenewskaja nab. 14, Geb. 5 a. ☏ 495-2680619, www.strelkainstitute.com.

Restaurants

*** Primitivo 5, wenn ein Restaurant nach einer Rebsorte benannt ist, dann ist klar, was hier im Mittelpunkt steht: der Wein! Mit ihm werden auch viele Speisen zubereitet. Auf der Karte stehen z. B. „in Chardonnay marinierte Sardinen" oder „in Pinot Noir geschmortes Hühnchen". Bolotnaja nab. 7, Geb. 3. Di–Do 12–24 Uhr, Fr 12–2 Uhr, Sa 14–2 Uhr, So 14–24 Uhr. ☏ 495-2013260, www.primitivo.ru.

mein Tipp ***** Strelka Bar 1**, das krönende i-Tüpfelchen des gleichnamigen Instituts (s. o.): phänomenale Sommerterrasse mit Blick auf Moskwa und Christi-Erlöser-Kathedrale. Die Gewinne fließen ins Institut. Gemischte Küche.

An Sommertagen unbedingt reservieren! Bersenewskaja nab. 14, Geb. 5 a. Mo–Do 9–24 Uhr, Fr 9–3 Uhr, Sa 12–3 Uhr, So 12–24 Uhr. ℰ 495-7717416, www.barstrelka.com.

*** Syrowarnja 4, „Syr" heißt Käse und der steht hier im Mittelpunkt. Nicht jeder x-beliebige Käse allerdings, sondern der aus Bella Italia! Mozzarella und Ricotta kennen wir alle, was aber ist mit Caciotta, Burrata und Stracciatella? Wenn Sie wissen wollen, wie diese schmecken, dann auf ins Syrowarnja! Bersenewski per. 2, Geb. 1. Mo–Do 12–24 Uhr, Fr–So 24 Std. ℰ 495-7273880, www.novikovgroup.ru.

** Mizandari 6, unkomplizierter Georgier, auch geeignet, um spontan einzukehren. Neben georgischen Spezialitäten stehen auf der Speisekarte auch Gerichte aus anderen Kulturkreisen: sei es Apfelstrudel, „Caprese po-grusinski (auf Georgisch)" oder der russische Salat Oliwje. Bolotnaja nab. 5, Geb. 1. Mo–Do 11–23 Uhr, Fr 11–24 Uhr, Sa 12–24 Uhr, So 12–23 Uhr. ℰ 903-2639990, www.mizandari.ru.

Nachtleben

Rolling Stone 8, der erste Club, der vor ein paar Jahren auf dem Fabrikgelände eröffnet hat – und heute einer der wenigen der ersten Generation, der überlebt hat. Der Clou: die

Strelka Bar: phänomenale Sommerterrasse

riesengroße Dachterrasse. Gemischte Küche. Bolotnaja nab. 3, Geb. 1. Mo–Do 18–1 Uhr, Fr/Sa/So 18–7 Uhr. ℰ 495-5040932.

Wunderbar 3, abends Konzerte, oft rockig, anschließend bis zum frühen Morgen DJs aus aller Welt. Wer zwischendurch eine Pause braucht, geht in die Chill-out-Zone im Obergeschoss. Bersenewski per. 3/10, Geb. 7, Mo–Do 16–24 Uhr, Fr–So 24 Std. geöffnet. Kein Telefon, wundermoscow.ru.

Einkaufen

mein Tipp **PhotoBookPoster** 10, der integrierte Shop des Fotozentrums Lumière hat eine große Auswahl hochwertiger (und leider kostspieliger) Abzüge im Angebot. Außerdem viele Bücher und Bildbände. Bolotnaja nab. 3, Geb. 1. Di–Fr 12–21 Uhr, Sa/So 12–22 Uhr. www.lumiere.ru.

Made in Moscow 9, Mode für Männer und Frauen, außerdem Accessoires wie Sonnenbrillen, Taschen oder Portemonnaies. Alles garantiert von Moskauer Designern! Bolotnaja nab. 3, Geb. 2. Tägl. 12–21 Uhr. www.mosxcow.ru.

Aljonka 7, obligatorisches Mitbringsel: Schokolade aus dem Firmengeschäft der Fabrik Roter Oktober. Tägl. 9–21 Uhr. www.uniconf.ru.

PhotoBookPoster

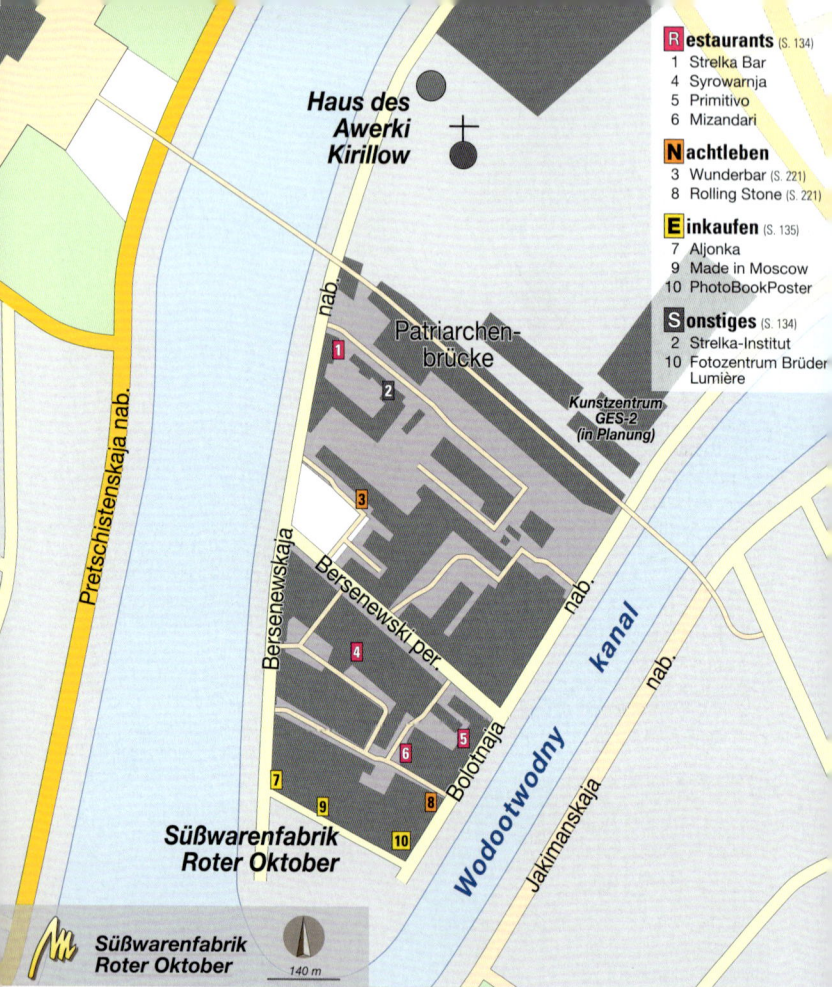

Haus des
Awerki
Kirillow

Patriarchen-
brücke

nab.

Kunstzentrum
GES-2
(in Planung)

Bersenewskaja

Bersenewski per.

nab.

kanal

Wodootwodny

Jakimanskaja

nab.

Bolotnaja

Pretschistenskaja nab.

Süßwarenfabrik
Roter Oktober

Süßwarenfabrik
Roter Oktober

140 m

Памятник Петру I

Peter-Denkmal

Kein Denkmal hat so viel Protest her-vorgerufen wie dieses, um keines ran-ken sich mehr Legenden. Doch zu-nächst die Fakten: Die Statue wurde 1996/97 für 11 Mio. $ auf einer künst-lichen Insel in der Moskwa errichtet und stellt Zar Peter den Großen am Steuerrad eines Schiffes dar. Mit 96 m ist sie 3 m höher als die New Yorker Freiheitsstatue und eine der höchsten der Welt. Entworfen hat das Denkmal **Surab Zereteli**, laut offizieller Version zum 300-jährigen Jubiläum der russi-krschen Flotte. Die Crux: Die offizielle Version will niemand glauben, statt-dessen kursieren Gerüchte. Eines von ihnen: Zereteli hat die Statue eigentlich für Südamerika entworfen, doch weil dort kein Platz gefunden wurde, hat er den Kopf von Kolumbus gegen den des russischen Zaren ausgetauscht …

Moskau im Kasten

Zwischen Protest und Propaganda: russische Kunst im 20. Jh.

Zu Beginn des 20. Jh. vollzog sich ein radikaler Bruch in der russischen **Kunstgeschichte**: Maler wie Wassili Kandinski, Marc Chagall und andere Köpfe der **Avantgarde** versuchten, sich von vorherigen Traditionen zu distanzieren und zelebrierten einen vollkommen neuen und unbefangenen Umgang mit der Kunst an sich. Zum populärsten Gemälde der Epoche wurde „Das Schwarze Quadrat" (1915) von Kasimir Malewitsch, das als stumme Kampfansage an das zaristische Russland weltweit Beachtung fand.

Inspiriert vom Gedanken der Revolution und eines utopischen Idealstaates, unterstützten viele avantgardistische Künstler die sozialistischen Ziele, und anfangs sah es tatsächlich so aus, als würde mit dem ideologischen Wandel auch eine künstlerische Liberalisierung einhergehen. Diese Hoffnungen fanden jedoch ein jähes Ende, als Stalin den

Sozialistischen Realismus als einzige offiziell tolerierte Stilrichtung etablierte. Überzeugt davon, dass die einfache russische Bevölkerung eine abstrakte Kunst nicht verstehen würde, zeichneten sich die Bilder weniger durch künstlerisches Talent denn durch propagandistische Botschaften aus. Darstellungen einer kraftstrotzenden sozialistischen Arbeiter- und Bauernschaft sowie Szenen aus dem Leben Lenins und Stalins gehörten zum ebenso begrenzten wie normierten Motivkatalog. Während sich einige Künstler mit den staatlichen Auftragsgemälden und immer gleichen Themen arrangierten, flüchteten sich andere in die ironisch-opportune Sphäre der **SozArt**, die auf satirische Weise die Werte und Ästhetik des Sozialistischen Realismus karikierte. Zu beachten sind hierbei besonders die Werke des Künstlerduos Witali Komar und Aleksandr Melamid.

Парк искусств Музеон

Kunstpark Museon

Nach dem Zerfall der UdSSR wurden die meisten sowjetischen Denkmäler aus dem Stadtbild entfernt. Viele von ihnen landeten auf einer Freifläche neben der Neuen Tretjakow-Galerie. Während die Skulpturen von Lenin, Breschnew und Stalin anfangs lieblos im Gras lagen, stehen sie heute wieder auf einem Sockel, fein säuberlich mit Schildern beschriftet: Von einem „Friedhof" umgestürzter Denkmäler kann somit, zum Ärger vieler Bürgerrechtler, keine Rede mehr sein. Die übrigen Skulpturen stammen aus unterschiedlichen Epochen und Materialien und sind bestimmten Themenbereichen zugeordnet. Nachdenklich stimmt ein **Mahnmal von Jewgeni**

Tschubarow (1998): Hinter Gitter und Stacheldraht hat er Hunderte Steinköpfe aufeinandergeschichtet. Sie erinnern an die Opfer des mörderischen GULAG-Systems.

Ul. Krymski Wal 10, Ⓜ Oktjabrskaja, Park kultury, ✆ 499-2383396, www.muzeon.ru. Tägl. 24 Std. Eintritt frei.

Новая Третьяковская галерея

Neue Tretjakow-Galerie

Die Neue Tretjakow-Galerie zeigt etliche Gemälde der russischen Avantgarde, die weltweit bekannt geworden sind: das Schwarze Quadrat von Malewitsch etwa oder die bunten Kompositionen von Kandinski. Präsentiert werden sie in einem Flachbau am Ufer der Moskwa, dessen Baugeschichte holprig war:

Jakimanka → Karte S. 133

Schon Ende der 1950er-Jahre war klar, dass der Hauptsitz am Lawruschinski per. die Bestände der Tretjakow-Galerie nicht länger fassen kann. Fertiggestellt wurde der Ableger am Krymski Wal jedoch erst zwei Jahrzehnte später, zu groß waren die Auseinandersetzungen um seine äußere Gestalt. Vor allem zwei Entwürfe standen sich gegenüber: ein Kuppelbau und ein fensterloser Flachbau. Die Entscheidung fiel auf die zweite Variante – aus heutiger Sicht wohl zu Unrecht, denn immer wieder gab es Überlegungen, den Bau abzureißen.

Mittlerweile sind diese Pläne vom Tisch. Stattdessen soll der niederländische Architekt Rem Koolhaas, der schon mehrere Projekte in diesem Viertel realisiert hat, das Gebäude umbauen, sodass die Neue Tretjakow-Galerie langfristig mit dem Zentralen Haus des Künstlers (s. u.) zusammengelegt werden kann. Was genau zu erwarten ist, war bei Redaktionsschluss unklar. Fest steht aber, dass an diesem Standort weiterhin die russische bzw. sowjetische Kunst des 20. Jh. ausgestellt wird (→ Kasten S. 137).

Ul. Krymski Wal 10 (Eing. vom Park), Ⓜ Oktjabrskaja, Park kultury, ✆ 499-2307788, www.tretyakovgallery.ru. Di/Mi/So 10–18 Uhr, Do/Fr/Sa 10–21 Uhr. Eintritt 500 R. Beachten Sie auch die (oft großen und sehenswerten) Wechselausstellungen!

Центральный дом художника

Zentrales Haus des Künstlers

Das 1979 eröffnete Haus des Künstlers war lange Schauplatz großer Ausstellungen. Außerdem vereinte es unter seinem Dach Dutzende Galerien. Bei Redaktionsschluss war die Zukunft des Hauses allerdings unklar. Ende 2017 hatte Kulturminister Medinski verkündet, dass das Zentrale Haus des Künstlers schließen wird und seine Räumlichkeiten künftig von der Neuen Tretjakow-Galerie genutzt werden.

Kurz darauf wiederum war zu lesen, dass zwar die räumlichen Grenzen zwischen beiden Institutionen aufgehoben werden sollen, das Zentrale Haus des Künstlers aber irgendwie weiter existieren soll. Lassen wir uns überraschen!

Ul. Krymski Wal 10 (Eing. an der Straßenfront), Ⓜ Oktjabrskaja, Park kultury, ✆ 499-2389634, www.cha.ru. Tägl. (außer Mo) 11–20 Uhr. Eintritt Ausstellungen ab 400 R.

Парк Горького

Gorki-Park (Hauptteil)

Noch vor zehn Jahren war der Gorki-Park ein zwar durchaus charmanter, aber doch trister Ort, mit verrosteten Spielgeräten und Ruderbooten, von denen die Farbe abblätterte. Heute gehört der Park zum Pflichtprogramm einer Moskau-Reise. Warum? Weil er eine grandiose Umgestaltung hinter sich hat. Und weil kaum ein anderer Ort in Moskau so viel Lebenslust weckt und Energie versprüht.

Gegründet wurde der nach Schriftsteller Maksim Gorki benannte Park im Jahr 1928, seine erste Blütezeit erlebte er in den 1930er-Jahren. Bis zu 30.000 Besucher zog er täglich an, um ein Mehrfaches wuchs die Zahl an Feiertagen. Der Park, von den Moskowitern *Park kultury* genannt, lockte mit Theaterbühnen und Musikpavillons, Sportanlagen und Spielplätzen, hinzu kamen Bibliotheken und Vortragsstätten. Etliche sowjetische Städte kopierten das Konzept.

Nach dem Zerfall der Sowjetunion fiel der Gorki-Park für zwei Jahrzehnte in den Winterschlaf, bis er 2011 einen neuen Direktor bekam. Dieser erkannte das hohe Potenzial des Parks und setzte eine umfassende Erneuerung in Gang.

Heute setzt sich der Park aus vier Zonen zusammen: dem Kunstpark Museon, dem Hauptteil, dem Neskutschny Sad und den Sperlingsbergen. In allen vier Zonen kann man herrlich spazieren gehen – vor allem aber kann man viele schöne Sachen machen:

Fahrrad ausleihen: Die schönste Art, den Gorki-Park kennenzulernen, ist eine Fahrradtour! Vor allem der Weg am Ufer der Moskwa eignet sich hervorragend dafür. Fahrrad-Leihstationen verteilen sich über den gesamten Park, zwei von ihnen sind besonders gut zu erreichen: 1) die im Kunstpark

Museon am Restaurant Nudl Mama (→ Karte S. 133), 2) die im Hauptteil gegenüber vom Bistro Wokker (→ Karte unten). Für beide gilt: Tägl. 10–22 Uhr. Erste Stunde (je nach Fahrrad) ab 300 R, jede weitere ab 200 R, Pfand 1500 R.

meinTipp **Tanzen:** Wenn Sie einen warmen Sommerabend in Moskau erwischen, dann gehen Sie in den Gorki-Park, ans Ufer der Moskwa: Unter freiem Himmel schwingen die Moskowiter hier die

Hüften – und freuen sich über jeden, der mitmacht! Zu Füßen der Andrejew-Brücke, außerdem am Pioner-Freilicht-kino und auf der Holzterrasse im Kunstpark Museon (→ Karte). 1.5. bis 30.9. Mo–Fr 19–23 Uhr (nicht bei Regen und unter 10 °C).

Sport treiben: Für die Moskauer ist der Gorki-Park ein riesengroßer Sportplatz. Sie spielen hier Tennis, Fußball, Basketball, Badminton, Handball oder Beachvolleyball. Während Gäste der Stadt bei diesen Sportarten außen vor bleiben, gibt es weitere, bei denen sie mitmachen können: Sie können **Tisch-tennis** spielen (Leihstation am Teich hinter dem Haupteingang, → Karte, tägl. 10–20 Uhr), mit **Tretboot oder Ruderboot** fahren (Leihstationen am Pionerski- und am Golizynski-Teich, → Karte), **Boule** spielen (östlich vom Golizynski-Teich), mit **Inline-Skates** den Park erkunden – oder, noch besser, im Winter auf **Schlittschuhen** (→ S. 270)!

Zwischen Krymski-Brücke und Andrejew-Brücke (Haupteingang: Ul. Krymski Wal 9), Ⓜ Oktjabrs-kaja (braun), Park kultury, Schabolowskaja, www.park-gorkogo.com. Tägl. 24 Std. Eintritt frei.

Музей Парка Горького
(Смотровая площадка)

Gorki-Park-Museum inkl. Aussichtsplattform

Das Museum selbst ist nur denen zu empfehlen, die sich speziell für die Geschichte des Parks interessieren. Ein Ziel für alle aber ist die Aussichts-plattform, von der man nicht nur einen herrlichen Blick auf den Gorki-Park hat, sondern auch auf etliche Bauwerke der Stadt, etwa die Christi-Erlöser-Kathedrale, die Zuckerbäcker-Hoch-häuser, Moskau City und in der Ferne den Fernsehturm.

Ul. Krymski Wal 9 (im Nord-Flügel des Ein-gangsportals), Ⓜ Oktjabrskaja (braun), Park kultury, ☎ 495-9950020. Tägl. (außer Mo) 11–23 Uhr. Eintritt 300 R.

Гараж

Garasch

Russlandweit das größte Privat-museum für zeitgenössische Kunst und zusammen mit dem Galeriencluster Winsawod das internationale Aus-hängeschild der Moskauer Kunstszene! Seit 2015 residiert es in einem kasten-förmigen Bau im Gorki-Park. Es han-delt sich dabei um ein ehemaliges Res-taurant, das der niederländische Star-architekt Rem Koolhaas umgebaut hat. Das Gebäude ist seitdem mit einer silbergrau glänzenden Haut aus Poly-carbonat verkleidet. Zwei riesige be-wegliche Eingangstore machen schon von Weitem auf den Bau aufmerksam (sofern sie geöffnet sind). Besonders spannend ist der Mix aus neu und alt: Im Innern sind z. B. noch die Wand-mosaike aus sowjetischer Zeit erhalten (→ Foto S. 8).

Gründerin und Besitzerin des Museums ist Dascha Schukowa, Tochter eines steinreichen Russen und langjährige Gefährtin von Roman Abramowitsch, dem Alleinherrscher über den Lon-doner Fußballclub Chelsea. Dank ihrer guten Kontakte schafft Schukowa es immer wieder, sehenswerte Ausstell-ungen an Land zu ziehen – und zu großen Feiern Stars wie Amy Wine-house oder Woody Allen zu engagieren.

Ul. Krymski Wal 9, Geb. 32, Ⓜ Oktjabrskaja (braun), Park kultury, ☎ 495-6450520, www.garagemca.org. Tägl. 11–21 Uhr. Eintritt 300 R.

Нескучный сад

Neskutschny Sad

Der „nicht-langweilige Garten" ist der älteste Teil des Gorki-Parks und schließt sich im Südwesten über-gangslos an den Hauptteil an. Die Ursprünge des Parks liegen in der Mitte des 18. Jh., als sich ans hiesige Moskwa-Ufer drei ausgedehnte Land-güter schmiegten. Heute zählt der knapp 60 ha „Garten" zu den malerischsten Orten in der Nähe der Moskauer Innenstadt.

Zwischen Andrejew-Brücke und Drittem Transport-Ring, Ⓜ Leninski prospekt, Schabolowskaja.

Воробьёвы горы
Sperlingsberge

Seit Jahrhunderten Naherholungsgebiet für die Moskauer, sind die Sperlingsberge neuerdings offiziell in das Areal des Gorki-Parks integriert. Die natürliche Erhebung, stellenweise bis zu 70 m hoch, erstreckt sich mehrere Kilometer am Ufer der Moskwa, genau dort, wo diese im Südwesten der Innenstadt eine Schleife zieht. Die Hügel, von 1935 bis 1999 nach Lenin benannt, sind zum größten Teil bewaldet und eignen sich hervorragend für einen ausgedehnten Spaziergang. Überragt werden sie von der mächtigen Moskauer Staatsuniversität (→ S. 158). Außerdem liegen auf seinem Territorium eine Kirche, ein Kloster und das Gebäude der Akademie der Wissenschaften, das dank eigenwilliger Dachkonstruktion nicht verfehlt werden kann.

Zwischen den beiden Brücken des Dritten Transport-Rings. Ⓜ Worobjowy gory, Leninski prospekt.

Дом Игумнова
Igumnow-Haus

Der Manufakturbesitzer Nikolaj Igumnow wollte sein Prestige mit einem neuen Haus zum Ausdruck bringen. Doch als die verspielte Fassade im pseudorussischen Stil 1893 fertig war, hagelte es Kritik von allen Seiten. Auftraggeber Igumnow weigerte sich, den Architekten Nikolaj Posdejew wie vereinbart zu bezahlen. Aus Verzweiflung flüchtete sich dieser in den Freitod. Nach der Revolution zog ein wissenschaftliches Institut ein, das u. a. Lenins Gehirn in 30.000 Einzelteile zer-

legte. Seit 1938 ist das Haus mit den bunten Kacheln Sitz der französischen Botschaft.

Ul. Bol. Jakimanka 43, Ⓜ Oktjabrskaja (orange).

Церковь Иоанна Воина
Kirche Iwans des Kriegers

Ausgerechnet den Sowjets hat das farbenfrohe Gotteshaus einen Großteil seiner Schätze zu verdanken: Im Unterschied zu den meisten anderen war es niemals geschlossen und durfte daher Kunstwerken anderer Kirchen eine neue Heimat geben, etwa der geschnitzten Ikonostase vom Anfang des 18. Jh. Das äußere Erscheinungsbild der Kirche geht ins frühe 18. Jh. zurück und ist – im Gegensatz zu den meisten anderen Moskauer Barockbauten – nicht vom

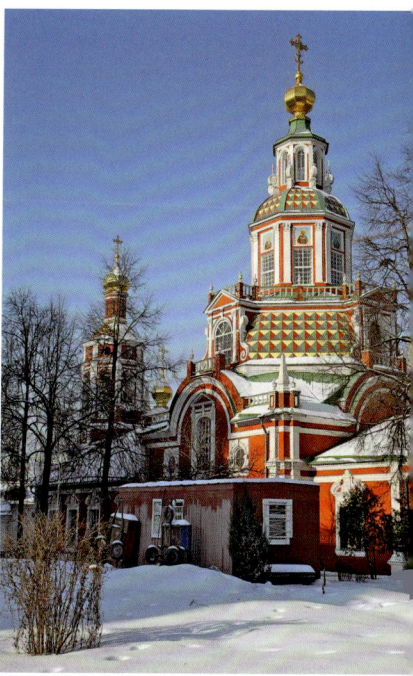

Kirche Iwans des Kriegers

Naryschkin-Stil geprägt. Beachtenswert ist der achteckige Kirchturm: Seine bunten Kacheln bilden geometrische Muster und strahlen – zusammen mit anderen schmückenden Elementen wie Giebeln, Pilastern oder Balustraden – eine ungewohnte Fröhlichkeit aus. Das schmiedeeiserne Gitter kam 1754 hinzu.

Ul. Bol. Jakimanka 46, Ⓜ Oktjabrskaja (orange).

Praktische Infos → Karte S. 133

Beachten Sie auch das Angebot der Süßwarenfabrik **Roter Oktober** (→ S. 134, 135, 136).

Essen & Trinken

Restaurants

*** **Oliwkowy pljasch**, riesige Terrasse direkt am Ufer der Moskwa. Auf der Speisekarte stehen v. a. sommerliche Gerichte wie leichte Salate, kalte Suppen und „Fisch für Kalorienzähler", im Gegenzug aber auch deftige Burger und köstliche Nachspeisen. Tägl. 10–23 Uhr. Puschkinskaja nab. (im Gorki-Park, an der Andrejew-Brücke), Ⓜ Oktjabrskaja (braun), Park kultury, ✆ 967-0485432, www.ginza.ru. → Karte S. 139.

*** **Pancho Villa** 🔟, ob Chili con Carne oder Tortilla-Chips mit Guacamole – für mexikanische Speisen bleibt die Pancho Villa in „Los Yakimanos" erste Wahl! Urig sind die verwinkelten Räume. Sie bieten auch Rückzugsraum für jene, die keinen Wert auf allabendliche Latino-Live-Musik legen. So–Mi 11–23 Uhr, Do–Sa 11–5 Uhr. Ul. Bol. Jakimanka 52, Ⓜ Oktjabrskaja (orange), ✆ 499-2387913, www.pancho villa.ru.

MeinTipp ** **Garasch**, Restaurant in der gleichnamigen Kunstgalerie. Bietet europäische und asiatische Küche nach dem Prinzip des „simple food" an. Das Menü orientiert sich an den Jahreszeiten. Beliebt bei Ausländern. Tägl. 11–22 Uhr. Adresse siehe oben, ✆ 495-6450522, www. garageccc.ru. → Karte S. 139.

** **SpezBufet No. 7** 🔟, Retro-Lokal im Haus am Ufer (→ S. 132). Auf Tellern mit Sowjet-Emblem liegt das Steak „Proletarier-Traum", ein Schweinekotelett namens „Schlagt die Bourgeoisie" oder Lachs „nach einem Rezept des Kochs vom Panzerkreuzer Aurora". Bei Touristen beliebt, von Moskauern skeptisch beäugt – zu beklemmend ist für viele die Erinnerung an die Vergangenheit des Hauses. Tägl. 12–24 Uhr. Ul. Serafimowitscha 2, Ⓜ Borowizkaja, Kropotkinskaja, Poljanka, ✆ 495-9593135, www.specbufet.ru.

Cafés und Co.

Weitere Cafés befinden sich im Kunstpark Museon und im Hauptteil des Gorki-Parks, z. B. Tschajnaja wyssota (Tee und Eis), Homemade Lemonade (selbstgemachte Limonade) oder Kaffebröd.

Kwartira 44 🔟, → Nachtleben, S. 224.

Snacks

Über das gesamte Gebiet des Gorki-Parks verteilen sich unzählige Bistros: Es gibt Paella (Paella House) und israelisches Fastfood (What-A-Rita), Truthahnschenkel (Indejka) und georgische Burger (AC/DC w Tbilissi).

Nudl Mama 🔟, der wichtigste Grund, sich diesen Imbiss zu merken, ist die Fahrradstation, die sich im selben Gebäude befindet. Aber auch ohne Fahrrad sind die Nudeln aus dem Becher extrem beliebt und köstlich. Mo–Do 11–22 Uhr, Fr–So 11–23 Uhr. Im Kunstpark Museon (→ Karte S. 133), Ⓜ Poljanka, ✆ 495-1330533, www.noodlemama.ru.

Einkaufen

Souvenirs

Museumsshop Garasch, Hoodies und T-Shirts mit Garasch-Motiv sowie andere nette Kleinigkeiten. Adresse und Öffnungszeiten s. o. → Karte S. 139.

Souvenirladen Gorki-Park 🔟, im Süd-Flügel des Haupteingangs vom Gorki-Park verkauft ein netter Laden Souvenirs der besonderen Art, darunter hübsche Notizbücher und die Basisausstattung für ein Tischtennis-Match im Gorki-Park: Schläger und Schuhe. Adresse s. o. Tägl. 11–23 Uhr. → Karte S. 139.

Gedrucktes

Neue Tretjakow-Galerie 🔟, im Foyer der Galerie sind Bücher (auch dt.), Postkarten oder Poster erhältlich. Adresse und Öffnungszeiten s. o.

Am Ufer der Moskwa

Raus ins Grüne
Ziele in Moskaus Außenbezirken

Moskau ist hektisch, Moskau ist laut – wer einige Tage im Zentrum herumgelaufen ist, der sehnt sich nach einer Auszeit. Mit prachtvollen Landsitzen, malerischen Klöstern und weitläufigen Parkanlagen ist die Stadt bestens darauf vorbereitet. Und nicht nur das: Auch etliche Museen und Bauwerke locken in die Außenbezirke!

Einige der folgenden Ziele sind nicht auf der herausnehmbaren Karte zu finden, da sie außerhalb des gewählten Ausschnitts liegen. Hilfreich ist daher der **Plan des Moskauer Gesamtgebiets** von freytag & berndt (2013). Vor Ort erhalten Sie deutsch- oder englischsprachige Pläne mit etwas Glück im „Haus des ausländischen Buches" (Dom inostrannoj knigi, → S. 109).

Коломенское и Царыцино
Kolomenskoje und Zarizyno

Aus heutiger Sicht muss das mittelalterliche Moskau beschaulich gewesen sein. Und trotzdem suchten die Herrscher schon damals Erholung im Grünen. Sie ließen dort prächtige Residenzen errichten, die beiden schönsten liegen im Süden der Stadt: Kolomenskoje breitet sich am Moskwa-Ufer aus, Zarizyno bettet sich in eine Wald- und Teichlandschaft ein.

Da beide Landsitze mit der dunkelgrünen Metrolinie zu erreichen sind, kann ihr Besuch leicht kombiniert werden. Wer sich für eine entscheiden muss und neben Entspannung von der Großstadt noch ein kunsthistorisches Highlight ins Programm nehmen will, sollte sich auf Kolomenskoje festlegen: Die außergewöhnliche Christi-Himmelfahrts-Kirche zählt seit 1994 zum UNESCO-Weltkulturerbe.

Коломенское
Kolomenskoje

Die Geschichte von Kolomenskoje begann im Jahr 1238. Die Mongolen stürmten damals auf die Stadt Kolomna zu. Die Einwohner ergriffen die Flucht – und fanden vor den Toren der Stadt Moskau ein neues Zuhause. Sie nannten es Kolomenskoje. Erstmals schriftlich erwähnt wurde das Dorf unter Iwan I. im Jahr 1336. Unter seinen Nachfolgern etablierte sich Kolomenskoje zur bevorzugten Sommerfrische der Moskauer Herrscher.

Heutige Besucher nähern sich der Anlage über eine lang gezogene Treppe, die hinter dem Haupteingang den Hügel zum **Erlösertor** (1673) hinaufkriecht. Das Tor selbst ist vergleichsweise schlicht gehalten, prachtvoller wird's erst dahinter: Ins Auge springen fünf blaue Kuppeln, die mit goldenen Sternen reich verziert sind – sie sind das Markenzeichen der **Kirche der Gottesmutter von Kasan**, die Zar Aleksej I. 1651 an Stelle einer früheren Holzkirche errichten ließ.

Auf dem Gelände gegenüber der Kirche, wo sich heute ein kleiner Wald ausbreitet, entstand auf Anweisung des Zaren wenig später ein **Holzpalast** (1667–73), der sich aus 27 einzelnen Bauten zusammensetzte. Zeitgenossen priesen ihn als „achtes Weltwunder", was Katharina II. jedoch nicht daran hinderte, ihn hundert Jahre später wieder abzureißen. Eine Kopie des Palasts steht seit 2010 im Südteil der Anlage.

Durchquert man das kleine Wäldchen, so gelangt man zu dem hölzernen **Häuschen von Zar Peter I.** Es wurde 1702 an der nördlichen Dwina-Mündung für ihn errichtet, wo er den Bau einer Festung beaufsichtigte. In den 1920er-Jahren brachte man es nach Kolomenskoje, wo es seitdem – zusammen mit weiteren Holzbauten, die sich über das weitläufige Gelände verteilen – ein Freilichtmuseum bildet.

Von der Kirche der Gottesmutter von Kasan führt eine Allee zum **Vorderen Tor** (1672–73). Früher diente es als Paradeeingang zum Zarenpalast, heute beherbergt es eine Ausstellung zur Geschichte von Kolomenskoje.

Hinter dem Tor folgt schließlich der architektonische Höhepunkt der Anlage: die **Christi-Himmelfahrts-Kirche** (1532), die mit ihrem 62 m hohen Zeltdach als Meilenstein in die Geschichte der russischen Kirchenbautradition einging (→ S. 203). Im Sockelgeschoss zeichnet eine Ausstellung die Entstehung der Kirche nach.

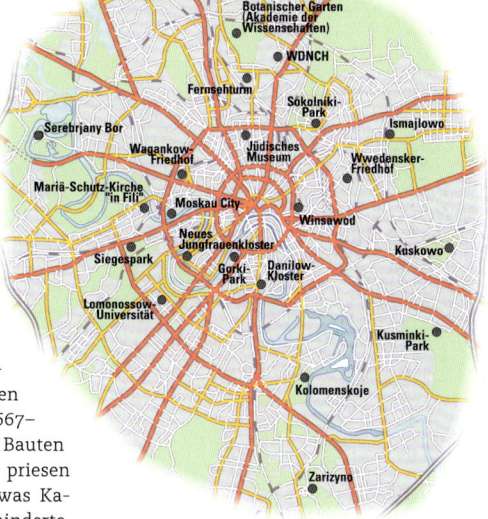

Nicht zuletzt sollten Sie einen Besuch in Kolomenskoje aber auch dazu nutzen, tief durchzuatmen – sei es bei einem langen Spaziergang, einer Fahrradtour am Ufer der Moskwa oder bei einem Nickerchen unter den zahlreichen Apfelbäumen! Und sollten Sie im Winter kommen: Dann müssen Sie unbedingt eine Runde mit dem Pferdeschlitten drehen!

Adresse/Kontakt

Haupteingang: Prosp. Andropowa 39, Ⓜ Kolomenskaja, ☎ 499-7828917, www.mgomz.ru. Aus dem Zentrum kommend den Bahnsteig in Fahrtrichtung des Zuges verlassen, die Treppe hoch und dann links bis zum Ende des Tunnels, dort rechts abbiegen, sodass man auf einem kleinen Platz landet. Geradeaus weiter verläuft ein schattiger Weg parallel zur großen Straße. Wo er sich teilt, die linke Abzweigung nehmen.

Holzpalast: Vom Haupteingang auf einem ca. 2 km langen Spaziergang zu erreichen. (Das Kassenhäuschen am Haupteingang verkauft Pläne in englischer Sprache.) Bequemer ist die Anreise mit der Metro (mit der dunkelgrünen Linie eine Station weiter bis Ⓜ Kaschirskaja, dort den Bahnsteig entgegen der Fahrtrichtung verlassen, draußen rechts halten, bis der Palast zwischen den Bäumen zu sehen ist).

Öffnungszeiten/Eintritt

Gelände: April–Sept. tägl. 7–22 Uhr, Okt.–März 8–21 Uhr. Eintritt frei. **Christi-Himmelfahrts-Kirche** (Sockel): April–Sept. Di/Mi/Do/Fr/So 10–18 Uhr, Sa 11–19 Uhr, Okt.–März Di–So 10–18 Uhr. Eintritt 100 R. **Holzpalast**: Tägl. (außer Mo) 10–18 Uhr. Eintritt (inkl. allem) 400 R. **Weitere Ausstellungen in den einzelnen Bauten**: wie Christi-Himmelfahrts-Kirche. Eintritt pro Ausstellung 100–200 R. Tickets können an Kassenhäuschen oder -automaten gekauft werden, die sich über das Gelände verteilen. **Fahrradverleih**: Mo–Fr 12–22 Uhr, Sa/So 11–22 Uhr, 300 R pro Stunde, 500 R für 3 Stunden.

Einkaufen/Essen & Trinken

Über das weitläufige Gelände verteilen sich einige Souvenir- und Schaschlikstände.

Царыцино

Zarizyno

Die Ursprünge der lieblichen Residenz Zarizyno gehen auf **Katharina II.** zurück. Die Zarin entdeckte die malerische Gegend mit den großen Wiesen, schattigen Hainen und glitzernden Teichen im Frühjahr 1775 während eines Ausflugs ins nahe gelegene Kolomenskoje. Kurzentschlossen kaufte sie das Land und erteilte mit **Wassili Baschenow** einem der renommiertesten klassizistischen Architekten des Landes den Auftrag, dort eine Sommerresidenz zu errichten. Was folgte, war eine Baugeschichte der besonderen Art: Der unter Baschenow 1785 fertiggestellte Palast missfiel der Zarin und wurde kurzerhand wieder abgerissen. Ein Nachfolgebau – ebenfalls noch von Katharina in Auftrag gegeben – blieb unvollendet, weil der inzwischen ausgebrochene Russisch-Österreichische Türkenkrieg die dafür notwendigen Finanzmittel verschlang. Dann tat sich knapp 200 Jahre nichts und der Komplex verkam zur Bauruine – bis sich 1987 der Staat der Sache annahm und etliche Gebäude restaurieren ließ. 2004 schließlich übernahm die Stadt Moskau die Verantwortung und vollendete das Werk, sodass Zarizyno pünktlich zum 860. Stadtgeburtstag im Jahr 2007 (wieder)eröffnet werden konnte.

Architekturhistoriker stören sich bis heute am Wiederaufbau, sie hätten lieber den Charme der einzigartigen Backsteinruinen bewahrt. Außerdem spotten die Fachleute über eine 30 m hohe Licht-und-Klang-Fontäne: Katharina II. habe Springbrunnen schließlich gehasst. Dem Moskauer Publikum geht derartige Nostalgie ab. Es liebt Zarizyno für seine Romantik, seine Verspieltheit, seine Idylle. Freitags und samstags fallen Scharen von Brautpaaren ein, um sich in der Parkanlage trauen und fotografieren zu lassen.

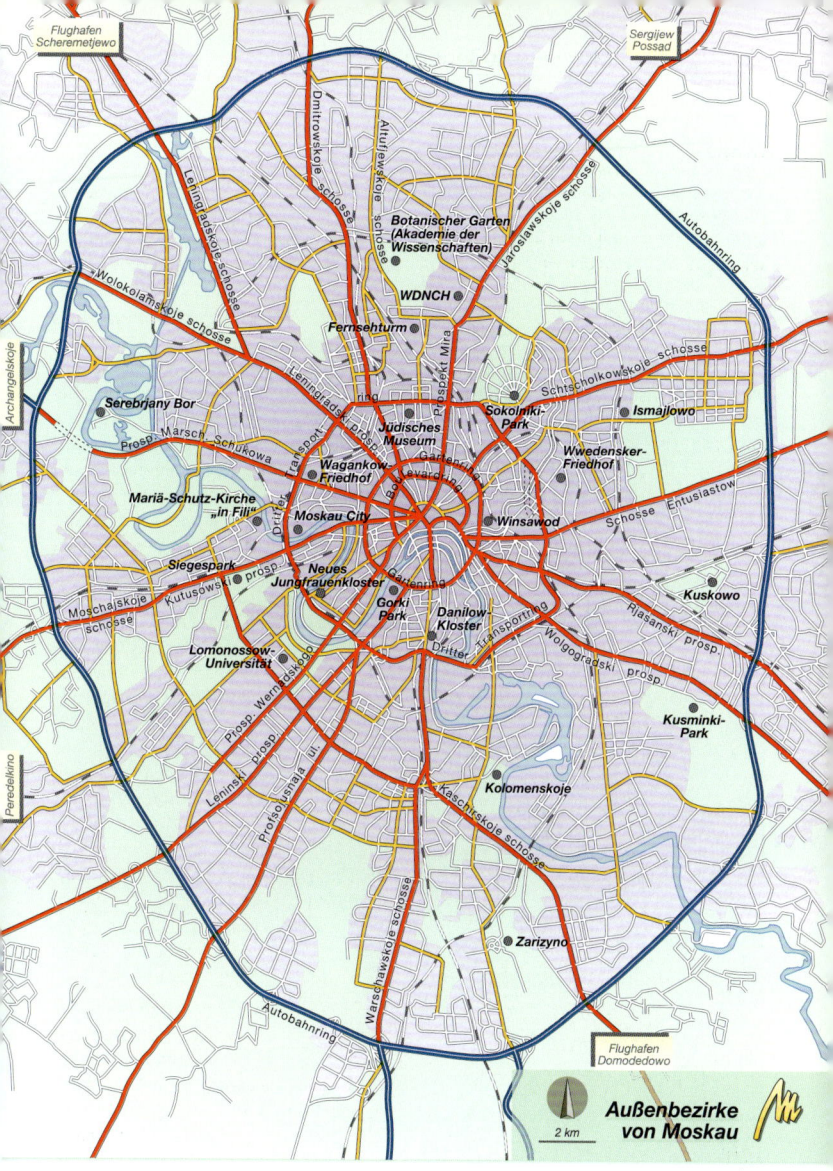

Außenbezirke
von Moskau

2 km

Unter den Bauwerken ragen zwei besonders hervor: der **Große Palast**, ein 145 m langer Bau aus rotem Backstein und strahlend weißem Kalkstein, sowie das auf einem hohen Sockel stehende **Brothaus** daneben. Im Palast ist ein Museum untergebracht, das sich mit Katharina II. und der Geschichte Zarizynos beschäftigt. Das ursprünglich als Küche und Unterkunft für Bedienstete dienende Brothaus mit den charakteristischen abgerundeten Ecken präsentiert wechselnde Kunstausstellungen.

Adresse/Kontakt

Dolskaja ul. 1, Ⓜ Zarizyno, ☎ 495-321-6366, ☎ 495-321-8039, www.tsaritsyno-museum.ru. Aus dem Zentrum kommend den Bahnsteig in Fahrtrichtung des Zuges verlassen, Rolltreppe hoch, kurz rechts und gleich wieder links bis zum Ende des Tunnels, hinter der Treppe wieder links und am Bahndamm entlanggehen, am Ende rechts abbiegen und durch die Unterführung auf das rot-weiße Eingangsportal zusteuern. Von hier dauert der Spaziergag zu Großem Palast und Brothaus etwa 25 Min. Alternativ stehen kleine **Elektromobile** bereit, die Gäste in einer 15-minütigen Fahrt zum Brothaus (und später wieder zurück) bringen (Mo–Fr 10–17.45 Uhr, Sa/So 11–18.45 Uhr, pro Fahrt Mo–Fr 100 R, Sa/So 150 R).

Öffnungszeiten/Eintritt

Gelände: tägl. 6–24 Uhr. Eintritt frei. **Großer Palast und Brothaus**: Di–Fr 10–18 Uhr, Sa 10–20 Uhr, So 10–19 Uhr (01.10. bis 14.4. jew. ab 11 Uhr). Eintritt 350 R (Palast und Brothaus).

Essen & Trinken

Hinter dem Haupteingang auf der rechten Seite hat vor Kurzem eine Filiale des ****Café AnderSon** eröffnet. An diesem Standort mit Spielecke und Bälle-Bad. Mehr dazu → S. 284. Tägl. 10–23 Uhr, ☎ 909-6463601.

Einkaufen

Hinter dem Haupteingang auf der linken Seite befindet sich ein kleiner Souvenirkiosk (Mi–So 11–19 Uhr), darüber hinaus werden im unterirdischen Eingangsbereich von Großem Palast und Brothaus Souvenirs verkauft.

> Das ganze Jahr über finden in Zarizyno am Samstag- und Sonntagnachmittag **Klassik- und Jazz-Konzerte** statt. Karten sind für 300–550 R vor Ort oder im Internet erhältlich (www.tsaritsyno-museum.ru).

Zarizyno

Новодевичий монастырь

Neues Jungfrauenkloster

Die Klosteranlage aus rot-weißem Backstein, die sich malerisch in eine Schleife der Moskwa schmiegt, überragt in ihrem anmutigen Charme alle anderen Klöster der Stadt. Der angrenzende Prominentenfriedhof begeistert mit originellen Grabsteinen.

Die Geschichte des Klosters begann mit einem Gelübde: Großfürst Wassili III. versprach den Bau eines Klosters, sollte er die Stadt Smolensk, die sich Anfang des 16. Jh. in polnisch-litauischer Hand befand, erfolgreich zurückerobern. Das Unternehmen gelang und so ließ Wassili seinen Ankündigungen Taten folgen. Ganz ohne praktischen Hintersinn war die Klostergründung (1524) allerdings nicht. Denn das, was am Ufer der Moskwa entstand, war Kloster und Festung in einem. Im Verbund mit anderen Wehrklöstern (→ S. 194) sollte die mächtige Anlage die Stadt vor Angreifern aus dem Süden schützen.

Seine heutige Erscheinungsform erhielt das Kloster größtenteils in den 80er-Jahren des 17. Jh., als Regentin Sofija an der Spitze des Landes stand. Die Halbschwester von Peter dem Großen ließ Mauern, Türme sowie mehrere Gebäude im Stil des Moskauer Barock umgestalten bzw. neu errichten. Diese Maßnahmen machten das Kloster zum architektonisch einheitlichsten der Stadt. Zugleich war das Kloster eines der reichsten des Landes, wofür eine schier unversiegbare Quelle gesorgt hatte: Zugänge von Witwen, unliebsamen Ehefrauen oder „schwer vermittelbaren" Töchtern aus dem Umkreis wohlhabender Adelsfamilien, deren Klosteraufnahme mit allerlei finanziellen Zuwendungen verbunden war. Regentin Sofija ereilte übrigens schon

In der Christi-Verklärungs-Kirche

bald nach den von ihr initiierten Um- und Ausbaumaßnahmen ein vergleichbares Schicksal: Peter der Große stürzte seine Halbschwester vom Thron, zwang sie, sich vollends ins Kloster zurückzuziehen, und ließ sie schließlich zur Nonne scheren.

Heute dient das Kloster – nach der zwischenzeitlichen Schließung in sowjetischer Zeit – wieder seinem ursprünglichen Zweck, ist UNESCO-Weltkulturerbe und seit März 2010 wieder im vollen Besitz der Russisch-Orthodoxen Kirche.

Besucher betreten die Klosteranlage durch das Hauptportal, über dem sich die **Christi-Verklärungs-Kirche** (1687/88) erhebt. Das weiße Muschelgesims, das die rote Fassade ziert, trägt unverkennbar die Handschrift des Naryschkin-Barock. Die vergoldete Ikonostase im Innern fertigte ein berühmter Meister aus der Rüstkammer des Kreml.

Ziele in Moskaus Außenbezirken → Karte S. 147

Im Zentrum der Anlage steht die **Kathedrale der Gottesmutter von Smolensk,** die mit ihren gewaltigen fünf Zwiebelkuppeln das Ensemble dominiert. Sie stammt aus den frühen Tagen des Klosters (1524/25) und war das erste Gebäude hier, das aus Stein errichtet wurde. Bleibenden Eindruck hinterlässt die fünfrangige, mit Blattgold überzogene Ikonostase, die Regentin Sofija bei den Meistern der Kremlschnitzerei in Auftrag gab.

Der **Glockenturm,** vollendet im Jahr 1690, misst mehr als 70 m und ragt damit weit über die Klostermauern hinaus. Seine fünf Geschosse, die sich über einem achteckigen Grundriss erheben, verjüngen sich auf ihrem Weg gen Himmel und münden in eine Kuppel. Bei den Glocken handelt es sich um Originale aus dem 17. Jh.

Im Südwesten grenzt seit 1898 ein beachtenswerter **Friedhof** an das Kloster. Mit seinen reich verzierten Grabsteinen, den Büsten und Statuen verbreitet er (trotz Straßenlärm) eine anmutige Atmosphäre. Beerdigt sind hier unzählige berühmte Personen aus Politik, Kultur und Wissenschaft. Zu den – zumindest für Besucher aus dem Westen – bekanntesten zählen der erste russische Präsident Boris Jelzin, dessen Grabstein die Nationalflagge des Landes schmückt, die Ehefrau Michail Gorbatschows, Raissa Gorbatschowa, auf deren Grab die Statue einer zierlichen jungen Frau steht, und der ehemalige sowjetische Partei- und Staatschef Nikita Chruschtschow, dessen Grabbüste von einem schwarzen und einem weißen Marmorblock eingerahmt ist: Es heißt, damit würde das Gute und das Böse symbolisiert, das Chruschtschow – übrigens der einzige sowjetische Staatschef, der nicht an der Kremlmauer beerdigt wurde – zu verantworten hat.

Eines der Gräber, das die russischen Besucher am häufigsten besuchen, ist das von Juri Nikulin, einem Schauspieler und Clown, den die gesamte Nation verehrte. Damit ihm dort, wo sie ihn

Neues Jungfrauenkloster: überragt in seiner Anmut alle anderen Klöster der Stadt

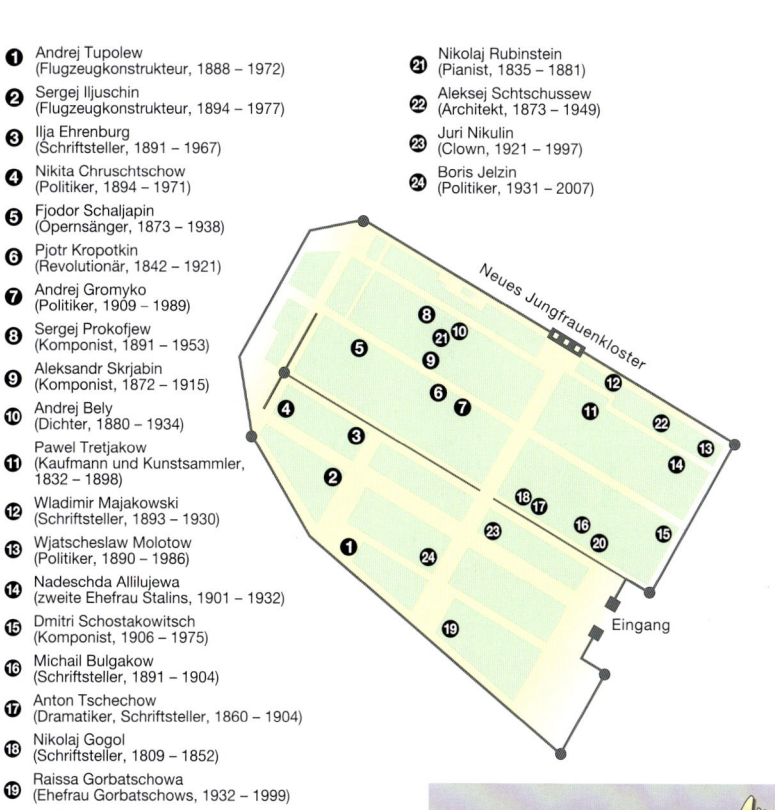

① Andrej Tupolew
(Flugzeugkonstrukteur, 1888 – 1972)

② Sergej Iljuschin
(Flugzeugkonstrukteur, 1894 – 1977)

③ Ilja Ehrenburg
(Schriftsteller, 1891 – 1967)

④ Nikita Chruschtschow
(Politiker, 1894 – 1971)

⑤ Fjodor Schaljapin
(Opernsänger, 1873 – 1938)

⑥ Pjotr Kropotkin
(Revolutionär, 1842 – 1921)

⑦ Andrej Gromyko
(Politiker, 1909 – 1989)

⑧ Sergej Prokofjew
(Komponist, 1891 – 1953)

⑨ Aleksandr Skrjabin
(Komponist, 1872 – 1915)

⑩ Andrej Bely
(Dichter, 1880 – 1934)

⑪ Pawel Tretjakow
(Kaufmann und Kunstsammler, 1832 – 1898)

⑫ Wladimir Majakowski
(Schriftsteller, 1893 – 1930)

⑬ Wjatscheslaw Molotow
(Politiker, 1890 – 1986)

⑭ Nadeschda Allilujewa
(zweite Ehefrau Stalins, 1901 – 1932)

⑮ Dmitri Schostakowitsch
(Komponist, 1906 – 1975)

⑯ Michail Bulgakow
(Schriftsteller, 1891 – 1904)

⑰ Anton Tschechow
(Dramatiker, Schriftsteller, 1860 – 1904)

⑱ Nikolaj Gogol
(Schriftsteller, 1809 – 1852)

⑲ Raissa Gorbatschowa
(Ehefrau Gorbatschows, 1932 – 1999)

⑳ Marija Jermolowa
(Schauspielerin, 1853 – 1928)

㉑ Nikolaj Rubinstein
(Pianist, 1835 – 1881)

㉒ Aleksej Schtschussew
(Architekt, 1873 – 1949)

㉓ Juri Nikulin
(Clown, 1921 – 1997)

㉔ Boris Jelzin
(Politiker, 1931 – 2007)

Friedhof des Neuen Jungfrauenklosters

jetzt wähnen, niemals die Glimmstängel ausgehen, legen Besucher häufig Zigaretten neben seine Statue.

Adresse/Kontakt

Kloster: Nowodewitschi pr. 1, Ⓜ Sportiwnaja, ☎ 499-2468526, www.ndm-museum.ru. Aus dem Zentrum kommend den Bahnsteig entgegen der Fahrtrichtung des Zuges verlassen, draußen rechts abbiegen und geradeaus gehen auf die Ul. Dessjatiletija Oktjabrja, nach ca. 400 m zunächst eine kleine und gleich darauf eine größere Straße queren, die Klosteranlage ist hier bereits zu sehen. **Friedhof**: Wie zum Kloster gehen, aber nach Querung der großen Straße links abbiegen und dem Straßenverlauf entlang der Klostermauer etwa 300 m folgen.

Öffnungszeiten/Eintritt

Kloster: tägl. 9–17 Uhr (die Kathedrale ist nicht beheizbar und daher im Winter oft geschlossen). Eintritt 300 R. **Friedhof**: tägl. 9–19 Uhr (Okt.– April bis 17 Uhr). Eintritt frei.

Essen & Trinken

Schon Gerhard Schröder war Gast bei ***U Pirosmani**, einem gemütlichen Georgier mit beschaulichem Wintergarten. Am Fenster Blick auf die Klosterkuppeln (Nowodewitschi pr. 4, auf dem Weg von der Metro zum Kloster nach Querung der großen Straße weiter geradeaus, ☎ 499-2557926, tägl. 12–22.30 Uhr, www. upirosmani.ru).

In der Nähe: das **Luschniki-Stadion** und das **Metromuseum** (→ S. 173, 177).

Выставка Достижений Народного
Хозяйства (ВДНХ)

Ausstellung der volkswirtschaftlichen Errungenschaften (WDNCh)

Imposante Bauwerke, originelle Museen – die gibt's in jeder Stadt. Die „Ausstellung der volkswirtschaftlichen Errungenschaften", kurz: WDNCh, ist dagegen eine Moskauer Besonderheit! Auf dem riesigen Gelände präsentierten die Republiken der Sowjetunion einst stolz ihre Vorzeigeprodukte. Heute ist das weitläufige Areal eine Mischung aus Freilichtmuseum, Freizeitpark und Naherholungsgebiet.

Die Idee zu einem öffentlich inszenierten „Best of Soviet Union" geht auf Lenin zurück, der bereits 1923 eine erste Landwirtschaftsausstellung im GorkiPark durchführen ließ. Eine feste Institution am heutigen Standort wurde die Ausstellung 16 Jahre später. In eigens errichteten Pavillons priesen die Sowjetrepubliken fortan ihre Produkte an, später verwandelten sich die Pavillons in Schaufenster einzelner Wirtschaftsoder Wissenschaftszweige. Jedes Jahr strömten bis zu 4 Mio. Besucher in die Ausstellung – bis der Zerfall der Sowjetunion dem Ganzen den Boden unter den Füßen entzog und die Pavillons privatisiert wurden.

In den folgenden zwei Jahrzehnten wusste die Stadt nicht so recht, was sie mit dem Gelände anfangen soll. Erst Bürgermeister Sobjanin setzte eine umfassende Neugestaltung in Gang. Sie begann vor einigen Jahren mit dem Bau des Aquariums (Moskwarium) und des Museums „Russland – Meine Geschichte" und ist noch längst nicht abge

schlossen. Bis mindestens 2019 werden die Bauarbeiten im Gang sein – erst dann wissen wir endgültig, wie das WDNCh-Gelände des 21. Jh. aussehen wird.

Die Pläne sind groß: Die bestehenden Pavillons und Springbrunnen sollen restauriert, neue Museen eröffnet werden. Vor allem aber soll dem Park ein neues Konzept übergestülpt werden. Demnach wird das Gelände künftig aus sieben Zonen bestehen: dem Gebiet rund um die Zentrale Allee, wo sich die meisten Pavillons konzentrieren; einem „Park der Attraktionen" für Kinder sowie je einem Landschafts-, Handwerks- und Wissenspark. Integriert werden in das Gelände außerdem der benachbarte Park Ostankino (s. u.) sowie das angrenzende Messegelände.

2018 und vielleicht auch 2019 noch werden Besucher aufgrund der Bauarbeiten Einschränkungen in Kauf nehmen müssen. Das heißt aber nicht, dass es nichts zu sehen gäbe! Im Gegenteil. Schon jetzt weiß man vor lauter Angeboten nicht, was man zuerst und zuletzt machen soll! Und ganz abgesehen von den vielen Attraktionen: Das riesige Gelände eignet sich auch hervorragend zum Fahrradfahren und Inlineskaten!

Auf dem Weg zur Ausstellung

Bevor Sie das Gelände der Ausstellung betreten, sollten Sie Ihre Aufmerksamkeit auf zwei bedeutende Ikonen der Sowjetzeit lenken: das Sputnik-Denkmal inklusive Raumfahrtmuseum und die Skulptur „Arbeiter und Kolchosbäuerin". Die erste steht unmittelbar neben der Metrostation, die zweite – etwas weiter entfernt – in Sichtweite des Haupteingangs der Ausstellung. Beide sind gigantisch groß, sodass sie kaum verfehlt werden können.

Sputnik-Denkmal und Raumfahrtmuseum: Der Start des ersten künstlichen Erdsatelliten Sputnik 1 am 4. Oktober 1957 versetzte die westliche Welt in ei nen Schockzustand und katapultierte die Sowjetunion an die Spitze der Weltraummächte. Dass man es sich nicht nehmen ließ, diesen Triumph in ein gewaltiges Denkmal zu gießen, liegt auf der Hand: Und so rast seit 1964 eine Rakete mehr als 100 m in den Moskauer Himmel empor, hinter sich einen Abgasstrahl aus poliertem, silbrig glänzendem Titan lassend, der auf einem dunklen Sockel-Flachbau ruht. Letzterer ist mit allerlei Reliefs verziert, die „Eroberern des Weltraums" gewidmet sind.

Im Inneren beherbergt der Bau ein Museum, das einen spannenden Streifzug durch die sowjetische Raumfahrtgeschichte bietet: vom ersten Sputnik-Satelliten (1957) über den Weltraumcontainer der Hunde Belka und Strelka (1960) bis hin zu Teilen der Landekapsel von Juri Gagarin (1961) oder dem Mondmobil Lunochod (1970). Zu den Höhepunkten zählt der begehbare Nachbau der Raumstation Mir, die von 1986 bis 2001 die Erde umkreiste. Kulinarisches Highlight im angeschlossenen Café ist echte Weltraumnahrung.

An der Stirnseite des Denkmals führt eine Treppe hinab zur Allee der Kosmonauten, die berühmte Raumfahrthelden wie Juri Gagarin ehrt. Auf der Treppe selbst sitzt – in Stein gemeißelt – ein selbstbewusst dreinblickender Herr namens Konstantin Ziolkowski (1857–1935). Der stellte 1903 die sog.

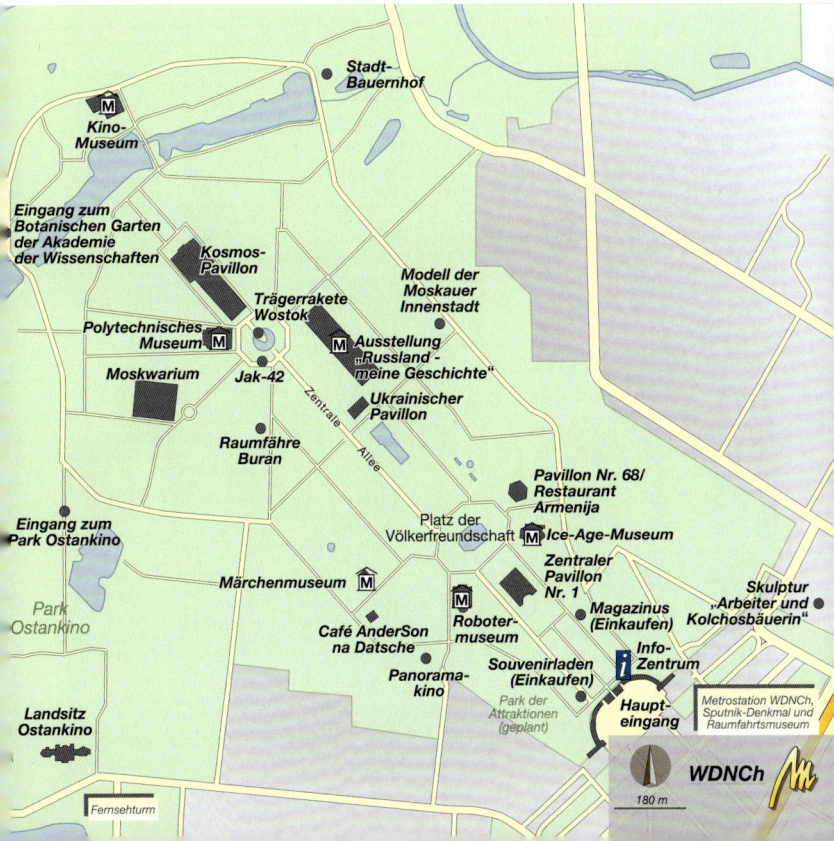

Raketengrundgleichung auf, deren Erklärung wir uns und allen Lesern ersparen wollen.

Prosp. Mira 111, Ⓜ WDNCh, ☎ 499-7502300, www.kosmo-museum.ru. Tägl. (außer Mo) 10–19 Uhr (Do und Sa bis 21 Uhr. Eintritt 250 R (zzgl. 250 R für interaktive Attraktionen).

Skulptur „Arbeiter und Kolchosbäuerin" mit Museum: Die gewaltige Skulptur ist ein Moskauer Wahrzeichen und nicht zuletzt als Symbol der Filmgesellschaft Mosfilm im ganzen Land bekannt. Das sozialistische Vorzeigepaar, geschaffen von Wera Muchina, streckt Hammer und Sichel kraftvoll in den Himmel und richtet den Blick entschlossen in die strahlende Zukunft.

Erstmals der Öffentlichkeit präsentiert wurde die rund 25 m hohe und 80 t schwere Skulptur auf der Pariser Weltausstellung im Jahr 1937. Später wurde sie vor dem Nordeingang des WDNCh-Geländes platziert. Bei Restaurierungsmaßnahmen (2003–09) wurde der Sockel der Skulptur von 20 auf 30 m erhöht – ein später Triumph für die Künstlerin: Sie hatte oft beklagt, dass ihr monumentales Werk auf dem niedrigen Sockel seine Wirkung nicht entfalten könne. Im September 2010 hat im Sockel ein Museum eröffnet.

Prosp. Mira 123 b, Ⓜ WDNCh (vom Haupteingang der Ausstelluung in 10 Min. zu Fuß zu erreichen oder dort in die Straßenbahn 11 oder 17 steigen und eine Station fahren), ☎ 495-6835640. Tägl. (außer Mo) 12–21 Uhr. Eintritt 200 R.

Streifzug durch die Ausstellung

Hinter dem Haupteingang des Geländes, einem 32 m hohen Triumphbogen, führt die Zentrale Allee zum Zentralen Pavillon Nr. 1. Links von ihr soll 2019 ein „Park der Attraktionen" eröffnen, der unter anderem das größte Riesenrad Europas beherbergen wird. Hinter dem Pavillon breitet sich der **Platz der Völkerfreundschaft** aus. In seiner Mitte steht ein auffälliger Brunnen: Um eine große Getreidegarbe gruppieren sich 16 goldene Frauenfiguren – je eine pro Unionsrepublik, aus denen sich die Sowjetunion 1954 zusammensetzte.

Brunnen am Platz der Völkerfreundschaft

Umgeben ist der Brunnen von neun Pavillons in wildem Stilmix: Nordrussische Holzarchitektur paart sich mit orientalischen Ornamenten, strenger Klassizismus mit verspieltem Barock. Eines der interessantesten Gebäude ist **Pavillon Nr. 68**, der ursprünglich Sibirien gewidmet war: Seine Dachkrone ist passend geschmückt mit Weizen oder Kiefernzapfen – weniger passend sind die Weinranken, die im sibirischen Klima gar nicht gedeihen. Gar nicht schlimm also, dass der Pavillon mittlerweile ein armenisches Restaurant beherbergt und auch den Schriftzug „Armenija" trägt.

Grundsätzlich einen Abstecher wert ist das kreisrunde **Panoramakino**, das auf dem kleinen Weg zwischen den Pavillons Nr. 2 und 4 zu erreichen ist. Jahrzehntelang wurden auf den Leinwänden 20-minütige Landschaftsfilme gezeigt, die mit einer speziellen Kamera eigens für das Kino gedreht wurden. Bei Redaktionsschluss liefen allerdings umfangreiche Renovierungsarbeiten.

Zurück am Platz der Völkerfreundschaft, zieht jetzt am Ende der Sichtachse der **ukrainische Pavillon** (1939) die Blicke auf sich. Seine Fassade erinnert an ein Weizenfeld und symbolisiert damit die „Kornkammer" der Sowjetunion. Wenn Sie vor dem ukrainischen Pavillon nach rechts abbiegen, gelangen Sie zu einem der wenigen Neubauten: In ihm ist großes **Modell der Moskauer Innenstadt** zu besichtigen, das mit ihren liebevollen Details sehr sehenswert ist.

Links am ukrainischen Pavillon vorbei, gelangt man zu einem weiteren Platz. In seinem Zentrum steht eine Kopie der **Trägerrakete Wostok**, die Jurij Gagarin 1961 als ersten Menschen ins All beförderte. Zu seinen Füßen sind mehrere Flugzeuge bzw. Hubschrauber zu sehen, darunter eine **Jak-42**, in deren Rumpf sich eine kleine Galerie befindet. Hinter der Rakete erhebt sich mit

Trägerrakete Wostok

dem **Kosmos-Pavillon** eines der beeindruckendsten Gebäude des ganzen Geländes. Es wurde 1939 gebaut und beherbergt seit kurzem ein Zentrum für Kosmonautik und Luftfahrt beherbergen. In den benachbarten Pavillon (Nr. 26) links davon ist vor einiger Zeit das **Polytechnische Museum** eingezogen, dessen Haupthaus im Stadtzentrum seit Jahren renoviert wird.

Wenn Sie an der Rakete stehen und sich umschauen, dann fällt Ihr Blick auf zwei größere Bauten: Bei dem einen handelt es sich um das **Moskwarium** (→ S. 229), der andere beherbergt die interaktive Ausstellung „Russland – meine Geschichte". Ein paar Schritte weiter weg lockt die **Raumfähre Buran**. Sie stand jahrzehntelang im Gorki-Park, bevor sie 2014 unter großem Aufstand hierher transportiert wurde. In ihrem Innern wird ein Flug ins All simuliert.

Etwas weiter weg, den längeren Weg aber in jedem Fall wert, ist das **Kino-Museum** (Pav. 36). Anhand von Kostümen, Plakaten, Fotos und technischen Exponaten zeichnet es die Geschichte des russischen bzw. sowjetischen Kinos

Ziele in Moskaus Außenbezirken → Karte S. 147

vom 19. Jh. bis in die Gegenwart nach. Sonderausstellungen widmen sich dem berühmten Film „Anna Karenina" sowie der Filmlegende Sergej Eisenstein.

Das Kino-Museum liegt bereits in jenem Teil des Parks, der künftig „Landschaftspark" heißen soll. Von hier ist es nicht weit bis zum „Handwerkspark", der v. a. Kinder mit einem **Stadt-Bauernhof** samt Kühen und Kaninchen begeistert (bei Pav. 44).

Weitere Anlaufpunkte können Sie dem Plan auf S. 153 entnehmen.

Adresse/Kontakt

Prosp. Mira, Ⓜ WDNCh, ✆ 495-5443400, www. vvcentre.ru.

Öffnungszeiten/Eintritt

Gelände: Tägl. 24 Std. geöffnet. Eintritt frei.

Panorama-Kino: Bei Redaktionsschluss geschl. www.krugorama.narod.ru. **Modell der Moskauer Innenstadt**: Tägl. (außer Mo) 11–19 Uhr, Eintritt frei, www.maketmoskvy.ru. **Jak-42**: Mo–Fr 11–20 Uhr, Sa/So 10–22 Uhr. Eintritt ab 100 R. **Zentrum für Kosmonautik und Luftfahrt**: Tägl. außer Mo 11–22 Uhr (Zutritt um 11, 13, 15, 17 und 19 Uhr), Eintritt 500 R (Tickets vorher im Internet kaufen und ausdrucken!), www.cosmos.vdnh.ru. **Polytechnisches Museum**: Di–Fr 11–19 Uhr, Sa/So 11–21 Uhr, letzter Mi im Monat geschl., www. polymus.ru. **Moskwarium**: → S. 229. **Russland – meine Geschichte**: Tägl. (außer Mo) 10–20.45 Uhr, Eintritt (pro Ausstellung) 500 R, www.myhistorypark.ru. **Buran**: Di–So 11–20 Uhr, Eintritt 500 R. **Kino-Museum**: Tägl. (außer Mi) 12–22 Uhr (Eing. bis 20 Uhr), Eintritt 300 R, www.museikino.ru.

Essen & Trinken

In Pavillon Nr. 68, am Platz der Völkerfreundschaft, bietet das Restaurant ****Ararat** gute und günstige armenische Küche an (tägl. 11–23 Uhr, www.restoranararat.ru, ✆ 495-2227852). Bunter, fröhlicher und lauter geht's im Kinder- und Familienrestaurant ****AnderSon na Datsche** zu (ggü. von Pav. 7 und 8). Im Gegensatz zu anderen Filialen dieser Kette gibt es hier sogar einen Sandkasten und ein Trampolin, außerdem Animateure, die den Nachwuchs bespaßen (tägl. 10–23 Uhr, ✆ 903-5450528). Mehr dazu → S. 284.

Einkaufen

An der zentralen Allee, gleich hinter dem Haupteingang, liegt auf der linken Seite ein netter **Souvenirladen**. Auf der rechten Seite, etwa in der Mitte zwischen Haupteingang und Zentralem Pavillon Nr. 1, ist das Geschäft **Magazinus** zu Hause, das der Produktdesigner Artemi Lebedew (→ S. 96) betreibt (Mo–Do 11–21 Uhr, Fr–So 10–22 Uhr).

Ziele in der Umgebung

Beachten Sie, dass der Landsitz **Ostankino** derzeit renoviert wird und dass man sich für den **Fernsehturm** im Vorfeld anmelden muss.

Landsitz Ostankino: Wer es nicht wüsste, käme nie auf die Idee, dass das Schloss in Ostankino vollständig aus Holz gebaut ist, so kunstvoll ist seine klassizistische Fassade verputzt. Und auch im Innern erzeugen einfachste Materialien den schönen Schein: Die Säulen sind aus Pappmaché, der Marmor ist gemalt, hinter dem Stuck verbirgt sich hölzernes Schnitzwerk. Herzstück des Schlosses ist das Theater im Obergeschoss, ein elliptischer Raum mit Deckengemälden und korinthischen Säulen, der von einer großen Kuppel überwölbt wird. Auf seiner Bühne trat ein Ensemble aus rund 200 leibeigenen Schauspielern auf – und wenn nicht: Dann konnte der Zuschauerraum in kurzer Zeit auf eine Ebene mit der Bühne gebracht werden, sodass ein großer Ballsaal entstand. Errichtet wurde das Schloss Ende des 18. Jh. für Nikolaj Scheremetjew, einen der reichsten Männer Russlands. Umgeben ist es von einem hübschen Schlosspark.

Adresse/Kontakt

1-ja Ostankinskaja ul. 5, Ⓜ Telezentr, WDNCh, ✆ 495-6834645, www.ostankino-museum.ru. Nahe der Metrostation WDNCh fährt eine oberirdische Bahn, die sog. Einschienenbahn, zwei Stationen bis Telezentr. Alternativ nehmen Sie direkt vor dem Haupteingang des Ausstellungsgeländes die Straßenbahn 11 oder 17 und fahren (in südwestlicher Richtung) bis zur Endhaltestelle (Ostankino).

Öffnungszeiten/Eintritt

Schloss und Schlosspark sind derzeit wegen Renovierung geschl.

Park Ostankino: Während in den Schlosspark (s. o.) nur zahlende Gäste hineingelassen werden, ist der angrenzende Park Ostankino für alle geöffnet. Er wird hauptsächlich von Moskauern aus der näheren Umgebung genutzt, die hier Fahrrad fahren und Schaschlik auf öffentlichen Grillplätzen brutzeln. Kinder toben auf den Spielplätzen oder drehen eine Runde auf dem Pony.

1-ja Ostankinskaja ul. (Eing. neben Landsitz Ostankino), Ⓜ Telezentr, WDNCh. Tägl. 24 Std. geöffnet, Eintritt frei.

Moskauer Fernsehturm: Bei seiner Eröffnung im Jahr 1967 war er der weltweit erste Fernsehturm aus Stahlbeton. Bis heute ist er mit seiner 540 m hohen Antenne das höchste freistehende Bauwerk Europas! Interessant ist v. a. der Turmkorb, der auf 325 m Höhe beginnt. Er hat eine Aussichtsplattform (mit Glasboden!) und beherbergt ein spektakuläres Panoramarestaurant, dessen Tische auf einer sich drehenden Scheibe stehen. Nach einem Großbrand im August 2000 war der Fernsehturm viele Jahre für die Öffentlichkeit gesperrt. Mittlerweile empfangen Plattform und Restaurant wieder Gäste. Zu Füßen des Turms erstreckt sich die Fernsehstation Ostankino, die 1993 in die Schlagzeilen geriet: Putschisten versuchten, die Studios zu besetzen – dumm nur, dass sie das falsche Gebäude wählten …

Adresse/Kontakt

Ul. Akademika Koroljowa 15 (Eingang Nowomoskowskaja ul.), Ⓜ WDNCh, ✆ 915-2949221, 495-9266111, www.tvtower.ru. Wegbeschreibung s. o. Landsitz Ostankino; von der Endhaltestelle der Straßenbahn führt dann eine Straße (die Nowomoskowskaja ul.) direkt zum Eingang des Fernsehturms (und quert dabei die viel befahrene Ul. Akademika Koroljowa). Von der Station

Moskauer Fernsehturm

Telezentr (Einschienenbahn) geht man zunächst knapp 500 m zurück Richtung WDNCh, am Schloss Ostankino vorbei und dann rechts rein.

Öffnungszeiten/Eintritt

Mo–Do 10–22 Uhr, Fr–So 10–23 Uhr. Eintritt 1000 R (Mo–Fr um 10 und 11 Uhr 600 R). Der Besuch der Aussichtsplattform ist nur in Form einer Führung möglich, die immer zur vollen Stunde beginnt. Wer spontan kommt, hat keine Garantie auf einen Platz, daher empfiehlt sich eine Anmeldung, am besten per Telefon. Kinder und Jugendliche unter 7 J. sowie Schwangere haben keinen Zutritt. Obligatorisch ist die Vorlage des Reisepasses.

Essen und Trinken

16 Jahre hat es gedauert, bis das Restaurant ***7Nebo (Siebter Himmel) nach einem großen Brand wieder eröffnen konnte. Das Besondere an ihm: In 40 Minuten dreht es sich einmal im Kreis – und das in luftiger Höhe auf 328 m! Noch höher als das Restaurant liegen ein Café (331 m) und ein Bistro (334 m). So–Do 12–23 Uhr, Fr/Sa 12–24 Uhr (Bistro tägl. 10.30–21.30 Uhr), jeder dritte Mo des Monats geschl.

In der Nähe: **Botanischer Garten der Akademie der Wissenschaften** (→ S. 179).

Ziele in Moskaus Außenbezirken ↘ Karte S. 147

Lomonossow-Universität: Stadt in der Stadt

Московский государственный
университет им. Ломоносова

Lomonossow-Universität

Ein Wahrzeichen, eine „Stadt in der Stadt" oder einfach die größte Studentenschmiede der Welt: All das zugleich ist das Hauptgebäude der Moskauer Staatsuniversität (*Moskowski Gossudarstwenny Uniwersitet, MGU*). Sie ist benannt nach **Michail Lomonossow**, auf dessen Initiative die Hochschule 1755 gegründet wurde. Vor dem Haupteingang erinnert ein **Denkmal** an den Universalgelehrten.

Das gigantische Universitätsgebäude ist mit 240 m das höchste der sieben Zuckerbäcker-Hochhäuser (→ S. 206), errichtet wurde es 1949–53 unter der Leitung von Lew Rudnew. Vorlesungs-

säle, Unterrichtsräume, Bibliotheken und Mensen platzierte der Architekt im zentralen Mittelturm, den eine 12 t schwere Spitze aus goldverspiegeltem Glas krönt. Die vier ausufernden Seitenflügel beherbergen überwiegend Wohnheime. Fast 6000 Studenten leben auf dem Areal in einer kleinen Stadt in der Stadt. Sie gehen ins Theater, Kino oder Schwimmbad, essen in einem der unzähligen Restaurants und nutzen ausgiebig die angrenzenden Sportanlagen.

Ins Innere der Universität vorzustoßen ist ohne Studentenausweis bzw. die Mithilfe von Studenten recht schwierig, da die Eingänge streng bewacht werden. Eine Chance besteht aber, wenn man als Ziel das **Museum für Erdwissenschaften** angibt (Музей землеведения МГУ, Mo–Fr 9–17 Uhr, 24.–31. Etage, www.mes.msu.ru). Schon der Weg durch das Labyrinth der Korridore – ihre Gesamtlänge beträgt mehr als 33 km! – ist eine spannende Herausforderung, der Ausblick aus den oberen Stockwerken die verdiente Belohnung.

Heimat der Universität sind die **Sperlingsberge** (→ S. 141). Einst ritten die Zaren hier zur Jagd, heute dienen sie den Moskowitern als Naherholungsgebiet. Von einer **Aussichtsplattform** hat man einen großartigen Blick auf weite Teile der Moskauer Innenstadt.

In der Nähe: der **Große Zirkus** (→ S. 228) und das **Kinder-Musik-Theater** (→ S. 229).

Wegbeschreibung

Schon beim Verlassen der Metrostation Uniwersitet (Ausgang am Ende des Saales nehmen) fällt Ihr Blick auf die Spitze der Zuckerbäcker-Universität, auf die Sie nun zielsicher zusteuern. Von der Rückseite des Bauwerks (im Nordosten) führt ein Weg direkt auf die Aussichtsplattform zu. Die nächste Metrostation (Worobjowy gory) befindet sich am Ufer der Moskwa, das Sie auf einem Fußweg erreichen (einfach bergab und dann rechts).

Einkaufen

Jahrelang lockten zahlreiche Souvenirstände Touristen zur Aussichtsplattform. Jetzt sind sie nur noch sporadisch da.

Essen und Trinken

Ein netter Ort, um einzukehren, ist das Restaurant ***Tramplin**, das direkt an der Sprungschanze liegt. Ul. Kossygina 28, Ⓜ Uniwersitet, Worobjowy gory, ✆ 910-4802211, www.tramplin-rest.com, tägl. 12–24 Uhr.

Moskau im Kasten

Umzug in die Platte

Im Einzugsgebiet der Moskauer Lomonossow-Universität entstanden ab den 50er-Jahren des 20. Jh. die Prototypen der sozialistischen Massenbauweise. Von hier traten sie ihren Siegeszug über die gesamte Stadt, ja die gesamte Sowjetunion an.

Bis in die 30er-Jahre hinein endete das Moskauer Stadtgebiet im Südwesten etwa dort, wo heute der Dritte Transportring verläuft. Das Gebiet dahinter war ländlich geprägt, mit Holzhäusern und Staubstraßen, wie auf dem Dorf. Mit dem Generalplan von 1935 schlug die Geburtsstunde des Südwestens, nach Kriegsende gingen die Bauarbeiten im großen Stil los. Zu einem Experimentierfeld erster Güte entwickelte sich das Quartier Nr. 9, ein 12 ha großes Gebiet, nur 3 km von der neuen Universität entfernt. Mitte der 1950er-Jahre wurden hier für 3000 Menschen 16 Wohnblöcke errichtet. Die Außenwände der Häuser wurden noch größtenteils gemauert, doch trat schon bald ein neues Bauteil seinen Siegeszug an: die vorgefertigte Platte. Zur Wiege der klassischen Plattenbauten wurde ein Wohngebiet namens Troparjowo, das knapp 7 km entfernt war. Erst 12, dann 16, später 20 und mehr Etagen – Troparjowo machte vor, was später sowjetunionweit kopiert wurde.

Ziele in Moskaus Außenbezirken   ↓ Karte S. 147

Москва-Сити

Moskau City

Nach jahrelangem Ringen um Meter, Stockwerke und das dazu notwendige Geld ist das Hochhausviertel Moskau City nahezu fertiggestellt. Auf dem Areal, das sich westlich der Innenstadt ans Ufer der Moskwa schmiegt, ragen dicht gedrängt sechs der zehn höchsten Wolkenkratzer Europas in die Höhe.

Ausgerechnet das geplante Aushängeschild von Moskau City, der von Norman Foster entworfene **Turm Rossija**, ist allerdings niemals gebaut worden – die Finanz- und Wirtschaftskrise versetzte dem Projekt 2008 den Todesstoß. Der Rossija-Turm wäre mit 600 m das mit großem Abstand höchste Hochhaus Europas gewesen. Jetzt trägt den Titel der **Ostturm** des Gebäudekomplexes **Federazija**. Er wurde erst 2017 fertiggestellt und ist 374 m hoch. Gut zu erkennen ist er daran, dass er von einem kleineren Turm gleicher Bauart sowie einer Spindel flankiert wird.

(Der Wanderpokal „höchstes Hochhaus Europas" wird übrigens schon bald nach St. Petersburg weiterziehen, wo 2018 der sog. Lachta-Tower fertiggestellt werden soll. Aber psst, die Moskauer hören das nicht gern!)

Das zweithöchste Gebäude von Moskau City ist mit 354 m der **Turm Oko**. Seinen Namen sollten Sie sich besonders gut merken, denn er glänzt mit der höchsten Aussichtsplattform Europas (siehe unten)!

Weniger rekordambitioniert sind die übrigen Bauten des Geländes: der sich nach oben verjüngende, ein wenig an das Chrysler Building in New York erinnernde **Mercury City Turm** (339 m), der aufgrund seiner bronzefarbenen Fassade von allen am einfachsten zu erkennen ist; der 309 m hohe **Jewrasija-Turm**, in den unter anderem ein Fitness-Studio eingezogen ist; die beiden Hochhäuser der sog. **Stadt der Hauptstädte** („Gorod stoliz"), die in leicht gegeneinander verdrehte Pakete von 15 Geschossen gegliedert sind, sowie die drei **Türme am Ufer** („Baschni na nabereschnoj"), die ein Architektenteam unter Leitung von Aleksandr Kusmin und Sergej Tkatschenko bereits 2007 auf einer kreisrunden Basis platzierte.

Besonders interessant und auffällig ist der **Turm Ewoljuzija** (255 m): Er sollte einmal das größte Standesamt Moskaus beherbergen und wenn es stimmt, was gesagt wird, dann symbolisiert der spiralartige Turm ein ineinander verschlungenes Liebespaar. Mittlerweile sind allerdings gewöhnliche Büros in den Turm eingezogen.

Nicht unerwähnt bleiben dürfen die letzten beiden Türme: der **Westturm** des Gebäudekomplexes **Federazija**, die kleine Schwester des Ostturms (siehe oben); und der **Imperija-Turm** (241 m), der aussieht, als hätten die Architekten eine lang gestreckte Ellipse schräg in einen Quader hineingeschoben.

Ebenfalls noch nicht komplett fertig ist der sog. **Zentralkern** („Zentralnoje jadro"),

der – nomen est omen – in der Mitte des Areals platziert wurde. Bereits 2011 hat unter seinem gewölbten Glasdach ein gigantisches Einkaufszentrum eröffnet (s. u.), geplant sind ferner Kino und Konzertsaal.

Entstanden ist die Idee zum Hochhausviertel bereits zu Sowjetzeiten, der Grundstein wurde 1995 gelegt. Zwei Jahre später konnte das erste Bauwerk eröffnet werden: Die 214 m lange **Bagration-Brücke** verbindet das Hauptareal mit dem anderen Moskwa-Ufer und mündet dort seit 2001 in den **Turm 2000**.

Wegbeschreibung

Das Hochhausviertel wird eingeklammert von den Metrostationen Wystawotschnaja im Osten und Meschdunarodnaja im Westen. Von der Station Wystawotschnaja gelangen Sie über die Bagration-Brücke auf die andere Seite der Moskwa, wo Sie einen guten Blick auf die Hochhäuser haben. Die hellblaue Metrolinie teilt sich hinter dem Gartenring übrigens in zwei Stränge auf. Achten Sie deshalb auf das Endziel des Zuges: Es muss Meschdunarodnaja (und nicht Kunzewskaja) sein!

Essen & Trinken

Unzählige Restaurants und Kofejnjas befinden sich im Einkaufszentrum Afimoll City (s. u.)

(Ⓜ Wystawotschnaja). Heiß begehrt sind v. a. die Plätze unter der großen Glaskuppel, wo Starbucks sein Reich hat. Restaurants sind außerdem in den fertiggestellten Türmen zu finden. Die beiden spektakulärsten haben sich in der 86. Etage des Oko-Turms einquartiert: ***Ruski** (tägl. 11–24 Uhr) und ****Na sweschem wosduche** (So–Do 12–24 Uhr, Fr/Sa 12–2 Uhr, nur Mai bis Okt.!). Solange niemand das Gegenteil beweist, sind dies die höchsten Restaurants Europas! 1-j Krasnogwardejski pr. 21, Geb. 2 (86. Etage), Ⓜ Meschdunarodnaja, ✆ 495-7777111, www.354group.com.

Nicht weit entfernt von Moskau City hat am Ufer der Moskwa das Restaurantschiff ***Tschajka** angelegt. Von dem z. T. teuer aufgebrezelten Publikum sollten Sie sich nicht abschrecken lassen: Die Preise sind für Normalverdiener durchaus akzeptabel. Italienisch-japanische Küche. Tägl. 12–24 Uhr. Krasnopresnenskaja nab. 12 (Boot), Ⓜ Wystawotschnaja, ✆ 495-7778788, www.restoran-chaika.ru.

Einkaufen

Von Adidas bis Zara: Das Einkaufszentrum im Zentralkern, die sog. **Afimoll City**, vereint auf rund 200.000 m² etwa 400 Geschäfte unterschiedlichster Preisklassen und Geschmacksrichtungen. Ⓜ Wystawotschnaja, So–Do 10–22 Uhr, Fr/Sa 10–23 Uhr, www.afimall.ru. 70 % Rabatt auf hochwertige Kleidung gibt es im Geschäft ZUM Diskont (Erdgeschoss).

Aussichtsplattformen in Moskau City

Oko: Die höchste Aussichtsplattform Europas: 354 m über der Erde genießen Sie unter freiem Himmel einen 360-Grad-Blick über Moskau! Tägl. 10–23.30 Uhr, Eintritt 1500 R (nur mit Führung, 30 Min.), kein Zugang für Kinder unter 7 Jahren, Anmeldung unter ✆ 495-0150354 oder www.smotrovaya.com.

Imperija: Inkl. Moskau-City-Museum auf 250 m Höhe! Mo 17–23 Uhr, Di–So 11–23 Uhr, Eintritt 980 R, Anmeldung unter ✆ 495-7753656 oder www.museum.citymoscow.ru.

Federazija (West): Sieben Meter pro Sekunde legt der Fahrstuhl zurück, der Sie in die 54. Etage bringt! Etwa auf der gleichen Höhe wie Imperija. Mo–Fr 11–23 Uhr, Sa/So 11–23 Uhr (jew. zur vollen Stunde, letzte Fahrt 22 Uhr), Eintritt 1000 R, Anmeldung unter ✆ 499-2724846 oder www.smotricity.ru.

Ziele in Moskaus Außenbezirken → Karte S. 147

Tief unter der Erde: Siegessymbolik in der Metrostation Park Pobedy

Парк Победы и окрестности

Siegespark und Umgebung

Im Siegespark zelebriert Russland ausgiebig den Triumph über Hitler-Deutschland. Eng damit verzahnt ist das Gedenken an den Sieg über die Franzosen im Jahr 1812, als sich Napoleons Armee gedemütigt aus Moskau zurückziehen musste.

Wie eng die Jahre 1812 und 1945 im kollektiven Gedächtnis der Russen miteinander verbunden sind (oder vielmehr: verbunden sein sollen), verdeutlicht schon die **Metrostation Park Pobedy,** der Ausgangspunkt des Ausflugs. Große Wandbilder zeigen hier die Helden der jeweiligen Zeit: zum einen Napoleons Gegenspieler, den russischen General Michail Kutusow (s. u.), zum anderen einen Sowjetsoldaten mit einem kleinen Mädchen auf dem Arm. Passend zur Siegessymbolik glänzt die 2003 eröffnete Station auch mit ganz profanen Rekorden: einem 85 m tief gelegenen Gleisbett (dem tiefsten von Moskau) und vier 126 m langen Rolltreppen (den längsten weltweit).

Wenn Sie die Metrostation verlassen (geradeaus durch den Tunnel und am Ende rechts hoch), liegt vor Ihnen der **Siegespark,** hinter Ihnen (auf der anderen Straßenseite) das sog. **Panora-**mamuseum, das sich den Ereignissen von 1812 widmet.

Auf den Spuren von Napoleon

Etwa 100 km westlich von Moskau, nahe dem Dorf Borodino, versuchen die russischen Truppen am 7. September 1812, den Vormarsch der Franzosen zu stoppen. Mit rund 100.000 Opfern auf beiden Seiten geht die Schlacht als eine der blutigsten in die Geschichte des 19. Jh. ein. Das Ergebnis ist für beide Seiten unbefriedigend. Zwar kann Napoleon jetzt ungehindert in Moskau einmarschieren, doch der erhoffte Triumph bleibt aus: Russlands General Kutusow hat am Tag zuvor beschlossen, die Stadt zu räumen und sie dem Gegner kampflos zu überlassen. Moskau brennt nieder, die französische Armee zieht sich gedemütigt zurück.

Schauplatz von Kutusows folgenreicher Entscheidung war die schlichte **Holzhütte** eines Bauern. Heute ist an ihrem einstigen Standort ein Nachbau aus dem Jahr 1887 zu besichtigen. Er ist Teil eines **Panoramamuseums,** das nicht ohne Grund so heißt: Sein ganzer Stolz ist ein 115 m langes Gemälde, auf dem Franz Roubaud die legendäre Schlacht von Borodino lebendig werden ließ. Eigens dafür angefertigt wurde der runde Museumsbau, der von außen mit türkisfarbenem Glas verkleidet ist.

Auf dem Außengelände des Museums halten weitere Gedenkmonumente die Erinnerung an das Jahr 1812 aufrecht.

Dem gleichen Ziel dient der **Triumph-bogen** am Kutusowski prosp., die 1968 hier aufgestellte Kopie eines Monuments, das ursprünglich im Zentrum auf dem Platz vor dem Weißrussischen Bahnhof stand.

Streifzug durch den Siegespark

Seit 1995 mischt sich das Gedenken an Napoleons Rückzug von 1812 mit dem an den Sieg der Roten Armee über Hitlers Truppen im Zweiten Weltkrieg: Nach jahrzehntelangen Planungen wurde der rund 100 ha große Siegespark (Park Pobedy) eröffnet.

Im Siegespark ist nichts dem Zufall überlassen. Die zentrale Allee steigt in fünf Absätzen an, weil der Krieg fünf Jahre dauerte. Die Zahl seiner Tage symbolisieren die 1418 Düsen der Springbrunnenanlage sowie der gigantische Obelisk, der exakt 1418 cm hoch ist. Seine Spitze „ziert" die Siegesgöttin Nike, von Kritikern spöttisch „Kakerlake an der Nadel" genannt.

Im Zentrum der Anlage steht das **Zentrale Museum des Großen Vaterländischen Krieges,** neuerdings auch knapp „Museum des Sieges" genannt Besonders sehenswert sind zwei große Säle: Im Saal des Ruhmes, einer sakralartigen Marmorhalle mit gewaltiger Kuppel, verharrt eine 10 m hohe Soldatenfigur in Siegespose. Im Saal der Erinnerung trauert „Mutter Heimat" – einer Pietà gleich – um ihren gefallenen Sohn. Von der Decke hängen 2,6 Mio. bronzene Fäden mit Kristalltränen herab, sie sollen die Trauer um 26 Mio. sowjetische Kriegsopfer symbolisieren. Der Rest der Ausstellung ist eher der Chronologie der Kriegsereignisse verpflichtet. Gezeigt werden u. a. Waffen, Büsten, Gemälde, dreidimensionale Panoramabilder sowie vereinzelt außergewöhnlichere Exponate wie ein Tisch von der Teheraner Konferenz, an dem Stalin, Churchill und Roosevelt 1943 die Nachkriegsordnung debattierten.

Hinter dem Museum erregen zwei **Denkmäler** die Aufmerksamkeit. Eines erinnert an ein sowjetisches Kriegsmonument im georgischen Kutaissi, das die örtlichen Behörden 2009 sprengen ließen und das auf Anregung von Ministerpräsident Putin hier in abgewandelter Form wiederaufgebaut wurde. Das andere existiert bereits seit Mitte der 1990er-Jahre und wirkt verstörend. Es zeigt eine Reihe verhärmter Menschen, die nach hinten kippen und schließlich als Grabsteine zu Boden sinken. Vor ihnen liegt ein Haufen mit Schuhen, Hüten, Brillen. Die Assoziation mit dem Holocaust liegt nahe – und tatsächlich wollte Surab Zereteli, der Schöpfer des Werkes, seine Skulptur ursprünglich an Israel verkaufen. Da der Deal nicht zustande kam, durfte er sie im Siegespark aufstellen.

Weitere Fixpunkte des Parks sind die **Kirchen unterschiedlicher Glaubensrichtungen.**

Adressen/Wegbeschreibung

Siegespark: Kutusowski prosp. zwischen Ⓜ Park Pobedy und Minskaja ul. **Panoramamuseum**: Kutusowski prosp. 38. Beide Ⓜ Park Pobedy.

> Die Straße, die direkt am Panoramamuseum vom Kutusowski prosp. abzweigt, führt in einem ca. 20-minütigen Spaziergang zur sehenswerten **Mariä-Schutz-Kirche „in Fili"** (→ S. 170).

Öffnungszeiten/Eintritt

Gelände Siegespark: Tägl. 24 Std. geöffnet. Eintritt frei. **Zentrales Museum des Großen Vaterländischen Krieges**: ☎ 499-4498050, www.victorymuseum.ru. Di/Mi/Sa/So 10–20 Uhr, Do/Fr 10–20.30 Uhr. Eintritt 300 R. **Panoramamuseum** und **Holzhütte** (Kutusowskaja isba): ☎ 499-1481967, www.1812panorama.ru. Sa-Mi 10–18 Uhr, Do 10–21 Uhr (Sa/So von 12–16 Uhr jew. nur mit Führung), letzter Do im Monat geschl. Eintritt Panoramamuseum 250 R, Eintritt Holzhütte 150 R.

Essen & Trinken

Auf dem Gelände des Siegesparks finden Sie diverse Bistros zum Einkehren.

Ziele in Moskaus Außenbezirken ↓ Karte S. 147

Измайлово

Ismajlowo

Der Name Ismajlowo steht für Zweierlei: Ein herrlicher Souvenirmarkt lädt zum mußevollen Stöbern ein. Ein riesiges Park- und Waldgelände beherbergt die Überreste einer Zarenresidenz.

Kommen Sie am besten **Samstag oder Sonntag**! Unter der Woche sind viele Stände geschlossen!

Startpunkt des Ausflugs ist die Metrostation Partisanskaja, deren gewaltige Skulpturengruppe im Eingangsbereich an die Partisanenkämpfe im Zweiten

Souvenirmarkt in Ismajlowo

Weltkrieg erinnert. Doch nicht wegen der Anmut des Monuments spuckt die Metro alle paar Minuten neue Menschenmassen aus: Viele zieht es schnurstracks zur sog. **Vernissage**, dem wohl größten **Souvenirmarkt** Europas. Hinter dem Eingang öffnet sich dem Besucher ein herrliches Einkaufsparadies unter freiem Himmel. In engen, vollgestopften Gängen stapeln sich Matrjoschkas und Pelzmützen, Lackschachteln und Sowjetandenken. Nationale Sangeskunst, oft in Tracht und mit Balalaika-Begleitung, erzeugt am Wochenende wahre Jahrmarktatmosphäre.

Im unteren und vorderen Teil des Marktes sind überwiegend typische Souvenirs im Angebot. Diese sind – dank der vielen einheimischen Kunden – günstiger als anderswo. Trotzdem gilt: Wer nicht handelt, ist selbst schuld! Im oberen und hinteren Bereich werden Gemälde, Antiquitäten und Flohmarktartikel verkauft. (Dieser Teil des Parks ist nur am Wochenende zugänglich!)

Seit einigen Jahren ist die Vernissage offiziell Teil des sog. **Kreml in Ismajlowo**, einer Art „Disneyland-Kreml", der zwischen 1997 und 2007 im Stil der russischen Architektur des 17. Jh. gebaut wurde. Er soll an die Residenz erinnern, die Zar Aleksej in eben jenem Jahrhundert nicht weit von hier errichten ließ (s. u.). Im Zentrum der Anlage stehen eine Holzkirche und ein Holzpalast. Um sie herum gruppieren sich Blockhäuser mit Cafés, Geschäften und Museen, darunter ein **Flotten-**, ein **Brot-**, ein **Schokoladen-** und ein **Wodkamuseum**. Letzteres zeichnet die Geschichte des russischen Nationalgetränks vom 15. Jh. bis in die jüngste Vergangenheit nach und bietet jedem Besucher eine alkoholische Kostprobe an. Angeschlossen ist eine Kneipe im Stil der vorletzten Jahrhundertwende. Für die angebotenen Wodkaproben inklusive Essen empfiehlt sich eine Anmeldung.

Einen stimmungsvollen Abschluss findet der Ausflug nach Ismajlowo mit einem Spaziergang zur „echten" **Zarenresidenz**, von der allerdings nur wenige Überreste erhalten sind. Sie ruhen auf einer kleinen Insel im nordwestlichen Zipfel des riesigen Ismajlow-Waldes. Zu sehen sind zwei weiße Torbauten, eine Kirche mit hübscher Kacheldekoration sowie ein Brückenturm, der heute als Ausstellungssaal dient. Den prächtigen Holzpalast, der unter Zar Aleksej im 17. Jh. entstand, ließ bereits Katharina II. wieder abreißen.

Der **Ismajlow-Wald** selbst ist übrigens mit mehr als 1500 ha Fläche eine der größten Grünanlagen Moskaus und bei den Moskowitern zu jeder Jahreszeit beliebt: im Winter zum Schlittschuhlaufen, Rodeln oder Skifahren, im Sommer zum Inlineskaten, Paddeln oder Riesenradfahren. Die meisten Freizeitangebote finden sich im sog. **Kultur- und Erholungspark**, der 1930 im Westteil des Waldes (und damit südlich von der Zarenresidenz) eingerichtet wurde.

Wegbeschreibung

Den **Kreml in Ismajlowo** (inkl. **Souvenirmarkt** und **Museen**) erreichen Sie, wenn Sie sich nach Verlassen des Metropavillons Partisanskaja links halten. Der Weg führt an vier Hotelplattenbauten vorbei geradewegs zum Eingang. Zur „echten" **Zarenresidenz** Ismajlowo nimmt man zunächst denselben Weg, etwa in der Mitte zweigt dann ein Pfad nach rechts ins Grüne ab. Er führt zu einer Brücke, hinter der man sich nach rechts wendet und einige Hundert Meter dem gepflasterten Weg folgt. Zum „**Kultur- und Erholungspark**" gehen Sie von der Metrostation Partisanskaja in die entgegengesetzte Richtung. Als Ausgangspunkt für einen Spaziergang im **Ismajlow-Wald** eignet sich besser die Metrostation Ismajlowskaja.

Öffnungszeiten/Eintritt

Souvenirmarkt: ☎ 495-2155437, www.kremlin-izmailovo.com. Tägl. 9–18 Uhr (wochentags sind einige Buden geschl.). Eintritt frei. **Antik-**

Nichts, was es nicht gibt

markt, Flohmarkt, Gemälde: Sa/So 9–17 Uhr. **Kreml in Ismajlowo**: ☎ 495-2155437, www.kremlin-izmailovo.com. Tägl. 10–20 Uhr. Eintritt Gelände frei. **Wodkamuseum**: ☎ 499-1665097, www.vodkamusuem.ru. Tägl. 10–20 Uhr. Eintritt 200 R. **Brotmuseum**: Mi/Do/Fr 10–18 Uhr, Sa/So 10–19 Uhr, Eintritt ab 100 R. **Flottenmuseum**: Di–Fr 10–16 Uhr, Sa 10–18 Uhr. Eintritt ab 100 R. **Schokoladenmuseum**: Mi–Fr 10–15 Uhr, Sa/So 10–18 Uhr, Eintritt ab 100 R. **Zarenresidenz Ismajlowo**: ☎ 499-1651236, www.mgomz.ru. Ausstellungen im Turm April–Sept. Di/Mi/Do/Fr/So 10–18 Uhr, Sa 11–19 Uhr, Okt.–März Di–So 10–18 Uhr. Eintritt 150 R.

Essen & Trinken

Auf dem Gelände der Vernissage bieten einige Stände Schaschlik und kleinere Snacks an.

Винзавод

Winsawod

Alte Industriebauten mit moderner Kunst, angesagten Clubs oder trendigen Boutiquen beleben – was andere Metropolen vormachten, hat Moskau bravourös kopiert! Das erste und bis heute bekannteste Projekt heißt Winsawod und liegt hinter dem Kursker Bahnhof, im alten Gerberviertel, wo sich im 19. Jh. etliche Fabriken ansiedelten.

Die ehemalige Weinfabrik *(Winsawod)* ging Ende des 19. Jh. aus der Bier- und Metbrauerei Moskowskaja Bawarija hervor. Im Jahr 2000 musste sie ihre Produktion wegen mangelnder Rentabilität einstellen. Nach dem Umbau zogen ab 2006 Galerien in die roten Backsteinhallen, darunter so hochkarätige wie XL oder Regina, in denen die großen Namen der aktuellen russischen Kunstszene mit großer Wahrscheinlichkeit vertreten sind.

Moderne Kunst in altem Gemäuer

Nicht minder anregend sind die kleineren, unbekannteren Galerien, die übrigens auch den Bereich Fotokunst hervorragend abdecken. Für innovatives Potenzial sorgen regelmäßige Neueröffnungen.

Ergänzt wird das Angebot durch wechselnde Ausstellungen russischer wie internationaler Künstler, Filmvorführungen, Lesungen, Vorträge, Modenschauen, Workshops oder Preisverleihungen.

Adresse/Wegbeschreibung

4-j Syromjatnitscheski per. 1, Geb. 6, Ⓜ Kurskaja (braun), Tschkalowskaja, ☏ 495-9174646, www.winzavod.ru. Verlassen Sie die Metrostation Kurskaja (braun) mit der Rolltreppe Richtung к пригородным электропоездам горковского направления und folgen Sie auch danach diesen Schildern. Draußen halten Sie Ausschau nach dem viel befahrenen Gartenring und folgen ihm etwa 100 m in südliche Richtung. Dann biegen Sie links ab in die Werchn. Syromjatnitscheskaja ul., die Sie etwa 300 m geradeaus gehen, bis nach links eine Straße abzweigt. Hinter der Eisenbahnunterführung rechts halten und dort die erste Einfahrt auf der linken Seite nehmen.

Öffnungszeiten/Eintritt

Kernzeit der wichtigsten Galerien tägl. (außer Mo) 13–19 Uhr. Eintritt von 0 bis ca. 300 R.

Essen & Trinken

Zurzum, Künstlercafé mit moderaten Preisen. Frühstück 10–12 Uhr, Mittagstisch 12–16 Uhr. Geöffnet tägl. 10–23 Uhr.

Chitryje ljudi, die Betreiber des Chitryje ljudi vermissten ein Café, in dem die Atmosphäre fröhlich und gemütlich, das Essen gut und günstig und die Musik einfach richtig ist – und eröffneten es schließlich selbst! Tägl. 12–24 Uhr.

Kraftwerk, guter Anlaufpunkt für Craft Beer und damit mehr Bar als Restaurant. Tägl. 12–24 Uhr. www.kraftwerkbar.ru.

Einkaufen

Alekseev Jewelry, Silberschmuck in minimalistischem Design. Tägl. 12–21 Uhr.

Dom Mody Tegin, Showroom der Modedesignerin Swetlana Tegin, die Moderatorinnen und Kinostars einkleidet. Mo–Sa 11–20 Uhr.

In der Nähe: das **Sacharow-Zentrum** (→ S. 175).

Kuskowo

Was dem einfachen Russen seine Datscha, war dem Adligen sein Landsitz:
Die Schlossanlage Kuskowo baute die
Familie Scheremetjew, die im 18. Jh.
mit Abstand größte Grundbesitzerfami-
lie der Welt.

Der außerordentliche Reichtum der
Familie fußte auf engsten Kontakten zu
den Herrschenden. Pjotr Scheremetjew
(1713–88) avancierte unter Katharina II. zum ersten gewählten Adelsmar-
schall. Im pompösen Schloss in Kuskowo, an dessen Bau er maßgeblich mitgewirkt hatte, führte er mit seinen Gästen einen extravaganten Lebensstil.
Auf dem künstlichen See vor dem
Schloss ließ er Schlachten vor bis zu
50.000 Gästen nachstellen; das Leibei-
genenensemble führte Theaterstücke,
Opern und Ballette auf.

Heute lassen sich die meisten Gebäude
der wunderschönen Anlage besichtigen. Vom Haupteingang führt der Weg
am großen Teich entlang direkt zum
Schloss, das Karl Blank 1769–75 im Stil
des frühen russischen Klassizismus errichtete. Was auf den ersten Blick wie
eine Konstruktion aus Stein erscheint,
entpuppt sich bei näherer Betrachtung
als eine geschnitzte und bemalte
Holzfassade. Einzig der Sockel besteht
aus Stein. Die Gemächer im Innern
schmücken feinste Parkettböden mit
Intarsien aus seltenen Hölzern, funkelnde Kristallkronleuchter und aufwendige Stuckarbeiten.

Durchquert man von der Rückseite des
Schlosses geradeaus den Park, stößt
man auf ein Gebäude im Barockstil, die
Große Orangerie. Darin befindet sich
seit 1932 das **Porzellanmuseum,** das
eine weltberühmte Sammlung aus drei
Jahrhunderten präsentiert. Ob edle Arbeiten aus Meißen, zaristische Service

des 18./19. Jh. oder avantgardistisches
Porzellan der frühen russischen Moderne bis Ende der 1920er-Jahre: Die Ausstellung zeigt Porzellan als Kunst, aber
auch in seiner Bedeutung für Gesellschaft, Diplomatie und Politik. Das
kostbarste Stück ist das imposante
Ägyptische Service aus Sèvres, das
Napoleon 1807 dem Zaren Aleksandr I.
anlässlich der Friedensverhandlungen
in Tilsit schenkte. Weitere Ausstellungen befinden sich im **Holländischen
Pavillon,** in der **Eremitage,** im **Italienischen Pavillon** und in der **Amerikani-
schen Orangerie.** Der nach französi-
schem Vorbild angelegte Park lädt zum
mußevollen Flanieren ein. Eine Fahrt
mit **Ruderboot** oder **Pferdekutsche** run-
det den Ausflug ab.

Adresse/Kontakt

Ul. Junosti 2, Ⓜ Rjasanski prospekt, ☎ 495-
3753131, www.kuskovo.ru. Aus dem Zentrum
kommend den Bahnsteig in Fahrtrichtung des
Zuges verlassen, geradeaus bis zur Straße
gehen, dort nach rechts wenden, wo nach ca.
100 m die Haltestelle der Busse 133 oder 208
folgt. Aussteigen an der sechsten Station („Musej Kuskowo"/„Музей Кусково") bzw. dann,
wenn links das Schloss zu sehen ist. Dem
Fahrer sollten Sie vorab sagen bzw. zeigen, wo
Sie aussteigen möchten.

Öffnungszeiten/Eintritt

Mitte April bis Mitte Okt. Mi–So 10–18 Uhr
(Park bis 20 Uhr), Mitte Okt. bis Mitte April Mi–
So 10–16 Uhr (Park bis 18 Uhr), letzter Mi im
Monat sowie meist bei nasser Witterung
geschl. Die Tickets für die einzelnen Museen
müssen Sie bereits am Parkeingang kaufen:
Schloss 250 R, Große Orangerie (inkl. Porzellanmuseum) 150 R, Eremitage 150 R, Hollän-
discher Pavillon 100 R, Italienischer Pavillon
100 R, Amerikanische Orangerie 150 R, All-
inclusive-Ticket ab 500 R, nur Park 50 R.

Aktivitäten

Ruderboot 30 Min. Mi/Do 300 R, Fr–So 400 R;
Fahrt mit der Pferdekutsche 300 R.

Essen & Trinken

Über das Parkgelände verteilen sich einige Imbissbuden. Wer einen längeren Aufenthalt plant,
sollte vorsorgen.

Neues Erlöserkloster

Weitere Highlights in den Außenbezirken

Kirchen, Klöster, Friedhöfe

Andronikow-Kloster (Андроников монастырь) → Großkarte J6. Der bedeutendste Schatz des Klosters ist die Erlöserkathedrale in der Mitte des Geländes: Sie entstand zwischen 1410 und 1427 und gilt damit als das älteste komplett erhaltene Bauwerk Moskaus! Im Innern sind an einigen Fenstern Fragmente ihrer ursprünglichen Ausmalung erhalten, an der u. a. der berühmte Ikonenmaler Andrej Rubljow beteiligt war, der im Andronikow-Kloster seinen Lebensabend verbrachte und wahrscheinlich auch hier begraben wurde. Der zweite große Sakralbau der Anlage, die Erzengel-Michael-Kirche (Ende 17. Jh.), beherbergt heute zusammen mit dem angeschlossenen Refektorium (Anfang 16. Jh.) das Andrej-Rubljow-Museum (→ S. 172).

Andronjewskaja pl. 10, Ⓜ Taganskaja (pink) (ca. 15 Min. Fußweg über Ul. Aleksandra Solschenizyna), Ploschtschad Ilitscha (weiter mit Bus 125, 925, Trolleybus 45, 53 bis „Musej Rubljowa"/„Музей Рублёва"), ✆ 495-67814-89, ✆ 495-67814-67. Tägl. 9–21 Uhr. Eintritt frei.

Danilow-Kloster (Данилов монастырь): Das älteste Kloster Moskaus ist heute (wieder) das wichtigste, denn hier residiert der Patriarch der Russisch-Orthodoxen Kirche. Gegründet wurde es 1282 von Fürst Daniil, dem jüngsten Sohn des Großfürsten und heutigen Nationalhelden Aleksandr Newski. Mitte des 16. Jh. wurde die Anlage um zahlreiche Bauten erweitert, die Mauer mit den acht Türmen kam im 17. Jh. hinzu. Heute dominieren zwei Kirchen das Klosterareal: die weiße Kathedrale der sieben ökumenischen Konzile (18. Jh.) und die gelbe Dreifaltigkeitskirche im Stil des späten Klassizismus (19. Jh.). Nach der Schließung durch die Kommunisten im Jahr 1930 diente das Kloster lange als Jugendgefängnis, Kühlschrank- bzw. Regenschirmfabrik.

53 Jahre später gab der Staat den nahezu vollständig zerstörten Komplex an die Kirche zurück und half anschließend bei Restaurierung und Neubau. Die Glocken des Danilow-Klosters läuteten übrigens jahrzehntelang an der Harvard University. Ein Diplomat hatte sie 1930 vor dem Einschmelzen bewahrt und in die USA verschiffen lassen. 2008 kehrten sie wohlbehalten nach Moskau zurück.

Ul. Danilowski Wal 22, Ⓜ Tulskaja (aus dem Zentrum kommend den Bahnsteig entgegen der Fahrtrichtung des Zuges verlassen, oben hinter der Treppe um 180° drehen und ca. 200 m geradeaus gehen, dann rechts abbiegen in Ul. Danilowski Wal), ☎ 495-9581107, www.msdm.ru. Tägl. 6–21 Uhr. Eintritt frei.

In der Nähe: der **Danilow-Markt** (→ S. 180).

Donskoj-Kloster und -Friedhof (Донской монастырь и кладбище)): Der parkähnliche Klosterfriedhof mit den von Moos überwucherten Grabstätten und Grabkirchen aus der Barockzeit zählt zu den schönsten von ganz Moskau. Hier ruhen der Architekt Ossip Bowe, der Maler Wassili Perow und der Literaturnobelpreisträger Aleksandr Solschenizyn.

Das Kloster selbst ließ der spätere Zar Boris Godunow Ende des 16. Jh. errichten. Name und Geschichte des Klosters gehen zurück auf eine der berühmtesten Ikonen des Landes, die der „Gottesmutter vom Don", heute ausgestellt in der Tretjakow-Galerie (→ S. 122). Die Heiligentafel soll dem russischen Heer in der Schlacht auf dem Schnepfenfeld 1380 zum Sieg verholfen und auch bei der Vertreibung der Krimtataren 1571 ihre Wirkung gezeigt haben.

Im Zentrum des quadratischen Areals steht die Große (auch: Neue) Kathedrale mit ihren fünf Kuppeln, erbaut im Naryschkin-Barock in den 80er- und 90er- Jahren des 17. Jh. Beeindruckend ist die fein geschnitzte und verzierte sechsrangige Ikonostase.

Donskaja pl. 1, Ⓜ Schabolowskaja (nach Verlassen der Station nach rechts gehen, nach ca.

400 m rechts abbiegen in 1-j Donskoj pr., dieser stößt auf Donskaja ul., links gehen und Straßenverlauf folgen), Gelände tägl. 7.30–19 Uhr, Friedhof 10–16 Uhr. Eintritt frei.

In der Nähe: der **Schuchow-Turm** (→ S. 178).

Nicht zu verwechseln ist der alte Klosterfriedhof mit dem **neuen Donskoj-Friedhof**, der sich im Süden anschließt (und einen eigenen Eingang hat): Auf diesem wurden Anfang der 1950er-Jahre knapp 1000 Deutsche verbrannt, die zuvor aus der DDR verschleppt und anschließend in Moskau erschossen worden waren. Der Grund: Sie hatten sich für demokratische Grundrechte eingesetzt. Ihre Asche wurde in anonymen Massengräbern verscharrt. Seit 2005 erinnert ein Gedenkstein daran.

Krutizki-Klosterresidenz (Крутицкое подворье) → Großkarte I9: Nicht an vielen Orten in der Moskauer Innenstadt vergisst man die moderne Mega-City – die Krutizki-Klosterresidenz ist einer von ihnen. Schon im 13. Jh. entstand hier, am damals „steilen" (krutoj) Ufer der Moskwa, ein erstes Kloster. Später diente die Anlage als Metropolitenresidenz. Ihre Blütezeit erlebte sie im 17. Jh., als ein Großteil der heute noch erhaltenen Bauten entstand. Das Schmuckstück ist der sog. Teremok (1693/94), ein „Dachstübchen", das sich über einem Tor mit zwei Bögen erhebt. Seine mit bunten Kacheln verkleidete Fassade ist ein Paradebeispiel altrussischer Baukunst. Durch eine Galerie (ebenfalls 1693/94) ist der Teremok mit der Mariä-Himmelfahrts-Kathedrale verbunden, die aus einer Unter- und einer Oberkirche besteht (1680er-Jahre). Auf der anderen Seite geht der Teremok in den Metropolitenpalast (1715–19) über, der wiederum in einer kleinen Hauskirche endet. Nachdem Katharina II. die Residenz Ende des 18. Jh. aufgelöst hatte, diente das Gelände als Kaserne, als Gefängnis und nach der Revolution von 1917 als Arbeiterunterkunft. Aus dieser Zeit stammen die kleinen Holzhäuschen, die den malerischen Gesamteindruck der Anlage unterstreichen.

Krutizkaja ul. 11, 13, Ⓜ Proletarskaja (Ausgang Richtung к улицам Крутицкий Вал, Динамовская ул., Воронцовская ул.), ✆ 495-6763093, www.krutitsy.ru. Tägl. 7–21.30 Uhr. Eintritt frei.

In der Nähe: das **Neue Erlöserkloster** (siehe unten).

MeinTipp **Mariä-Schutz-Kirche „in Fili"** (Церковь Покрова Пресвятой Богородицы в Филях): Versteckt in einem Industriegebiet im Westen der Stadt liegt eine der schönsten Kirchen Moskaus: Sie wurde 1690–93 im Auftrag des Bojaren Lew Naryschkin, eines Onkels von Peter dem Großen, erbaut und ist bekannt dafür, dass sie den sog. Naryschkin-Barock in seiner reinsten Form verkörpert (→ S. 203). Auch das Kircheninnere beeindruckt, insbesondere das der sog. Sommerkirche, zu der im Außenbereich drei Treppenanlagen hinaufführen. Das Inventar ist fast vollständig im Originalzustand erhalten, Beachtung verdient v. a. die **zehnrangige (!) Ikonostase** vom Ende des 17. Jh., die üppig mit vergoldetem Holzschnitzwerk verziert ist. Für Kirchen- und Architekturliebhaber ein Muss, für alle anderen eine Bereicherung, die den längeren Anfahrtsweg wert ist!

Nowosawodskaja ul. 6, Ⓜ Fili (aus dem Zentrum kommend den Bahnsteig in Fahrtrichtung des Zuges verlassen, Treppe hoch und Station nach rechts verlassen, draußen nach links wenden und ein paar Hundert Meter gehen), ✆ 915-2789493, www.pokrov-fili.ru. Tägl. 8–19 Uhr (die Sommerkirche von Mitte Okt. bis Mitte Mai geschl.). Eintritt 350 R.

In der Nähe: der **Siegespark** (→ S. 162).

Neues Erlöserkloster (Новоспасский монастырь) → Großkarte I9: Dass ausgerechnet das älteste Moskauer Männerkloster das Wort „neu" in seinem Namen trägt, hat es den unruhigen Anfängen seiner Geschichte zu verdanken: Gegründet im 13. Jh. an Stelle des heutigen Danilow-Klosters (→ S. 168),

verlegte man es 1330 zunächst in den Kreml. Als dieser gegen Ende des 15. Jh. neu gestaltet wurde, musste das Kloster zum zweiten Mal umziehen. Seinen „neuen" Platz fand es am Ufer der Moskwa, wo es seine Besucher heute mit strahlend weiß getünchten Kirchen begrüßt. Die größte und prachtvollste von ihnen ist die Christi-Verklärungs-Kathedrale aus den 1640er-Jahren, deren Erbauer sich an der Mariä-Himmelfahrts-Kathedrale im Kreml orientierten. Parallelen sind v. a. an der Form der fünf Kuppeln und an den Tamburen zu erkennen. Unter den übrigen Klosterbauten sticht der 78 m hohe Glockenturm hervor, der sich goldgelb über dem Haupteingang erhebt (1759–85), sowie die Gruft mit den Gebeinen der Romanow-Bojaren.

Krestjanskaja pl. 10, Ⓜ Proletarskaja (Ausgang Richtung к улицам Крутицкий Вал, Динамовская ул., Воронцовская ул.), ✆ 495-6769570, www.novospasskiymon.ru. Tägl. ca. 7–19 Uhr. Eintritt frei.

In der Nähe: die **Krutizki-Klosterresidenz** (→ S. 169).

Nikolauskirche „in Chamowniki" (Храм Николая в Хамовниках) → Großkarte D9: Der Glockenturm der Nikolauskirche (1679–82) gilt als „schiefer Turm von Moskau". Ob seine Erbauer, die Weber, schuld daran waren, lässt sich heute nicht mehr feststellen. Fest steht nur: Es musste damals schnell gehen. Die konkurrierenden Weber in Samoskworetschje hatten kurz zuvor die Auferstehungskirche „in Kadaschi" (→ S. 124) fertiggestellt, diese galt es zu überbieten. Die größte Attraktion gelang den Erbauern mit der Akustik des Glockenturms: In drei Reihen sind 32 kielbogenförmige Schallöffnungen angeordnet – auf diese Weise erreichte das Glockengeläut eine revolutionär große Reichweite. Die Ornamente der Kacheln im Innern sind Webmustern nachempfunden.

Ul. Lwa Tolstogo 2, Ⓜ Park kultury.

In der Nähe: das **Tolstoj-Wohnhaus** (→ S. 176).

Moskau im Kasten

Die Deutsche Vorstadt: Heimat der Stummen

Am westlichen Ufer des Flusses Jausa erstreckte sich im 17. und 18. Jh. die *Nemezkaja sloboda*, die Deutsche Vorstadt, in der allerdings mitnichten nur Deutsche wohnten: Der Begriff *nemezkaja* ist etymologisch verwandt mit *nemyje*, „die Stummen", und so wurden damals alle Ausländer genannt, die kein Russisch sprachen. Erst später entwickelte sich hieraus das Wort *Nemzy*, „Deutsche".

Die ersten Ausländer siedelten sich Ende des 15. Jh. in Moskau an. Iwan III. hatte sie eingeladen, weil er Handwerker, Kaufleute und Militärfachleute brauchte. Durften die Fremden anfangs noch im Stadtzentrum Tür an Tür mit ihren russischen Gastgebern wohnen, wurden sie Mitte des 17. Jh. vor die Tore der Stadt verbannt. Dort, in der Deutschen Vorstadt, konnten sie Häuser nach ihrem Geschmack sowie Kirchen errichten, nationale Trachten tragen und Traditionen pflegen. Sie dankten es ihren Gastgebern mit enormem Unternehmergeist, der u. a. in der Gründung der ersten privaten Apotheke und einer der ersten Manufakturen Russlands zum Ausdruck kam.

Der faszinierenden Anziehungskraft des Ortes konnte sich auch **Zar Peter der Große** nicht entziehen. Er verbrachte in seiner Kindheit viel Zeit in der Siedlung, unterhielt enge Kontakte zu ausländischen Handwerkern und lernte so die westeuropäische Kultur kennen. Nicht wenige Historiker sehen darin die Wurzeln seiner späteren Westorientierung.

Ziele in Moskaus Außenbezirken → Karte S. 147

Wagankow-Friedhof (Ваганьковское кладбище): Die Grabsteine sind nicht so alt wie die auf dem Donskoj-Friedhof, die Namen darauf nicht so prominent wie beim Neuen Jungfrauenkloster, und trotzdem oder gerade deshalb hat der Wagankow-Friedhof seinen ganz eigenen Charme. 1771 für die Toten der Pest angelegt, diente er lange als Friedhof der Armen. Im 19. Jh. kamen zunehmend Größen aus Kultur und Wissenschaft hinzu. Die prominenteste Grabstätte ist die von Wladimir Wyssozki (siehe auch S. 215), die kurz hinter dem Eingang auf der rechten Seite liegt. Außerdem fanden auf dem Friedhof Architekten wie Fjodor Schechtel, Dichter wie Sergej Jessenin oder Maler wie Wassili Tropinin (→ S. 127) ihre letzte Ruhe. Etwas aus der Reihe fallen die Gräber berühmtberüchtigter Banditen: Eines der jüngeren Beispiele ist der 2009 verstorbene Mafia-Boss Wjatscheslaw Iwankow.

Ul. Sergeja Makejewa 15, Ⓜ Uliza 1905 goda. Mai–Sept. tägl. 9–19 Uhr, Okt.–April tägl. 9–17 Uhr. Am Kiosk gegenüber vom Eingang ist eine Informationsbroschüre (nur auf Russisch) erhältlich. Außerdem werden hier Wyssozki-Fanartikel verkauft, von CDs über T-Shirts bis zu kleinen Büsten (tägl. 10–17 Uhr).

Wwedensker Friedhof (ehemals Deutscher Friedhof) (Введенское кладбище): Wo deutsche Namen in lateinischen Buchstaben die Grabsteine zieren, da wird die Vergangenheit der Deutschen Vorstadt lebendig – dabei stammen die meisten Gräber überwiegend aus dem 19. Jh. und damit aus einer Zeit, als die Deutsche Vorstadt schon nicht mehr existierte (→ Kasten). Die berühmteste Grabstätte gehört Friedrich-Joseph Haass (1780–1853), dem „heiligen Doktor von Moskau", der sich aufopferungsvoll für Arme und v. a. für Häftlinge einsetzte. An seiner Beerdigung nahmen rund 20.000 Menschen teil, bis heute schmücken bunte Blumen sein

Grab (am Hauptweg links, schräg hinter einer Kapelle).

Ansonsten gilt: So deutsch, wie der frühere Name suggeriert, ist der Friedhof schon lange nicht mehr. Zwar wurden anfangs v. a. Katholiken und Lutheraner hier beerdigt, später aber kamen orthodoxe Gläubige hinzu, sodass heute kyrillische Zeichen auf den Grabsteinen dominieren. Beerdigt sind hier z. B. die Künstlerbrüder Wasnezow sowie die Architekten Iwan Rerberg, Roman Klejn und Konstantin Melnikow (→ S. 80).

Ul. Gospitalny Wal, Ⓜ Awiamotornaja (weiter mit Straßenbahn 32, 43, 46 bis „Wwedenskoje kladb."/„Введенское кладб."). Mai–Sept. 9–19 Uhr, Okt.–April 9–17 Uhr.

Sekt- oder Wodkaflaschen auf dem Friedhof sind übrigens nicht Ausdruck von ungezügeltem Alkoholkonsum: Sie sind Ausdruck einer russischen Tradition. Wenn sich z. B. ein Todestag jährt, dann kommen Freunde und Familie zu einem Picknick am Grab des Verstorbenen zusammen. Über ihm schütten sie zum Abschluss ein Glas der mitgebrachten Flüssigkeit aus.

Museen und Galerien

Andrej-Rubljow-Museum (Музей Андрей Рублёв) → Großkarte J6: Nach der Revolution von 1917 mussten Kirchen und Klöster im ganzen Land ihre Tore schließen, nicht selten wurde ihr wertvolles Interieur dabei für immer zerstört. Ein Teil der **Ikonen** fand jedoch eine neue Heimat in diesem Museum, das 1947 gegründet und 13 Jahre später eröffnet wurde. Aus Susdal wurde eine komplette Ikonostase aus dem 17. Jh. herangeschafft. Zahlreiche weitere Schätze stammen aus Städten wie Nowgorod, Twer oder Rostow Weliki. Die bedeutendsten Ikonen können auch Laien schwer verfehlen: Die russischen Besucher legen zum Zeichen der Verehrung frische Blumen vor ihnen auf den Boden. Benannt ist das Museum nach Andrej Rubljow, dem bedeutendsten russischen Ikonenmaler. Die Originale seiner eigenen Werke sind in der Tretjakow-Galerie ausgestellt (→ S. 122). Als würdigen Ersatz bietet das Museum hervorragende Kopien.

Adresse und Wegbeschreibung s. o. Andronikow-Kloster, www.rublev-museum.ru. Mo/Fr/Sa/So 11–18 Uhr, Di/Do 14–21 Uhr. Eintritt 400 R.

Dostojewski-Museum (Музей Достоевского): Der Name Fjodor Dostojewski ist untrennbar mit St. Petersburg verbunden. Geboren aber wurde der Dichter 1821 in Moskau, wo gut hundert Jahre später das erste Museum zu seinen Ehren eröffnet hat. Die ehemalige Wohnung der Familie gibt Einblick in die Lebensumstände des Romanciers. Zu sehen sind außerdem Exponate aus späteren Lebensphasen, u. a. der Schreibtisch, an dem Dostojewski „Die Brüder Karamasow" schrieb.

Ul. Dostojewskugo 2 (das gelbe Gebäude links hinter der Zufahrt mit den beiden Steinlöwen). Ⓜ Dostojewskaja, ✆ 495-6811085, www.goslitmuz.ru. Di/Fr/Sa/So 11–18 Uhr, Mi/Do 11–21 Uhr. Eintritt 150 R.

In der Nähe: das **Jüdische Museum** (→ S. 173).

mein.Tipp GULAG-Museum (Музей ГУЛАГа) → Großkarte E/F1: Seit seinem Umzug ist das Museum schwerer zu erreichen als vorher, die Ausstellungsfläche aber hat sich vervielfacht und die Qualität der Ausstellung deutlich verbessert! Statt nachgebautem Wachturm sind echte Gefängnistüren zu sehen. Statt lebensgroßen Häftlingspuppen mit blutverschmiertem Gesicht kommen ehemalige Insassen in Videos jetzt selbst zu Wort. Darüber hinaus transportieren zahlreiche weitere Exponate den Schrecken der Zeit, etwa gesteppte Gesichtsmasken zum Schutz vor der Kälte, Erschießungslisten oder Briefe, die Häftlinge auf Stofffetzen kritzelten. Überraschend dabei ist, dass die Verbrechen nicht – wie so oft – relativiert

werden, obwohl das Museum vom Staat gefördert wird.

1-j Samotjotschny per. 9, Geb. 1, Ⓜ Dostojewskaja, Nowoslobodskaja, ☎ 495-6818882, www.gmig.ru. Di/Mi 11–19 Uhr, Do 12–21 Uhr, Fr–So 11–19 Uhr, letzter Fr im Monat geschl. Eintritt 300 R.

In der Nähe: das **Museum für Angewandte Kunst** (→ S. 174).

mein Tipp Jüdisches Museum (Еврейский музей): Das 2012 eröffnete Museum ist das erste seiner Art in Russland und ein Zeichen für die „Enttabuisierung des jüdischen Themas", wie Menschenrechtler loben. An der Konzeption der Ausstellung haben Historiker aus mehreren Ländern mitgewirkt, finanziert wird das Museum zu großen Teilen von russischen Oligarchen. Das Besondere der Ausstellung ist ihr multimedialer Schwerpunkt: Videoinstallationen, animierte Fotos und interaktive Bildschirme ergänzen klassische Exponate.

Die etwas längere Anfahrt zum Museum lohnt im Übrigen nicht nur wegen der Ausstellung, auch das Gebäude selbst ist sehenswert: Mit dem 154 mal 54 m großen Bushalle in Trapezform hat Konstantin Melnikow 1927 ein konstruktivistisches Meisterwerk geschaffen.

Ul. Obraszowa 11, Geb. 1 a, Ⓜ Dostojewskaja, ☎ 495-6450550, www.jewish-museum.ru. So–Do 12–22 Uhr, Fr 10–15 Uhr. Eintritt 400 R.

In der Nähe: das **Dostojewski-Museum** (→ S. 172).

Metromuseum (Музей метрополитена) → Großkarte B10: Wollten Sie schon immer mal in der Fahrerkabine der berühmten Moskauer Metro sitzen? Oder erfahren, woher der ganze Marmor der prachtvollen Stationen stammt? Dann sind Sie im 1967 eröffneten Metromuseum genau richtig.

Ul. Dessjatiletija Oktjabrja, Ⓜ Sportiwnaja (im Vestibül der Station hinter einer braunen Holztür, aus dem Zentrum kommend den Bahnsteig in Fahrtrichtung des Zuges verlassen), ☎ 495-6227309, www.mosmetro.ru.

GULAG-Museum

Bei Redaktionsschluss zwecks Renovierung geschlossen.

In der Nähe: das **Neue Jungfrauenkloster** und das **Luschniki-Stadion** (→ S. 149, 177).

Militärmuseum (Музей Вооруженных Сил): Ein Museum, das sich in den letzten 50 Jahren kaum verändert haben dürfte. Im Zentrum steht der Kampf gegen Hitler-Deutschland. Sein größter Schatz ist die berühmte Siegesfahne, die ein Soldat der Roten Armee auf dem eroberten Reichstag hisste. (Nur flüsternd gibt die Museumsfrau zu, dass es sich in Wahrheit um eine Kopie der Fahne handelt.) Die Ausstellung in den übrigen Sälen deckt die Zeit seit Peter dem Großen ab. Und immerhin: Der letzte Saal widmet sich der jüngeren Geschichte, insbesondere den beiden Tschetschenienkriegen.

Ul. Sowetskoj Armii 2, Ⓜ Dostojewskaja, ☎ 495-6816303, www.cmaf.ru. Mi–Fr/So 10–17 Uhr, Sa 11–19 Uhr. Eintritt 200 R.

Museum der Untergrunddruckerei 1905/06 (Музей „Подпольная типография 1905–1906 гг.") : Ein lebendiges Bild von den raffinierten Methoden der Bolschewiki vermittelt dieses kleine

Revolutionsmuseum. Es befindet sich in den Räumen der ehemaligen Untergrunddruckerei, die damals wie heute als Obstgroßhandel getarnt ist. Im doppelten Boden der Obstkisten konnten die Flugblätter problemlos hinausgeschmuggelt werden, zurück kamen sie mit neuen Papierbögen oder Ersatzteilen für die Druckerpresse. Halten Sie Ausschau nach einem altmodischen Ladenschild!

Lesnaja ul. 55 (Eingang im Hof), Ⓜ Belorusskaja (braun), Mendelejewskaja, ✆ 499-2516943, www.sovr.ru. Di/Mi/Fr/So 10–18 Uhr, Do/Sa 11–19 Uhr. Eintritt 150 R.

In der Nähe: der **Sujew-Arbeiterclub** (→ S. 178).

Revolutionskämpfer

Museum des Kalten Krieges (Bunker)

(Музей холодной войны, Бункер) → Großkarte H7: In 65 m Tiefe ließ Stalin Anfang der 1950er-Jahre einen 7000 m² großen Bunker ins Erdreich schlagen. Im Fall eines Atomkriegs sollte er die Verbindungen zu den Raketenabwehrstellen aufrechterhalten. In den vier parallel verlaufenden Röhren arbeiteten täglich bis zu 600 Menschen, während der Kuba-Krise soll die Zahl auf mehr als 2000 angestiegen sein. Von der Öffentlichkeit blieb das „Geheimobjekt 42" jahrzehntelang unbemerkt. 2006 wurde die Anlage für 1,8 Mio. € an eine Privatfirma verkauft, die seitdem Führungen veranstaltet.

5-j Kotelnitscheski per. 11, Ⓜ Taganskaja (braun), ✆ 495-5000554, www.bunker42.com. Tägl. 10–21 Uhr. Eintritt 1300–4000 R (je nach Art der Führung). Das Museum kann nur mit vorheriger Anmeldung bzw. im Rahmen einer Führung besucht werden. Kinder unter 8 Jahren haben keinen Zutritt, Kinder unter 14 Jahren nur in Begleitung eines Erwachsenen.

In der Nähe: das **Wyssozki-Haus** (→ S. 176).

Museum des russischen Impressionismus

(Музей русского импрессионизма): Im ersten Moment wirken die Bilder vertraut und würden Namen wie Monet, Cezanne oder Pissarro unter ihnen stehen, so wäre kaum jemand verwundert. Doch das Museum, das der Unternehmer und Kunstsammler Boris Minz 2016 eröffnet hat, stellt nicht die Werke westeuropäischer, sondern die Werke russischer Impressionisten aus. Sie sind bei uns erstaunlich unbekannt, doch wer die französischen Vorbilder kennt, wird die Gemälde von Walentin Serow, Juri Pimenow und Konstantin Korowin mindestens ebenso mögen.

Leningradski prosp. 15, Geb. 11 (Eing. im Hof), Ⓜ Belorusskaja, ✆ 495-1457555, www.rusimp.su. Fr–Di 11–20 Uhr, Mi/Do 12–21 Uhr. Eintritt 250 R.

Museum für Angewandte Kunst

(Музей декоративно-прикладного и народного искусства) → Großkarte E2: Seit Kurzem ist in das Museum das „Zentrum für Mode und Design" integriert: Es begibt sich auf die Suche nach dem „russischen Stil", von den Anfängen bis zur Gegenwart. Was hölzern klingt, ist in Wahrheit ein Paradies für alle, die gerne schöne Dinge betrachten: seien es nun grüne Nähmaschinen oder avantgardistisch bemalte Teller. Im „alten" Teil des Museums wird das ausgestellt, was sonst in den Regalen guter Souvenirgeschäfte steht: traditionell russische Handwerkskunst.

Delegatskaja ul. 3, Ⓜ Nowoslobodskaja, ✆ 499-9733219, www.vmdpni.ru. Museum Mo/Mi/

Fr/So 10–18 Uhr, Do 10–21 Uhr, Sa 12–20 Uhr. Eintritt 250 R. „Zentrum für Mode und Design" tägl. 12–21 Uhr. Eintritt variiert.

In der Nähe: das **GULAG-Museum** (→ S. 172).

Sacharow-Zentrum (Сахаровский центр)

→ Großkarte I6: Andrej Sacharow war der berühmteste Dissident der Sowjetunion. Das nach ihm benannte Zentrum ist zusammen mit der Menschenrechtsorganisation Memorial das demokratische Gewissen Russlands. Es hält zum einen das Gedenken an die Opfer des Sowjetregimes aufrecht, zugleich widmet es sich Problemen der Gegenwart. Viel Aufmerksamkeit erzielten vor einigen Jahren zwei Sonderausstellungen: Wegen der einen wurde Direktor Juri Samodurow zu einer Geldstrafe verurteilt, wegen der anderen musste er seinen Sessel räumen. Im März 2015 nahmen hier Tausende Moskauer Abschied von dem ermordeten Oppositionspolitiker Boris Nemzow.

Ul. Semljanoj Wal 57, Geb. 6, Ⓜ Tschkalowskaja, Kurskaja (braun), weiter wie bei Winsawod (→ S. 166), aber vom Gartenring nicht links abbiegen, sondern geradeaus weitergehen, ✆ 495-6234401, www.sakharov-center.ru. Museum tägl. (außer Mo) 11–19 Uhr, Ausstellungssaal Mi–So 13–20 Uhr. Eintritt jew. frei.

In der Nähe: das Galerienzentrum **Winsawod** (→ S. 166).

Stadtteilmuseum Presnja (Музей Пресня)

→ Großkarte B4: Wenn die Sprache auf die Russische Revolution von 1905 kommt, dann steht meist die Stadt St. Petersburg im Fokus. Der Blutsonntag, die Meuterei auf dem Panzerkreuzer Potjomkin, all das hat jeder mal gehört. Weniger bekannt ist, dass auch in Moskau viele Kämpfe stattfanden, und zwar v. a. im Viertel Presnja (→ Kasten). Das Stadtteilmuseum erinnert an diese Zeit. Sein Herzstück ist ein Diorama, das mit 200 m² eines der größten der Welt sein soll: Vor einer von Feuersbrünsten geröteten Kulisse sind Kampfszenen der Revolution dargestellt. Sie werden begleitet von einem beeindruckenden Spiel aus Licht und Ton: Hier fallen Schüsse, dort kracht ein Haus ein, dazu eine pathetische Männerstimme, die das Geschehen kommentiert, auf Wunsch sogar auf Deutsch. Weniger theatralisch sind die Ereignisse späterer Jahre präsentiert.

Bol. Predtetschenski per. 4, Ⓜ Krasnopresnenskaja, ✆ 499-2523035, www.sovr.ru. Di/Do/Fr/Sa/So 11–19 Uhr, Mi 12–21 Uhr. Eintritt 250 R.

Ziele in Moskaus Außenbezirken → Karte S. 147

Moskau im Kasten

Die Rote Presnja: Wiege der Revolution

Rund um das Stadtteilmuseum Presnja erstreckt sich das gleichnamige Viertel, das im vergangenen Jahrhundert gleich mehrfach im Zentrum der Aufmerksamkeit stand. Noch frisch ist die Erinnerung an die turbulente Zeit Anfang der 1990er-Jahre, als Boris Jelzin am Weißen Haus mit Waffengewalt seine Ziele durchboxte. Die Bilder von ihm auf dem Panzer oder von den Flammen, die aus dem Weißen Haus quollen, gingen damals um die Welt. Einen offiziellen Erinnerungsort für die zahlreichen Opfer der Kämpfe gibt es in Moskau (bislang) nicht. Private Initiatoren haben jedoch entlang der Druschinnikowskaja ul. ein unkonventionelles „Gedenkterritorium" errichtet. Weitaus dominanter sind dagegen die Spuren der Revolution von 1905, denn nirgendwo sonst in Moskau haben Arbeiter den zaristischen Truppen so erbittert Widerstand geleistet wie hier. Nicht ohne Grund erhielt der Rayon später den Namen Rote – Krasnaja – Presnja. Die revolutionäre Vergangenheit wird im gesamten Viertel bis heute in Ehren gehalten, mit dem Stadtteilmuseum sowie Denkmälern und Gedenktafeln in unüberschaubarer Zahl.

Moskau im Kasten

Lew Tolstoj: einflussreicher Denker seiner Zeit

Lew Tolstoj, Spross eines russischen Adelsgeschlechts, selbsternannter Reformpädagoge und einflussreicher Denker seiner Zeit, gilt neben Tschechow als der zweite „Moskauer Dichter". Seine monumentalen Hauptwerke („Krieg und Frieden", „Anna Karenina"), in denen er nach der Rolle des Individuums in der Gesellschaft fragt, begründeten seinen literarischen Weltruhm und zählen bis heute zu den Klassikern des realistischen Romans. Während ihm seine Werke im Ausland große Anerkennung brachten, wurde ihm das Leben und Arbeiten im eigenen Land schwer gemacht. Man ließ ihn polizeilich überwachen, einzelne Werke verbieten, manche streuten gar Gerüchte, er sei geistesgestört. 1910 starb Tolstoj an einer Lungenentzündung. Seine letzte Ruhe fand er in seinem Geburtsort Jasnaja Poljana auf einem idyllisch gelegenen Landgut, das er im Alter von 18 Jahren geerbt hatte. Heute ist dieses ein beliebtes Ausflugsziel (www.yasnayapolyana.ru).

Mein Tipp **Tolstoj-Wohnhaus** (Музей-усадьба Толстого) → Großkarte C8: Fast könnte man meinen, der große Dichter käme gleich um die Ecke geschlurft: Die selbst geschusterten Stiefel stehen zum Hineinschlüpfen bereit, im Schuppen wartet der Schlitten mit der Tonne zum Wasserholen. Und im Speisezimmer ist der Tisch gedeckt, als würde jeden Moment die Suppe serviert. Kein anderes Wohnhausmuseum in Moskau ist so authentisch wie dieses. 19 Winter – von 1882 bis 1901 – verbrachte der Dichter mit seiner Familie und den Dienstboten in diesem Holzhaus. Hier rodelte er im Garten mit den Kindern den Hügel hinunter. Hier vollendete er seinen Roman „Auferstehung". Und hier sägte er auch die Beine seines Arbeitsstuhls ab, um mit den Augen näher am Schreibtisch zu sein – denn eine Brille kam für den kurzsichtigen Dichter nicht in Frage.

Ul. Lwa Tolstogo 21, Ⓜ Park kultury, ✆ 499-2469444, www.tolstoymuseum.ru. Mi/Fr/Sa/So 10–18 Uhr, Di/Do 12–20 Uhr, letzter Fr im Monat geschl. Eintritt 300 R.

In der Nähe: die **Nikolauskirche „in Chamowniki"** (→ S. 170).

Wyssozki-Haus (Дом Высоцкого) → Großkarte H7: Das Museum zeichnet sowohl den biografischen als auch künstlerischen Lebensweg des beliebten Schauspielers und Liedermachers Wladimir Wyssozki (1938–80) nach (→ S. 215). Zu hören ist etwa sein berühmter Hamlet-Monolog, zu sehen sein Arbeitszimmer. Über das Museum hinaus vereint das 1992 eröffnete Wyssozki-Haus unter seinem Dach ein Kulturzentrum, eine Forschungsstätte sowie einen Musikclub. Direktor des Hauses ist Nikita Wyssozki, der Sohn des vielseitigen Künstlers. Zum Gebäude selbst stand dieser in keiner Beziehung – die Initiatoren aber trösten sich damit, dass Wyssozki Häuser wie dieses (versteckt in einer kleinen Gasse, mit Hof und Böschung) in unzähligen Liedern besungen hat.

Nischn. Taganski tup. 3, Ⓜ Taganskaja (braun), ✆ 495-9157578, www.visotsky.ru. Di/Mi/Fr/Sa 11–18 Uhr, Do 13–21 Uhr, So 11–18 Uhr, letzter Fr im Monat geschl. Eintritt 150 R.

In der Nähe: das **Museum des Kalten Krieges** (→ S. 174) sowie die Restaurants **Sem Pjatniz** und **Tschornaja koschka** (→ S. 180).

Zentrum für moderne Kunst (Центр современного искусства) → Großkarte C3: Hinter seiner ungewöhnlichen Fassade – Backsteinromantik, gepaart mit moderner Metallkonstruktion – vereint das 1992 gegründete Zentrum Ausstellungssäle, Forschungsbereiche, ein nettes Café sowie einen gut sortierten Bücherkiosk. Der Schwerpunkt der Ausstellungstätigkeit liegt gleichermaßen auf Kunst, Design und Architektur. In den nächsten Jahren soll das Zentrum, das in den Händen des Staates liegt, erweitert werden.

Soologitscheskaja ul. 13, Geb. 2, Ⓜ Barrikadnaja, ☎ 499-2540674, www.ncca.ru. Ausstellung tägl. (außer Mo) 12–20 Uhr, Café tägl. 11–23 Uhr. Eintritt 200 R, am Do Eintritt frei.

In der Nähe: der **Zoo** (→ S. 229).

Architektur-Highlights

Hotel Ukraina inkl. Aussichtsplattform (Гостиница Украина) → Großkarte B5/6: Im 34. Stock des legendären Zuckerbäckerhotels liegt eine der schönsten Aussichtsplattformen Moskaus! Das Besondere an ihr: Sie bietet einen 360-Grad-Blick über die Stadt, ohne Fensterglas oder Ähnlichem davor! Aber Vorsicht: Das Weiße Haus, das Sie unten sehen, darf nur mit dem Handy fotografiert werden!

Kutusowski prosp. 2/1, Geb. 1 (mit dem Fahrstuhl in die 29. Etage fahren), Ⓜ Kijewskaja (dunkelblau), ☎ 495-2298308, www.moscowpanorama.ru. Tägl. 12–17 Uhr. Eintritt 1000 R (inkl. Tee oder Kaffee) bzw. 2000 R (mit Führung).

In der Nähe: das **Weiße Haus** (→ S. 178).

Luschniki-Stadion (Стадион Лужники): Das Luschniki-Stadion hat 81.000 überdachte Sitzplätze und ist damit das größte Fußballstadion Russlands und ein UEFA-Stadion der (höchsten) Kategorie 4. Seinen größten Auftritt hat es bei der Fußballweltmeisterschaft im Juni 2018. Sieben Spiele werden hier ausgetragen, darunter das Eröffnungs- und das Endspiel. Um das 1956 fertiggestellte Stadion für die Weltmeisterschaft fit zu machen, wurde es von 2014 bis 2017 umfassend renoviert. Eine ursprünglich geplante Erweiterung der Sitzplätze war allerdings nicht möglich – Denkmalschutzgründe sprachen dagegen.

Zw. Ul. Chamownitscheski Wal und Luschnezkaja nab., Ⓜ Sportiwnaja, www.luzhniki.ru.

In der Nähe: das **Neue Jungfrauenkloster** und das **Metromuseum** (→ S. 149, 173).

Ziele in Moskaus Außenbezirken → Karte S. 147

Ausblick vom Hotel Ukraina

Platz der drei Bahnhöfe (Площадь трёх вокзалов) → Großkarte H/I 1/2: Der Platz der drei Bahnhöfe ist nicht nur aus architektonischer, sondern auch aus atmosphärischer Sicht interessant. Dort, wo die tagelange Reise durch Sibirien oder die kasachische Steppe beginnt, künden Menschen mit unterschiedlichen Gesichtsfarben- und formen von der Weite des einstigen Sowjetreiches. Vorortzüge spucken Pendler aus dem riesigen Moskauer Einzugsgebiet aus. Sie alle verwandeln den Platz der drei Bahnhöfe in einen quirligen Schmelztiegel.

Die drei Bahnhofsbauten gehen auf drei herausragende Architekten zurück. Den Anfang machte Konstantin Thon 1849 mit dem **Leningrader Bahnhof** (der noch immer so heißt, obwohl sein Ziel längst wieder den Namen St. Petersburg trägt). Kurios: Sein St. Petersburger Pendant, der Moskauer Bahnhof, ist eine exakte Kopie des hiesigen Gebäudes.

Der **Jaroslawler Bahnhof**, 1907 von Fjodor Schechtel fertiggestellt, ist heute der größte Moskauer Bahnhof und Ausgangspunkt der transsibirischen Eisenbahn. Sein Gebäude vereint neorussische Motive mit Jugendstilelementen. Besonders hübsch ist der Fries aus glasierten Ziegeln und Majolikaplatten.

Auf der gegenüberliegenden Straßenseite steht der **Kasaner Bahnhof** aus dem Jahr 1940, der auf einen Entwurf von Aleksej Schtschussew zurückgeht. Der zentrale Turm erinnert an den Kreml in der Wolgastadt Kasan, die auf dem Weg der Züge Richtung Zentralasien liegt.

Harmonisch ergänzt wird das städtebauliche Ensemble seit 1953 vom kleinsten der sieben **Zuckerbäcker-Hochhäuser** (→ S. 206). Es wurde von Leonid Poljakow und Aleksandr Borezki erbaut und beherbergt das Hotel Leningradskaja (→ S. 256). Nicht außer Acht gelassen werden sollte außerdem der schöne Eingangspavillon der Metro-station Komsomolskaja, dessen filigrane Spitze zwischen Leningrader und Jaroslawler Bahnhof in die Höhe ragt.

Ⓜ Komsomolskaja.

MeinTipp **Schuchow-Turm** (Шуховская башня): Wladimir Schuchow hatte sich bereits einen Namen als Konstrukteur von Brücken, Dächern oder Wassertürmen gemacht, als er seinen wichtigsten Auftrag erhielt: den zum Bau des Moskauer Sendeturms für den sowjetischen Rundfunk. Mit 350 m sollte er den Eiffelturm in der Höhe überragen und trotzdem nur ein Viertel von dessen Gewicht haben. Der Plan ging jedoch schief. Akuter Stahlmangel stutzte den Turm am Ende auf nur 150 m. Derzeit ist er – wie viele Bauwerke der 1920er-Jahre – in schlechtem Zustand, was auch internationale Experten veranlasst, sich für seinen Erhalt zu engagieren. Sie scheuen sich nicht, ihn in eine Reihe zu stellen mit der Brooklyn Bridge von New York.

Ul. Schabolowka 37, Ⓜ Schabolowskaja (vor dem Metrogebäude rechts gehen und die nächste Straße links rein), www.shukhov.ru.

In der Nähe: das **Donskoj-Kloster** (→ S. 169).

Sujew-Arbeiterclub (Дом культуры имени Зуева) → Großkarte D1: Im ganzen Land entstanden nach der Revolution Clubs einzelner Fabriken oder Berufszweige. Ihr Ziel: die Freizeit der Arbeiter organisieren und sie mit kulturellen Angeboten versorgen. Der Sujew-Arbeiterclub wurde 1927–29 für die Moskauer Straßenbediensteten erbaut. Sein verglaster Treppenhauszylinder, den Ilja Golossow vertikal in einen rechtwinkligen Baukörper steckte, macht ihn zu einem herausragenden Beispiel der russischen Avantgarde.

Lesnaja ul. 18, Ⓜ Belorusskaja (braun).

In der Nähe: das Museum der Untergranddruckerei 1905/06 (→ S. 173).

Weißes Haus (Белый дом) → Großkarte B/C5: Gleich zweimal stand das Weiße

Haus in den 1990er-Jahren im Fokus der Öffentlichkeit. Im August 1991 wollten Putschisten Gorbatschow stürzen, wogegen Jelzin erfolgreich Widerstand leistete. Die Bilder von ihm auf dem Panzer vor dem Weißen Haus gingen damals um die Welt. Nur zwei Jahre später prägten sich andere Bilder ein: Diesmal quollen aus den obersten Stockwerken des Hauses dicke Rauchwolken, weil Jelzin das Gebäude im Zuge der Verfassungskrise beschießen ließ. Anschließend beruhigten sich die Zeiten. Seit 1994 sitzt in dem weißen Marmorbau die russische Regierung samt Ministerpräsident.

Errichtet wurde der Bürokorpus mit den gerundeten Stirnseiten in den Jahren 1965–79 für ein Regierungsgebäude der RSFSR (der russischen Teilrepublik der Sowjetunion). Den Entwurf dazu hatte Dmitri Tschetschulin allerdings bereits 1934 fertiggestellt, damals für den Hauptsitz der Fluggesellschaft Aeroflot.

Krasnopresnenskaja nab. 2, Ⓜ Barrikadnaja, Krasnopresnenskaja.

In der Nähe: das **Hotel Ukraina** (→ S. 177).

Parks und Grünanlagen

Mehr als ein Drittel des Moskauer Stadtgebiets ist von Grünflächen bedeckt: Die Zaren hinterließen große Landsitze mit wunderschönen Parkanlagen, zahlreiche Klöster sind umgeben von herrlichen Gärten. Und da die Kommunisten wollten, dass Moskau die „an Grünanlagen reichste Hauptstadt der Welt" wird, wimmelt es von sog. Kultur- und Erholungsparks. Etliche Parks und Gärten sind in die Touren und Ausflüge integriert. Darüber hinaus lohnt die Anfahrt zu folgenden Orten:

Botanischer Garten der Akademie der Wissenschaften (Ботанический сад РАН): In Europas größtem botanischem Garten sind auf 160 ha mehr als 16.000 Pflanzen aus aller Welt zu besichtigen. Da im Gegensatz zu Moskauer „Kulturparks" Imbissbuden u. Ä. fehlen, liegt eine herrliche Ruhe über dem Areal. Einziger Nachteil: die schlechte bzw. fehlende Beschilderung der Wege und Pflanzen.

Botanitscheskaja ul. 4, Ⓜ Wladykino, ☎ 499-9779145, www.gbsad.ru. **Park**: Ende April bis Mitte Okt. tägl. (außer Mo u. Do) 10–20 Uhr. Eintritt frei. **Japanischer Garten**: Ende April bis Mitte Okt. tägl. (außer Mo u. Do) 12–18 Uhr. Eintritt ab 150 R. **Orangerie**: Tägl. mind. 11-17 Uhr. Eintritt 300 R.

In der Nähe: das **WDNCh**-Gelände (→ S. 152).

Botanischer Garten der Lomonossow-Universität (Ботанический сад МГУ) → Großkarte G1: Nicht der größte, aber der älteste botanische Garten Moskaus. Zar Peter der Große höchstpersönlich soll 1706 die Sibirische Lärche gepflanzt haben, die das Ufer des Teiches noch heute schmückt.

Prosp. Mira 26 (Zugang durch ein Gebäude!), Ⓜ Prospekt Mira, ☎ 495-6806765, www.hortus.ru. Tägl. ab 10 Uhr, Schließung je nach Jahreszeit 16–22 Uhr. Im März/April ist der Garten 2–3 Wochen geschl., im Sept. 1–2 Wochen. Eintritt 300 R.

In der Nähe: das Restaurant **Kawkasskaja plenniza** (→ S. 180).

Kusminki-Park (Парк Кузьминки): Im Südosten der Stadt und äußerst beliebt – v. a. im Juli und August, wenn das „Blumenfestival" bis zu 40.000 m² Fläche zum Leuchten bringt. Vom Haupteingang kann der Park per Fahrrad, per Boot oder zu Fuß erkundet werden.

Topolewaja alleja 6, Ⓜ Rjasanski prospekt (aus dem Zentrum kommend den Bahnsteig entgegen der Fahrtrichtung verlassen, draußen schräg links bis zur großen Straße gehen, rechts fährt Bus 29 ab, an der Endhaltestelle aussteigen), www.park-kuzminki.ru.

mein.Tipp **Sokolniki-Park** (Парк Сокольники): Einen Besuch wert ist dieser Park v. a. am Wochenende zwischen 15 und 17.30 Uhr: Dann treffen sich auf der Tanz-Veranda rüstige Senioren und schwingen fröhlich das Tanzbein! Außerdem lockt der Park mit einem Trampolinpark, einer Kletterwand, zwei

Ziele in Moskaus Außenbezirken → Karte S. 147

Rosengärten, einem Eisfiguren-Museum, Kutsch- und Schlittenfahrten sowie einem tollen Restaurant (**More wnutri, → S. 282, tägl. 12–23 Uhr, www.more-vnutri.cafe).

Haupteing. Ul. Sokolnitscheski Wal, Ⓜ Sokolniki, www.park.sokolniki.com. Tägl. 24 Std. Eintritt frei.

In der Nähe: der sog. **Russakow-Arbeiterclub** (Ul. Stromynka 6). Er wurde von Konstantin Melnikow erbaut und ist mit seinen hervorstehenden Balkonen eine weitere Ikone des Konstruktivismus!

Restaurants

**** Kawkasskaja plenniza, nach einer beliebten sowjetischen Komödie hat Restaurantzar Arkadi Nowikow dieses georgische Restaurant gestaltet. Schon im Innenhof fühlt man sich in die kaukasische Bergwelt versetzt, im Innern begrüßen in Wachs gegossene Filmhelden die Gäste. Das Preisniveau ist etwas höher als bei der Konkurrenz. Tägl. 12–24 Uhr. Prosp. Mira 36, Ⓜ Prospekt Mira, ✆ 495–68051-11, ✆ 495–68051-77, www.novikovgroup.ru.

**** Schinok, über Jahre hinweg das prominenteste Restaurant der Stadt, das immer wieder herhalten musste als Beispiel für die kulinarische Erlebniswelt Moskaus. Und zu Recht: Wo sonst grast eine echte Kuh im Restaurant, wo sonst gackern echte Hühner hinter einer Scheibe? Vor einigen Jahren wurden die Räumlichkeiten des Schinok umfassend modernisiert. Die ukrainische Küche aber ist hervorragend wie eh und je! Tägl. 12–24 Uhr. Ul. 1905 Goda 2, Ⓜ Uliza 1905 goda, ✆ 495-6518101, www.shinok.ru.

⁄meinTipp *** Sem Pjatniz, hier fühlt sich der Gast wie in einem edlen Antiquariat, denn das Restaurant imitiert eine Wohnung vom Anfang des 20. Jh., freilich eine herrschaftliche. Die russisch-französische Küche hat dementsprechend ihren Preis. Weniger gehoben ist die Atmosphäre im Innenhof, der im Sommer fröhliches Jahrmarktfeeling verbreitet. Das Sem Pjatniz rühmt sich übrigens, die Wiege des weltberühmten Parfüms Chanel No. 5 zu sein. Warum? Fragen Sie die Kellner – sie sprechen gut Englisch! Tägl. 12–24 Uhr. Woronzowskaja ul. 6, Ⓜ Taganskaja (pink), ✆ 495-9121218, www.restorangroup.ru.

**** Sky Lounge, eine der beliebtesten Restaurantterrassen mit fantastischer Aussicht auf Moskwa und Sperlingsberge. Tipp: Gönnen Sie sich ein Taxi, der Weg von der Metro ist extrem undankbar. Europäisch-japanische Küche. So-Mi 13–24 Uhr, Do–Sa 13–1 Uhr. Leninski prosp. 32 a (in der 22. Etage des Gebäudes der Akademie der Wissenschaften, das dank eigenwilliger Dachkonstruktion nicht zu verfehlen ist), Ⓜ Leninski prospekt, ✆ 495-7815775, www.skylounge.ru.

*** Tschornaja koschka, ein Hochgenuss ist schon die Lektüre der Speisekarte, die jedes Gericht mit einem Kommentar versieht: Die Fischsuppe *Ucha* war das Lieblingsgericht von Chruschtschow, das Mehl der Piroggen hat die usbekische Sowjetrepublik beigesteuert und das Rezept für die Forelle „Das Treffen an der Elbe" stammt von einem englischen Spion. Ebenso gewitzt ist das Interieur: Es hat eine sowjetische Krimiserie zum Vorbild, die von der Bande Schwarze Katze (*Tschornaja koschka*) handelt. Mittagstisch 12–16 Uhr. Geöffnet tägl. 12–24 Uhr. Woronzowskaja ul. 6, Ⓜ Taganskaja (pink), ✆ 495-9117601, www.restorangroup.ru.

* Duchan Tschito-Ra, einfach, rustikal und günstig ist dieser Georgier. Kurioses Schmankerl: Den Wodka dürfen Sie selbst mitbringen – kein Scherz! Ein Muss vor oder nach dem Besuch des Gogol-Zentrums (→ S. 218). Tägl. 12–23 Uhr. Ecke Ul. Kasakowa/Nischn. Sussalny per., Ⓜ Kurskaja (dunkelblau), ✆ 499-2657876, www.chito-ra.ru.

Märkte und Einkaufszentren

⁄meinTipp Danilow-Markt, der schönste Lebensmittelmarkt Moskaus war der Danilow-Markt schon immer, seit seiner Umgestaltung aber gehört er zum Pflichtprogramm. Und das nicht (nur) wegen des quirligen Marktlebens, sondern auch wegen der vielen Bistros, die sich am Rand des kreisrunden Gebäudes niedergelassen haben. Sie bieten so gut wie alles an, was das globale Herz begehrt: Fladenbrot aus Dagestan und gefüllte Weinblätter aus Armenien, Gerichte aus China und Marokko, Falafel, Tintenfisch und vietnamesische Phở-Bò-Suppe. Im Innenraum ist mehr oder weniger das alte Marktleben aufrechterhalten: Kaukasische Obsthändler türmen pyramidenförmig ihre Äpfel, Orangen und Granatäpfel auf, usbekische Krämer bieten exotische Trockenfrüchte zum Probieren an, die Luft füllt der Duft orientalischer Gewürze. Tägl. 8–21 Uhr. Mytnaja ul. 74, Ⓜ Tulskaja (Wegbeschreibung → Danilow-Kloster, S. 168, aber nicht rechts abbiegen, der Markt liegt an der Kreuzung schräg links gegenüber), www.danrinok.ru.

In der Nähe: das **Danilow-Kloster** (→ S. 168).

Flakon und Chlebsawod: Zwei ehemalige Fabriken direkt nebeneinander, die heute ein junges, kreatives und unangepasstes Publikum anziehen. Hier wie da findet man Skater-Läden, Barbour-Shops und Tattoo-Studios. Vor allem aber: jede Menge Modeboutiquen für russische Hipster! Zu empfehlen: Metsch (lässige Hoodies u. Ä., Chlebsawod) und Ruxara (farbenfroh-elegante Damenmode, Flakon). Letzteres Label hat übrigens Anna Chapman gegründet, die rothaarige Russin, die vor einigen Jahren auch in westlichen Medien als Agentin von sich reden machte. Die Bistros und Restaurants bieten – wie soll es anders sein – entweder Burger oder gesunde Bio-Kost an. Gelegentlich finden Ausstellungen und Konzerte statt. **Flakon**: Bol. Nowodmitrowskaja ul. 36, Ⓜ Dmitrowskaja (immer links halten, der Butyrskaja ul. ca. 300 m folgen, links abbiegen und dann wieder rechts), Gelände tägl. 24 Std. geöffnet, www.flacon.ru. **Chlebsawod**: Nowodmitrowskaja ul. 1, Ⓜ Dmitrowskaja (wie Flakon, am Ende aber links). Gelände tägl. 24 Std. geöffnet, http://hlebozavod9.ru.

Danilow-Markt: Nüsse und Trockenfrüchte

Ziele in Moskaus Außenbezirken → Karte S. 147

Moskauer Umland
Ausflüge

Zu den beliebtesten Ausflugs-
zielen im Moskauer Umland
zählen die legendäre Dichter-
kolonie Peredelkino, das
Dreifaltigkeits-Sergius-Kloster in
Sergijew Possad und der feudale
Landsitz Archangelskoje. Für die
ersten beiden sollten Sie einen
ganzen Tag einplanen, für
Archangelskoje reicht ein halber.

Beachten Sie bei Ihren Planungen,
dass viele **Museen** im Umland nur
von Donnerstag bis Sonntag geöffnet
haben.

Переделкино
Peredelkino

Im südwestlichen Zipfel Moskaus,
wenige Kilometer hinter dem Autobahnring, versteckt sich Peredelkino.
Ein kleiner Ort, der gänzlich unbekannt
wäre, läge hier nicht die berühmteste
Datschen-Siedlung des Landes.

Seit rund 80 Jahren leben und wirken
in Peredelkino bedeutende sowjetische und russische Künstler. Boris
Pasternak verfasste hier seinen berühmten Roman „Doktor Schiwago".
Liedermacher Bulat Okudschawa
komponierte und dichtete in Peredelkino. Und auch Jewgeni Jewtuschenko, der 2017 verstorbene Schriftsteller,
suchte bis zuletzt die Ruhe und Idylle
der Siedlung auf. Wie lange man die
inspirierende Atmosphäre und das
ursprüngliche Flair noch genießen
kann, ist ungewiss. Die schöne Lage
und die ausladenden Grundstücke
machen Peredelkino besonders für
neureiche Russen attraktiv. Diese
schicken sich an, Teile der Datschen-
Kolonie in eine moderne Cottage-Sied-
lung zu verwandeln.

Die Geschichte von Peredelkino begann Anfang der 1930er-Jahre. Der
Legende nach erfuhr Stalin in einem
Gespräch mit Maksim Gorki von para-
diesischen Arbeitsbedingungen italienischer Literaten. „Sie leben in Land-
häusern, abseits der Großstadthektik",
soll Gorki dem Diktator geschildert
haben. Dieser sei entsetzt gewesen und
habe angeordnet, auch verdienten
Sowjet-Schriftstellern Datschen zur
Verfügung zu stellen. Einen geeigneten
Ort fand man in der Nähe des Dorfes
Peredelkino, rund 20 km vom Kreml
entfernt und somit noch im unmittel-
baren Einflussbereich der Herrschenden. Innerhalb kürzester Zeit entstanden auf einer Fläche von 57 ha fast 100
Datschen.

Heute ist allein das Pasternak-Museum einen Ausflug nach Peredelkino wert. Ein idyllischer Friedhof und ein herrlicher Waldspaziergang zu zwei weiteren Museen runden ihn stimmungsvoll ab.

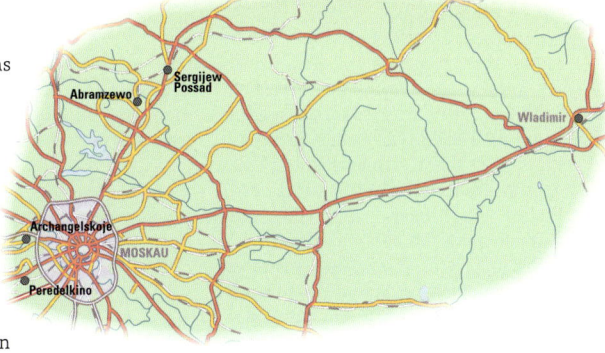

Kaufen Sie unbedingt schon in Moskau die **Rückfahrkarte**! Der Schalter in Peredelkino könnte geschlossen sein. Und bei der Station Mitschurinez, von der Sie ebenfalls zurückfahren können (s. u.), gibt es keinen Schalter.

Anreise/Wegbeschreibung

Von **Moskau** nach **Peredelkino**: Elektritschka ab Kiewer Bahnhof bis Haltestelle Peredelkino (Переделкино, Abk. Перед.). Die Züge fahren mehrals stündlich, Fahrzeit 20–30 Min. Das Endziel der Züge ist Nara (Нара), Aprelewka (Апрелевка), Kaluga (Калуга), Malojaroslawez (Малоярославец), Kresty (Кресты), Bekassowo (Бекасово), Matschichino (Мачихино) oder Lesnoj Gorodok (Лесной Городок).

Um zur richtigen Schalterhalle des Kiewer Bahnhofs zu gelangen, nimmt man in der Metrostation Kijewskaja (braun) die Rolltreppe Richtung к пригородным поездам. Draußen wendet man sich nach links und läuft bis zum Ende des Gebäudes, wo sich sowohl die Kassen befinden als auch die Züge abfahren.

Im Laufe des Jahres 2018 soll die neue **Metrostation Nowoperedelkino** (Linie 8, gelb) eröffnen. Sie hat im Vergleich zur Elektritschka den Vorteil, dass sie öfter und schneller fährt, aber auch den Nachteil, dass man von der Metrostation noch einen 1,5 km langen Weg zum Bahnhof Peredelkino gehen muss.

Vom **Bahnhof Peredelkino** zum **Pasternak-Museum**: dem Bahnsteig in Fahrtrichtung folgen, Treppe runter und geradeaus bis zur Straße, dort rechts und gleich wieder links, dann dem kurvigen Verlauf der Hauptstraße für insg. 1,4 km folgen. Nach ein paar Schritten liegt rechterhand eine Kirche mit bunten Kuppeln, dahinter der Eingang zum Friedhof. Vor

einem kleinen Wald führt am Ende ein Weg nach rechts zum Pasternak-Museum.

Vom **Pasternak-Museum** zu **Museumsgalerie Jewgeni Jewtuschenko** und **Okudschawa-Museum**: Vor dem Wald nicht rechts rein, sondern die Hauptstraße noch ein Stück geradeaus und dann links in den Wald hineingehen (Ул. Серафимовича). Nach ca. 900 m, an einem kleinen Platz, im scharfen Winkel rechts abbiegen (in Ул. Горького). Die nächste Straße links rein (Ул. Гоголя), hier liegt links die Museumsgalerie Jewgeni Jewtuschenko. Zum Okudschawa-Museum an der Museumsgalerie vorbeigehen und am Ende der Straße links abbiegen (in Ул. Лермонтова), anschließend die nächste rechts (in Ул. Довженко).

Vom **Okudschawa-Museum** zum **Bahnhof Mitschurinez**: Wer bis zum Okudschawa-Museum gelaufen ist, muss nicht zum Bahnhof Peredelino zurücklaufen, sondern kann die Rückreise an der nahen Station Mitschurinez (Мичуринец) antreten. (Das geht allerdings nur, wenn Sie bereits in Moskau die Rückfahrkarte gekauft haben, denn am Bahnhof Mitschurinez gibt es keinen Ticketschalter!) Dafür vom Museum etwas zurücklaufen, auf Höhe von Haus Nr. 4 rechts rein, dem Weg bis zum Ende folgen, dann rechts abbiegen und kurz darauf wieder links auf die Bahngleise zu. Der Zug nach Moskau fährt in Richtung der Hochhäuser, daher Gleise überqueren! (Wer keine Fahrkarte hat, muss zur Station Peredelkino zurücklaufen!)

Музей Пастернака

Pasternak-Museum

Der berühmteste Bewohner von Peredelkino, der Schriftsteller Boris Pasternak

(1890–1960), zog 1936 mit seiner zweiten Frau Sinaida nach Peredelkino. Er gehörte zu den Auserwählten, weil er georgische Poesie übersetzte: Das hatte ihm die hohe Anerkennung des (georgischstämmigen) Diktators Iossif Stalin eingebracht. Während viele Autoren nur die Sommermonate auf dem Land verbrachten, blieb Pasternak auch winters in der Kolonie. 1939 wechselte er innerhalb des Dorfes den Wohnsitz und bezog eine kleinere Datscha. Heute beherbergt diese ein Museum.

Auf dem Sofa, wo er am 30. Mai 1960 zum letzten Mal die Augen schloss, liegen heute stets getrocknete Rosen. Zu ihnen und zu vielen anderen Details halten die Mitarbeiter des Museums eine Anekdote bereit. Leicht und leidenschaftlich lassen sie lyrische Verse in ihre Schilderungen einfließen. Ein außergewöhnliches Erlebnis!

Auf dem Weg vom Bahnhof zum Museum passieren Sie den Friedhof, auf dem Pasternak begraben liegt. (Von der Hauptstraße kommend, finden Sie sein Grab in der linken hinteren Ecke.) Den Grabstein ziert ein Porträt des Dichters: ein kantiges Profil mit kräftigen Lippen und willensstarkem Blick.

Ul. Pawlenko 3, ☏ 495-9345175, www.paster nakmuseum.ru. Di–So 10–16 Uhr (Führungen auf Engl. vorab buchen), letzter Di im Monat geschl. Eintritt 150 R.

Музей Окуджавы

Okudschawa-Museum

Auf private Initiative eröffnete in Bulat Okudschawas (1924–97) früherer Datscha 1998 ein Museum. Unerwartete Fanscharen pilgerten daraufhin zu dem kleinen Holzhaus, weshalb die Regierung beschloss, das Museum unter staatliche Obhut zu nehmen. Die Ausstellung ist in zwei Abteilungen gegliedert: Eine befasst sich mit Okudschawas Leben und Werk, die andere zeigt den Chansonnier im Kreise seiner Freunde und Zeitgenossen. Das Museum ist zudem Treffpunkt junger Schriftsteller und Musiker, die hier Konzerte,

Moskau im Kasten

Doktor Schiwago: ein Roman, der die Welt erobert

Das mit Abstand bekannteste Werk, das im dichten Wald von Peredelkino entstand, ist der Roman „Doktor Schiwago", den nicht zuletzt die Verfilmung mit Omar Sharif von 1965 weltweit berühmt gemacht hat. Vordergründig als Liebesroman angelegt, erzählt Boris Pasternak darin die Geschichte des intellektuellen Arztes Juri Schiwago in den chaotischen Zeiten des Ersten Weltkriegs, der Russischen Revolution und des Bürgerkriegs. Obwohl das Werk keinen primär politischen Kern hat, ahnte der Autor, dass der meinungsstarke Held beim sowjetischen Regime anecken würde, und legte das Manuskript erst nach dem Tod Stalins vor. Seine Geduld wurde allerdings mitnichten belohnt: Der Moskauer Staatsverlag lehnte den Text ab, und auch die parteinahe Zeitschrift Nowy Mir urteilte, eine Publikation sei ausgeschlossen. Die Geschichte lasse durchblicken, dass der Autor die Revolution für einen „Fehler" halte. Man riet ihm, wesentliche Teile des Epos zu verändern. Das aber kam für Pasternak nicht infrage, und so erschien der Roman 1957 zunächst in Italien, später dann in vielen weiteren westlichen Ländern, wo er schnell ein Bestseller wurde. Im Oktober 1958 sprach die Schwedische Akademie dem sowjetischen Autor den Literaturnobelpreis zu. Politischer Druck zwang ihn dazu, die Auszeichnung abzulehnen.

Moskauer Umland

10 km

Konferenzen und Lesungen veranstalten. Mehr zu Okudschawa → S. 215.

Ul. Dowschenko 11, ☎ 495-5935208, www.peredelkino-land.ru. Mi–So 11–16 Uhr (nur mit vorheriger Anmeldung). Eintritt 250 R.

Музей-галерея Евтушенко

Museumsgalerie Jewgeni Jewtuschenko

Im Juli 2010 hat der Dichter Jewgeni Jewtuschenko (1932–2017) in seiner Datscha eine Museumsgalerie eröffnet. An den Wänden im Erdgeschoss hängen sehenswerte Fotografien, die Jewtu-schenko selbst auf seinen zahlreichen Reisen ins Ausland und in seine sibirische Heimat schoss. Hinzu kommen Gemälde und Zeichnungen, die er größtenteils geschenkt bekam, darunter eines von Picasso. Im Obergeschoss sind biografische Erinnerungsstücke ausgestellt. Besonders schön: ein mit Widmung versehener Gedichtband von Boris Pasternak, der seinem jungen Bewunderer eine „strahlende Zukunft" prophezeit.

Ul. Gogolja 1, ☎ 495-6996724, www.sovr.ru. Do–So 11–18 Uhr (eigentlich nur mit vorheriger Anmeldung, aber es lohnt auch, einfach spontan zu klingeln). Eintritt 250 R.

Dreifaltigkeits-Sergius-Kloster: Ziel von Pilgern aus ganz Russland

Sergijew Possad und Abramzewo

Sergijew Possad ist der bedeutendste Wallfahrtsort der Russisch-Orthodoxen Kirche. Mit dem Dreifaltigkeits-Sergius-Kloster, das zum UNESCO-Weltkulturerbe zählt, zieht er Pilger aus ganz Russland an. Im nahen Dorf Abramzewo genossen Künstler einst die inspirierende Stille. Beide Ziele lassen sich gut kombinieren, denn auf ihrem Weg nach Sergijew Possad halten viele Züge auch in Abramzewo.

Сергиев Посад
Sergijew Possad

In einer Werkstatt bei Sergijew Possad schuf Sergej Maljutin 1891 ein tonnenförmiges Bauernmädchen mit roten Wangen: die erste russische Matrjoschka. Bis heute ist die 100.000-Einwohner-Stadt für ihre Spielzeugproduktion bekannt. Nicht deshalb aber strömen Pilger aus ganz Russland und sogar aus dem Ausland ins Moskauer Hinterland: Sie besuchen das **Dreifaltigkeits-Sergius-Kloster**, das zu den wichtigsten religiösen Zentren des Landes gehört, den sog. Lawras.

Der Mönch Sergius gründet das Kloster Mitte des 14. Jh. im dichten Wald von Radonesch, rund 70 km nordöstlich von Moskau. Nach seiner Zerstörung durch die Mongolen im Jahr 1408 übersteht die neu aufgebaute Anlage spätere Jahrhunderte und v. a. die Sowjetzeit vergleichsweise glimpflich. Zwar wird das Kloster im Zuge der Revolution geschlossen, doch schon 1946 können die Mönche zurückkehren. Geld erhalten sie allerdings nicht vom Staat, und so verkommt die Klosteranlage zusehends. Erst Ende der 1990er-Jahre beginnt eine systematische Restaurierung. Heute wohnen mehrere Hundert Mönche in den Zellen des Klosters. Sie mischen sich unter die Pilger und suchen das Gespräch mit ihnen. An der Geistlichen Akademie und am Seminar des Klosters studieren rund 700 junge Männer.

Der monumentalste Bau der Anlage ist die **Mariä-Himmelfahrts-Kathedrale** mit ihren fünf bauchigen, blau-goldenen

Kuppeln (1585). Den Innenraum zieren wunderschöne Fresken aus dem 17. Jh., die Meister aus Jaroslawl in gerade mal 100 Tagen malten. Vor dem Eingang sehen Sie das Grab von Zar Boris Godunow. Der **Glockenturm** (1741–68) ist mit 88,04 m der höchste in Russland, viele halten ihn auch für den schönsten.

Als erster Steinbau der Anlage wurde 1422 die **Dreifaltigkeitskathedrale** auf dem Grab des Hl. Sergius von Radonesch errichtet. Die berühmten Ikonenmaler Rubljow und Tschorni schufen die Fresken und Ikonen der prächtigen Ikonostase. Das **Refektorium** (1686–92) samt angeschlossener Kirche ließ Peter der Große erbauen. Beeindruckend ist das architektonische Konzept: Den riesigen Saal durchbricht keine einzige Säule, und auch der üppige Barockschmuck der Fassade sucht seinesgleichen. In der Mitte der Klosteranlage zieht ein überdachter **Brunnen** gleichermaßen Pilger wie Touristen an: Dem Wasser der Quelle wird eine heilende Wirkung zugeschrieben, denn ein blinder Mönch soll hier sein Augenlicht wiedererhalten haben.

Anreise

Elektritschka ab Jaroslawler Bahnhof bis Haltestelle Sergijew Possad (Сергиев Посад).

Die Züge fahren mind. zweimal pro Std., Fahrzeit ca. 1:30 Std. Einmal am Vormittag fährt ein Expresszug (9.20 Uhr), Fahrzeit ca. 1 Std. Das Endziel der Züge ist entweder Sergijew Possad selbst oder Aleksandrow (Александров) bzw. Balakirewo (Балакирево). Um zur richtigen Schalterhalle des Bahnhofs zu gelangen, verlässt man die Bahnsteig der Metrostation Komsomolskaja (rot) in Fahrtrichtung – sofern man aus dem Zentrum kommt – und geht am Ende des Saales die Treppe hoch und dann links. Im Vestibül der Station nimmt man den Ausgang Richtung к вокзалам [...] Ярославскому. Der Jaroslawler Bahnhof, ein Gebäude mit Glasfront, liegt dann rechter Hand.

Adresse/Kontakt

Kloster: Prosp. Krasnoj Armii, ✆ 496-5405334, www.stsl.ru. Um vom Bahnhof Sergijew Possad zum Kloster zu gelangen, wenden Sie sich – das Bahnhofsgebäude im Rücken – auf dem Vorplatz nach rechts, queren eine Kreuzung und folgen dann der Sergijewskaja ul. (die einen Linksbogen macht) so lange, bis rechts vor Ihnen die Klosteranlage auftaucht. Der Fußweg dauert ca. 15 Min.

Öffnungszeiten/Eintritt

Kloster: tägl. 5–21 Uhr (Führungen 9–17 Uhr, im Sommer bis 18 Uhr). Eintritt frei.

Essen & Trinken

Im Umfeld des Klosters bieten mehrere Restaurants russische Küche an, z. B.:

Russki Dworik, Prosp. Krasnoj Armii 134/2, ✆ 496-5405114, www.rus-dvorik.ru. So–Do 8–22.30 Uhr, Fr/Sa 8–1 Uhr.

Vom heiligen Wasser will jeder mal kosten

Ausflüge ins Moskauer Umland → Karte S. 185

Unterwegs mit der Elektritschka

Elektritschkas sind preisgünstige Nahverkehrszüge, die Provinzstädte und Dörfer in der näheren Umgebung Moskaus ansteuern. Die Fahrt mit ihnen ist ein zwiespältiges Erlebnis: auf der einen Seite überfüllte Waggons, harte Holzpritschen und fehlende Toiletten; auf der anderen schöne Ausblicke in die Natur und Einblicke ins „echte" russische Leben. Als Start- und Endpunkt fungieren neun Bahnhöfe; alle sind an eine Metrostation angebunden und in dieser gut ausgeschildert (Schilder Richtung вокзал):

Jaroslawler Bahnhof
(Jaroslawski woksal, Ⓜ Komsomolskaja)

Kasaner Bahnhof
(Kasanski woksal, Ⓜ Komsomolskaja)

Kiewer Bahnhof
(Kijewski woksal, Ⓜ Kijewskaja)

Kursker Bahnhof
(Kurski woksal, Ⓜ Kurskaja)

Leningrader Bahnhof
(Leningradski woksal, Ⓜ Komsomolskaja)

Pawelezer Bahnhof
(Pawelezki woksal, Ⓜ Pawelezkaja)

Rigaer Bahnhof
(Rischski woksal, Ⓜ Rischskaja)

Sawjolowoer Bahnhof
(Sawjolowski woksal, Ⓜ Sawjolowskaja)

Weißrussischer Bahnhof
(Belorusski woksal, Ⓜ Belorusskaja)

An den Bahnhöfen gibt es für Elektritschkas und Fernzüge jew. eigene **Schalterhallen und Abfahrbereiche**. Orientieren Sie sich an den Schildern mit der Aufschrift Пригородные поезда, manchmal auch Електропоезд. Die Abfahrtszeiten der Züge finden Sie an großen **Übersichtstafeln** oder **Bildschirmen** im Umfeld der Schalterhallen. Diese zu entziffern ist leider nur mit Basiskenntnissen der russischen Sprache möglich. Gleiches gilt für den Fahrplan im Internet, den man unter www.tutu.ru findet. In beiden Fällen bleibt Ihnen nichts anderes übrig, als hilfsbereite Russen um Unterstützung zu bitten!

Bei den **Fahrkarten**, die für unsere Verhältnisse extrem günstig sind (ca. 2,50 € für eine 90minütige Fahrt, bei Expresszügen etwas mehr), handelt es sich i. d. R. um einen kleinen Papierschnipsel mit einem Code. Diesen müssen Sie an den Schranken, die zum Gleis führen, vor das entsprechende Feld halten. Wichtig: Das **Ticket unbedingt aufbewahren**! Beim Verlassen des Bahnsteigs ist es evtl. noch einmal nötig.

Moskau im Kasten

Der Goldene Ring

Sergijew Possad gehört zu einer Reihe von alten russischen Städten, die nordöstlich von Moskau den sog. Goldenen Ring bilden. Goldener Ring, dieser Name verweist nicht (nur) auf die Farbe der unzähligen Kirchenkuppeln, sie verweist v. a. auf eine goldene Epoche, auf den Ursprung des russischen Staates. Denn die Städte des Goldenen Rings sind die ältesten von Russland. Viele von ihnen entstanden im 11. Jh., als Kiew an Einfluss verlor und viele Menschen im Nordosten der Rus eine neue Heimat suchten. Neun Jahrhunderte später erkannten die Sowjets den Wert dieser Orte, ihrer Kulturdenkmäler und auch ihrer märchenhaften Atmosphäre. Sie prägten den Begriff „Goldener Ring", der sich bestens touristisch vermarkten ließ. Zum harten Kern des Rings zählen neben Sergijew Possad die Städte Iwanowo, Jaroslawl, Kostroma, Pereslawl-Salesski, Rostow Weliki, Uglitsch, Wladimir und vor allem das märchenhafte Susdal.

Warenitschnaja Nr. 9, Ul. Karla Marksa 7 (auf manchen Karten: Ul. Patriarcha Pimena), ☏ 965-3732732. Tägl. 9–22 Uhr.

Übernachten

Hotel **Zarskaja derewnja**, DZ ab 2700 R. Ul. Mitkina 14/2, ☏ 496-5475392, www.imperial-village.ru.

Абрамцево

Abramzewo

Ein Besuch der ehemaligen Künstlerkolonie Abramzewo, in der so viele bedeutende Persönlichkeiten Inspiration fanden, ist unbedingt zu empfehlen. Wer durch den urwüchsigen Park mit seinem schmalen Bach und den mächtigen Bäumen schlendert, spürt sofort, was die kreativen Geister hier suchten: die Stille und Abgeschiedenheit eines Ortes, der jedes Gemüt besänftigt und den Geist anregt. Die Schriftsteller Gogol und Turgenjew hielten sich häufig in der Kolonie auf, ebenso wirkten hier Maler wie Repin, Wasnezow, Wrubel oder Polenow. Alle profitierten von der Förderung durch den Kunstmäzen Sawwa Mamontow, der das Anwesen 1870 erworben hatte. Heute lassen sich das große Landhaus, kleinere hölzerne Gebäude und die Erlöserkirche besichtigen.

Anreise

Einige (aber nicht alle!) Züge Richtung Sergijew Possad (s. o.) halten zuvor in Abramzewo (Абрамцево), z. B. die um 8.54, 9.36, 12.27 und 13.11 Uhr. Alternativ können Sie von Sergijew Possad mit dem Taxi oder der Marschrutka nach Abramzewo fahren. Halten Sie dort auf dem Bahnhofsvorplatz nach ihnen Ausschau.

Adresse/Kontakt

Musejnaja ul. 1, ☏ 496-5432470, www.abramtsevo.net. Um vom Bahnhof Abramzewo zur Künstlerkolonie zu gelangen, verlassen Sie – wenn Sie aus Moskau kommen – den Bahnsteig in Fahrtrichtung und gehen links über den Bahndamm auf einen leicht auffindbaren Trampelpfad. Der Weg führt nahezu geradlinig durch den Wald und stößt schließlich auf eine Straße. Biegen Sie links ab und folgen Sie dem Straßenverlauf, bis nach einer Kurve auf der rechten Seite der Eingang erscheint. Der Fußweg dauert ca. 25 Min.

Öffnungszeiten/Eintritt

Park tägl. 10–21 Uhr, Ausstellungen Mi/Do/Fr/So 10–18 Uhr, Sa 10–20 Uhr. Eintritt Park 60 R, Eintritt Haupthaus (nur mit Führung) 300 R, Eintritt übrige Bauten inkl. Ausstellungen 300 R.

Essen & Trinken

Schräg gegenüber dem Eingang zur Künstlerkolonie verkauft ein kleiner **Laden** Getränke und Snacks. Etwa 200 m dahinter befindet sich das Restaurant **Galereja**, in dem sich zu gehobenen Preisen speisen lässt (Musejnaja ul. 4, tägl. 11–23 Uhr, www.galereya.name).

Ausflüge ins Moskauer Umland → Karte S. 185

Schlosspark in Archangelskoje: nicht nur für Verliebte

Архангельское

Archangelskoje

Bekannt ist die Siedlung Archangelskoje für dreierlei: Hier starb die deutsche Sozialistin und Frauenrechtlerin **Clara Zetkin**, auf deren Initiative hin 1911 der Internationale Frauentag eingeführt wurde. Von seiner Datscha in Archangelskoje lenkte **Boris Jelzin** die Geschicke des Landes, als im August 1991 reaktionäre Kommunisten gegen Gorbatschow putschten. Vor allem aber liegt in Archangelskoje der prachtvollste Landsitz in der Umgebung von Moskau. In traumhafter Lage auf einem Hügel am Moskwa-Ufer erstreckt sich ein perfekt komponiertes Ensemble aus **Schloss und Parkanlage,** an dem herausragende Baumeister aus Russland, Frankreich und Italien arbeiteten.

Das beeindruckende Schloss ließ die Fürstenfamilie Golizyn bereits Ende des 18. Jh. im klassizistischen Stil errichten. Ab 1810 residierte Fürst **Nikolaj Jussupow** mit seiner Familie auf dem Anwesen – und zwar nicht des „Nutzens wegen, sondern um des Vergnügens willen", wie die Quellen verraten!

Als Experte für westeuropäische Kunst baute der neue Hausherr Archangelskoje zu einem künstlerischen Zentrum aus und stellte eine der größten Sammlungen des Landes zusammen. Viele Kostbarkeiten finden sich heute in der Eremitage in St. Petersburg, doch auch die verbliebenen Schätze (Gemälde, Wandmalereien, Porzellan, Skulpturen, antike Möbel) lohnen einen Besuch, ebenso wie Jussupows umfangreiche Privatbibliothek. Sie umfasst rund 16.500 Bücher, die der Fürst auf seinen Reisen durch Europa zusammentrug, darunter 60 handgeschriebene Ausgaben.

Ein schöner Anlass, Archangelskoje zu besuchen, ist das Festival Usadba Jazz (→ S. 226). Doch auch zu jedem anderem Zeitpunkt ist der Landsitz eine Reise wert: seine Ruhe, die friedliche Atmosphäre, der Blick in die Ferne. Versäumen Sie nicht, hinter den Flügelbauten zum Fluss hinunterzuschlendern. Man kann dort schön spazieren gehen oder sich einfach in die große Wiese legen.

Anreise/Wegbeschreibung

Mit der Metro bis Ⓜ Tuschinskaja, aus dem Zentrum kommend den Bahnsteig in Fahrtrichtung des Zuges verlassen, nach links gehen zu den Bussen 541 oder 549 bzw. zu den Marschrutkas 541 oder 549 (bis Haltestelle Archangelskoje/Архангельское), Fahrzeit jew. mind. 25 Min. Die Haltestelle Archangelskoje befindet sich unmittelbar am Haupteingang der Schlossanlage. Um rechtzeitig auszusteigen, halten Sie auf der linken Seite Ausschau nach einem Technikmuseum unter freiem Himmel mit vielen Panzern. Unmittelbar danach kommt die Haltestelle Lipowaja alleja (von der man zum Eingang sehr weit laufen muss), die nächste ist Archangelskoje.

Öffnungszeiten/Eintritt

Park im Sommer (17.4.–31.10.) tägl. 10–21 Uhr, im Winter (1.11.–16.4.) tägl. 10–19 Uhr; **Ausstellungen** im Sommer Mi–Fr 10–17 Uhr, Sa/So 10–18 Uhr, im Winter Mi–Fr 10–16 Uhr, Sa/So 10–17 Uhr, letzter Mi im Monat geschl.

Jazzfestival in Archangelskoje

Eintritt **nur Park** 150 R, Eintritt **Schloss** 300 R, Eintritt **Park und Schloss** 400 R, Eintritt weitere Gebäude ab 100 R, All-inclusive-Ticket 550 R. ☎ 495-7975458 (allg. Infos und Führungen), www.arhangelskoe.su.

Essen & Trinken

Im Sockel der Flügelbauten befindet sich ein kleines **Café**, in dem Getränke und Snacks verkauft werden (an der Flussseite, tägl. 11–23 Uhr). Insgesamt aber ist die kulinarische Versorgung in Archangelskoje mau, nehmen Sie lieber Proviant mit!

Moskau im Kasten

Die berühmteste Straße Russlands

Keine 5 km von Archangelskoje entfernt verläuft die Rubljowka, genauer gesagt: die **Rubljowo-Uspenskoje schosse**, eine Straße, die am Stadtrand beginnt und sich rund 30 km gen Westen zieht – eine Straße, die weit über die russischen Grenzen hinaus bekannt ist. Denn Rubljowka ist nicht nur der Name einer Straße: Rubljowka steht im weiteren Sinn für das Hinterland der Straße, für die Nadelwälder und Seen, für ein Gebiet, in dem die Luft rein und Industrieanlagen fern sind. De facto ist Rubljowka ein Synonym für Dekadenz und Maßlosigkeit. Schon zu Sowjetzeiten nistete sich hier die Nomenklatura ein. Nach dem Zerfall der Sowjetunion kam die kapitalistische Oberschicht. Mittlerweile ist die Zahl der Oligarchen und prominenten Politiker unüberschaubar. Zahlreiche Reportagen haben in den vergangenen Jahren das Leben der Rubljowka-Anwohner vorgeführt: den alltäglichen Parcours makelloser Frauen von Friseur zu Kosmetiksalon zu Pelzboutique, die gesammelten Ferraris goldbehängter Milliardäre. Die Realität kann mit Schilderungen wie diesen locker mithalten. Zwar sind die Villen der Superreichen hinter hohen Mauern verborgen. Offen zugänglich aber sind jene Orte, an denen die Rubljowka-Anwohner einkaufen, wo sie essen gehen und sich zur Schau stellen, etwa im „Luxury Village" in Barwicha oder in den Restaurants von Schukowka. Schwer zu übersehen ist außerdem der nicht versiegen wollende Strom an Maseratis, Porsches oder Bentleys …

Ausflüge ins Moskauer Umland → Karte S. 185

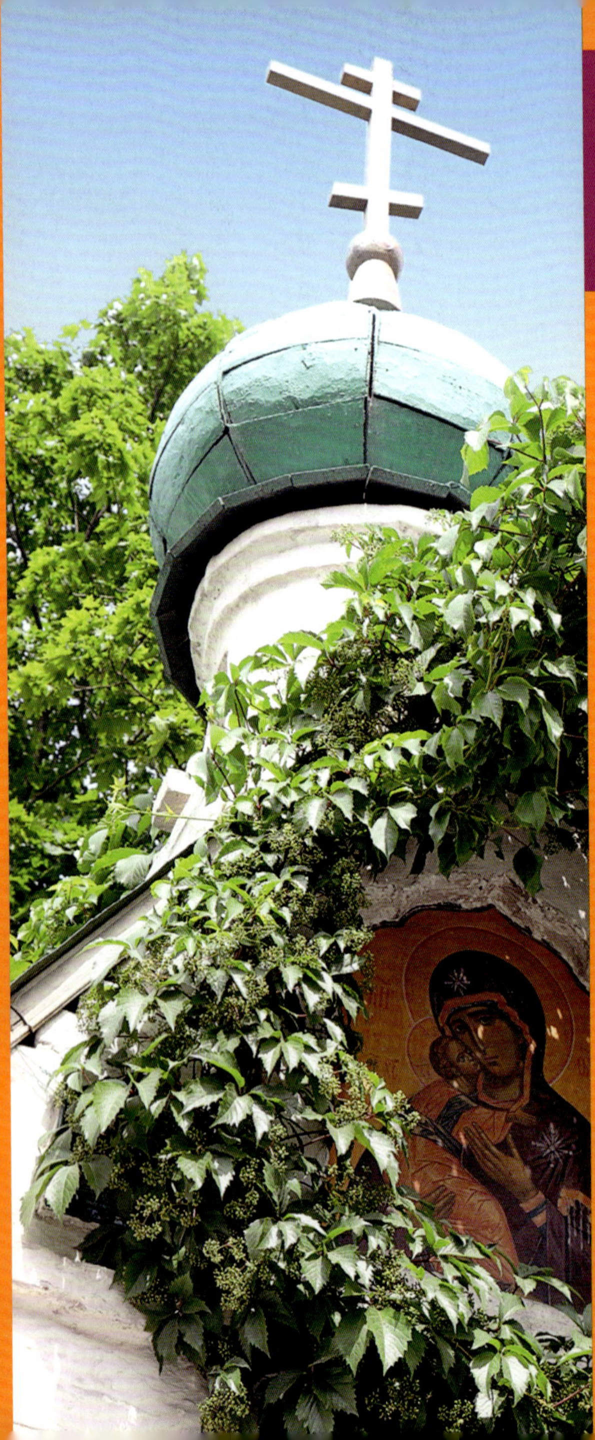

Sretenski-Kloster

Nachlesen & Nachschlagen

Weißes Haus

Stadtgeschichte

Moskau war Krönungsstadt der Zaren, Residenz der Patriarchen, Schaltzentrale der Kommunisten. Moskau symbolisiert die Größe und Stärke des russischen Staates: Hier begann sein Aufstieg, hier besiegte er seine größten Feinde. Auch heute laufen in Moskau die Fäden der russischen Politik zusammen.

Aufstieg zum Fürstentum

Erstmals erwähnt wird die Stadt im Jahr 1147. „Komm zu mir, Bruder, nach Moskau" – diese Worte schreibt Juri Dolgoruki an seinen Verbündeten, den Fürsten Swjatoslaw. Dieser kommt und bald darauf wird die kleine Siedlung mit einem hölzernen Palisadenzaun befestigt.

Als Moskau entsteht, deutet nichts darauf hin, dass der Ort einen gigantischen Aufstieg vor sich hat. Bis zur Mitte des 13. Jh. nehmen die Chroniken kaum Notiz von der kleinen Ansiedlung im Wald. Viele andere Städte im Osten Europas sind bedeutender, Städte wie Twer, Rjasan oder Wladimir. Und natürlich Kiew, das Zentrum des gleichnamigen Reiches, einer lockeren Föderation von Fürstentümern, die auch als **Kiewer Rus** bekannt ist. Eines dieser Fürstentümer heißt Wladimir-Susdal und erreicht in der zweiten Hälfte des 12. Jh. die Vorrangstellung – günstig für Moskau, das auf seinem Territorium liegt.

Moskau selbst kann einen ersten Machtzuwachs im Jahr 1263 verzeichnen: Aleksandr Newski, Großfürst von Wladimir-Susdal, verleiht der Siedlung den Status eines Fürstentums. Als Herrscher setzt er seinen jüngsten Sohn **Daniil** ein, der damit die Moskauer Dynastie begründet. 1282 wird das nach ihm benannte Danilow-Kloster (→ S. 168) errichtet – das erste einer Reihe von **Wehrklöstern**, die an der südlichen Peripherie der Stadt einen schützenden Ring bilden.

Im Rausch der Eroberung

Mit Daniils Sohn **Iwan I.,** der 1328 die Großfürstenwürde erhält, ist der Aufstieg Moskaus nicht mehr zu bremsen. In den folgenden anderthalb Jahrhunderten erobern er und seine Nachfolger ein Gebiet nach dem anderen.

Die Gründe für den Aufstieg Moskaus sind vielfältig. Einer von ihnen ist die **Unterstützung der Kirche,** die sich v. a. darin zeigt, dass Metropolit Pjotr seinen Sitz von Wladimir nach Moskau verlegt und damit die Bedeutung der Stadt unterstreicht. Ein anderer ist das Geschick der Moskauer Herrscher im Umgang mit der sog. **Goldenen Horde.** So bezeichnete man das westliche Teilreich des mongolischen Imperiums, das die Länder der Rus und damit auch Moskau im 13. Jh. erobert hatte. Iwan I. arbeitet mit den Mongolen eng zusammen und treibt für sie bei den übrigen Fürstentümern das Geld ein. Im Gegenzug erhalten er und seine Nachfolger weitgehend freie Hand bei ihren Eroberungszügen, dem „Sammeln der Länder der Rus".

Dem Zweckbündnis zum Trotz will Moskau die Abhängigkeit von den Mongolen nicht auf Dauer akzeptieren: 1380 schlägt ein russisches Herr unter Dmitri Donskoj die Feinde erstmals in offener Feldschlacht. Hundert Jahre später zwingt Iwan III. die Mongolen am Fluss Ugra zum endgültigen Abzug.

Etwa zur gleichen Zeit stellen sich weitere entscheidende Erfolge ein: 1478 bricht **Iwan III.** den erbitterten Widerstand Nowgorods und gliedert die alte Handelsstadt samt ihrem riesigen Hinterland in die Moskauer Verwaltung ein. Sieben Jahre später folgt das Fürstentum Twer, das Moskau die Führungsrolle lange streitig gemacht hatte.

An der Spitze des russischen Staates

Gegen Ende des 15. Jh. steht Moskau an der Spitze eines zentralisierten russischen Staates. Diese neue Bedeutung verändert auch das Gesicht der Stadt. Italienische Baumeister errichten im **Kreml** prächtige Kathedralen und umschließen ihn mit einer mächtigen Mauer. Wenige Jahrzehnte später gibt **Iwan IV.,** bekannt als „der Schreckliche", die Basilius-Kathedrale auf dem Roten Platz in Auftrag. Anlass dafür ist die Eroberung der tatarischen Stadt Kasan, die eine wichtige Zäsur markiert: Moskau erobert jetzt nicht mehr Gebiete der einstigen Rus, sondern wagt sich weiter nach Osten vor.

Stadtgründer Juri Dolgoruki

Unter Iwans Nachfolger Fjodor I. erhält Moskau gegen Ende des 16. Jh. eine Stadtmauer. Das Gebiet zwischen ihr und dem historischen Kern der Stadt wird von nun an „weiße Stadt" genannt, was u. a. auf die Farbe der Mauer zurückgeht. Hinter der neuen Befestigung beginnt die sog. „Erdstadt". Sie ist benannt nach dem Erdwall, der – ebenfalls Ende des 16. Jh. – an ihrem Rand aufgeschüttet wird.

Unruhige Zeiten

Mit dem Tod von Fjodor I. stirbt 1598 die Moskauer Dynastie aus. Moskau schlittert in eine Zeit der Wirren, kurz *Smuta* genannt. 1610 besetzen polnisch-litauische Truppen die Stadt. Erst zwei Jahre später gelingt es einem Volksaufgebot, sie aus Moskau zu vertreiben.

Turbulente Zeiten brechen bald darauf für die russisch-orthodoxe Kirche an. Die Reformbestrebungen von Patriarch Nikon (1652–58) führen zur Abspaltung der sog. Altgläubigen (*Raskolniki*). In den folgenden Jahrzehnten verliert die Kirche zunehmend an politischer Macht – eine Entwicklung, die ihren Höhepunkt unter Pjotr I. erreicht, im Deutschen besser bekannt als **Peter der Große**).

Für Moskau hat die Regentschaft von Peter dem Großen weitreichende Folgen: 1703 stampft der Zar im Norden des Landes die Stadt **St. Petersburg** aus dem Sumpf, neun Jahre später erhebt er sie zur neuen Hauptstadt. Fast der gesamte Staatsapparat siedelt an die Newa um, Moskau verliert ein Viertel seiner Bevölkerung. Einziges Trostpflaster: Zur Krönung reisen die Zaren weiterhin nach Moskau!

Von Katharina II. zum großen Brand von 1812

Eine besonders prachtvolle Krönungszeremonie findet im Jahr 1762 statt, als eine deutsche Prinzessin aus dem Hause Anhalt-Zerbst Zarin von Russland wird: **Katharina II.** (auch: die Große), die Moskau wieder mehr Aufmerksamkeit widmet und eine planmäßige Umgestaltung in Gang setzt. Die auf den Roten Platz konzentrierten Radialstraßen werden begradigt, viele Holzhäuser weichen aufwendigen Ziegelbauten. Und da Katharina die Mauer um die „weiße Stadt" für überflüssig hält, lässt sie an ihrer Stelle den sog. Boulevardring anlegen, eine Flaniermeile, die prestigeträchtige Bauten säumen.

Vielen dieser Bauten ist jedoch keine lange Lebensdauer vergönnt. Im Jahr 1812 zerstört ein **großer Brand** drei Viertel der Gebäude und mehr als die Hälfte aller Kirchen. Unter welchen Umständen das Feuer ausbricht, ist unklar. Fest steht: Der Brand zwingt **Napoleon** und die französische Armee, die kurz zuvor in Moskau einmarschiert war, zum sieglosen Rückzug.

Der Wiederaufbau Moskaus vollzieht sich im Eiltempo, schon 1825 ist er weitgehend abgeschlossen. Anstelle des Erdwalls wird eine Straße angelegt. An ihrem Rand reihen sich Gärten aneinander, die der 16 km langen Trasse ihren Namen geben: Gartenring.

Die Revolution und ihre Wurzeln

Obwohl nicht Hauptstadt, entwickelt sich **Moskau im 19. Jh.** zu einem geistigen Zentrum Russlands. Die bekanntesten Intellektuellen streiten hier um die ökonomische, künstlerische und nicht zuletzt um die politische Zukunft des Landes. In den 1860er-Jahren entstehen die ersten Organisationen mit politischer Ausrichtung, aus denen später die Parteien hervorgehen.

Im Zuge der **Industrialisierung** lassen sich in Moskau die bedeutendsten Textilindustriellen und Großhändler nieder. Mit ihnen kommen die Arbeiter – und sie kommen v. a. aus der Provinz.

Leben 1863 noch 350.000 Menschen in der Stadt, so wächst die Zahl bis 1882 auf mehr als das Doppelte an, bis zur Jahrhundertwende auf das Dreifache. Die Lebensbedingungen weiter Bevölkerungsteile sind miserabel, die Wohnverhältnisse menschenunwürdig.

Die sozialen Spannungen entladen sich in der **Revolution von 1905**. Nach dem Blutsonntag in St. Petersburg am 9. Januar, an dem Soldaten in eine friedliche Demonstration hineinschießen, greifen die Unruhen auch auf Moskau über: Im Dezember enden Massenstreiks hier in einem bewaffneten Aufstand, den zarentreue Truppen blutig niederschlagen.

Nach einem Jahrzehnt der Ruhe kommt es während des **Ersten Weltkriegs** erneut zu Streiks und Massenaktionen. Im Februar 1917 münden diese in einen revolutionären Umsturz. Zar Nikolaj II. muss abdanken und wird wenig später zusammen mit seiner Familie brutal ermordet. Einige Monate lang liegt die Regierungsverantwortung in den Händen einer provisorischen Regierung – bis die Bolschewiki unter der Führung von **Wladimir Iljitsch Lenin** in der **Oktoberrevolution** die Macht an sich reißen. Bei den Kämpfen in Moskau kommen mehr als 500 Menschen ums Leben.

Mit der Machtübernahme der Kommunisten beginnt ein neues Kapitel in der Geschichte der Stadt. Moskau wird wieder Kapitale, zunächst nur von der russischen Unionsrepublik, 1922 von der gesamten Sowjetunion.

Moskau im Kasten

„Zwei Hälften des Ganzen": Moskau und St. Petersburg

Die Gegensätze zwischen ihnen könnten größer nicht sein. Das „heilige" Moskau ist von innen gewachsen und blickt auf jahrhundertealte Traditionen zurück. Das imperiale St. Petersburg dagegen wurde nach militärstrategischen Gesichtspunkten auf dem Reißbrett entworfen. Das architektonische Bild Moskaus ist voller Widersprüche – das Zentrum der lieblichen Newa-Stadt wirkt so homogen, als sei es an einem einzigen Tag entstanden. Wie ein roter Faden zieht sich der Gegensatz zwischen den beiden Städten auch durch die russische Literatur, bis in die Gegenwart hinein. Heute gilt Moskau als unbestrittenes Machtzentrum und pulsierende Megalopolis, die verführerisch mit großen Chancen lockt. St. Petersburg, von seinen Einwohnern zärtlich „Piter" genannt, hält tapfer mit seinem Status als Kulturmetropole, „Fenster zum Westen" und inoffizielle Hauptstadt dagegen. Wer Russland richtig kennenlernen will, muss beide Städte besuchen: Sie sind, wie der Osteuropa-Historiker Karl Schlögel sagt, „zwei Hälften des Ganzen" und haben gerade wegen ihrer Gegensätzlichkeit eine unbestrittene Anziehungskraft.

Der Große Terror

Nach Lenins Tod im Jahr 1924 übernimmt **Iossif Stalin** die Führung des Landes. Seine Mittel zur Sicherung und Festigung der Macht sind willkürliche Gewalt und grenzenloser Terror. Die Männer des NKWD, des Volkskommissariats für innere Angelegenheiten, verhaften jeden, der in Ungnade fällt. Vor dem berüchtigten Lubjanka-Gefängnis warten Angehörige auf ein Lebenszeichen ihrer Lieben.

Seinen traurigen Höhepunkt erreicht der Terror im Jahr 1937: Rund 700.000 Menschen werden in Moskau ermordet, weitere 1,3 Mio. Menschen werden deportiert. Zur Chiffre des Schreckens werden fünf Buchstaben: **GULAG,** die Abkürzung für *Glawnoje Uprawlenije Lagerej,* Hauptverwaltung des Lagersystems.

Parallel zum Großen Terror verwandelt sich Moskau in ein **Experimentierfeld sowjetischer Stadtplaner.** Mit dem Generalplan von 1935 setzen diese eine gewaltige Umgestaltung in Gang. Ihr Ziel: die sozialistische Vorzeigestadt. Über Jahre hinweg ist Moskau eine einzige Baustelle.

Kampf gegen Hitler-Deutschland

Unterbrochen werden die Baumaßnahmen vom **Großen Vaterländischen Krieg,** der im Sommer 1941 beginnt. Am 22. Juni überfallen Hitlers Truppen die Sowjetunion, wenige Monate später stehen sie kurz vor Moskau. Die sowjetischen Einheiten bringen den deutschen Vormarsch im Norden der Stadt zum Stehen und leiten damit eine erste Wende im Kriegsverlauf ein. Nach den großen Schlachten bei Stalingrad und Kursk geht die Sowjetunion im Mai 1945 als Sieger aus dem Krieg hervor.

Unter Bomben leidet Moskau vergleichsweise wenig. Die rund 25 Mio. sowjetischen Opfer aber brennen sich tief ins kollektive Gedächtnis ein. Bis heute ist der 9. Mai, der Tag des Sieges, der mit Abstand wichtigste russische Feiertag. Das ganze Land ist gepflastert mit Erinnerungsorten. In Moskau spiegelt sich der Triumph darüber hinaus in bombastischen Bauten wider, etwa in den sieben Zuckerbäcker-Hochhäusern oder in den prunkvollen Metrostationen der Ringlinie.

Vom Tauwetter zum Stillstand

Nach Stalins Tod im März 1953 leitet **Nikita Chruschtschow** das sog. Tauwetter ein, ein Geist der Freiheit durchweht die Stadt. Politische Gefangene werden rehabilitiert. Stalins einbalsamierter Leichnam muss das Mausoleum verlassen. Schriftsteller können offener ihre Meinung äußern, etwa bei den legendären Lesungen im Polytechnischen Museum. Zugleich verordnet Chruschtschow der sowjetischen Hauptstadt städtebauliche Sünden wie den Neuen Arbat und überzieht das Stadtgebiet mit tristen Wohnblöcken.

Mit der Absetzung Chruschtschows im Jahr 1964 enden die Reformansätze. Sein Nachfolger **Leonid Breschnew** leitet im Innern eine Ära des Stillstands ein.

Außenpolitisch stehen die 1970er-Jahre im Zeichen der Entspannung – bis zum Dezember 1979, als die sowjetische Armee in Afghanistan einmarschiert. Die Olympischen Sommerspiele, die im Jahr darauf in Moskau stattfinden, werden aus Protest von mehr als 40 Staaten boykottiert.

Im Untergrund kann sich vergleichsweise ungestört die Opposition entfalten. Verbotene Schriften verbreitet sie über den Samisdat („Selbstverlag"), also durch eigenhändige Abschriften oder heimlich gemachte Kopien. Liedermacher wie Wladimir Wyssozki begeistern mit kritischen Texten ihr Publikum (siehe auch S. 215).

Perestrojka und Zerfall der Sowjetunion

Michail Gorbatschow, der im März 1985 sein Amt als Generalsekretär der Kommunistischen Partei antritt, setzt einen tiefgreifenden **Umbau (Perestrojka)** in Gang, der alle Bereiche des politischen, wirtschaftlichen und gesellschaftlichen Systems erfasst. Erstmals seit Jahrzehnten dürfen die Moskauer demonstrieren, sie dürfen in Zeitungen frei ihre Meinung äußern und erleben in der neuen Fußgängerzone am Alten Arbat ein Stück „westliches" Stadtleben. Da die Perestrojka letztlich zur deutschen Wiedervereinigung führt, wird „Gorbi" in Deutschland bis heute verehrt. Viele Russen dagegen sehen ihn kritisch, leitet seine Politik doch auch den **Zerfall der Sowjetunion** ein, der sich in rasendem Tempo vollzieht.

Motor dieser Entwicklung ist allerdings nicht Gorbatschow selbst, sondern ein anderer Mann: **Boris Jelzin**, der im Juni 1991 Präsident der russischen Unionsrepublik wird. Seine Macht festigt Jelzin zwei Monate später im Moskauer Augustputsch. Im Dezember erklärt er (zusammen mit seinen Amtskollegen aus der Ukraine und Weißrussland) die Sowjetunion für aufgelöst. Moskau ist jetzt **Hauptstadt der Russischen Föderation**, eines Staates, der (nur noch) drei Viertel des sowjetischen Territoriums und die Hälfte der Bevölkerung umfasst.

Experiment Demokratie

Wie brüchig die neue Ordnung ist, zeigt sich in der Verfassungskrise im Oktober 1993, als Jelzin mit dem Parlament (dem Obersten Sowjet) aneinandergerät. Jelzin steht für Reformen und Modernisierung. Das noch zu Sowjetzeiten gewählte Parlament ist dagegen mehrheitlich konservativ. Der schwelende Konflikt eskaliert, als Jelzin das Parlament staatsstreichartig auflöst. Bei **Kämpfen am Weißen Haus** in Moskau sterben mehr als 120 Menschen.

Im Dezember 1994 marschiert die russische Armee in **Tschetschenien** ein, eine Teilrepublik auf russischem Boden, die drei Jahre zuvor ihre Unabhängigkeit erklärt hatte. Der blutige Krieg, von Menschenrechtlern scharf kritisiert, endet 1996 mit einer befristeten De-facto-Anerkennung der Unabhängigkeit. Im Untergrund schwelt der Konflikt weiter.

Eine weitere Herausforderung für Jelzin ist die **Rubelkrise** vom August 1998: Weil Russland zahlungsunfähig ist, frieren die Banken alle Konten ein, auch die privaten. Weite Teile der Bevölkerung stehen am Abgrund – und das in einer Situation, in der die **sozia-**

len Gegensätze ohnehin unerträglich groß sind: In den Jahren zuvor hatte sich eine extrem reiche Oberschicht herausgebildet („Neue Russen"), während die große Masse zunehmend verarmte.

Das Moskauer Stadtbild erlebt in den 1990er-Jahren einen tiefgreifenden Wandel. Gelenkt wird dieser von **Juri Luschkow**, der 1992 Bürgermeister wird. Wo früher kommunistische Parolen hingen, leuchten nun bunte Werbeplakate. Die einst so leeren Straßen füllen sich mit Autos. Zerstörte Bauwerke werden in Windeseile wiederaufgebaut, darunter die Christi-Erlöser-Kathedrale, das größte orthodoxe Gotteshaus Europas.

Der neue Mann im Kreml

Am 9. August 1999 ernennt Präsident Jelzin einen bis dato weitgehend unbekannten Mann zum neuen Ministerpräsidenten: **Wladimir Putin.** Dieser beginnt seine Zeit als aktiver Politiker mit einer umstrittenen Entscheidung: Er nimmt eine Serie von Sprengstoffanschlägen in Moskau und anderen russischen Städten, bei der im Sommer 1999 mehr als 300 Menschen sterben, zum Anlass, den **Zweiten Tschetschenienkrieg** zu beginnen.

Am Silvestertag 1999 gibt Jelzin in einer Fernsehansprache überraschend sein Amt auf. Putin übernimmt die Geschäfte und wird bald darauf offiziell zum neuen Präsidenten gewählt. Eine seiner ersten Amtshandlungen ist die Wiedereinführung der sowjetischen Hymne. Russland, so das Signal, soll zurück zu alter Größe finden.

Im Innern regiert Putin mit harter Hand. Er schaltet Schritt für Schritt die Opposition aus und schränkt den Handlungsspielraum von Nichtregierungsorganisationen ein. Den Ölmilliardär Michail Chodorkowski lässt er zur Lagerhaft in Sibirien verurteilen.

In weiten Teilen der Bevölkerung ist Putin dennoch beliebt, was nicht zuletzt am **wirtschaftlichen Aufschwung** liegt: Sowohl das Bruttoinlandsprodukt als auch die russische Industrieproduktion steigen kontinuierlich, mit ihnen auch die Löhne und der Lebensstandard vieler Menschen.

Zwischenspiel Medwedew

Da Putin laut Verfassung kein drittes Mal als Präsident kandidieren darf, sorgt er 2008 dafür, dass ein treuer Mitarbeiter sein Nachfolger wird: **Dmitri Medwedew.**

Niemand weiß genau, was vom neuen Präsidenten zu halten ist. Die einen sehen in ihm eine Marionette von Ziehvater Putin. Die anderen stürzen sich hoffnungsvoll auf die Anzeichen einer zaghaften Liberalisierung. Immerhin bemüht sich Medwedew um die Pressefreiheit, er verurteilt die Stalin'schen Verbrechen und setzt eine umfassende Modernisierung in Gang.

Überschattet wird seine Präsidentschaft vom **Georgienkrieg** und von der 2008 einsetzenden **Finanz- und Wirtschaftskrise,** die dem Höhenflug der russischen Wirtschaft ein Ende setzt.

Moskau gerät derweil wiederholt in die internationalen Schlagzeilen. Im März 2010 sterben bei einem **Terroranschlag** in der Metro 40 Menschen. Fast ebenso viele werden zehn Monate später Opfer eines Selbstmordattentats auf dem Flughafen Domodedowo. Im Sommer 2010 erlebt Russland eine schwere **Hitzewelle.** Moskau versinkt in einer Wolke aus ekelhaftem Smog.

Weil Bürgermeister Luschkow nicht angemessen auf die Hitzekatastrophe reagiert, nutzt der Kreml die Gunst der Stunde, ihn abzusetzen. Nach fast zwei Jahrzehnten zieht mit **Sergej Sobjanin** ein neuer Mann ins Rathaus ein.

Im Dezember 2011 gehen die Moskauer auf die Straße: der Auftakt zum **Protestwinter 2011/2012.** Grund für die Demos sind die Manipulationen bei der vorangegangenen Parlamentswahl, außerdem die Kungelei zwischen Putin und Medwedew: Beide hatten sich hinter verschlossenen Türen darauf verständigt, ihre Ämter wieder zu tauschen. Medwedew soll auf den Sessel des Premierministers rücken, Putin erneut bei der Präsidentschaftswahl antreten.

Rolle rückwärts

Es läuft wie geplant: Im März 2012 wird Putin wiedergewählt – was die Proteste erneut anheizt. Bei einer **Großdemonstration** auf dem Moskauer Sumpfplatz kommen im Mai bis zu 100.000 Menschen zusammen und damit so viele wie zuletzt zu Beginn der 1990er-Jahre. Für kurze Zeit weht ein Wind des Aufbruchs durchs Land.

Der regimekritische Ton dieser Tage schlägt allerdings schon bald ins Gegenteil um. Der Anschluss der Halbinsel **Krim** im März 2014 macht Putin im eigenen Volk so beliebt wie nie zuvor. Im Westen dagegen sind die meisten schockiert. Die überwiegende Mehrheit der Rechtsexperten wertet den Anschluss der Krim als Völkerrechtsbruch, die EU reagiert mit ersten Sanktionen. Diese werden verschärft, als im Laufe des Jahres 2014 immer klarer wird, dass Russland die Separatisten in der **Ostukraine** unterstützt, auch militärisch. Noch weiter verhärten sich die Fronten zwischen Ost und West, als Putin Ende September 2015 auf Seiten von Diktator Baschar al-Assad in den **Syrien-Krieg** eingreift. Immer öfter ist von einem „neuen Kalten Krieg" die Rede.

Im Februar 2015 wird in Sichtweite des Kreml der Oppositionspolitiker **Boris Nemzow** erschossen. Abgesehen davon ist es auf der innenpolitischen Bühne lange ruhig. Das ändert sich erst im Jahr 2017. Im März organisiert **Alexej Nawalny** die erste große Demonstration gegen Korruption. Rund 15.000 Menschen ziehen in Moskau über die

Twerskaja uliza, mehr als tausend werden später festgenommen. Später wiederholt er das Ganze.

Moskau entwickelt sich in diesen Jahren in rasantem Tempo weiter. Bürgermeister **Sobjanin** lässt die Bürgersteige verbreitern, Fußgängerzonen und Fahrradwege anlegen, überdimensionierte Werbetafeln entfernen und alte Kioske systematisch durch neue ersetzen. Dem drohenden Verkehrskollaps begegnet er mit Parkgebühren, gesonderten Busspuren und dem forcierten Ausbau des Metrosystems. Quasi nebenbei verschiebt er die Stadtgrenze: Um sage und schreibe 148.000 ha – das entspricht etwa der Fläche von Berlin und Hamburg zusammen – wird das Stadtgebiet im Südwesten erweitert.

Sobjanins Maßnahmen kommen bei den Moskauern lange gut an, 2017 aber gerät auch er unter Druck. Die Kritik entzündet sich an seinem Plan, mehr als 5000 sog. Chruschtschowkas abzureißen (→ Kasten) und rund eine Million Menschen umzusiedeln. Die Moskauer protestieren.

Moskau im Kasten
Ungeliebtes Geschenk

Ende der 1950er-Jahre leitete Parteichef Nikita Chruschtschow ein neues Kapitel beim Thema Wohnungsbau ein: Geplant war eine neue Generation von Wohnblocks, die fünf Etagen haben sollten. Unter dem Namen „Chruschtschowka" gingen sie in die Geschichte der sowjetischen Architektur ein. Als der Bau der Häuser beschlossen wurde, waren sie Sinnbild einer lichten Zukunft. Zwar waren die Wohnungen darin eng und hellhörig, doch war das den neuen Bewohnern vollkommen egal: Hauptsache raus aus der Gemeinschaftswohnung und rein in die eigenen vier Wände! Die anfängliche Begeisterung wich mit den Jahren der Ernüchterung. Die Häuser – ohnehin nur für eine Übergangszeit von maximal 50 Jahren konzipiert – verfielen, die Wände wurden nicht dicker. Viele schimpften über die Häuser.

2017 schließlich verkündete Sobjanin, dass die Chruschtschowkas in großem Stil abgerissen und durch Neubauten ersetzt werden sollen. Was im ersten Moment nicht so schlecht klingt, kam bei den Moskowitern gar nicht gut an: Auf eigentümliche Weise hatten sie ihre Chruschtschowkas lieb gewonnen. Sie wollten nicht umziehen, schon gar nicht an den Stadtrand, wollten ihre grünen Höfe mit den Spielplätzen nicht verlassen. Hinzu kam das rücksichtslose Vorgehen der Behörden. Viele Fragen blieben offen, ein Widerspruchsrecht war nicht vorgesehen. Es entbrannte ein Streit, der Moskau mehrere Monate in Atem hielt. Am Ende machte die Stadt ein paar Zugeständnisse. Am Ergebnis änderte sich jedoch wenig: Mehr als 5000 Häuser werden in den kommenden Jahren abgerissen. Rund eine Million Menschen – und damit ein Zwölftel der gesamten Einwohnerschaft – müssen ihre Sachen packen.

Am 18. März 2018, dem vierten Jahrestag der Krim-Annexion, wird Wladimir Putin zum vierten Mal zum Präsidenten gewählt. Was das für die nächsten Jahre bedeutet, weiß niemand. „Es kann sein", so Wiktor Jerofejew schon 2008, „dass ich morgens meinen Tee trinke und abends die Revolution ausbricht. Moskau gleicht einem Vulkan, der nicht erloschen ist."

Moskau City

Moskauer Architekturgeschichte

Unharmonisch prallen in Moskau unterschiedlichste Baustile aufeinander. Selten ist das Gesamtbild stimmig, fast niemals schön im traditionellen Sinn des Wortes. Moskau verzaubert seine Gäste nicht, Moskau irritiert. Und genau das macht den Reiz der Stadt aus!

Altrussische Baukunst und Naryschkin-Barock

Im Gegensatz zu St. Petersburg wird Moskau oft ein „russischer Charakter" zugeschrieben. Zu verdanken ist dies v. a. den Bauwerken der **altrussischen Baukunst**, insbesondere den vielen Kirchen, Kathedralen und Klostermauern. Beliebte Schmuckelemente russischer Sakralbauten sind Kokoschniki, stufenartig angeordnete Ziergiebel, sowie die zwiebelförmigen Kuppeln mit den großen, goldenen Kreuzen, die das Bild der Stadt bis heute prägen.

Wer die verbliebenen Kirchen der altrussischen Periode heute betrachtet, der entdeckt – je nach Entstehungszeitpunkt – unterschiedliche Merkmale: Die Mariä-Himmelfahrts-Kathedrale im Kreml (1479) ist eine **Kreuzkuppelkirche** nach byzantinischem Vorbild, dem Grundtypus russischer Kirchen (→ Näheres S. 42). Charakteristisch für diese Bauform ist der quadratische Grundriss, in den ein griechisches Kreuz „eingeschrieben" ist. Über den vier gleich langen Kreuzarmen erhebt sich der tonnengewölbte Innenraum, der im Vergleich zum schlichten Äußeren üppig dekoriert ist.

Die zentrale Hauptkuppel ruht auf einem Tambour, einem zylinderförmigen Bindeglied zu dem oft blockartigen Baukörper, und ist meist umgeben von einer unterschiedlichen Anzahl kleinerer Kuppeln.

Einen vollkommen neuen Kirchentypus verkörpert die Christi-Himmelfahrts-Kirche in Kolomenskoje (1532). Sie hat keine Kuppel, sondern ein steiles pyramidenförmiges **Zeltdach** aus acht gegeneinandergeneigten Flächen (→ Näheres S. 145). Das Zeltdachprinzip wurde später vielfach kopiert (übrigens nicht nur bei sakralen Bauwerken), löste die Kuppeln allerdings mitnichten dauerhaft ab. Häufig wurde beides kombiniert, so auch bei der berühmten Basilius-Kathedrale auf dem Roten Platz (Mitte 16. Jh.).

Im 17. Jh. veränderten sich die Kirchen abermals. Die Fassaden waren nun deutlich bunter und verspielter gestaltet, die Kuppeln waren kleiner und standen näher beieinander. Ein Beispiel ist die Dreifaltigkeitskirche „in Nikitniki" (um 1630) (→ S. 58).

Außer Gotteshäusern sind aus der Zeit vor 1700 wenige Bauten erhalten. Ohnehin lange verschwunden sind die vielen kleinen Holzhäuser, die sog. Isbas, deren Fenster häufig mit raffinierten Schnitzereien umrahmt waren. Ebenso rar sind Profanbauten aus Stein. Zu den prominentesten Ausnahmen zählen der Alte Englische Hof und das Haus der Romanow-Bojaren.

Gegen Ende des 17. Jh. hielt der Barock Einzug in Moskau, zaghaft nur und mit einer spezifischen Ausprägung: Sie wird **Naryschkin-Barock** genannt, denn es war die Familie Naryschkin, die viele Bauten finanzierte. Einer von ihnen ist die Mariä-Schutz-Kirche „in Fili", die heute als Prototyp dieser Zeit gilt (→ S. 170). Typisch ist der weiße Kalksteindekor, der sich deutlich von dem roten Mauerwerk abhebt. Typisch ist auch die Komposition der Kirche: Im Sockel, den ein Arkadengang umgibt, befindet sich die Winterkirche. Über ihr erhebt sich die Sommerkirche, zu der im Außenbereich drei Treppenanlagen führen. Nach oben hin verjüngt sich der Bau in Form von zwei Oktogonen, die eine vergoldete Kuppel schmückt.

Altrussische Holzbauten

Dass sich der Barock in Moskau insgesamt wenig entfalten konnte, lag nicht zuletzt an Zar Peter dem Großen: Im Jahr 1714 ordnete er an, dass nur im neu gegründeten St. Petersburg Gebäude aus Stein errichtet werden dürfen. Als der Erlass 37 Jahre später aufgehoben wurde, klopfte bereits der Klassizismus an die Tür.

Vom Klassizismus zum Moskauer Jugendstil

Im Gegensatz zum Barock prägte der **Klassizismus** das architektonische Bild der Stadt nachhaltiger. In Anlehnung an antike Traditionen versahen Architekten wie Matwej Kasakow oder Wassili Baschenow ihre Bauten mit weißen Säulen, die oft einen Portikus samt Dreiecksgiebel tragen. Die Fassaden tauchten sie in dezente Pastelltöne. Vor allem das zarte Gelb ist typisch für Moskauer Bauten dieser Zeit. Bauplastischer Schmuck der Fassade war verpönt, auch die Umrahmungen von Fenstern und Türen folgten dem Gebot der Schlichtheit.

Besonders dominant ist in Moskau die späte Phase des Klassizismus, auch Empire genannt. Schuld daran ist der große Brand von 1812, der drei Viertel der Moskauer Gebäude zerstörte. Eine zentrale Rolle beim anschließenden Wiederaufbau spielten Architekten wie Ossip Bowe und Domenico Gilardi.

Seine Spuren hat der Klassizismus in ganz Moskau hinterlassen, besonders viele finden sich im Umfeld des Kreml, wo sich das Paschkow-Haus, die Alte Universität und das Bolschoj-Theater aneinanderreihen. Neben repräsentativen Bauwerken wie diesen hat Moskau dem Klassizismus aber auch seine typisch niedrigen Häuser zu verdanken. Gerade sie stehen für das, was viele als das „alte Moskau" rühmen. Man findet sie heute noch in Samoskworetschje und Basmanny.

Dem strengen Klassizismus folgte ab Mitte des 19. Jh. eine Phase der Verspieltheit. Sie kam einerseits im **Historismus** zum Ausdruck, andererseits im **Moskauer Jugendstil.** Charakteristisch für den historistischen Stil (hier auch bekannt als pseudo-russisch, neorussisch, neo-altrussisch, russisch-byzantinisch oder einfach russisch) ist der Rückgriff auf die Vergangenheit. Architekten wie Konstantin Thon und Roman Klejn orientierten sich an der traditionellen russischen Holzbauweise und griffen Elemente der altrussischen Baukunst des 17. Jh. auf. Prominente Beispiele sind das Historische Museum, das GUM am Roten Platz oder das Polytechnische Museum. Die Moskauer Ausprägung des Jugendstils ist maßgeblich mit dem Namen **Fjodor Schechtel** verbunden. Sein Meisterwerk ist die Villa Rjabuschinski, die heute das Gorki-Museum beherbergt. Weitere sehenswerte Jugendstilbauten stammen von Lew Kekuschew und William Walcot.

Architektur der Sowjetzeit

Nach der Revolution von 1917 konnte sich einige Jahre der **Konstruktivismus** entfalten, ein Baustil, der auch unter den Schlagworten Avantgarde oder Re-

GUM

volutionsarchitektur bekannt ist. Seine Grundlage war das Bestreben der Architekten, in ihren Bauwerken „die Ideologie des Kommunismus zum Ausdruck zu bringen" (Richard Pare). Sie entwarfen daher funktionale Gebäude wie Fabriken, Arbeiterclubs oder Kulturpaläste. Die schnörkellosen Fassaden gliederten sie klar und einfach, auffällig oft zum Einsatz kamen geometrische Grundformen. In der Moskauer Innenstadt sind vergleichsweise wenige konstruktivistische Bauten zu finden, zu den bedeutendsten Ausnahmen zählen das Zentrosojus-Gebäude und das Melnikow-Haus. Viele weitere verteilen sich querbeet über die Außenbezirke, besonders hervorzuheben sind der Schuchow-Turm und der Sujew-Arbeiterclub.

Auf internationalem Parkett werden die Bauten bis heute in höchstem Maße verehrt. In der Heimat setzte sich dagegen schon nach wenigen Jahren eine vollkommen neue Formensprache durch. Grundlage der Entwicklung war der Generalplan von 1935, der das Gesicht der Stadt für immer verändern sollte: Radikal wurde zerstört, was der sozialistischen Vision im Weg stand, ob Kirche oder Kloster, Marktstand, Mauer, Denkmal oder Holzhaus. An ihre Stelle traten gewaltige Bauten, überdimensionierte Straßen und gigantisch große Plätze.

Der prägende Stil der Zeit trägt im Russischen das Label Stalin-Empire, im Deutschen kursieren Begriffe wie **Sozialistischer Realismus** oder **Zuckerbäckerstil**. Charakteristisch für ihn sind aufwendig verzierte Fassaden, Gesimse, Türmchen und Erker, Reliefs mit sowjetischer Symbolik. Im Innenbereich dürfen Säulen nicht fehlen, Marmor und Bronze sind die vorherrschenden Materialien. Zu den prägenden Köpfen zählten Aleksej Mordwinow, Lew Rudnew, Iwan Scholtowski und Dmitri Tschetschulin. Ihre bekanntesten Werke sind die Metrostationen an der Ring-

Itar-Tass-Haus

linie sowie die Straßenzüge an der Twerskaja oder am Kutusowski prosp. Die im wahrsten Sinne des Wortes herausragenden Bauten aber sind die Sieben Schwestern (→ Kasten S. 206).

Nach Stalins Tod im Jahr 1953 hieß die Devise Wohnungsbau statt Paläste, an die Stelle des Prunks trat der **Funktionalismus**. Unter Chruschtschow bekam Moskau einen Gürtel aus Wohnblöcken, trist und grau, so weit das Auge reicht. Oft in Vergessenheit geraten dabei jene Bauten, die nicht als Wohnhäuser genutzt wurden und durchaus Aufmerksamkeit verdienen: Zu nennen sind hier das Itar-Tass-Haus, das Weiße Haus oder der Staatliche Kremlpalast.

Entwicklung seit 1991

Architekturführungen auf Deutsch → S. 246.

Nach dem Zerfall der Sowjetunion wurde Moskau von einem **Bauboom** erfasst, der innerhalb des Landes – wenn nicht Europas – einzigartig war. Schnell, für viele systemlos und teilweise unter hohem ökonomischem Druck schossen Bürogebäude und pompöse Shoppingzentren in die Höhe. Von Stalin gesprengte Bauten wurden wieder aufgebaut, das prominenteste Beispiel ist die Christi-Erlöser-Kathedrale.

In der Moskauer Innenstadt mehrten sich in den 1990er-Jahren Gebäude mit reich verzierten Fassaden und aufgesetzten Türmchen, beides sind Markenzeichen des sog. **Luschkow-Stils**. Er ist benannt nach Ex-Bürgermeister Juri Luschkow, der das Baugeschehen in seiner Stadt maßgeblich dirigierte. Besonders stark profitierte davon der ebenso produktive wie umstrittene Künstler **Surab Zereteli**, der das gesamte Stadtgebiet mit seinen monumentalen Skulpturen pflastern durfte. Die Märchenwelt auf dem Manege-Platz, das Denkmal für Peter den Großen oder der Obelisk im Siegespark sind nur die prominentesten Beispiele. Unter den Architekten stach **Sergej Tkatschenko** hervor. Von ihm stammt u. a. das Patriarchenhaus, das immer wieder als Prototyp des Luschkow-Stils genannt wird.

Begleitet und schließlich abgelöst wurde der Luschkow-Stil von zwei weiteren Strömungen. Zum einen war das der Drang, mit **Hightech-Wolkenkratzern** immer neue Höhenrekorde zu knacken, v. a. in Moskau City, dem Hochhausviertel am Ufer der Moskwa. Zum anderen zeigten sich zaghafte Ansätze einer **modernen Architektur**. Sie wurde vorangetrieben von Architekten wie Sergej Skuratow, Aleksandr Skokan und Juri Grigorjan. Alle drei standen für schlichtes, an die Umgebung angepasstes Bauen. Alle drei handelten unter der Prämisse, historische Bausubstanz zu erhalten. Deutliche Spuren haben sie v. a. südlich der Ul. Ostoschenka hinterlassen.

Die allerjüngste Entwicklung knüpft an die Vergangenheit an: So wie Iwan III. Ende des 15. Jh. italienische Baumeister ins Land holte, so verwirklicht Moskau heute schwerpunktmäßig die Projekte **internationaler Architekten**. Es geht dabei weniger um den Neubau von Gebäuden als vielmehr darum, eine neue Stadtlandschaft mit kleinen Parks und Promenaden zu schaffen und der Metropole damit ein modernes Gesicht zu geben. Bekannte Beispiele: Das Konzept für den Park Sarjadje stammt von einem Architekturbüro aus New York, die Galerie Garasch hat der Niederländer Rem Koolhaas umgebaut und für die Uferstraße Jakimanka ist ein dänisches Büro verantwortlich.

Moskau im Kasten

Die Sieben Schwestern

Sieben Schwestern nennen die Moskowiter die markanten Hochhäuser im Zuckerbäckerstil, die der russischen Hauptstadt ihr unverwechselbares Gesicht verleihen: das Außenministerium, die Lomonossow-Universität, die Hotels Ukraina und Leningradskaja sowie zwei Wohnhäuser und ein Bürogebäude (S. 79, 158, 177, 256, 117). Von fast jedem Punkt der Moskauer Innenstadt ist mindestens eines der Häuser zu sehen, womit die sowjetischen Stadtplaner ein wesentliches Ziel erreicht haben: Als sie die Häuser in den 1930er-Jahren planten, wollten sie der Stadt ihre ursprüngliche Silhouette zurückgeben – eine Silhouette, die gekennzeichnet war von einem hügeligen Relief, einer flachen Bebauung und daraus hervorragenden Türmen. In den Ursprungsplanungen war das Konzept der Schwestern untrennbar verbunden mit dem Palast der Sowjets (→ Kasten S. 66). Sie sollten dessen gigantische Vertikale unterstützen und ihn ästhetisch umkreisen. Die Grundsteine der Häuser wurden 1947 zum 800-jährigen Jubiläum der Stadt gelegt, zehn Jahre später schon wurde das letzte fertiggestellt.

Bliny – das Beste an der russischen Küche

Russische Küche

Süß und fettig, schwer und deftig, so der Ruf der russischen Küche. Und dennoch: Es gibt etliche Besonderheiten, die auch Ausländer schnell lieb gewinnen!

Essen

Böse Zungen behaupten, so etwas wie die „russische Küche" gäbe es nicht. Und tatsächlich stammen viele Gerichte auf den Moskauer Speisekarten ursprünglich aus nichtrussischen Gegenden. Das populärste Beispiel dafür ist die berühmte Rote-Bete-Suppe **Borschtsch**, die ein Import aus der Ukraine ist. Zahlreiche weitere Speisen haben die Russen dem Einfluss des Kaukasus und Zentralasiens zu verdanken.

Typisch russisch sind allerdings die **Vorspeisen**, die sog. *sakuski*, die – kalt oder warm – das Mittag- bzw. Abendessen einleiten. Niemals fehlen darf auf einer Vorspeisentafel das eingelegte Gemüse, wozu v. a. Pilze, Tomaten und Gurken gehören. Fleisch findet man z. B. in Form von Bratenaufschnitten. Fisch (meist Hering, Stör oder Lachs) kommt gesalzen, geräuchert oder in Aspik auf den Tisch.

Teil der Vorspeisen sind auch die **Salate**, die entweder viel Mayonnaise oder Rote Bete enthalten. Und zwischendurch greift man zu einem *buterbrod*, einer Weißbrotscheibe, die mit Käse, Wurst oder Lachs belegt ist – und manchmal auch mit Kaviar, der edelsten aller Vorspeisen. Denn **Kaviar** *(ikra)* ist das teuerste Lebensmittel der Welt, zumindest dann, wenn es sich um „echten" Kaviar handelt. Echt heißt: Die Fischeier stammen von einer der drei Störarten, die im Kaspischen Meer und im Wolgadelta gefischt werden (Beluga, Osjotr und Sewruga). Unverkennbar sind die schwarze Farbe und der kleine Durchmesser der Kügelchen. Stärker verbreitet und weitaus günstiger ist der rote Kaviar vom Lachs, dessen Eier mit einem Durchmesser von 7 mm fast doppelt so groß sind und etwas salziger schmecken.

Neben den Vorspeisen zeichnet sich die russische Küche durch deftige **Suppen** aus. Sie werden i. d. R. mit Brot und einem Klecks *smetana* serviert, einer Art saurer Sahne, die durch Buttermilch einen cremig-süßen Geschmack erhält. Zum Einsatz kommt *smetana* auch bei den allseits beliebten **Nudelteigtaschen**, die grob an Ravioli erinnern und mit unterschiedlichsten Füllungen zu haben sind.

Das klassische Hauptgericht besteht i. d. R. aus einem **Fleisch- oder Fischgericht** sowie ein oder zwei Beilagen. Das können Reis, Kartoffeln, Nudeln oder Buchweizenbrei sein, außerdem Gemüse.

> Sie sind gerade angekommen und schon süchtig nach Bliny, Pelmeni und Co.? Dann hilft nur eins: ein **Kochkurs** in Moskau, natürlich auf Englisch. Kurse mehrmals pro Monat, 70 € (inkl. 3-Gänge-Menü, Alkohol und Rezeptbuch), vorher anmelden und zahlen, sonst Aufschlag. Kasarmjonny per. 4, Geb. 3, Ⓜ Kurskaja, Tschkalowskaja, ☏ 929-6943797. Infos und Termine unter www.tasterussia.ru.

Warme Gerichte, etwa Bliny oder Syrniki, sind übrigens auch auf dem **Frühstückstisch** beliebt. Der **Nachtisch** wiederum muss nur eine Bedingung erfüllen: Hauptsache süß!

Kleines Moskauer Speiselexikon

Frühstück

Syrniki (Сырники): süße Quarkteilchen, die in der Pfanne angebraten und z. B. mit Honig serviert werden.

Bliny (Блины): hauchdünne Pfannkuchen, traditionell aus Buchweizenmehl und Hefe, die man mit süßer oder herzhafter Beilage isst (übrigens nicht nur zum Frühstück).

Kascha (Каша): Brei aus unterschiedlichen Getreidearten.

Salate

Winegret (Винегрет): Rote-Bete-Salat mit Möhren, Gurken, Erbsen und Kartoffeln – alles fein gewürfelt, gesalzen und mit Pflanzenöl zusammengemischt.

Seljodka pod schuboj (Селёдка под шубой, Hering im Pelzmantel): Schichtsalat aus Hering und Roter Bete, dem wahlweise Zwiebeln, Eier oder Kartoffeln hinzugefügt werden.

Salat Oliwje/Stolitschny (Салат Оливье/Столичный): populärer Kartoffelsalat mit Erbsen, Gurken, Eiern, Fleischwurst und v. a. viel Mayonnaise.

Suppen

Borschtsch (Борщ): Rote-Bete-Suppe mit Weißkohl und – je nach Rezept – diversen weiteren Zutaten.

Schtschi (Щи): aus Weißkohl oder Sauerkraut gekochte Suppe, die angereichert wird mit mehreren Gemüsesorten.

Soljanka (Солянка): auf der Basis von sauer eingelegtem Gemüse zubereitete Suppe, die wahlweise Fleisch, Fisch oder Pilze enthält.

Ucha (Уха): traditionelle russische Fischsuppe.

Okroschka (Окрошка): kalte Sommersuppe aus Kwas, Gurken und Kräutern, die Rindfleisch oder geräucherten Fisch enthält.

Fisch und Fleisch

Befstroganow (Бефстроганов, Bœuf Stroganoff): klein geschnetzeltes Rindfleisch, meist in Kombination mit Champignons und saurer Sahne.

Golubzy (Голубцы): mit Hackfleisch und Reis gefüllte Kohlrouladen.

Kotlety (Котлеты): Frikadellen aus Hackfleisch.

Kotlety po-kijewski (Котлеты по-киевски, Kiewer Kotelett): paniertes Hühnerbrustfilet.

Zypljonok tabaka (Цыплёнок табака): georgisches Brathähnchen aus der Pfanne.

Omul (Омуль): Lachsfisch, der ausschließlich im Baikalsee vorkommt.

Plow (Плов): v. a. in Zentralasien verbreitetes Reisgericht, das i. d. R. Fisch oder Fleisch, Möhren und anderes Gemüse sowie Trockenfrüchte enthält.

Schaschlyk (Шашлык): gegrillter Fleischspieß, der v. a. im Sommer in jedem Park verkauft

Früher an jeder Ecke: ein Stand, der Kwas verkauft

wird. Achten Sie darauf, ob das Fleisch – wie gewöhnlich – pro 100 g angeboten und abgerechnet wird: Sonst landet ein riesiger Berg Fleisch vor Ihnen auf dem Teller, der für eine achtköpfige Familie reicht und 35 € kostet.

Gefüllte Teigwaren

Chatschapuri (Хачапури): georgische Teigfladen, die mit Käse gefüllt und/oder überbacken sind.

Chinkali (Хинкали): georgische Nudelteigtaschen, bei denen der Teig über der Füllung zusammengedreht wird, sodass sich Falten bilden und ein kleiner Knauf entsteht – dieser dient als „Griff", um die Füllung quasi herauszusaugen.

Pirogi (Пироги): kleine Teigtasche (Pirogge) mit unterschiedlicher Füllung, z. B. mit Fleisch, Kohl, Kartoffeln, Pilzen, Äpfeln, Kirschen u. v. m. Der Begriff *pirog* ist allerdings nicht klar definiert: Er kann auch einen Kuchen oder eine Art Quiche bezeichnen.

Pelmeni (Пельмени): russische Nudelteigtaschen, die mit Fleisch gefüllt sind und ursprünglich aus Sibirien stammen.

Tschebureki (Чебуреки): fettige, meist mit Hackfleisch oder Käse gefüllte Teigfladen.

Wareniki (Вареники): ukrainische Nudelteigtaschen mit herzhafter oder süßer Füllung, z. B. aus Kartoffeln, Quark oder Kirschen.

Trinken

Die Moskauer Innenstadt ist gepflastert mit sog. Kofejnjas, wo es – nomen est omen – schwerpunktmäßig *kofe*, also **Kaffee**, gibt. Viele Moskauer, vor allem die älteren, schütteln darüber noch immer verwundert den Kopf. Denn eigentlich sind die Russen leidenschaftliche **Teetrinker**.

Tee (чай, *tschaj*) wird traditionell mit einem Samowar zubereitet: Im Innern siedet das Wasser, während oben in einer kleinen Kanne ein schwarzer, kräftiger Teesud zieht. Beides kann portionsweise, je nach Belieben in unterschiedlichen Anteilen, entnommen und gemischt werden. In öffentlichen Cafés kommt ein Samowar allerdings selten zum Einsatz, hier wird Tee in Tassen, Gläsern oder kleinen Kannen serviert. Und nicht selten stehen tolle Kreationen auf der Karte! Ein Beispiel gefällig? Nun, das ist nicht schwer. Was halten Sie von „Schwarzem Tee mit Pinienkernen, Honig, Zimt und Rosmarin"? Den gibt's im Café

AnderSon (→ S. 284) – vergleichbare Köstlichkeiten aber fast überall.

Ähnlich innovativ wie beim Tee sind die Russen bei der Zubereitung von **Limonaden und Saftcocktails**, die in allen vorstellbaren – und bislang nicht vorstellbaren – Mischungen und Geschmacksrichtungen angeboten werden.

Relikte aus Sowjetzeiten, die Russen aber auch heute noch gerne trinken, sind **Kwas, Kompot** und **Mors. Kwas** (квас) wird aus zerkleinertem Roggenbrot und Honig hergestellt, mit Hefe und Zucker zur Gärung gebracht und ist manchmal schwach alkoholhaltig. Früher wurde Kwas am Straßenrand aus kleinen Tankwagen verkauft. Heute bekommt man ihn, in Flaschen abgefüllt, in jedem Supermarkt. **Kompot** (компот) ist ein verdünnter Fruchtsaft, für den Obst mit Zucker kurz in Wasser aufkocht wird. Speziell aus Beeren wird **Mors** (морс) hergestellt, ein Saft, der übrigens nicht nur pur, sondern auch in Kombination mit Wodka schmeckt.

Köstliche Tee-Kreationen

auf viele kleine Privatbrauereien, die in eigenen Restaurants ihr Hausbier ausschenken, auch der Craft-Beer-Trend ist in Moskau angekommen.

Letzteres würden die Russen allerdings bestreiten, denn **Wodka** (водка) trinkt ein Russe pur! Er tut dies i. d. R. in Gemeinschaft und nur nach Verkündung eines ausschweifenden Trinkspruchs. Die Standardmenge liegt bei 100 g und wird schnell und ohne abzusetzen hinuntergekippt. Zum Abschluss beißt man in eine saure Gurke oder etwas Vergleichbares – und wartet, bis der Nächste zum Trinkspruch ansetzt.

Weintrinker hatten es lange schwer in Moskau. Die Preise für internationale Importprodukte waren astronomisch hoch, sodass man im Restaurant dreimal überlegte, ob ein Glas **Wein** (вино, *wino*) wirklich nötig ist. Mittlerweile haben etliche Weinbars eröffnet, in denen die Preise „demokratisch" sind, wie die Russen sagen. Probieren Sie dort auch mal einen georgischen Wein, z. B. Saperavi. Nach einigen Schlucken werden Sie merken, wie gut er ist!

> Alkoholkonsum an öffentlichen Orten (Straßen, Plätze, Parks etc.) ist verboten. In Geschäften wird Alkohol nur zwischen 8 und 23 Uhr verkauft.

Im Schatten des „Wässerchens" hat in den letzten 25 Jahren das **Bier** (пиво, *piwo*) einen gewaltigen Siegeszug hingelegt. Am weitesten verbreitet ist Baltika, das es in verschiedenen Stärken und Geschmacksrichtungen gibt. Gern getrunken wird außerdem Sibirskaja korona. Daneben trifft man in Moskau

Der berühmte **Krimsekt**, der „russische Champagner", kommt in Russland selten auf den Tisch. Nicht zu verwechseln ist er im Übrigen mit **Schampanskoje** (шампанское), einem gewöhnlichen (und meist sehr süßen) Sekt. Wer ein armenisches Restaurant besucht, muss in jedem Fall den armenischen **Konjak** (коньяк) probieren – es handelt sich dabei um einen Weinbrand, den schon Churchill in allerhöchsten Tönen lobte!

Erinnerungswand für die sowjetische Rockband Kino

Kulturleben

Ob Tschajkowski, Tolstoj oder Tschechow – ihre und viele andere Namen stehen für die große Vergangenheit der Kulturmetropole Moskau. Die Erinnerung an sie wird bis heute liebevoll aufrechterhalten, mit Gedenktafeln, Wohnhausmuseen und unzähligen Denkmälern. Nicht alle, aber die meisten von ihnen sind Dichtern, Musikern oder Schauspielern gewidmet.

Nicht weniger brodelnd als die Vergangenheit ist aber auch die Gegenwart. Enthusiastisch feiern die Hauptstädter die Stars ihrer Bühnen, pilgern scharenweise in Museen und Kinosäle.

Über das **Veranstaltungsprogramm** der kommenden Woche informiert die englischsprachige Internetseite www.the moscowtimes.com. Lassen Sie sich von den Tipps inspirieren, die Redaktion macht sehr gute Vorschläge. Wer Russisch versteht, sollte einen Blick auf www.afisha.ru werfen, sich an Ticketkiosken informieren oder von den zahlreichen Plakaten leiten lassen.

Die **Sommerpause** der Theater und Konzertsäle beginnt im Juni und dauert mindestens bis Anfang Sept. Zahlreiche kulturelle Festivals helfen, die Zeit zu überbrücken (→ S. 226).

Tickets für Veranstaltungen aller Art bekommt man am günstigsten an der Kasse des jeweiligen Veranstaltungsorts. Hierbei muss man jedoch unregelmäßige Öffnungszeiten und den extra Weg dorthin im Vorfeld in Kauf nehmen. Einfacher, aber auch etwas teurer ist es, die Tickets an einem der Kioske zu kaufen, die sich über das Stadtzentrum verteilen (www.ticketland.ru), sie über das Hotel besorgen zu lassen oder das Büro von Parter (s. u.) aufzusuchen.

Tickets für das Bolschoj-Theater kann man vor der Reise im Internet buchen. Einzige Voraussetzung: Man muss eine gültige Telefonnummer angeben. Unter dieser wird man angerufen, um die Bestellung zu bestätigen.

Eine weitere Möglichkeit sind Internetanbieter, die Tickets an die Unterkunft liefern oder in einer Verkaufsstelle zur Abholung zurücklegen. Und auch die Veranstaltungsorte selbst bieten auf ihren Internetseiten zunehmend die Möglichkeit zur Online-Buchung. Ohne russische Sprachkenntnisse ist aber beides schwer zu realisieren.

Ticketverkauf

Parter, Ul. Ochotny Rjad 2 (im Einkaufszentrum Modny seson, Eing. Revolutionsplatz,   → S. 51),   Ⓜ Ploschtschad Rewoljuzii, Teatralnaja, www.parter.ru. Tägl. 10–22 Uhr.

Klassische Musik, Ballett und Oper

Nicht wegzudenken von den Bühnen dieser Welt sind die Werke von **Pjotr Tschajkowski**: Ballette wie „Schwanensee", Opern wie „Eugen Onegin", meisterhafte Orchesterwerke wie die Sinfonie „Pathétique". Bei seinen Kompositionen orientierte sich Tschajkowski stark an westeuropäischen Vorbildern, ebenso wie später **Sergej Rachmaninow**. Dem gegenüber stand das sog. Mächtige Häuflein, zu dem u. a. **Modest Mussorgski** und **Nikolaj Rimski-Korsakow** zählten: Sie setzten sich die Förderung einer nationalrussischen Musik zum Ziel und verarbeiteten in ihren Werken traditionelle Folkloremotive. Einen völlig neuen musikalischen Weg ging im 20. Jh. **Dmitri Schostakowitsch**, der als führender Komponist der sowjetischen Ära gilt.

Legendär und weltweit anerkannt ist außerdem die russische Ballettkunst, die ihre Blütezeit in der zweiten Hälfte des 19. Jh. erlebte. Im Ausland feierte später das von Sergej Djagilew begründete Ensemble Ballets Russes große Erfolge. Am Moskauer Bolschoj-Theater begeisterten zu Sowjetzeiten Tänzerinnen wie Galina Ulanowa und Majja Plissezkaja. Während die Vorstellungen in staatlichen Häusern lange verstaubt waren, kommen mittlerweile selbst im Bolschoj-Theater moderne Inszenierungen auf die Bühne. Viel Aufsehen etwa erregte 2017 das Ballett „Nurejew" von Kirill Serebrennikow (→ Kasten S. 218).

Bühnen und Konzerthäuser

Liebhaber **klassischer Konzertmusik** sollten sich v. a. drei Anlaufpunkte merken: Das Konservatorium ist das Konzerthaus mit der längsten Tradition, das neben hervorragenden

Weltweit beliebt: russisches Ballett

Vorstellungen auch ein entsprechend herrschaftliches Umfeld bietet. Das 2002 eröffnete Haus der Musik ist mit seinen drei Sälen das größte Konzerthaus Europas, der Tschajkowski-Konzertsaal die Hauptbühne der Moskauer Philharmoniker. 2018 soll darüber hinaus die neue Philharmonie im Park Sarjadje eröffnen: Neben klassischen Konzerten wird sie auch Opern- und Ballettvorführungen zeigen.

Die erste Adresse für **Ballett und Oper** ist das Bolschoj-Theater. Ein ähnliches Spektrum decken die Neue Oper sowie das Stanislawski-und-Nemirowitsch-Dantschenko-Musiktheater ab. Die Helikon-Oper zeigt moderne und experimentelle Produktionen von „leichten" Opern. Speziell an Liebhaber von Tanztheater richten sich das Ballett Moskau (modern) und das Kremlballett (traditionell). Das Repertoire des Operettentheaters erklärt sich von selbst.

Ballett Moskau, Noworjasanskaja ul. 16, Ⓜ Komsomolskaja, ☏ 495-6070457, www.balet moskva.ru. Kasse Mo–Fr 11–18 Uhr.

Bolschoj-Theater, Teatralnaja pl. 1, Ⓜ Teatralnaja, ☏ 495-4555555, www.bolshoi.ru. Kasse im Hauptgebäude tägl. 12–16 und 18–20 Uhr, Kasse im Verwaltungsgebäude (links vom Ausgang der Metrostation) tägl. 11–15 und 16–20 Uhr. Siehe auch S. 55.

Haus der Musik, Kosmodamianskaja nab. 52, Geb. 8, Ⓜ Pawelezkaja (grün), ☏ 495-7301011, www.mmdm.ru. Kasse tägl. 10–21 Uhr.

Helikon-Oper, Ul. Bol. Nikitskaja 19/16, Ⓜ Arbatskaja, Twerskaja, ☏ 495-2502222, www.helikon.ru. Kasse tägl. 12–22 Uhr.

Mein Tipp **Konservatorium**, Ul. Bol. Nikitskaja 13/6, Ⓜ Biblioteka imeni Lenina, ☏ 495-6299401, www.mosconsv.ru. Kasse im Hauptgebäude tägl. 10–22 Uhr (während der Sommerpause evtl. eingeschränkt). Siehe auch S. 88.

Philharmonie (Park Sarjadje), Eröffnung für 2018 geplant. www.zaryadyepark.ru.

Kremlballett, Im Staatlichen Kremlpalast (→ S. 38). Kasse: Ul. Wosdwischenka 1 (am Kutafja-Turm), Ⓜ Biblioteka imeni Lenina, ☏ 495-6207846, www.kremlinpalace.org, tägl. 12–20 Uhr (während der Sommerpause 12–19 Uhr).

Neue Oper, Ul. Karetny Rjad 3, Geb. 2 (im Ermitasch-Garten), Ⓜ Puschkinskaja, ☏ 495-6940868, www.novayaopera.ru. Kasse tägl. 11–15 und 15.30–20 Uhr.

Operettentheater, Ul. Bol. Dmitrowka 6, Ⓜ Ochotny rjad, ☏ 495-9255050, www.mosoperetta.ru. Kasse tägl. 10.30–21 Uhr.

Konservatorium

Stanislawski-und-Nemirowitsch-Dantschenko-Musiktheater, Ul. Bol. Dmitrowka 17, Ⓜ Twerskaja, ℡ 495-7237325, www.stanmus.ru. Kasse tägl. 11.30–19 Uhr.

Tschajkowski-Konzertsaal, Triumfalnaja pl. 4/31, Ⓜ Majakowskaja, ℡ 495-2320400, www.meloman.ru. Kasse tägl. 10–20 Uhr.

Rock, Pop, Jazz und Liedermacher

Die populärste Rockband der Sowjetunion war die Gruppe **Kino**. Ihr Frontmann Wiktor Zoj, der 1990 bei einem Unfall starb, wurde zum Idol einer ganzen Generation. Noch heute versammeln sich seine Anhänger vor der sog. Zoj-Wand am Alten Arbat (→ S. 75). Auf den Rockbühnen der Stadt haben Bands wie Splin, Korol i Schut oder Bi-2 einen festen Platz, außerdem Sängerinnen wie Zemfira und auch die Altrocker von DDT und Akwarium. Und wenn Sie im Veranstaltungsprogramm ein Konzert von **Leningrad** oder Markscheider Kunst entdecken (beides Bands mit Ska- und Weltmusik-Einschlag), dann nix wie hin!

Die Königin der Popmusik ist und bleibt **Alla Pugatschowa**, die ihre ersten Erfolge schon in den 1970er-Jahren feierte. Die Koryphäe unter den russischen Jazz- und Blues-Musikern heißt **Igor Butman**. Sein gleichnamiger Club in Moskau ist einer der besten der Stadt (→ S. 222).

Keine große Rolle mehr spielen die Liedermacher, die zu Sowjetzeiten ein fester Bestandteil der Kulturszene waren. Sie faszinierten ihr Publikum mit rauer Stimme und Gitarre und vielmehr noch mit den bewegenden Inhalten ihrer Lieder. Die Liedermacher (im Russischen *bard*) sangen über das tragische Leben des einfachen Mannes und versahen ihre Texte mit subtiler Kritik am Sowjetregime. Ihre berühmtesten Vertreter, **Wladimir Wyssozki** und **Bulat Okudschawa**, sind vor langer Zeit gestorben, werden aber bis heute von vielen Russen tief verehrt. Ihre Nachfolger der Gegenwart sind weniger politisch und überschreiten gern mal die Grenze zum Schlagerkitsch.

Musikclubs und Konzerthallen

Die lebendige Musikszene spielt sich v. a. in den Clubs der Stadt ab (→ Nachtleben S. 220). Stars allerdings, nationale wie internationale, füllen meist große Konzerthallen wie das **Olimpiski** (www.olimpik.ru, Olimpiski prosp. 16, Ⓜ Prospekt Mira), den **Staatlichen Kremlpalast** (www.kremlinpalace.org, → S. 38), die **Crocus City Hall** (www.crocus-hall.ru, Messegelände Crocus Expo, Ⓜ Mjakinino) oder den Konzertsaal **Rossija**, der derzeit ein Gebäude auf dem Gelände des Sportkomplexes Luschniki nutzt (www.rossiahall.ru, Luschniki 24, Geb. 2, Ⓜ Worobjowy gory, von dort kostenloser Shuttle). Beliebte russische Rockbands treten besonders oft im Konzertclub **Glawclub Green Concert** auf (www.glavclub.com, Ul. Ordschonikidse 11, Ⓜ Leninski prospekt).

Literatur

„Moskau, was weckt dieser Name das Russenherz mit Ungestüm!" Diese überschwänglichen Worte stammen von **Aleksandr Puschkin**, dem russischen Nationaldichter (→ S. 86), der das „goldene Zeitalter" der russischen Literatur mehr verkörpert als jeder andere. Ebenso wie Michail Lermontow und Nikolaj Gogol ist er ein Vertreter der Romantik.

Im Ausland bekannter sind die Werke der Realisten **Lew Tolstoj** und **Fjodor Dostojewski**. Ihre großen Romane entstanden in der zweiten Hälfte des 19. Jh. und haben bis heute überall auf der Welt eine große Anhängerschaft. Vor allem Tolstoj (→ S. 176) ließ immer wieder Schauplätze der Stadt Moskau in seine Werke einfließen: vom Haus der Familie Rostow in „Krieg und Frieden" bis zu dem Bahnhof, an dem die verhängnisvolle Begegnung von Wronski und „Anna Karenina" stattfand.

Gegen Ende des Jahrhunderts schuf **Anton Tschechow** mit seinen anekdotischen Kurzgeschichten eine völlig neue Textgattung (→ S. 101), parallel dazu begann das „silberne Zeitalter" der russischen Dichtung, das bis zum Ausbruch der Revolution andauern sollte. Wichtige Vertreter sind Andrej Bely, Waleri Brjussow und Iwan Bunin.

Spätestens in den 1930er-Jahren wurde die Literatur dem Leitbild des Sozialistischen Realismus unterworfen. Zahlreiche Schriftsteller flüchteten sich ins Exil und wurden dort erfolgreich, zu den bedeutendsten zählen **Wladimir Nabokow** und **Marina Zwetajewa.** Wer in der Heimat blieb und der Parteilinie nicht folgte, der bezahlte dies mit Ver-

öffentlichungsverbot, der Verbannung ins Straflager, manchmal sogar mit dem Tod. Die Stadt Moskau ist in etlichen Werken dieser Zeit ein zentraler Handlungsort, insbesondere bei **Michail Bulgakow, Boris Pasternak, Juri Trifonow** und **Wenedikt Jerofejew.**

Die Liberalisierung kam Mitte der 1980er-Jahre – und mit ihr eine alternative russische Prosa von Autoren wie **Wiktor Jerofejew** oder **Tatjana Tolstaja.** Und heute? Da verschlingen die Russen die Bücher der sog. Neuen Realisten wie **Arkadi Babtschenko, Sachar Prilepin** und vieler anderer. Im Westen bekannt sind v. a. Autorinnen wie **Ljudmila Ulizkaja** und **Swetlana Alexijewitsch** (wobei letztere keine russischen, sondern weißrussisch-ukrainische Wurzeln hat).

Lesetipps

Belletristik

Bulgakow, Michail: Der Meister und Margarita, Galiani 2012. *Der* Moskau-Roman schlechthin. Seine Schauplätze suchen Bulgakow-Fans noch heute auf, v. a. den Patriarchenteich.

Jerofejew, Wenedikt: Die Reise nach Petuschki, Piper 2004. Der bereits 1969/70 entstandene Roman durfte in der Sowjetunion erst zwei Jahrzehnte später erscheinen. Der Grund: Allzu stark verhöhnen die Ansichten des Helden die geltenden Werte, allzu offen geht der Autor mit der Volkskrankheit Alkoholismus um.

Ossorgin, Michail: Eine Straße in Moskau, Die Andere Bibliothek 2017. Spielt im Moskau der Jahre 1914–20. Im Zentrum steht der Ornithologe Iwan Alexandrowitsch, der in einer Straße am Arbat wohnt und mit ansehen muss, wie seine alte Welt in den Wirren von Erstem Weltkrieg, Revolution und Bürgerkrieg langsam untergeht.

Pasternak, Boris: Doktor Schiwago, Fischer 2011. Weltweit bekannter Klassiker, der über weite Strecken im revolutionären Moskau spielt (siehe auch Kasten S. 184).

Tolstoj, Lew: Krieg und Frieden, Deutscher Taschenbuch Verlag 2011. Neu übersetzt von Barbara Conrad und so nah am Original wie nie zuvor: Von den großen Romanen Tolstojs hat dieser den stärksten Bezug zu Moskau.

Grabstein von Anton Tschechow

Trifonow, Juri: Das Haus an der Moskwa, SZ Bibliothek 2010. Die allnächtlichen Verhaftungen im berüchtigten „Haus an der Moskwa" (siehe auch S. 132) hat Trifonow als Kind selbst miterlebt. Eindringlich wie kein anderer vermag er daher den Alltag der Bewohner in den 1930er-Jahren zu schildern.

Sachbücher, Bildbände und Reiseberichte

Benjamin, Walter: Moskauer Tagebuch, Suhrkamp 1980. Eine unerschöpfliche Quelle für Moskau-Zitate zum Schmunzeln, verfasst in den 1920er-Jahren, als Benjamin mehrere Monate in der sowjetischen Hauptstadt weilte.

Bielfeldt, Sigrun: Moskau. Der literarische Führer, Insel 1993. Die Autorin ist in der russischen Hauptstadt ebenso zu Hause wie in der russischen Literatur. Auch 25 Jahre nach dem Erscheinen hat ihr literarischer Führer nicht an Wert verloren.

Esakov, Denis und Diemer, Karina: Spying on Moscow / Moskau aus der Vogelperspektive, Dom Publishers 2017. Luftaufnahmen von bekannten Moskauer Bauwerken (v. a. aus sowjetischer Zeit), die einen interessanten Perspektivwechsel erlauben: Erst von oben betrachtet erkennt man die ungewöhnliche Struktur vieler Gebäude. Texte auf Russisch, Englisch und Deutsch.

Knoch, Peter: Architekturführer Moskau, Dom Publishers 2011. Fantastischer Architekturführer, der zwar die altrussische Periode vernachlässigt, das 20. Jh. und die Gegenwart aber umso kenntnisreicher behandelt.

Mein Moskau. Photos von Jörg Esefeld und Alexander Neroslavsky, edition esefeld & traub 2010. Persönliche Erinnerungen, poetisch verpackt, ergänzen die Fotos aus zwei unterschiedlichen Epochen.

Meinhardt, Olaf und Gruska, Ulrike: Zeit für Moskau. Die geheimnisvolle Metropole entdecken und genießen, Bruckmann 2014. Eine Mischung aus Bildband und Reiselesebuch, die Lust auf Moskau macht.

Merridale, Catherine: Der Kreml. Eine neue Geschichte Russlands, Fischer 2014. Wer die Geschichte des Kreml kennt, kennt die Geschichte Moskaus. Catherine Merridale erzählt sie ebenso spannend wie kompetent.

Rüthers, Monica und Scheide, Carmen: Moskau – Menschen, Mythen, Orte, Böhlau 2003. Das Buch vereint Beiträge von Studenten und Osteuropahistorikern und erweitert den üblichen Kanon an Moskau-Themen.

Schepp, Matthias: Gebrauchsanweisung für Moskau, Piper 2008. Als langjähriger Korrespondent hat Schepp Einblick in gehobene Kreise der Moskauer Gesellschaft – als Ehemann einer Russin in private Gepflogenheiten. Beides zusammen ergibt ein launiges Buch, in dem sich Moskau-Kenner wiederfinden. Zehn Jahre nach Erscheinen ist es allerdings stellenweise veraltet.

Schlögel, Karl: Moskau lesen. Die Stadt als Buch, Siedler 2011. Pflichtlektüre für alle, die Moskau verstehen wollen. Der Haupttext von 1984 ist in den neueren Auflagen um aktuelle Beiträge ergänzt, die den Wandel der Stadt transparent machen.

Sprechtheater

Die große Tradition des russischen Theaters begann mit der Gründung des Maly-Theaters (siehe auch S. 55), das in der ersten Hälfte des 19. Jh. zur prägenden dramatischen Bühne Russlands wurde. Sie führte Stücke von Nikolaj Gogol oder Aleksandr Gribojedow auf, mit denen die romantische Spielästhetik in Russland Einzug hielt. Gegen Ende des Jahrhunderts setzte sich die realistische Spielweise durch, für die der Name Aleksandr Ostrowski steht.

Eine neue Ära leitete die Gründung des Moskauer Künstlertheaters ein (Mchat, siehe auch S. 101), die auf **Konstantin Stanislawski** und **Wladimir Nemirowitsch-Dantschenko** zurückgeht. Legendäre Erfolge am Mchat feierten Anton Tschechow und Maksim Gorki. Viele Regisseure ließen sich von Stanislawski inspirieren, mit neuen Spielformen zu experimentieren.

Die Bolschewiki erklärten 1934 den Sozialistischen Realismus zur Kulturdoktrin. Wer sich widersetzte, bezahlte das nicht selten mit dem Leben. Bis Mitte der 1980er-Jahre lag ein Einheitsschleier über den Bühnen der Stadt. Eine erfrischende Ausnahme war nur das Taganka-Theater unter **Juri Ljubimow**. Der Gründer und Regisseur der Bühne nahm kein Blatt vor den Mund und verstand Theatermachen stets auch als politisches Engagement. Bis zu seinem Tod 2014 leitet er das Haus mit großem Erfolg.

Heute ziehen neue Bühnen wie das **Gogol-Zentrum** oder **Teatr.doc** die Aufmerksamkeit auf sich, die sich nicht scheuen, politisch brisante Themen aufzugreifen.

Moskau im Kasten
Doppeldeutige Inszenierungen

Als der SPIEGEL im April 2016 einen langen Text über Moskau veröffentlichte, da feierte er das **Gogol-Zentrum** als „angesagteste Bühne der Stadt", als „neue Heimstatt der Moskauer Intellektuellen" und als „Gegenentwurf zu den großen Häusern, die sich in Staatshand befinden". Auf den Punkt aber brachte es der folgende Satz: In Moskaus Künstlerszene werde schon lange nicht mehr gefragt, was gerade im Bolschoj gegeben werde. Die Frage laute: „Haben Sie das neueste Stück von Kirill Serebrennikow gesehen?"

Kirill Serebrennikow ist Gründer und künstlerischer Leiter des Gogol-Zentrums, inszeniert aber auch auf anderen Bühnen. Seine Stücke sind politisch und sie sind kritisch. Kein Wunder, dass er sich mächtige Feinde machte. Mal warfen diese ihm vor, Propaganda für Pädophilie zu betreiben, ein anderes Mal soll er Sozialabgaben für seine Schauspieler nicht rechtzeitig gezahlt haben. Dann wieder sammelten sie in der Duma Unterschriften gegen die „doppeldeutigen Inszenierungen" Serebrennikows. Angesichts dieser Vorgeschichte war niemand ernsthaft überrascht, als im Mai 2017 Theater und Wohnung des Regisseurs durchsucht wurden. Der Vorwurf diesmal: Veruntreuung öffentlicher Gelder. Drei Monate später wurde Serebrennikow unter Hausarrest gestellt. Bei der Premiere seiner Oper „Hänsel und Gretel" in Stuttgart konnte er nicht dabei sein, ebenso wenig bei der Premiere seines Balletts „Nurejew" am Bolschoj-Theater. Auf den Betrieb des Gogol-Zentrums hatten die Maßnahmen der Justiz bis Frühjahr 2018 keine Auswirkung. Die Moskauer hoffen trotzdem, dass Serebrennikow bald zurückkehrt!

Bühnen

Ob der Besuch eines der rund 80 Sprechtheater auch ohne Russischkenntnisse lohnt, muss jeder für sich entscheiden. Wer das Stück kennt, wird die Inszenierung interessant finden. Wer nicht, der kann zumindest die anregende Atmosphäre Intelligenzija-geschwängerter Theaterluft genießen.

Gogol-Zentrum, Ul. Kasakowa 8, Ⓜ Kurskaja (dunkelblau, Ausgang Richtung Ul. Kasakowa, Ул. Казакова), ☏ 495-1207543, www.gogolcenter.com. Kasse tägl. 12–21 Uhr.

Maly-Theater, Teatralny pr. 1, Geb. 1, Ⓜ Teatralnaja, ☏ 495-6244046, www.maly.ru. Kasse Mo–Fr 11–20 Uhr, Sa/So 11–19 Uhr. Siehe auch S. 55

Moskauer Künstlertheater (Gorki), Twerskoj bul. 22, Ⓜ Twerskaja, ☏ 495-697-8773, ☏ 495-697-8586, www.mxat-teatr.ru. Kasse tägl. 12–15 und 16–19 Uhr.

Moskauer Künstlertheater (Tschechow), Kamergerski per. 3, Ⓜ Ochotny rjad, ☏ 495-6926748, www.mxat.ru. Kasse tägl. 12–19 Uhr.

Taganka-Theater, Ul. Semljanoj Wal 76/21, Ⓜ Taganskaja (braun), ☏ 495-9151217, www.taganka.theatre.ru. Kasse tägl. 12–20 Uhr.

Teatr.doc, Spartakowskaja ul. 3, Geb. 3, Baumanskaja, www.teatrdoc.ru.

Film

Die sowjetische Regielegende **Sergej Ejsenschtejn** bereicherte die Filmgeschichte um den Meilenstein „Panzerkreuzer Potjomkin" (1925). Von den Russen innig geliebt werden dagegen die großen Klassiker der Nachkriegszeit, von denen nicht wenige in Moskau spielen: Einen der beliebtesten Filme aller Zeiten schuf **Eldar Rjasanow** 1975 mit der lyrischen Komödie „Die Ironie des Schicksals", die bis heute jedes Jahr am Silvesterabend gezeigt wird. Für den Film „Moskau glaubt den Tränen nicht", der fernab von sozialistischer Propaganda durch die persönliche Darstellung dreier Frauenschicksale besticht, wurde Regisseur **Wladimir Menschow** 1981 mit dem Oscar für den besten fremdsprachigen Film ausgezeichnet.

Nach den wirtschaftlich schwierigen 1990er-Jahren eroberten sich einheimische Produktionen seit der Jahrtausendwende zunehmend den russischen Markt zurück. Die Kinokassen lassen kommerzielle Blockbuster klingeln wie die von **Timur Bekmambetow** („Wächter der Nacht" und „Wächter des Tages", 2004 und 2006). Internationale Beachtung finden v. a. Produktionen aus der Kunstfilmnische wie z. B. „Leviathan" und „Neljubow (Nicht-Liebe)" von **Andrej Swjaginzew** (2014 und 2017). Große Aufmerksamkeit, auch im Ausland, zog 2017 der Film „Matilda" auf sich, in dem Regisseur Alexej Utschitel die Liebschaft von Zar Nikolaj II. mit der Ballerina Matilda Kschessinskaja thematisiert.

Kinos

Die beste Adresse für Filme in englischer Sprache ist das 35mm. Doch auch in anderen Kinos werden ausländische Filme häufig nicht synchronisiert, sondern laufen im Original mit russischen Untertiteln. Einen guten Überblick geben die Internetseiten www.themoscowtimes. com und www.afisha.ru. Das Illjusion hat sich auf europäische Klassiker der Nachkriegszeit spezialisiert und zeigt diese ebenfalls in der Originalsprache. Wer einen russischen Film sucht, sollte das Programm in den übrigen Kinos verfolgen.

Moskauer Künstlertheater

35mm, Ul. Pokrowka 47, Ⓜ Krasnyje worota, Kurskaja (dunkelblau), ☎ 965-4236033, www.kino35mm.ru.

Chudoschestwenny, Arbatskaja pl. 14, Ⓜ Arbatskaja, ☎ 495-6910247, www.mos-kino.ru. (vorübergehend geschl.)

Illjusion, Kotelnitscheskaja nab. 1/15 (im Zuckerbäcker-Hochhaus), Ⓜ Taganskaja (braun), ☎ 495-9804486, www.gosfilmofond.ru.

Kinosal GUM, im GUM (→ S. 27), ☎ 495-6203062, www.gum.ru.

Pioner, Kutusowski prosp. 21, Ⓜ Kijewskaja, ☎ 499-2405240, www.pioner-cinema.ru.

Pjat swjosd na Nowokusnezkoj, Bol. Owtschinnikowski per. 16, Ⓜ Nowokusnezkaja, ☎ 495-9169169, www.5zvezd.ru.

Rolan, Tschistoprudny bul. 12 a, Ⓜ Tschistyje prudy, ☎ 495-9169169, www.5zvezd.ru.

Im Sommer locken mehrere **Freiluftkinos** die Moskowiter in die Parks. Die bekanntesten sind die im Gorki-Park (→ Karte S. 139). Fremdsprachige Filme werden hier meist im Original mit russischen Untertiteln gezeigt.

Club Propaganda: Spätabends werden die Tische zur Seite geräumt

Nachtleben

Nichts in Moskau ist so sehr im Fluss wie das Nachtleben. Von insgesamt zwei Dutzend Tipps, die vor sechs Jahren in diesem Buch standen, hat die Hälfte mittlerweile dichtgemacht. Neue sind hinzugekommen, mal sehen, für wie lange. Es lohnt daher, stets einen Blick auf die jeweilige Internetseite zu werfen, bevor man eine konkrete Adresse ansteuert!

Die Mühe aber lohnt sich: Wenn Sie einmal in einem Club angekommen sind, dann werden Sie es nicht bereuen. Denn ein Club in Moskau ist selten nur ein Club. Oft steckt viel mehr dahinter: Bar, Café, Restaurant, Cocktailbar, Weinbar, Tanzclub und vor allem: Konzertbühne. **Live-Musik** gehört in vielen Clubs so verlässlich zum Abendprogramm wie die Rote Bete zum Borschtsch! Sind Restaurant- und Bühnenbereich dann nicht voneinander getrennt, kann das ruhige Abendessen vom Dezibelgewitter der einsetzenden Live-Band erschüttert werden.

Über aktuelle **Veranstaltungen** informieren diverse Internetseiten (→ S. 212).

Eintritt verlangen die meisten Clubs nicht – es sei denn, ein Konzert findet statt. Dann hängt es von den Räumlichkeiten ab: Läden, in denen sich die Bühne in einem separaten Raum befindet, bleiben i. d. R. kostenlos zugänglich; wer sich das Konzert ansehen möchte, kauft sich vor dem Bühnenraum eine Karte. Clubs, in denen sich Bar, Restaurant, Café und Konzertbühne einen Raum teilen, verlangen von jedem Besucher Eintritt – auch nachträglich von denen, die sich schon seit dem frühen Abend im Club aufhalten.

Nicht abschrecken lassen sollten Sie sich von **Türstehern**: Sie begegnen Ihnen in Moskau in allen gesellschaftlichen Bereichen und natürlich auch vor den Clubs. Aussortiert werden aber meist nur aggressiv auftretende Personen sowie schwer betrunkene und sichtlich unter Drogeneinfluss stehende Menschen. In einigen Läden wird gehobene Garderobe verlangt.

Die **Eingänge** zu Clubs sind manchmal schwer zu finden. Der Appell muss daher lauten: Lassen Sie sich nicht entmutigen, wenn die Suche mal länger dauert! Mal ist es eine unauffällige Feuerschutztür, die zum nächtlichen Glück führt, mal ein versteckter Hinterhof. Blinkende Lichtreklame ist die Ausnahme. Ausführliche Wegbeschreibungen bei den Adressen unten helfen bei der Orientierung.

Ein klassisches **Partyviertel** sucht man in Moskau vergeblich. Überdurchschnittlich viele Clubs konzentrieren sich jedoch rund um den Patriarchenteich und auf dem Gelände der Fabrik Roter Oktober.

Alternative Rock, Pop und Weltmusik

Gogol 🔟, → Karte S. 106/117. Den Stellenwert, den Nikolaj Gogol in der russischen Literatur genießt, hat der nach ihm benannte Café-Club in der Moskauer Clubszene. Im Vorzelt finden fantastische Live-Konzerte statt. Der gemütliche Kneipenbereich im hinteren Teil eignet sich zum Essen. So–Do 10–24 Uhr, Fr/Sa 10–5 Uhr. Stoleschnikow per. 11, Geb. 1 (Eing. im Hof), Ⓜ Teatralnaja, Tschechowskaja, ✆ 495-5140944, www.gogolclub.ru. Eintritt in der Woche frei, Fr/Sa je nach Konzert 200–1000 R.

mein Tipp **Kitajski Ljotschik Dschao Da** 🔟, → Karte S. 53. Wer sich in leicht abgeranztem Ambiente wohlfühlt, sollte unbedingt einen Abend im „Chinesischen Piloten Dschao Da" verbringen. Das Publikum aus Studenten, Musikern, Künstlern und Kreativen gibt sich offen und aufgeschlossen, hier kann man leicht mit Einheimischen in Kontakt kommen. Getränke und Speisen sind einfach und günstig. Tägl. 12.30–5 Uhr. Lubjanski pr. 25 (im Keller), Ⓜ Kitaj-gorod, ✆ 495-6232896, www.jao-da.ru. Eintritt frei, Konzerte ab 300 R.

Klawa 🔢, → Karte S. 95. Wird gern mit Szene-Läden in Berlin Prenzlauer Berg oder der Hamburger Schanze verglichen. Kleiner Raum, langer Tresen, dicht gedrängtes Publikum. Die DJs legen Pop- und Discohits auf. Tägl. ab 17

Uhr. Mal. Bronnaja ul. 26, Ⓜ Majakowskaja, ✆ 495-6268563, www.semifreddo-group.com. Eintritt variiert.

Petrowitsch 🔳, → Karte S. 112/113. Zugegeben, es ist gemein, das Petrowitsch in diese Liste aufzunehmen, denn abends kommt man nur mit Clubkarte (nur über Kontakte!) bzw. in Begleitung eines Clubkarten-Besitzers hinein. Doch sollte sich Ihnen zufällig die Chance bieten: Zögern Sie nicht! Was an Wochenenden in diesem Club abgeht, muss man gesehen haben! Spätestens ab Mitternacht tanzt der gesamte Laden zu ABBA, Boney M. und Modern Talking wie von der Kette gelassen. Und legt der DJ sowjetische Gassenhauer auf, muss man ums Mobiliar fürchten. Mo–Do 12–24 Uhr, Fr/Sa 14–5 Uhr, So 14–24 Uhr. Mjasnizkaja ul. 24, Geb. 3 (im Hof, hinten links nach einer grauen Metalltür und Karikaturen Ausschau halten), Ⓜ Tschistyje prudy, ✆ 495-6230082, www.club-petrovich.ru. Eintritt frei, aber nur mit Clubkarte (s. o.).

Rolling Stone 🔳, → Karte S. 136. Überwiegend Rock, mehr dazu → S. 135.

16 Tonn, ein klassisches Pub im original englischen Stil mit einem eigenen preisgekrönten Bier, gutem Restaurant und hervorragenden Konzerten vorwiegend russischer Gruppen. Jeden Abend treten an der Bühne im ersten Stock Bands auf, oft geht es rockig und gitarrenlastig zur Sache, aber auch soulige, funkige und jazzige Töne sind zu hören. Am Wochenende tanzt das etwas ältere Publikum, solange die Luft in den Lungen reicht. Tägl. 11–6 Uhr. Ul. Presnenski Wal 6, Geb. 1, Ⓜ Uliza 1905 Goda, ✆ 499-2535300, www.16tons.ru. Eintritt frei, Konzerte ab 350 R.

Wunderbar 🔳, → Karte S. 136. Überwiegend Rock, mehr dazu → S. 135.

House, Funk, Soul, R'n'B und Hip-Hop

Denis Simachev 🔢, → Karte S. 106/107. Boutique, Bar und Club des Modedesigners Denis Simachev, beliebt in der Fashion- und Design-Szene. Nach 23 Uhr wird die Bar zum Club mit Engtanzfaktor: Die Tanzfläche ist so winzig, dass bei jedem Ausfallschritt garantiert die Hüften kollidieren. Das stört hier keinen, solange Hip-Hop, Funk und House ordentlich grooven. Gehobene Preise. Tägl. 24 Std. Stoleschnikow per. 12, Geb. 2, Ⓜ Teatralnaja, ✆ 495-6298085, www.facebook.com/dsbar. Eintritt variiert.

Gasgolder 🟩, → Karte S. 112/113, gemütlich-bizarres Design aus Backsteinmauern, Barock- und Jugendstilsofas, roten Vorhängen und ausladenden Kronleuchtern. Abends treten in ehemaligen Fabrikgebäude russische und internationale Bands verschiedener Genres auf. Die Küche serviert sehr gute europäische und chinesische Speisen. Kritische Türsteher! Tägl. 12–24 Uhr. Nischn. Sussalny per. 5, Geb. 26, Ⓜ Kurskaja (dunkelblau, Ausg. Richt. Ul. Kasakowa), ☎ 495-2263340, www.gazgolder.com. Eintritt frei.

Kianu 🟦, → Karte S. 95. Nachbar von Klawa (siehe oben) und genauso winzig, die DJ's spielen allerdings hauptsächlich House. Wer drinnen keine Luft mehr kriegt, feiert draußen auf der Straße weiter. Tägl. 10–3 Uhr. Mal. Bronnaja ul. 28, Ⓜ Puschkinskaja, Twerskaja, ☎ 495-2281884, www.facebook.com/keanubar. Eintritt variiert.

Mendelejew Bar 🟦, → Karte S. 106 Einer jener mysteriösen „Geheimclubs", den anfangs nur eine eingeschworene Gemeinde kannte, der durch Mund-zu-Mund-Propaganda langsam bekannter wurde – bis ihn sogar der deutsche SPIEGEL als „angesagteste" Bar von Moskau pries. Der Kitzel früherer Tage ist weg, die Stimmung ungebrochen explosiv! So/Di/Mi 18– 1 Uhr, Do 18–3 Uhr, Fr/Sa 20–5 Uhr. Ul. Petrowka 20/1 (Eingang Ul. Petrowskije linii, durch den China-Imbiss Lucky Noodles, zu erkennen an chinesischem Schriftzeichen), Ⓜ Teatralnaja, Kusnezki most, ☎ 495-6253385, www.mendeleevbar.ru. Eintritt frei.

meinTipp **Propaganda** 🟦, → Karte S. 112/113. Einer der ältesten und populärsten Läden Moskaus. Tagsüber Café und Restaurant mit moderaten Preisen, abends Club mit bisweilen hochklassigen DJs. Gegen 23 oder 24 Uhr werden die Rollläden heruntergelassen, Tische und Stühle beiseitegeräumt. Dann gibt es Hip-Hop (Mo), Soul (Di), Deep House (Mi/Do), Techno (Fr) und Tech House (Sa). Legendär ist in der homosexuellen Szene die China Town Party am Sonntag. Am Wochenende stets sehr voll, wer essen will, sollte unbedingt reservieren. Tägl. 12–6 Uhr. Bol. Slatoustinski per. 7, Ⓜ Kitajgorod, Lubjanka, ☎ 495-6245732, www. propagandamoscow.com. Eintritt frei.

Timeout Rooftop Bar 🟦, → Karte S. 95. Buchstäblich ein Highlight im Moskauer Partyhimmel: Im obersten Stock des Hotels Peking, direkt unter der Zuckerbäckerspitze, legen internationale DJs meist Hip-Hop, Funk und Soul auf, selten auch mal Indie. Grandios hohe Decken, eine fantastische Aussicht von der Terrasse und immer neue Cocktailkreationen sind weitere Gründe, hierherzukommen. Di–Do ab 17 Uhr, Fr/Sa 17–6 Uhr. Bol. Sadowaja ul. 5/1 (im Hotel Peking), Ⓜ Majakowskaja, ☎ 495-2290180, www.hotelpeking.ru. Eintritt frei.

Zentralnaja stanzja, seit das „12 Volt" im Stadtzentrum schließen musste, die erste Adresse für Schwule und Lesben. Auf zwei Etagen tanzen sie zu russischer Popmusik oder internationalem Techno. Do–So 22–7 Uhr. Ul. Leninskaja sloboda 19, Korp. 2, Ⓜ Awtosawodskaja, ☎ 916-4782782, www. mcentralstation.com. Eintritt max. 500 R.

Jazz/Blues/Liedermacher

meinTipp **Club Igorja Butmana** 🟦, → Karte S. 133. Zweifelsohne der beste lupenreine Jazz-Club der Stadt, neuerdings an zwei Standorten. Jeden Abend ab 20 Uhr gehört die Bühne exzellenten Musikern aus aller Herren Länder. Von Zeit zu Zeit steht Igor Butman, Clubbesitzer

Klawa

und begnadeter Jazz-Saxofonist, selbst mit seiner Big Band auf der Bühne. Das Niveau der
Küche kann mit dem musikalischen locker mithalten. Im Club gilt ein Dresscode: Bei allzu
sportlicher Kleidung heißt es „Njet". In der Ul.
Bol. Poljanka finden die Konzerte im Sommer
auf einer überdachten Terrasse statt. Tägl. 12–
24 Uhr. Ul. Bol. Poljanka 27, Ⓜ Poljanka,
✆ 926-2623595) und Werchn. Radischtschews-
kaja ul. 21 (im Gebäude des Taganka-Theaters,
Ⓜ Taganskaja, braun, ✆ 495-7922109), www.
butmanclub.ru. Eintritt ab 550 R.

Esse , → Karte S. 129. Im Gegensatz zu
Butman lockerer, jugendlicher und vielfältiger.
Neben klassischem Jazz stehen Ethno-Jazz,
Blues, Funk, Soul und moderner Jazz auf dem
Programm. Langfristiges Ziel der jungen Betrei-
ber: Moskau zu einer Jazz-Metropole wie New
York oder Paris zu machen. So–Do 11–24 Uhr,
Fr/Sa 11–3 Uhr. Pjatnizkaja ul. 27, Geb. 3a,
Ⓜ Nowokusnezkaja, ✆ 495-9516404, www.jazz
esse.ru. Eintritt 0–1200 R.

Forte Club 🔟, → Karte S. 95. Ob Jazz-Rock,
Fusion, lateinamerikanischer Jazz, Funk oder
Soul – hochklassig geht es immer zu auf der
kleinen Bühne. Die Konzerte beginnen all-
abendlich um 21 Uhr. Wer einfach nur ein ge-
pflegtes Bier trinken oder gut russisch essen
möchte, nimmt im gemütlichen Kaminzimmer
Platz. An lauen Sommerabenden öffnet der
Club seine Terrasse. Tägl. 14–24 Uhr. Bol.
Bronnaja ul. 18, Ⓜ Twerskaja, ✆ 495-6490881,
www.forteclub.com. Eintritt tagsüber frei, bei
Konzerten ab 500 R.

Gnesdo glucharja 🔢, → Karte S. 106/107.
Alteingesessener Bardentreffpunkt. Beginn der
Konzerte meist 20 Uhr. Zwetnoj bul. 30,
Ⓜ Zwetnoj bulwar, ✆ 495-6993399, www.
gnezdogluharya.ru. Eintritt 300–1000 R.

Bars und Kneipen

Chleb & Wino 🔢, → Karte S. 95, 🔢 → Karte
S. 106/107, 🔢 → Karte S. 112/113 „Ein Essen
ohne Wein nennt man Frühstück", so das
Motto dieser Bar. Sie nennt sich „Brot & Wein",
was allerdings irreführend ist, denn neben
Bruschetta und Co. stehen auch Suppen,
Salate, Pasta, Fisch und Fleisch auf der Karte.
Drei Filialen im Zentrum: 1) Twerskaja ul. 12,
Geb. 2 (Eing. Kosizki per.), Ⓜ Puschkinskaja,
Twerskaja, Mo–Do 16–24 Uhr, Fr/Sa 12–3 Uhr,
So 12–24 Uhr. 2) Ul. Marossejka 15, Ⓜ Kitaj-
gorod, So–Do 12–24 Uhr, Fr/Sa 12–2 Uhr. 3)

Chleb & Wino

Bol. Patriarschi per. 12, Geb. 1,
Ⓜ Majakowskaja, tägl. 12–24 Uhr. Alle ✆ 495-
1220044, www.xleb-vino.ru.

City Space Bar & Lounge 🔢, → Karte
S. 129. Cocktail-Bar in der 34. Etage des Swiss-
ôtels mit grandiosem Blick über Moskau. In
140 m Höhe mixen professionelle Barkeeper
Klassiker und eigene Kreationen oder Mischungen aus beidem: Die „Bloody Mary" wird hier
als „Unsere Mary" mit Honigsirup und Meerret-
tich angeboten. Dazu feine japanische Küche
und schweizerischer Service. Viel nobler geht
es nicht. Tägl. 11–2 Uhr. Kosmodamianskaja
nab. 52, Geb. 6 (im Swissôtel Krasnyje Cholmy),
Ⓜ Pawelezkaja (grün), ✆ 495-2215357, www.
cityspacebar.com.

mein Tipp **Dom 12** 🔢, → Karte S. 67. Fragt man
fünf Deutsche, die in Moskau leben, wo man
sich am Abend treffen will, dann kommt fünf
Mal die Antwort: im Dom 12 (gesprochen:
„Domm Dwenaaazitt"). Ein klares Zeichen für
die Beliebtheit des neuen Clubs! Wer Moskau
länger kennt, den erinnert das Dom 12 an

Clubs, die es früher mal in Moskau gab, Clubs wie das O.G.I. oder das Masterskaja. Wer diese vermisst, wird das Dom 12 lieben – alle anderen aber mit Sicherheit auch! Frühstück bis 18 Uhr. Tägl. 12–6 Uhr. Mansurowski per. 12, Ⓜ Kropotkinskaja, Park kultury, ☎ 903-9688897, www.dom12cafe.ru.

Filial 🄷, → Karte S. 112/113. Kein Laden zum Durchfeiern und erst recht keiner zum Tanzen. Aber bestens geeignet, um die Partynacht behutsam einzuläuten – oder einen langen Moskautag gemütlich ausklingen zu lassen. Das Essen ist besser als anderswo. Und die Cocktails? Schmecken im Art-Nouveau-Umfeld gleich doppelt gut. Tägl. 12–6 Uhr. Kriwokolenny per. 3, Geb. 1, Ⓜ Tschistyje prudy, ☎ 495-6212143. www.filialmoscow.com.

Kwartira 44 🄳, → Karte S. 129, 🄴 → Karte S. 133, und 🄱 → Karte S. 95. Kwartira heißt „Wohnung", und eben so sind die drei Café-Kneipen eingerichtet: Bücherregale mit Werken von Dostojewski und Houellebecq, Stehlampen aus Großmutters Zeiten, Schwarz-Weiß-Fotos

Mitzva Bar

der Familie. Fr und Sa Live-Musik (Jazz, Blues, Klezmer, Lateinamerikanisches, Weltmusik). Die Küche bietet mäßig gute Gerichte zu fairen Preisen. Drei Filialen im Zentrum: 1) Ul. Bol. Nikitskaja 22/2 (Eing. Chlynowski tup., Ⓜ Arbatskaja, Ochotny rjad, ☎ 495-6917503), 2) Ul. Mal. Ordynka 24 (Ⓜ Tretjakowskaja, ☎ 495-9530701) und 3) Ul. Mal. Jakimanka 24/8 (durch den Torbogen, Eing. im Hof, Ⓜ Poljanka, ☎ 499-2388234), www.kv44.ru. Alle So–Do 12–24 Uhr, Fr/Sa bis 2 Uhr in Filiale Ul. Bol. Nikitskaja.

Majak 🄷🄷, → Karte S. 95. Tagsüber Café, abends Restaurant, nachts Bar und Club – was bleibt, ist das Publikum, und das ist v. a. eines: intellektuell. Dazu passt die stilechte Umgebung mit runden Tischen, Wiener Stühlen und Büfettschränken vor rot getünchten Wänden. Tägl. 12–6 Uhr. Ul. Bol. Nikitskaja 19 (Eing. Mal. Kislowski per.), Ⓜ Arbatskaja, ☎ 495-6917449, www.clubmayak.ru.

Mitzva Bar 🄱, → Karte S. 129. Im Judentum steht der Begriff „Bar Mitzwa" für religiöse Mündigkeit. In Moskau verbirgt sich dahinter eine Kellerbar mit mystischer Atmosphäre. Dank Globen, alten Büchern und jüdischen Symbolen sieht's hier aus wie in einer Wohnung in Tel Aviv, das zumindest behaupten die, die sich damit auskennen. Die Küche ist jüdisch-israelisch, aber nicht koscher. Gäste loben die Cocktails – und den Kräutertee! Mo–Do 17–3 Uhr, Fr 17–5 Uhr, Sa 15–5 Uhr, So 15–3 Uhr. Pjatnizkaja ul. 3,4, Geb. 1 (Eing. im Hof), Ⓜ Nowokusnezkaja, ☎ 495-5324224, www.faceboook.com/mitzva.msk.

O2 Lounge 🄱, → Karte S. 29. Die Bar des Nobelhotels Ritz-Carlton ist ähnlich exklusiv wie die City Space Bar – die Aussicht von ihrer Terrasse auf den Roten Platz und den Kreml aber noch um einiges spektakulärer. Dieser Bonus schlägt sich in den Preisen nieder: Ein Cocktail kostet umgerechnet mindestens 14,50 Euro. Reservierung für die Terrasse unerlässlich. Tägl. 12–2 Uhr. Twerskaja ul. 3, Ⓜ Ochotny rjad, ☎ 495-6427072, www.ritzcarltonmoscow.ru.

Mein Tipp **Rule Taproom 🄷**, → Karte S. 77. Der erste Anlaufpunkt für Craft-Beer-Liebhaber. Selbst Kenner schwärmen von der großen Auswahl: Rund 150 lokale wie internationale Sorten stehen auf der Karte. Im Rotationsprinzip fließen sie aus 27 Hähnen in die Gläser! So–Do 16–24 Uhr, Fr/Sa 16–2 Uhr. Starowagankowski per. 19, Geb. 7, Ⓜ Biblioteka imeni Lenina, ☎ 985-1680819, www.ruletaproom.ru.

Tag des Sieges: Russlands Nationalfarben am Moskauer Himmel

Feste und Veranstaltungen

Januar

Neujahrsferien (1.–5. Jan.): Mit fünf freien Tagen gönnt der russische Staat seinen Bürgern einen entspannten Start ins neue Jahr. Die Regelung mit den Brückentagen und der gleich darauffolgende Feiertag am 7. Jan. führen häufig dazu, dass in Russland bis zum 10. Jan. das öffentliche Leben brachliegt. Behörden und zum Teil auch öffentliche Einrichtungen sowie Geschäfte bleiben geschlossen.

Orthodoxes Weihnachten (7. Jan.): In der Nacht vom 6. auf den 7. Jan. feiern die Russen das Weihnachtsfest nach dem julianischen Kalender (siehe unten). Viele Menschen treffen sich mit der Familie und/oder besuchen die zahlreichen Mitternachtsmessen.

Täuferfest (19. Jan.): Zur Erinnerung an die Taufe Christi gehen die Moskowiter im eisig kalten Wasser baden: An rund drei Dutzend Orten der Stadt schlagen sie ein Loch in Form eines Kreuzes ins Eis. Wer zuschauen will: Das zentralste befindet sich im Park Neskutschny Sad (→ S. 140).

Februar/März/April

Tag des Vaterlandsverteidigers (23. Febr.): Ursprünglich wurde mit diesem Feiertag der Gründung der Roten Armee 1918 gedacht. Heute wird er als „Männertag" gefeiert. Umherziehende Gruppen wie am deutschen Vatertag sind allerdings nicht zu erwarten. Die Russen verbringen den Tag im Kreis der Familie.

Masleniza (Febr./Anfang März): Eines der schönsten russischen Feste, die sog. Butterwoche, begehen die Russen sieben Wochen vor dem russischen Osterfest. Vor der sich anschließenden Fastenzeit essen sie traditionell viele Bliny, die heiß, rund und golden die Sonne symbolisieren und damit das Frühjahr heranlocken und den kalten Winter vertreiben sollen. In der gesamten Innenstadt laufen kostümierte Menschen herum. Auf den zentralen Plätzen der Stadt und in den Parks werden Buden aufgebaut. Es finden Konzerte und Folkloreveranstaltungen statt. Anlaufpunkte im Zentrum sind v. a. der Manege-Platz, der Revolutionsplatz und der Twerskoj bul., in den Außenbezirken Kolomenskoje und Zarizyno.

Internationaler Frauentag (8. März): Ehemänner, Kollegen und Kinder schenken den Frauen Blumen, Pralinen oder andere kleine Aufmerksamkeiten. Wichtig bei Blumen: niemals eine gerade Anzahl Blumen verschenken – das gehört sich nur bei einem Trauerfall!

Seifenblasenfest (April): Ein Heer bunt kostümierter Menschen zieht am ersten oder zweiten Aprilsonntag über das Gelände des WDNCh (→ S. 152) und lässt Tausende Seifenblasen in den Frühlingshimmel steigen.

Russisches Osterei

Ostern (April/Mai): Das Osterfest ist das bedeutendste und prächtigste kirchliche Fest im Jahr. Es wird v. a. am Ostersonntag mit Nachtwachen und Prozessionen rund um die Kirchen gefeiert. Die Menschen lassen ihre bunt gefärbten Eier, Osterbrote *(kulitschki)* und andere Köstlichkeiten in der Kirche segnen, um sie dann im Kreise der Familie zu verspeisen. Viele pilgern aus Tradition zu den Friedhöfen.

Mai

Tag des Frühlings und der Arbeit (1. Mai): Die Kommunisten nutzen den 1. Mai

nach wie vor für Kundgebungen. Massendemos wie früher aber sind lange passé. Die meisten Moskauer genießen an diesem freien Tag die ersten Strahlen der Frühlingssonne (wenn sie denn scheint).

Tag des Sieges (9. Mai): Am wichtigsten Gedenktag des Jahres feiern die Russen den Sieg über Nazideutschland. Bei einer großen Parade auf dem Roten Platz präsentiert das russische Militär seine Stärke. Auf den Straßen sieht man viele festlich gekleidete Kriegsveteranen, die ihrer gefallenen Kameraden gedenken. Die Vorbereitungen der Parade beginnen bereits Tage vorher, sodass der Rote Platz schon vor dem 9. Mai mehrfach abgesperrt wird.

Der Tag des Sieges fällt in Moskau selten ins Wasser. Damit die pompösen Paraden unter **strahlend blauem Himmel** stattfinden, bringt die russische Luftwaffe dunkle Wolken schon vor der Stadt mit Chemikalien zum Abregnen. Es klappt allerdings nicht immer: 2017 war es so bitterkalt, dass nicht mal die obligatorische Flugshow stattfinden konnte.

Juni/Juli

Jazz-Festival in Archangelskoje (Juni/Juli): Das Festival Usadba Jazz hat nicht nur herausragende musikalische Klasse, es hat v. a. eine unschlagbar schöne Kulisse (siehe auch S. 190). Auf mehreren Bühnen treten national wie international bekannte Jazzmusiker und Größen der Weltmusikszene auf. www.usadba-jazz.ru.

Tag Russlands (12. Juni): Der Nationalfeiertag hieß ursprünglich „Tag der Unabhängigkeit", da die Volksdeputierten am 12. Juni 1990 die Souveränität der russischen Unionsrepublik erklärt haben. Auch an diesem Tag finden Feierlichkeiten auf dem Roten Platz statt.

Fußballweltmeisterschaft (14. Juni bis 15. Juli 2018): Im Jahr 2018 *das* Ereignis in Moskau. Insgesamt zwölf Spiele werden in der russischen Hauptstadt ausgetragen, darunter das Eröffnungs- und das Endspiel. Mindestens einmal wird auch das deutsche Team in Moskau auf den Rasen laufen: In der Vorrunde trifft es am 17. Juni im Luschniki-Stadion (→ S. 177) auf Mexiko. Kein Zweifel: Ganz Moskau steht Kopf in diesen Wochen! Aktuelle Infos zur WM finden Sie auf dem Blog "Russball" von Katrin Scheib (kscheib.de).

Internationales Moskauer Film-Festival (Mitte/Ende Juni): Einmal im Jahr wird vor den Kinos der rote Teppich ausgerollt – immer dann, wenn Stars und Sternchen zum Moskauer Film-Festival anreisen. Filme werden in der Originalsprache gezeigt. www.moscowfilmfestival.ru.

Rock-Festival Naschestwije (erstes Wochenende im Juli): Das dreitägige Festival vor den Toren der Stadt bietet die einmalige Chance, etliche Russenbands von Rang und Namen auf einen Schlag kennenzulernen. Lohnt auch für einen Tag. www.emmausfest.ru.

Afischa-Picknick (Ende Juli): Das Internetportal Afischa veranstaltet einmal im Jahr in Kolomenskoje ein eintägiges Festival: mit Konzerten russischer wie internationaler Bands, kleinen Ausstellungen, Filmvorführungen u. v. m.

August/September

Jazz-Festival im Ermitasch-Garten (Ende Aug.): Meist an einem Wochenende ab dem 20. August geben sich Jazzfreunde in der „grünen Perle" der Innenstadt ein beschwingtes Stelldichein.

Stadtgeburtstag (erstes Wochenende im Sept.): Mit bunten Paraden, Konzerten, Straßentheatern, Sportveranstaltungen und großen Feuerwerken feiern die Moskauer die erste Chronikerwähnung ihrer Stadt im Jahr 1147. Die zentralen Veranstaltungen finden auf der Twerskaja und in deren Umkreis statt. Gefeiert wird aber praktisch in jedem Park.

November/Dezember

Tag der Einheit des Volkes (4. Nov.): Mit diesem Tag wird der Befreiung Moskaus von der polnisch-litauischen Besatzung im Jahr 1612 gedacht. Er wird erst seit 2005 offiziell gefeiert und soll den Tag der Oktoberrevolution (7. November) ersetzen, der seitdem kein staatlicher Feiertag mehr ist.

Nowy god / Neujahr (31. Dez.): Der russische Silvesterabend hat viel Ähnlichkeit mit unserem Weihnachtsfest. Schon Wochen vorher werden an zentralen Orten der Stadt Tannenbäume aufgestellt und reich geschmückt.

Masleniza

Die ganze Stadt erstrahlt im Glanz der Lichter. Den Abend verbringen die Menschen im Kreise der Familie. Zu den Kindern kommt Väterchen Frost und bringt Geschenke. Der Jahreswechsel um Mitternacht wird dann ausgelassen mit knallenden Korken und Feuerwerken gefeiert. Das eindrucksvollste Spektakel findet auf dem Roten Platz statt, wo rund 120.000 Menschen zusammenkommen.

Für alle, die sich fragen, warum die Russen den Tag der **Oktoberrevolution** im November feierten, hier die Erklärung: 1917, zum Zeitpunkt der Revolution, galt in Russland noch der **julianische Kalender**, und dieser ist dem gregorianischen Kalender, der heute praktisch weltweit verwendet wird, einige Tage hinterher.

Hauptsache bunt: Matrjoschkas für Kinder

Moskau mit Kindern

Parks

Nahezu jeder größere Park begeistert Kinder mit Spielplätzen, Karussells und vielen anderen Attraktionen, besonders hervorzuheben sind der **Gorki-Park** und der **Sokolniki-Park** (→ S. 138, 179). In beiden kann man außerdem Kinderfahrräder sowie Fahrräder mit Kindersitz ausleihen. Der Bonus im Gorki-Park: Im Winter steht den Kleinen hier eine eigene Eisfläche zum Schlittschuhlaufen zur Verfügung! Ausgerechnet der neue Park Sarjadje ist allerdings weniger kinderfreundlich.

WDNCh

Schon jetzt ist das WDNCh-Gelände (→ S. 152) eine der ersten Adressen für Kinder, spätestens 2019 aber wird es *die* Adresse: Dann eröffnet im Südteil des Geländes der „Park der Attraktionen", ein Freizeitpark, dessen Aushängeschild das größte Riesenrad Europas sein wird. Bereits vorhanden sind schöne Spielplätze, ein Aquarium (s. u.), viel Raum zum Toben und mehrere Kindermuseen. Ihre Themen: Märchen, Ice Age und Roboter.

Zirkus

Im Gegensatz zu Deutschland zieht ein Zirkus in Russland nicht mit einem Zelt von Stadt zu Stadt, sondern präsentiert seine Künste in eigens dafür errichteten Zirkusgebäuden. Moskau hat gleich zwei: im Stadtzentrum den Alten Zirkus, auch genannt **Nikulin-Zirkus**, sowie den **Neuen Zirkus** weiter außerhalb, der mit 3400 Plätzen als größter stationärer Zirkus der Welt gilt! Doch egal wo: Die Akrobatik der Artisten lässt den Atem stocken!

Nikulin-Zirkus (Alter Zirkus), Zwetnoj bul. 13, Ⓜ Zwetnoj bulwar, ☎ 495-6258970, www.circusnikulin.ru. Kasse tägl. 11–14 und 15–19 Uhr, an Tagen mit Morgen- und Nachmittagsvorstellungen 11–12.30 und 13.30–19 Uhr. **Großer Zirkus**, Prosp. Wernadskogo 7, Ⓜ Uniwersitet, ☎ 495-9300300, www.bolshoicircus.ru. Kasse tägl. 10.30–19.30 Uhr.

Zoo

Während in deutschen Zoos immer wieder flauschige Jungtiere die Aufmerksamkeit auf sich ziehen, begeistert der Moskauer Zoo mit einem Greis seine Gäste: Alligator Saturn kam schon vor mehr als 70 Jahren nach Moskau, als Kriegsbeute aus dem zerstörten Berlin. Der Zoo selbst hat 2014 sein 150-jähriges Jubiläum gefeiert und dies zum Anlass für eine umfassende Modernisierung genommen. Insgesamt sind rund 8000 Tiere bzw. 1000 Arten zu sehen.

Zoo, Bol. Grusinskaja ul. 1 (Ecke Ul. Krasnaja Presnja), Ⓜ Barrikadnaja, ✆ 499-2522951, www.moscowzoo.ru. Tägl. (außer Mo) 10–18 Uhr. Eintritt 300 R (zusätzlicher Eintritt für Exotarium).

Moskwarium

Ob Delfine, Haie oder Wale, im Moskauer Aquarium schwimmt so ziemlich alles, was Flossen hat. 3000 Kubikmeter Wasser, 80 Aquarien und rund 8000 Meerestiere machen das Moskwarium zum größten seiner Art innerhalb Europas. Außer dem Aquarium kann man eine Wassershow besuchen, die allerdings extra bezahlt werden muss.

Moskwarium, Prospekt Mira 119, Geb. 23 (auf dem WDNCh-Gelände, → S. 152), Ⓜ WDNCh, ✆ 499-6777777, www.moskvarium.ru. Tägl. 10–22 Uhr, letzter Mo im Monat geschl. Eintritt Aquarium 900 R, in Kombination mit einer Show 500 R. Eintritt Show ab 1000 R.

Theater

Gleich vier Theater richten sich an kleine Gäste: das **Puppen-**, das **Katzen-**, das **Tier-** sowie das **Kinder-Musik-Theater**. Gesprochen wird Russisch, doch stört das die Kinder herzlich wenig!

Puppentheater, Sadowaja-Samotjotschnaja ul. 3, Ⓜ Zwetnoj bulwar, ✆ 495-6995-553, ✆ 495-6995-373, www.puppet.ru. Kasse tägl. 10–19 Uhr.

Katzentheater, Kutusowski prosp. 25, Ⓜ Kutusowskaja, ✆ 499-2492907, www.kuklachev.ru. Kasse tägl. 11–18 Uhr.

Tiertheater, Ul. Durowa 4, Ⓜ Zwetnoj bulwar (weiter mit Trolleybus 13 oder 15 bis „Teatr swerej im. Durowa"/„Театр зверей им. Дурова"), ✆ 495-6313047, www.ugolokdurova.ru. Kasse tägl. 10–19 Uhr.

Kinder-Musik-Theater, Prosp. Wernadskogo 5, Ⓜ Uniwersitet, ✆ 495-9307021, www.teatr-sats.ru. Kasse tägl. 12–19 Uhr (Pause 14.30–15 und 16.30–17 Uhr).

Planetarium

Das Moskauer Planetarium bietet Vorstellungen für Kinder ab fünf Jahren an, leider nur auf Russisch. Der Blick in die Sterne fasziniert die Kleinen aber trotzdem, zumal die Kuppel mit 27 m Durchmesser eine der größten der Welt ist. Für die Eltern interessant: Der markante Bau aus dem Jahr 1929 gilt als Ikone des Konstruktivismus.

Planetarium, Sadowaja-Kudrinskaja ul. 5, Geb. 1 (im tiefen Hof), Ⓜ Barrikadnaja. ✆ 495-2217690, www.planetarium-moscow.ru. Museen/Cafés/Kino tägl. (außer Di) 10–21 Uhr (Kernzeit), Vorstellungen (nur Russ.) mehrmals tägl. Eintritt 450–700 R.

Zentrales Kinderkaufhaus

Im Kinderkaufhaus an der Lubjanka (→ S. 57, 63) können Sie nicht nur Spielsachen und Kleidung für Ihre Sprösslinge kaufen – Sie können sie mit Dinosaurier-Show, Indoor-Spielplatz, Aquarium und Robotershow auch vor Ort sehr glücklich machen!

Baden

Wer die lange Anfahrt nicht scheut, kann zum **Kwa-Kwa-Aquapark** fahren, einem Badeparadies mit vielen Rutschen, oder auch zu einem der **Strände** (→ S. 261). Von „normalen" Schwimmbädern (→ S. 261) ist dagegen abzuraten, da Kinderbecken selten vorhanden und die großen Becken erwachsenen Schwimmern vorbehalten sind.

Kwa-Kwa-Aquapark, Kommunistitscheskaja ul. 1 (in der Stadt Mytischtschi, 1 km außerhalb der Stadtgrenze), Ⓜ WDNCh (Ausg. Richtung Hotel Kosmos, weiter mit Bus 333), ✆ 495-7896918. www.kva-kva.ru. Tägl. 10–22 Uhr.

„Insel der Träume"

Riesiger neuer Freizeitpark, der 2018 in Moskau eröffnet werden soll. Auf 100 ha Fläche sind zehn Themenwelten geplant, in denen u. a. Prinzessinnen, Dinosaurier oder die Schlümpfe zu Hause sind. Im Gegensatz zu Freizeitparks bei uns ist die „Insel der Träume" überdacht.

Insel der Träume, Prosp. Andropowa, Ⓜ Technopark. Der Freizeitpark war bei Redaktionsschluss noch nicht eröffnet, Infos unter www.dreamisland.ru.

Riwjera (Riviera)

Eigentlich ein Einkaufszentrum, ist das Riwjera ein wahres Paradies für Kinder: Es gibt einen Trampolin-Park und eine Lego-Stadt, einen Indoor-Spielplatz und einen Kletterpark.

Riwjera, Awtosawodskaja ul. 18, Ⓜ Awtosawodskaja, Tulskaja, ✆ 495-2969999, www.riviera.su. Tägl. 10–22 Uhr.

Neuer Zirkus

Von A nach B kommen

Öffentliche Verkehrsmittel mit Kinderwagen zu nutzen, ist eine Tortur: Nicht nur fehlen allerorts Aufzüge, auch die oft vollkommen überfüllten Wagen sind äußerst kinderwagenfeindlich. Wenn Sie einen Urlaub mit **Baby** planen, sollten Sie daher Tuch oder Tragegurt einpacken. Speziell auf Gäste mit Nachwuchs eingestellt ist das **Kindertaxi** (✆ 495-7651180, www.detskoetaxi.ru), aber auch die Yandex-Taxis (→ S. 241) haben entsprechende Sitze im Kofferraum. Bei einem Urlaub mit **Kleinkind** ist ein Buggy zu empfehlen, denn die Wege in Moskau sind lang und für kurze Kinderbeine nicht geeignet. Die Moskauer Kids sind übrigens oft mit dem Roller unterwegs – abseits der großen Straßen gar keine schlechte Idee!

Essen und Trinken

Der perfekte Ort, um mit Kindern essen zu gehen, ist das Familiencafé AnderSon, vor allem die Filialen in Zarizyno und auf dem WDNCh-Gelände. Sie haben Spielecken und Kindertoiletten, an manchen Tischen sitzen große Kuschelbären und die Speisekarte richtet sich speziell an kleine Gäste (→ S. 284). Kinderfreundlich sind außerdem folgende Adressen: Warenitschnaja Nr. 1 (→ S. 285), Akademija (→ S. 284), GlawPiwTorg (→ S. 106), Elardschi (→ S. 73), Chatschapuri (→ S. 94) und Scandinavia (→ S. 94). In gehobenen **Restaurants** ist die Anwesenheit von Kindern unüblich.

Übernachten

Wenn Sie als Familie eine **Unterkunft** suchen, dann bietet sich an erster Stelle an, eine Wohnung zu buchen, z. B. über Airbnb. Dies ist um einiges günstiger als ein Hotel und die Auswahl ist ebenfalls größer. Unter den Hotels sind folgende Adressen zu empfehlen: Holiday Inn Sokolniki, Leningradskaja, Marriott Courtyard, Medea, Novotel Nowoslobodskaja sowie Wolga Apart Hotel (→ Übernachten S. 250 ff.).

Lenin-Mausoleum

Moskau (fast) umsonst

Moskau hat den Ruf, eine sehr teure Stadt zu sein, und in gewisser Hinsicht stimmt das auch. Und trotzdem: Man kann einen großen Teil der Metropole kennenlernen, ohne einen einzigen Cent auszugeben.

Architektur

Die gesamte Moskauer Innenstadt ist eine Art Freilichtmuseum, in dem die architektonischen Spuren der vergangenen Jahrhunderte besichtigt werden können – und das komplett umsonst. Das gilt in erster Linie für den Roten Platz, aber auch für unzählige weitere Bauwerke, die in den Touren vorgestellt werden. In den Außenbezirken locken Landsitze wie **Kolomenskoje**, **Kuskowo** und **Zarizyno** (→ S. 144 und 167). Sobald Sie hier ein Museum betreten, müssen Sie zahlen – das Gelände selbst aber ist jeweils frei zugänglich!

Museen und Galerien

Einige Museen und Galerien verlangen grundsätzlich keinen Eintritt, dazu zählen das **Lenin-Mausoleum** (→ S. 30), das **Bulgakow-Haus** (→ S. 92), das **Modell der Moskauer Innenstadt** (→ S. 155), die **Galerie Art4** (→ S. 89), das **Sacharow-Zentrum** (→ S. 175) und das **Gorki-Museum** (→ S. 90). Immerhin jeden Donnerstag lässt auch das **Zentrum für moderne Kunst** (→ S. 176) seine Besucher kostenlos rein.

Viele andere Museen bieten einmal im Monat freien Eintritt – und zwar an **jedem dritten Sonntag**! Und wer Mitte Mai oder Anfang September nach Moskau reist, kann Museen und Galerien während der **Nacht der Museen** gratis besuchen.

Märkte und Kaufhäuser

Liebevoll präsentierte Produkte in grandioser Architektur: Berühmte Geschäfte und Kaufhäuser wie das **GUM** (→ S. 27), das **Jelissejewski** (→ S. 99) oder das **Zentrale Kinderkaufhaus** (→ S. 63) sind nicht nur zum Einkaufen schön! Ähnliches gilt für manch einen Markt. Der beliebte Souvenirmarkt in **Ismajlowo** (→ S. 164) und der **Danilow-Markt** (→ S. 180) machen Spaß, ohne dass man dafür Geld ausgeben muss.

Schöne Aussichten

Moskau hat zahlreiche Aussichtsplattformen, drei von ihnen sind umsonst. Die erste befindet sich im obersten Stock des **Zentralen Kinderkaufhauses** (→ S. 57), die zweite auf den **Sperlingsbergen** (→ S. 168), die dritte im **Sarjadje-Park** (→ S. 61). Nicht vergessen werden dürfen in diesem Zusammenhang aber auch die Brücken im Stadtzentrum, die herrliche Blicke auf den Kreml bieten. Das gilt in erster Linie für die **Patriarchenbrücke** (→ S. 130), aber auch für die **Große**

Schwebende Brücke

Steinbrücke (→ S. 39) und die **Große Moskwa-Brücke** (→ Karte S. 29).

Kirchen und Klöster

Einige Kirchen in Moskau haben Museumsstatus und sind kostenpflichtig, dazu zählen etwa die Basilius-Kathedrale auf dem Roten Platz sowie die Kathedralen im Kreml. Die allermeisten Sakralbauten aber sind frei zugänglich. Das Highlight unter den Kirchenbauten ist zweifellos die imposante **Christi-Erlöser-Kathedrale** (→ S. 66), doch auch das kleine Kirchlein an der nächsten Straßenecke ist oft einen Abstecher wert! Vielleicht haben Sie sogar Glück und geraten in einen Gottesdienst: Dann bekommen Sie zusätzlich noch ein Konzert orthodoxer Gesänge gratis dazu! Gleiches wie für die Kirchen gilt auch für die vielen Klöster der Stadt (→ S. 168). Kleiner Wehmutstropfen: Ausgerechnet für das schönste Kloster – das Neue Jungfrauenkloster – muss man Eintritt zahlen. Als Trostpflaster ist immerhin der idyllische Friedhof nebenan umsonst.

Parks

Von den Botanischen Gärten und dem Schlosspark Ostankino abgesehen sind alle Parks in Moskau frei zugänglich. Im Zentrum zählen dazu der **Gorki Park** (→ S. 138) inklusive Kunstpark Museon, der Ermitasch-Garten (→ S. 102), der **Sarjadje-Park** (→ S. 61) und der Alexandergarten (→ S. 33). In den Außenbezirken sollten Sie sich den Park Sokolniki (→ S. 179) merken.

Stadttour

Unter www.moscowfreetour.com kann man sich für eine kostenlose Stadtführung in englischer Sprache anmelden, die zu den Highlights im historischen Stadtkern führt. Man sollte allerdings wissen, dass die Guides bei dieser Tour von niemandem bezahlt werden und sich über ein angemessenes Trinkgeld am Ende der Führung freuen. Tägl. 10.45 Uhr, Dauer 2,5 Stunden, Treff-

Umsonst und unbezahlbar zugleich: Blick auf den Kreml

punkt ist das Denkmal für die Heiligen Kyrill und Methodius (in der Grünanlage zw. Staraja pl. und Lubjanski pr., (→ Karte S. 53).

Weitere Spartipps

Sightseeing: Wer unter www.russiacitypass.com einen Citypass Moskau kauft, erhält freien Eintritt in mehr als 40 Museen (inkl. der teuren wie Kreml und Tretjakow-Galerie), freie Fahrt mit Sightseeing-Bussen und -Schiffen (→ S. 244) sowie Ermäßigungen in ausgewählten Restaurants und Taxis. Der Preis des Passes ist abhängig von der Dauer der Gültigkeit: Ein Tag kostet 50 Dollar (42 €), fünf Tage 111 Dollar (94 €). Er lohnt sich nur für die, die wirklich viel unternehmen wollen!

Ausgehen: An warmen Sommerabenden ist es völlig überflüssig, Eintritt für einen Club o. Ä. zu zahlen. Machen Sie es wie die Moskauer und suchen Sie einfach den nächsten Park auf! Besonders zu empfehlen: die Uferpromenaden entlang des Gorki-Parks (→ S. 139) und der Patriarchenteich (→ S. 91). Irgendwo fängt immer jemand an zu singen oder Gitarre zu spielen – und wenn er gut ist, bildet sich schnell ein großer Kreis aus Zuhörern, die mitsingen, mittanzen, mitfeiern. Apropos tanzen: Auch das geht ohne Geld (→ S. 139)!

Essen und Trinken: Gehen Sie nicht abends essen, sondern mittags: Dann bieten fast alle Restaurants einen preiswerten Mittagstisch an! (Man muss allerdings dazu sagen, dass er manchmal nicht so gut ist wie das Abendessen.) Darüber hinaus gibt es in jedem Viertel sehr günstige Restaurants und Restaurantketten. Sie sind im vorliegenden Buch daran zu erkennen, dass sie mit nur einem Sternchen (*) gekennzeichnet sind (→ S. 16, 280).

Rumkommen: Für gerade mal 55 R, umgerechnet 80 Cent, können Sie den ganzen Tag mit der berühmten Moskauer Metro fahren – vorausgesetzt Sie verlassen zwischendurch nicht das Metrosystem. Für alle, die länger in Moskau sind, lohnt sich ein 3- oder 7-Tage-Ticket. Ebenso günstig wie die Metro sind auch die übrigen öffentlichen Verkehrsmittel.

Übernachten: Spartricks → S. 250.

Aeroflot-Maschine auf dem Flughafen Scheremetjewo

Ein- und Anreise

Wer nach Moskau will, setzt sich in aller Regel in den Flieger und ist – je nach Abflughafen – etwa drei Stunden später in der russischen Hauptstadt. Mindestens 23 Stunden braucht dagegen der russische Schlafwagenzug, der eng, aber dennoch sehr gemütlich ist. Extrem umständlich und nicht zu empfehlen ist die Anreise mit Auto oder Reisebus.

Aber egal wie – eine Reise nach Moskau muss gut vorbereitet sein, denn Russland empfängt seine Gäste mit bürokratischen Hürden: Sie brauchen ein Visum, dafür jede Menge Unterlagen, und vor Ort müssen Sie sich registrieren lassen.

Keine Lust mehr auf Moskau? Nun, Sie haben dieses Buch gekauft und sollten sich nicht entmutigen lassen: Die Dinge sind am Ende lange nicht so kompliziert, wie's zunächst den Anschein hat. Aber der Reihe nach.

Vom Visum zur Registrierung

Kern des bürokratischen Hürdenlaufs auf dem Weg nach Moskau ist das Visum, in Ihrem Fall das Touristenvisum. Für dessen Beantragung stehen prinzipiell zwei Wege zur Verfügung: a) Sie setzen sich selbst mit dem für Sie zuständigen Visazentrum in Verbindung und zahlen 35 € Konsulargebühr plus 27 € Servicegebühr; b) Sie beauftragen ein darauf spezialisiertes Reisebüro, das das Ganze für Sie erledigt und für seine Dienste zusätzlich etwa 30 € Bearbeitungsgebühr in Rechnung stellt. Trotz des finanziellen Mehraufwands raten wir dringend zu Letzterem. Zwar kommen Sie auch bei der Reisebüro-Variante nicht umhin, die notwendigen Unterlagen für die Visumbeantragung bereitzustellen (s. u.), aber danach geht alles fast wie von selbst: Sie schicken dem Reisebüro Ihre Unterlagen per Post zu oder bringen sie persönlich vorbei, bekommen umgehend Bescheid, wenn irgendetwas fehlt, und können Ihr gültiges Visum etwa drei Wochen später abholen bzw. aus dem Briefkasten fischen. Im Falle der Eigenbeantragung müssen Sie dagegen persönlich beim Visazentrum vorstellig werden, was in Deutschland bei gerade einmal sechs Einrichtungen ein Problem werden kann.

Die zur Visumausstellung berechtigten **Visazentren** befinden sich in Berlin, Hamburg, Bonn, München, Frankfurt/Main und Leipzig bzw. Wien sowie Genf und Bern (www.vhs-germany.com, www.vhs-austria.com, www.vhs-swiss.com). Welches Zentrum für Sie zuständig ist, erfahren Sie im Internet unter: www.russlandjournal.de/russland/reiseinformationen/russische-botschaft.

Was Sie für das Visum brauchen

Einladung: Für ein Touristenvisum benötigen Sie eine sog. touristische Einladung. Wenn Sie eine Pauschalreise buchen, bekommen Sie diese automatisch, ebenso i. d. R. dann, wenn Sie ein Hotel bzw. Hostel vorab buchen. Sie müssen allerdings unbedingt nachfragen, ob eine „touristische Einladung" im Preis mit enthalten ist.

Sollten Sie weder pauschal reisen noch ein Hotel bzw. Hostel vorab buchen wollen, müssen Sie sich auch keine Sorgen machen: Die Reisebüros bieten an, Russlandreisenden eine Proforma-Einladung zu besorgen, was vom russischen Staat akzeptiert wird und mithin vollkommen legal ist. Man kann diesen Service meist auch als separate Leistung in Anspruch nehmen, d. h., Sie können sich für einen Betrag von etwa 25 € eine Einladung ausstellen lassen, Ihr Visum dann aber immer noch eigenständig beim Konsulat einreichen.

Reisepass: Das Dokument muss mindestens zwei freie Doppelseiten haben und bis mindestens sechs Monate nach Rückreisetermin gültig sein.

Visumantrag plus Passfoto: Der Antrag muss online ausgefüllt (https://visa.kdmid.ru), anschließend ausgedruckt und unterschrieben werden. Das biometrische (!) Passfoto wird auf das dafür vorgesehene Feld des Antrags geklebt (!).

Krankenversicherungsnachweis: Sie müssen den Nachweis führen, dass Sie eine von Russland anerkannte Auslandskrankenversicherung abgeschlossen haben. Welche Versicherungen zu diesem erlauchten Kreis ge-

hören, erfahren Sie auf www.russisches-konsulat.de. Kostenpunkt für eine vierwöchige Versicherung: ca. 40 €.

Garantie für die Rückkehrwilligkeit: Russland möchte, das Sie Moskau irgendwann wieder verlassen. Sie werden das am ehesten dann tun – so die Überlegung –, wenn Sie in Ihrem Heimatland ein geregeltes Einkommen haben, selbstständig arbeiten, über Grundbesitz verfügen etc. Dokumentieren können Sie das Ganze u. a. durch eine Arbeits- bzw. Verdienstbescheinigung, eine Bescheinigung über die Registrierung Ihrer Firma oder durch Kontoauszüge, die belegen, dass Sie über Einkünfte verfügen.

Reisebüros zur Visumbeantragung

Es gibt unzählige Reisebüros, die Sie mit der Visumbeschaffung beauftragen können. Die folgenden fünf seien beispielhaft genannt.

Unabhängig vom Beschaffungsweg empfiehlt es sich, das Visum **spätestens sechs Wochen vor Reiseantritt** zu beantragen.

Reiseservice Russland, Jägerstr. 67, 10117 Berlin, ✆ 030-20143518, www.reiseservice-russland.de.

Servisum, Heilwigstr. 88, 20249 Hamburg, ✆ 040-4800050, www.servisum.de.

L&P Reisepartner, Fallmerayer Str. 16, 80796 München, ✆ 089-291620-52/-74, http://visumrussland49eur.de.

Open Up, Wangenstr. 43a, 3018 Bern, ✆ 004131-9941575, www.openup.travel.

Russische Visa Agentur, Strubergasse 4b, 5020 Salzburg, ✆ 00431-662429012, www.russlandvisa.at.

Zollformular, Migrationskarte und Registrierung

Den größten Teil der bürokratischen Prozedur haben Sie als glücklicher Besitzer eines Visums jetzt hinter sich, lediglich drei Kleinigkeiten fehlen noch.

Zollformular: Die meisten haben nichts zu verzollen (→ S. 273) und gehen nach der Ankunft am Flughafen durch den „grünen Korridor" (mit einem grünen Achteck markiert). Alle anderen füllen das Zollformular aus, das man entweder bereits im Flugzeug oder in der Ankunftshalle des Flughafens erhält, und nutzen den „roten Korridor" (rotes Achteck).

Migrationskarte: Wer mit dem Flieger anreist, erhält die Karte bei der Passkontrolle am Moskauer Flughafen automatisch und muss nichts weiter tun, als sie während des Aufenthalts immer mitzuführen und bei der Ausreise wieder abzugeben. Bei der Anreise mit anderen Verkehrsmitteln kann es dagegen vorkommen, dass Sie die Migrationskarte selber ausfüllen müssen. In diesem Fall tragen Sie die persönlichen Daten, Art, Dauer und Zweck des Aufenthaltes sowie die Unterkunft auf der Karte ein (die Angaben sollten denen im Visum entsprechen).

Registrierung: Die gute Nachricht vorweg: Wer weniger als sieben Werktage in Russland weilt, der kann diesen Punkt getrost überspringen. Für alle anderen gilt: Das Visum muss bei den zuständigen Behörden registriert werden. Bei Übernachtungen im Hotel oder Hostel geht alles wie von selbst, man zahlt nur etwa 500 R. Reisende, die privat übernachten, können die Anmeldung gemeinsam mit ihrem Gastgeber bei der Post vornehmen oder ein Registrierbüro aufsuchen; in diesem Fall fällt eine Gebühr ca. 1500 R an.

Intourist, Miljutinski per. 18 a, Büro 44 a (3. Etage), Ⓜ Tschistyje prudy u. a., ☎ 495-7395345, Mo–Fr 9–18 Uhr. (→ Karte S. 112)

> Den **Reisepass** mit der **Registrierung** sollten Sie jederzeit bei sich tragen! Es kommt vor, dass man ihn als Pfand hinterlegen muss (z. B. beim Fahrradverleih) oder Polizisten danach fragen.

Anreise mit dem Flugzeug

Für den Direktflug von Deutschland, der Schweiz oder Österreich braucht man – je nach Startflughafen – etwa drei Stunden. Fluglinien wie Lufthansa, Swiss, KLM oder Austrian Airlines fliegen Moskau z. T. täglich an, hinzu kommen russische Gesellschaften wie Aeroflot oder S7. Die Kosten für einen Flug variieren abhängig vom Buchungszeitpunkt und der jeweiligen Airline sehr stark. Schnäppchen liegen bei 30 € pro Strecke, der Regelfall sind 150–300 €.

Flughäfen

Von den insgesamt vier Moskauer Flughäfen werden zwei für internationale Verbindungen genutzt:

Domodedowo (www.domodedovo.ru), 35 km südlich von Moskau gelegen, wurde vom privaten Betreiber East Line modernisiert und ist nach Passagieraufkommen der größte Flughafen Russlands. Angeflogen wird er u. a. von Lufthansa, Swiss, Austrian Airlines und S7.

Scheremetjewo (www.svo.aero), 30 km nordwestlich der Stadt gelegen, war jahrzehntelang berüchtigt für seinen in die Jahre gekommenen Sowjetcharme. Mittlerweile hat sich viel getan, die neuen Terminals sind hochmodern. Angeflogen wird er u. a. von KLM und Aeroflot.

> Am **Rückreisetag** sollten Sie mindestens 2 Std. vor Abflug am Flughafen sein.

Verbindungen ins Zentrum

Über den **Aeroexpress** sind beide Flughäfen bestens mit dem Zentrum verbunden. Zwischen 5 Uhr morgens und 00.30 Uhr pendeln die Züge fast durchgängig im 30-Min.-Takt. Nur in der Mittagszeit fahren sie etwas seltener. Fahrpläne sind im Internet unter www.aeroexpress.ru zu finden.

Die Fahrt vom Flughafen Scheremetjewo zum Weißrussischen Bahnhof (Ⓜ Belorusskaja) dauert ca. 35 Min., die Fahrt von Domodedowo zum Pawelezer Bahnhof (Ⓜ Pawelezkaja) zehn Min. länger. Die Kosten pro Fahrt betragen stets 500 R. Die Tickets kaufen Sie vor der Fahrt an Schaltern oder Automaten im gut ausgeschilderten Abfahrtsbereich.

Bei der Rückreise ist zu beachten, dass der Aeroexpress in den Metrostationen, über die man zu den jeweiligen Abfahrtsbahnhöfen gelangt, nicht (immer) gut ausgeschildert ist. Orientieren Sie sich ggf. an den Schildern Richtung вокзал (*woksal*, Bahnhof). In den Bahnhöfen selbst ist die Beschilderung ausreichend.

Taxis bekommt man jeweils über offizielle Taxistände in der Ankunftshalle. Bezahlt wird meist im Voraus, der Preis für eine Fahrt ins Zentrum liegt bei 2000 R. Abhängig von der Verkehrslage dauert sie etwa eine Stunde. Die z. T. sehr aufdringlichen Taxivermittler, die in der Ankunftshalle auf der Suche nach Kunden sind, sollten Sie höflich, aber bestimmt abwei-

Nach Moskau, nach Moskau …

sen. Sie könnten höhere Preise verlangen oder auf andere Weise unseriös sein.

Anreise mit dem Zug

Stimmungsvoll, aufregend, aber nichts für ungeduldige Gemüter: Mindestens 23 Stunden sind Sie im russischen Schlafwagenzug unterwegs. Durchgehende Verbindungen gibt es z. B. ab Berlin, Hannover, Köln, Düsseldorf, Dortmund, Freiburg, Basel und Wien. Da die Strecke über Weißrussland führt, ist zusätzlich ein (kostenpflichtiges) Transitvisum nötig (s. u.).

Die Kosten für die Fahrkarte und die obligatorische Platzreservierung hängen stark von aktuellen Sparangeboten sowie der jeweiligen Verbindung ab. Wer beispielsweise von Hamburg fährt, sollte rund 220 € pro Strecke einplanen (im Viererabteil). Ein Zweier- oder Einzelabteil kostet pro Strecke 50 bzw. 80 € mehr.

Auf die Suche nach der schnellsten und günstigsten Verbindung haben sich private Agenturen spezialisiert. (www.gleis nost.de, www.bahnagentur-schoeneberg.

de). Gebucht werden kann das Ticket etwa 90 Tage vor Reiseantritt.

Die Züge verfügen über ein Bordrestaurant und stellen in jedem Waggon heißes Wasser für Kaffee, Tee oder Tütensuppen bereit. An der Grenze zu Weißrussland haben sie einen Aufenthalt von mindestens zwei Stunden, weil dort die Achsen der Waggons umgerüstet werden. Ankunft in Moskau ist am Weißrussischen Bahnhof (siehe Großkarte C1).

Transitvisum für Weißrussland

Sobald das Visum für Russland vorliegt, ist es möglich, das Transitvisum zu beantragen. Die Unterlagen und der Pass mit dem russischen Visum gehen per Post an die Visastelle, die Bearbeitung dauert mind. eine Woche, die Kosten (für Hin- und Rückfahrt) liegen bei 85 €. Der Aufenthalt in Weißrussland darf jeweils max. 48 Std. betragen.

Konsular- und Visaabteilungen der Botschaften:

Am Treptower Park 31, 12435 Berlin, ☎ 030-53635936, www.germany.mfa.gov.by/de.

Hüttelbergstrasse 6, 1140 Wien, ☎ 00431-419963021, www.austria.mfa.gov.by/de.

Quartierweg 6, 3074 Muri b. Bern, ☎ 004131-9527681, www.switzerland.mfa.gov.by/ru.

Stimmungsvoll: eine Schifffahrt auf der Moskwa

Unterwegs in Moskau

Neue Fußgängerzonen, breite Bürgersteige: Moskau zu Fuß erkunden macht neuerdings Spaß! Denn das Stadtzentrum hat sich in den letzten Jahren extrem stark verändert. Wo sich vor einigen Jahren noch Autoschlangen durch enge Gassen schoben, wo es zu jeder Tages- und Nachtzeit laut war und stank, da zeigt sich dem Besucher nun ein vollkommen anderes Bild. Fast in jedem Viertel sind neue Fußgängerzonen entstanden, die mit restaurierten Fassaden, hübschen Bänken und Laternen zum Bummeln und Verweilen einladen. Andere Straßen haben breite Bürgersteige erhalten, wieder andere immerhin ein paar Bäume am Wegesrand. Moskau, so das Fazit, hat sein Herz für Fußgänger entdeckt!

Außerhalb des Gartenrings brauchen diese aber noch immer starke Nerven … und eine gute Kondition. Denn: Die Wege sind weit und die Entfernungen immer größer, als der Blick auf die Karte vermuten lässt. Breite Hauptstraßen mit zehn Spuren in eine Richtung sind keine Seltenheit. Wer sie überqueren will, muss sich auf die Suche nach einer Unterführung machen – und das kann gut und gerne einen 20-minütigen Umweg zur Folge haben.

Kein Wunder also, dass man außerhalb des Gartenrings gut beraten ist, auf die öffentlichen Verkehrsmittel auszuweichen. Ohne Metro geht hier gar nichts, in manchen Gegenden reicht auch sie nicht aus. Dann kommen Marschrutka, Straßenbahn, Bus und Trolleybus zum Einsatz.

Eines aber kann weder innerhalb noch außerhalb des Gartenrings empfohlen werden: sich selbst hinter das Steuer eines Wagens zu setzen! Zwar sind die Staus auf den Straßen nicht mehr ganz so lang wie früher und auch der Fahrstil der Moskauer hat sich dank strengerer Gesetze verbessert. Trotzdem: Ein Auto ist überflüssig, zumal das öffentliche Verkehrsnetz außerordentlich gut ist.

Metro

Ihre Stationen sind weltberühmt, manche gleichen kleinen Palästen und sind eine eigene Sightseeingtour wert (→ S. 247 ff.). Die Moskowiter dagegen schätzen die Metro v. a. als ihr Verkehrsmittel Nummer eins, das günstig, schnell und zuverlässig rund 9 Mio. Fahrgäste pro Tag durch die Metropole befördert. Die Züge fahren im Schnitt alle zwei Minuten, in der Rushhour (ca. 7–10 und 17–20 Uhr) sogar alle paar Sekunden. In Betrieb ist die Metro täglich von 5.30 bis 1 Uhr.

Die **Fahrscheine** kauft man an Kassen und manchmal zusätzlich an Automaten im Eingangsbereich der Stationen. Zur Verfügung stehen dort Magnetstreifenkarten für 1, 2, 20, 40 oder 60 Fahrten, das Einzelticket zu 55 R, die Mehrfahrtenkarten zu prozentual verringerten Beträgen. Mit einem solchen Ticket können Sie beliebig weit fahren und beliebig oft umsteigen, unterschiedliche **Tarifzonen** gibt es nicht. Das Ticket erlischt erst, wenn Sie das U-Bahn-System verlassen.

Für alle, die innerhalb von 24 Stunden mehr als viermal mit der Metro fahren, lohnt sich ein **24-Stunden-Ticket,** das 210 R kostet. Fast alle profitieren von den 3-Tage-Tickets (400 R) bzw. 7-Tage-Tickets (800 R). Und wer direkt vor oder nach der Metrofahrt mit Bus, Straßenbahn oder Trolleybus fahren möchte, sollte sich ein **90-Minuten-Ticket** für 65 R kaufen.

Kinder unter sieben Jahren fahren gratis mit – egal für welches Ticket Sie sich entscheiden.

Entwertet werden die Tickets an den **Zugangssperren der Stationen.** Bei den neuen bzw. modernisierten Stationen funktioniert das wie gewohnt (Ticket rechts vor das entsprechende Feld halten und die Sperre geht auf), bei den älteren ist die Sperre zunächst frei und

schließt sich, sobald jemand versucht, ohne Ticket durchzuhuschen. Der Haken bei der Sache: Der Schließmechanismus wird auch dann in Gang gesetzt, wenn man sein Ticket brav davorhält, dann aber zu früh oder zu spät losgeht, was äußerst schmerzhafte Folgen für die Knie haben kann …

Noch ein Wort zur **Orientierung in der Metro.** Prinzipiell gilt: Wer die Landessprache nicht beherrscht, wird ein wenig improvisieren müssen, denn die Schilder sind fast ausschließlich kyrillisch. Als schwierig empfinden Moskau-Neulinge v. a. die Situation am Bahnsteig: In welche Richtung muss man fahren, um ans Ziel zu kommen? Es gibt hier mehrere Möglichkeiten, die einfachste ist diese: Achten Sie auf die **Außenwände des Metroschachtes** hinter dem Gleis! Dort sind (von rechts nach lins) die Stationen aufgelistet, die der Zug auf diesem Gleis als Nächstes anfahren wird.

Um während der Fahrt nicht den richtigen Ausstieg zu verpassen, hören Sie auf die Durchsagen: Die nächste Station wird neuerdings auch auf Englisch genannt. Ansonsten bleibt Ihnen nur eines: stets die Metrokarte im Blick haben (→ vordere Umschlagklappe und Großkarte) und die Stationen mitzählen.

Gut zu wissen: Wenn Sie nicht sicher sind, ob die Metro, in der Sie sitzen, in die richtige **Richtung** fährt, dann achten Sie auf die Durchsagen im Zug: Fährt er ins Zentrum hinein, dann hören Sie eine männliche Stimme – fährt er hinaus, ist es eine weibliche!

Herzstück des Moskauer U-Bahn-Netzes ist die sog. Ringlinie. Sie schlägt einen Bogen um das Stadtzentrum und wird von den übrigen Metrolinien gekreuzt. Auf eine Besonderheit müssen Sie sich bei den **Metro-Umsteigestationen** einstellen. Sie haben in der Regel nicht nur einen Namen, sondern – je nachdem, wie viele Linien sich hier kreuzen – zwei, drei oder sogar vier. Der jeweilige Name bezieht sich dann gewissermaßen auf die *Bahnsteighalle*, in der der Zug einer bestimmten Linie anhält. Ein Beispiel: Die Umsteigestation am Kreuzungspunkt der pinkfarbenen und roten Linie heißt Kusnezki most (pink) und Lubjanka (rot). Um von der einen in die andere Station (= Bahnsteighalle) zu gelangen, folgen Sie den Schildern mit der Aufschrift Переход (Übergang) und/oder На станцию (zur Station) sowie dem Namen der gewünschten Station (= Bahnsteighalle). Farben helfen bei der Orientierung!

Der **Ausgang** einer Station ist mit Выход (в город) ausgeschildert. Hat eine Station mehrere Ausgänge, weisen zusätzlich Straßennamen und/oder Sehenswürdigkeiten den Weg.

Straßenbahn

Sollte es bei den Spaziergängen und Ausflügen wichtig sein, einen bestimmten Ausgang zu nehmen, dann wird dort zusätzlich die Richtung angegeben – und zwar auf Kyrillisch, damit Sie das Wort mit dem Originalschild abgleichen können. Sofern Sie zeitraubende Umwege vermeiden wollen, sollten Sie diese Angabe ernst nehmen: Die einzelnen **Ausgänge einer Metrostation** oder gar eines Umsteigeknotenpunkts liegen z. T. extrem weit auseinander. www.mosmetro.ru.

Bus, Trolleybus, Straßenbahn

Wenn Sie außerhalb des Gartenrings unterwegs sind, müssen Sie bisweilen auf andere Verkehrsmittel umsteigen, um Ihre Ziele zu erreichen – die Metrostationen liegen hier zu weit auseinander. Die Haltestellen sind durch entsprechende Schilder gekennzeichnet: Ein A steht für *Awtobus* (Bus), ein Тб für *Trolleybus* (Oberleitungsbus), ein Тм für *Tramwaj* (Straßenbahn). Digitale Anzeigen verraten, wie lang die Wartezeit ist.

Das Ticket kostet 55 R (siehe außerdem das unter „Metro" erwähnte 90-Minuten-Ticket). Um den richtigen Ausstieg nicht zu verpassen, zeigen Sie am besten einem Mitfahrer die Zielhaltestelle (die bei den Adressangaben hier im Buch jeweils auch in Kyrillisch notiert ist) und bitten ihn, Sie zu informieren, wenn Sie aussteigen müssen.

Wer über Russischkenntnisse verfügt, ist natürlich wesentlich flexibler und kann sich zur eigenständigen Planung von Routen Apps herunterladen (Yandex.Transport) oder in einer Buchhandlung eine Straßenverkehrskarte kaufen (*Atlas gorodskogo transporta*), in der sämtliche Strecken übersichtlich eingezeichnet sind. www.mosgortrans.ru, www.mos.ru/city/projects/magistral.

Marschrutka

Eine Marschrutka ist ein Minibus mit Platz für rund 20 Fahrgäste. Er fährt auf den Strecken der Busse, Trolleybusse und Straßenbahnen, hält aber auch zwischen den Stationen: Wer einsteigen will, streckt am Straßenrand (aber auch an einer Haltestelle!) den Arm aus – wer später wieder aussteigen will, ruft laut „Astanawietje paschaalsta!" (Bitte anhalten) oder bittet andere Fahrgäste um Hilfe. Der Fahrpreis liegt bei etwa 60 R und steht meist deutlich lesbar auf einem Zettel im Innern des Wagens. Bezahlt wird oft nach folgendem Schema: Sie geben das Geld (wenn möglich, passend) Ihrem Vordermann, der es weiterreicht, bis es beim Fahrer angekommen ist. Nach einiger Zeit kommt das Wechselgeld auf dem gleichen Weg zu Ihnen zurück. In neueren und größeren Minibussen bezahlt man beim Fahrer. Ein spezielles Ticket als Beleg erhalten Sie i. d. R. nicht.

Taxi

Günstig, schnell und zuverlässig: Beim Thema Taxi schwören die Moskauer neuerdings auf Online-Vermittler wie **Uber, Yandex** oder **Gett**. Auch für Ausländer ist das Prozedere einfach: App installieren, Taxi anfordern – los geht's! Schon bei der Bestellung wird meist ein Fixpreis genannt, außerdem Farbe, Marke und Kennzeichen des Autos.

Die **offiziellen Taxis** in Moskau sind leuchtend gelb und können spontan herangewunken oder telefonisch bestellt werden. Vor der Fahrt sollten Sie auf jeden Fall die Preisfrage klären. Verweist der Fahrer (bzw. die Zentrale) auf den Taxameter, so ist darauf Verlass. Besser kommt man oft mit einem Fixpreis weg, der verhandelt werden kann. Mangels gemeinsamer Sprache dürfte dies aber für viele eine eher theoretische Option bleiben.

Im Vergleich mit anderen Metropolen sind die Moskauer Taxis günstig. Als grobe Richtlinie gilt: Eine Fahrt innerhalb des Zentrums kostet rund 500 R, eine an den Rand der Stadt etwa das

Nicht zu verfehlen: Yandex-Taxi

Dreifache. Am Abend erhöhen sich die Preise. Unverschämt hoch sind sie bei Taxis, die von den Hotels angeboten werden bzw. direkt vor den Hotels (oder auch Restaurants) auf Gäste warten.

> Das Taxi zum Flughafen sollten Sie unbedingt einen Tag im Voraus bestellen.

Nicht mehr so weit verbreitet wie früher, aber immer noch im Einsatz sind die sog. **Tschastniki**, d. h. Privatwagen, deren Besitzer sich mit der Beförderung von Fahrgästen ein Zubrot verdienen wollen. Im Vorfeld bestellen können Sie die Tschastniki nicht, Sie stellen sich einfach an den Straßenrand, halten den Arm raus und warten, bis ein Wagen anhält. Bevor Sie einsteigen, handeln Sie Ziel und Preis aus. Dieser wird umso höher sein, je schlechter Ihr Russisch ist. Prinzipielle Sicherheitsbedenken müssen Sie nicht plagen; allerdings gilt es in Russland als ehernes Gesetz, nicht zuzusteigen, wenn mehr als eine Person im Wagen sitzt.

Taxi-Vermittler (Online): Gett, www.gett.com, App „Gett"; Uber, www.uber.com, App „Uber"; Yandex, www.taxi.yandex.ru, App „Yandex.Taxi".

Klassische Taxiunternehmen, i. d. R. mit englischsprachiger Vermittlung: Formular Taxi, www.formula-taxi.ru, ✆ 495-7775777; Maxim, www.taximaxim.ru, ✆ 495-5055555; Komandir (nur Mercedes Benz), www.komandir.ru, ✆ 495-9888888.

> Zu den **Elektritschkas**, den Nahverkehrs-zügen, → „Ausflüge ins Moskauer Umland", S. 182.

Eisenbahnring

Das Moskauer Verkehrsnetz hatte lange ein Problem: Die Linien der Metro führten sternförmig aus der Stadt heraus, waren aber nicht bzw. nur schlecht, untereinander verbunden. Wer ganz im Norden der Stadt wohnte und jemanden besuchen wollte, der ganz im Nordwesten wohnte, musste zunächst ins Zentrum zurückfahren und mit den benachbarten Metrolinie wieder hinausfahren. Das hat ein Ende: Der neue Eisenbahnring verbindet die Metrolinien in den Außenbezirken und wird von den Moskauern rege genutzt.

Für Gäste der Stadt ist der 56 km lange Eisenbahnring weniger von praktischem Nutzen als vielmehr eine schöne Möglichkeit, die Stadt aus einer neuen Perspektive kennenzulernen. Statt glänzender Kuppeln sieht man hier das Moskau, in dem die zwölf Millionen Menschen der Metropole wirklich leben. Man sieht Garagen, Lärmschutzwände und viele, viele Plattenbauten. Schön ist das, was man sieht, nicht immer. Aber es schärft den Blick für das „echte Moskau".

Einer der hübscheren Abschnitte liegt zwischen den Stationen Ploschtschad Gagarina (Ⓜ Leninski prospekt) und Delowoj zentr (Ⓜ Meschdunarodnaja): Auf der einen Seite der Strecke erhebt sich die Moskauer Staatsuniversität, auf der anderen liegen das Neue Jungfrauenkloster, das Luschniki-Stadion und das Hochhausviertel Moskau City. Zweimal überquert der Zug die Moskwa, am Horizont ist sogar der Kreml zu sehen.

Eine Fahrt kostet 55 R, egal, wie lange man fährt. Einmal rum dauert 1,5 Stunden. Bewahren Sie unbedingt das Ticket auf, Sie brauchen es, um die Endstation zu verlassen!

Die Stationen des Eisenbahnrings haben wir bewusst nicht auf der Metrokarte eingezeichnet, da die Karte dann extrem unübersichtlich geworden wäre. Stattdessen finden Sie einen eigenen Plan auf S. 243.

> Sowohl bei den Gleisen als auch bei den Zügen des Eisenbahnrings handelt es sich um eine Zweitverwertung: Die hochmodernen Schnellzüge vom Typ „Lastotschka" („Schwalbe") wurden ursprünglich von Siemens für die Olympischen Winterspiele im russischen Sotschi gebaut, nach Ende der Veranstaltung vor Ort aber nicht mehr gebraucht. Auf den Gleisen fuhren schon 1908 die ersten Dampfloks, anfangs für den Personenverkehr, später nur noch für den Güterverkehr.

Fahrrad

War Fahrradfahren in Moskau lange gefährlich und daher unüblich, so gibt es heute etliche Fahrradwege und sogar Fahrradampeln! Das heißt aber nicht, dass Sie nun sorglos aufs Zweirad umsteigen können: Der Verkehr ist noch immer aggressiv, das Netz der Fahrradwege dünn. Entspanntes Radeln ist daher v. a. in größeren Parks (u. a. Kolomenskoje, Gorki-Park, Sokolniki-Park) sowie am Ufer der Moskwa zu empfehlen. Breite, glatt asphaltierte Wege bieten hier optimale Bedingungen, Leihstationen das erforderliche

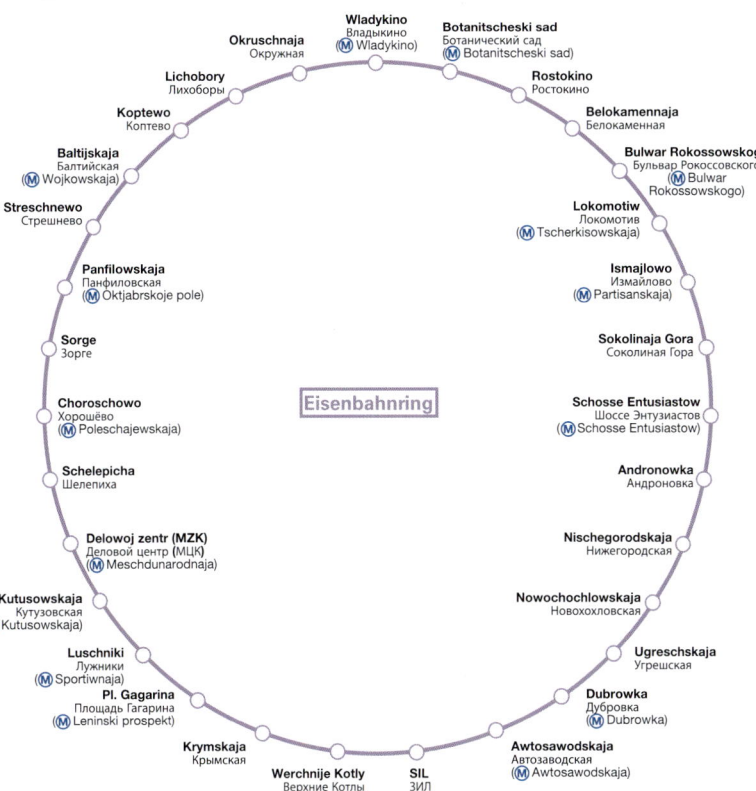

Eisenbahnring

Wladykino
Владыкино
(M) Wladykino)

Botanitscheski sad
Ботанический сад
(M) Botanitscheski sad)

Okruschnaja
Окружная

Rostokino
Ростокино

Lichobory
Лихоборы

Belokamennaja
Белокаменная

Koptewo
Коптево

Bulwar Rokossowskogo
Бульвар Рокоссовского
(M) Bulwar
Rokossowskogo)

Baltijskaja
Балтийская
(M) Wojkowskaja)

Lokomotiw
Локомотив
(M) Tscherkisowskaja)

Streschnewo
Стрешнево

Ismajlowo
Измайлово
(M) Partisanskaja)

Panfilowskaja
Панфиловская
(M) Oktjabrskoje pole)

Sorge
Зорге

Sokolinaja Gora
Соколиная Гора

Choroschowo
Хорошёво
(M) Poleschajewskaja)

Schosse Entusiastow
Шоссе Энтузиастов
(M) Schosse Entusiastow)

Schelepicha
Шелепиха

Andronowka
Андроновка

Delowoj zentr (MZK)
Деловой центр (МЦК)
(M) Meschdunarodnaja)

Nischegorodskaja
Нижегородская

Kutusowskaja
Кутузовская
(M) Kutusowskaja)

Nowochochlowskaja
Новохохловская

Luschniki
Лужники
(M) Sportiwnaja)

Ugreschskaja
Угрешская

Pl. Gagarina
Площадь Гагарина
(M) Leninski prospekt)

Dubrowka
Дубровка
(M) Dubrowka)

Krymskaja
Крымская

Awtosawodskaja
Автозаводская
(M) Awtosawodskaja)

Werchnije Kotly
Верхние Котлы

SIL
ЗИЛ

Eisenbahn-Haltestelle: Dubrowka Дубровка
Metrostation-Umsteigemöglichkeit: (M) Dubrowka)

Moskauer Eisenbahnring

Equipment, sprich Fahrräder *(welossiped)* und Zubehör wie Helme u. Ä.

Bei den **Leihstationen** muss zwischen zwei Arten unterschieden werden: Zum einen stehen an jeder Ecke Fahrräder bereit, die man – ähnlich wie in deutschen Großstädten – per Handy spontan ausleihen kann (www.velobike.ru). Dafür muss man sich aber registrieren, was ohne Russischkenntnisse und ohne Smartphone mit russischer Karte nicht möglich ist. Einfacher ist daher, klassische Leihstationen mit Personal anzusteuern.

Leihstationen Gorki-Park → Karte S. 133, 139.

Rundfahrten

Ob per Metro, Straßenbahn, Bus, Schiff oder Eisenbahn, die Auswahl an – organisierten wie nicht organisierten – Rundfahrten durch Moskau ist groß.

Schiff

Am stimmungsvollsten ist sicher die Variante mit dem Schiff. Je nach Witterung beginnt die Saison ca. Ende April und dauert bis Ende September.

Große Route quer durch die Moskauer Innenstadt: Diese Standardroute führt in ca. 100 Min. vom Kiewer Bahnhof im Westen des Stadtzentrums zum Neuen Erlöserkloster im Osten (oder umgekehrt) und passiert dabei viele wichtige Sehenswürdigkeiten (→ Karte). Das Ticket kostet 1100 R.

Kleine Route um die Insel ohne Namen: Diese Route beginnt und endet an der Luschkow-Brücke (→ S. 121) und dauert etwa eine Stunde. Die Hälfte der Strecke deckt sich mit der großen Route. Als Bonus kommen die hübschen Ufer am Kanal hinzu. Der Preis für die Fahrt liegt ebenfalls bei 1100 R.

Routen außerhalb der Innenstadt: Mit größerem Aufwand verbunden, aber sehr erholsam sind Routen, die vom Nördlichen Flussbahnhof ganz aus Moskau herausführen. Sie haben z. B. die „Bucht der Freude" (Buchta Radosti) oder das „Nadelwäldchen" (Chwojny bor) zum Ziel. Zur Auswahl stehen jeweils eine kurze Fahrt ohne Aussteigen (ca. 75 Min.) und ein langer Ausflug mit einem viereinhalbstündigen Aufenthalt (Dauer insgesamt ca. 5:30 Std.). Er kann zum Sonnenbaden, Ruderbootfahren oder für sportliche Aktivitäten (Volleyball, Tischtennis, Paintball u. Ä.) genutzt werden. Wer's ruhiger mag, sollte sich für das „Nadelwäldchen" entscheiden.

Die hier aufgeführten Infos beziehen sich alle auf Schifffahrten des Anbieters CCK (www.cck-ship.ru). Bei all seinen Vorteilen hat er den Nachteil, dass die Schiffe nur in der warmen Jahreszeit fahren (s. o.). Wer im Winter kommt, sollte sich daher einen weiteren Anbieter merken und zwar die **Radisson-Royal-Flotte.** Ihre Schiffe fahren sogar dann, wenn die Moskwa bei frostigen Minusgraden zugefroren ist! Abfahrt ist entweder am Hotel Ukraina (→ S. 177) oder an der Andrejew-Brücke im Gorki-Park (→ Karte S. 139). Das erste Schiff fährt um 15 Uhr, das letzte um 20.30 Uhr. Die Fahrt dauert 2,5 Stunden. Tickets (ab 750 R) sind an Kassenhäuschen an den Anlegern zu bekommen. Mehr → www.radisson-cruise.ru.

Große Route: Die Schiffe fahren zw. 11.30 und 21 Uhr alle 20 Min. Tickets sind (am selben Tag) am Anleger zu kaufen. Start- bzw. Endstationen: 1) Kiewer Bahnhof (Kijewski woksal): Bereschkowskaja nab., Pl. Jewropy, Ⓜ Kijewskaja (dunkelblau) (den einzigen Ausgang nehmen, oben nach rechts in Richtung des weißen Turms wenden, über die Brücke zur anderen Straßenseite gehen, dort ist der Anleger nicht zu übersehen). 2) Nowospasski-Brücke (Nowospasski most): Krasnocholmskaja nab., Ⓜ Proletarskaja (den Schildern Richtung к Крутицкому валу folgen, dann 10–15 Min. Richtung Fluss gehen).

Kleine Route: Die Schiffe fahren regelmäßig von 12 bis 20 Uhr. Die Luschkow-Brücke erreichen Sie am schnellsten über die Metrostation Tretjakowskaja, → Karte S. 129.

Routen außerhalb der Innenstadt: Die Fahrt kostet 500 R (kurz) oder 800 R (lang). Die Tickets sind am selben Tag am Nördlichen Flussbahnhof zu bekommen. Die Schiffe fahren tägl. ab 11 Uhr alle 45 Min., zu den genauen Abfahrtszeiten → www.cck-ship.ru. Nördlicher Flussbahnhof: Leningradskoje schosse 51, Ⓜ Retschnoj woksal (aus dem Zentrum kommend den Bahnsteig entgegen der Fahrtrichtung des Zuges verlassen, von der Rückseite des Metropavillons schräg rechts durch den Park bis zur Leningradskoje schosse gehen, diese unterqueren und von dort geradewegs auf ein auffälliges Gebäude mit einer Spitze samt Stern zulaufen).

2400 R kostet ein **Kombiticket**, mit dem man an zwei aufeinanderfolgenden Tagen beliebig oft mit **Schiff (CCK)** und **Sightseeing-Bus** fahren darf!

Sightseeing-Bus

An der Luschkow-Brücke (→ Karte S. 129) startet ca. alle 30 Min. ein roter Doppeldecker-Bus, der auf zwei unterschiedlichen Routen zahlreiche Sehenswürdigkeiten der Stadt abklappert. Die erste Route führt in 60–70 Min. durch die Moskauer Innenstadt, die zweite in 120–150 Min. zu weiter entfernten Zielen. (Ob ein Bus die große oder kleine Route fährt, erkennen Sie an einem Schild an der vorderen Windschutzscheibe: Rot steht für die kleine Route, Grün für die große.) Bei beiden

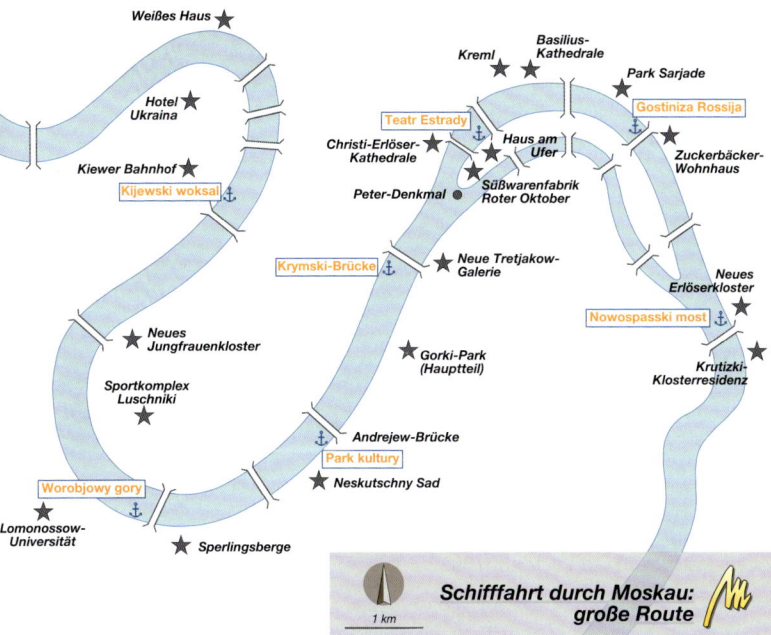

Schifffahrt durch Moskau:
große Route

1 km

Weißes Haus ★

Hotel
Ukraina ★

Kiewer Bahnhof ★

Kijewski woksal ⚓

Kreml ★

Basilius-
Kathedrale ★

Park Sarjade ★

Teatr Estrady ⚓

Christi-Erlöser-
Kathedrale ★

Haus am
Ufer ★

Gostiniza Rossija ★

Zuckerbäcker-
Wohnhaus ★

Peter-Denkmal ●

Süßwarenfabrik
Roter Oktober

Krymski-Brücke ⚓

Neue Tretjakow-
Galerie ★

Neues
Erlöserkloster ★

Nowospasski most ⚓

Neues
Jungfrauenkloster ★

Gorki-Park
(Hauptteil) ★

Krutizki-
Klosterresidenz ★

Sportkomplex
Luschniki ★

Andrejew-Brücke ⚓

Park kultury

Worobjowy gory ⚓

Neskutschny Sad ★

Lomonossow-
Universität ★

Sperlingsberge ★

Routen besteht zwischendurch die Möglichkeit auszusteigen und nach einer Pause den nächsten Bus zu nehmen, das Ticket ist mind. 24 Stunden gültig (Vorsicht: Die Busse halten an einigen Haltestellen nur nach Aufforderung!). Die ersten Busse starten morgens um 10 Uhr, die letzten um 17.15 Uhr (am WE etwas später). Tickets (1300 R für 24 Stunden, 1500 R für 48 Stunden, inkl. Audioguide auf Deutsch) gibt's im Bus. www.city-sightseeing.ru.

Straßenbahn „A" (Annuschka)

Die älteste Tram Moskaus, von den Einwohnern liebevoll Annuschka genannt, galt früher als Bahn der Intelligenzija: Sie zuckelte den Boulevardring entlang, vorbei an zahlreichen Museen und Theatern. Etliche Dichter haben sie in ihren Werken verewigt. Heute fährt die Annuschka aus dem Stadtzentrum heraus: Die Fahrt beginnt an der Metrostation Tschistyje prudy und endet nach 43 Min. unweit der Station Oktjabrskaja. Zu den Highlights an der Strecke zählen der Tschistoprudny bul., das Zuckerbäcker-Wohnhaus am Ufer der Moskwa, das Danilow-Kloster, der Danilow-Markt, das Donskoj-Kloster und der Schuchow-Turm. Und das alles für nur 55 R! www.mos.ru/magistral.

Gartenring-Bus

Bus B (Б) umrundet auf dem Gartenring die Moskauer Innenstadt und kommt dabei an zahlreichen Museen, Bauwerken und Denkmälern vorbei. Sie können entweder innen (im Uhrzeigersinn) oder außen (gegen den Uhrzeigersinn) fahren, die Sehenswürdigkeiten liegen auf beiden Seiten (Abfahrt alle 5–10 Min., Dauer ohne Stau ca. 60 Min., 55 R).

Im Uhrzeigersinn sind das: Wand der Trauer, Narkonsem-Gebäude, Zuckerbäcker-Bürohaus, Eisenbahngebäude, Kursker Bahnhof, Sacharow-Zentrum,

Taganka-Theater, Haus der Musik, Theater-Museum, Pawelezer Bahnhof, Kaluga-Platz mit Lenin-Denkmal, Gorki-Park (Haupteingang), Neue Tretjakow-Galerie, Moskau-Museum, Außenministerium, Zuckerbäcker-Wohnhaushaus, Tschajkowski-Museum, Tschechow-Museum, Planetarium, Baulgakow-Haus, Triumphplatz (nicht zu sehen, da Bus durch Tunnel fährt), Museum für Angewandte Kunst.

Bus „A"

Einen großen Teil des Boulevardrings fährt die neue Buslinie „A" ab. Als Startpunkt eignet sich die Haltestelle in der Ul. Ostoschenka (ggü. von der Linguistischen Universität, → Karte S. 67, Ⓜ Park kultury), als Endpunkt die Haltestelle an der Metrostation „Zwetnoj bulwar" oder der Platz der drei Bahnhöfe (Ⓜ Kropotkinskaja).

Bulgakow-Bus

Dieser nostalgisch dekorierte Bus fährt Sie zu Stätten aus Michail Bulgakows

Neue Fußgängerzonen

Werken und seiner Epoche. Die Guides sprechen leider nur Russisch. Startpunkt ist am Bulgakow-Haus (→ S. 92). Dauer 90 Min. inkl. 15-minütiger Führung durch das Bulgakow-Haus, 600 R, ☏ 495-9700619, www.dombulgakova.ru.

Zu den Rundfahrten mit Metro und Eisenbahn → S. 242 und 247.

Organisierte Stadtrundgänge und Ausflüge

Stadtführungen in englischer Sprache bieten folgende Anbieter an:

Capital Tours, ☏ 495-2322442, www.capitaltours.ru. Konzentriert sich auf das, was jeder sehen will: Kreml, Metro und das ein oder andere Bonusziel.

Patriarshy Dom Tours, ☏ 495-7950927, www.toursinrussia.com. Hat neben klassischen Stadtspaziergängen auch eine große Auswahl an Touren zu weiter entfernten Orten im Angebot, darunter auch zu solchen, die für Individualbesucher schwer realisierbar sind (etwa die Schokoladenfabrik Babajewski).

Mosmania, ☏ 903-7130583, www.mosmania. com. Hat sich auf historische Stadtspaziergänge in englischer Sprache spezialisiert, auf Nachfrage sogar in deutscher Sprache.

Moscow Free Tour, neben themenspezifischen Touren wie z. B. der „Kremlin Tour" oder der „Alternative Moscow Tour" wird eine kostenlose Sightseeingklassiker-Tour (→ S. 232, ohne Anmeldung) angeboten.

Bei allen Anbietern sollte die Tour der Wahl mind. zwei Tage im Voraus gebucht werden.

Für Russischkenner interessant sind außerdem die **originellen Stadtrundgänge** der folgenden Veranstalter:
www.mskbest.ru, www.moscoww.ru/tours.php, www.dombulgakova.ru, www.moskvahod.ru.

Der deutsche Architekt Peter Knoch, der seit 2003 in Moskau tätig ist, bietet **Architekturführungen** zu unterschiedlichen Themenschwerpunkten an. Sehr spannend und gut gemacht! (☏ 903-5366324, ☏ +49-173-3693463, www.mplus-arch.com).

Moskau im Kasten

Zu den Kathedralen der Moskauer Metro

„Wir haben die Metro!", jubelten die Moskauer, als die neue Untergrundbahn 1935 eröffnet wurde. Und auch heute noch ist jeder Moskwitsch stolz auf die „Paläste fürs Volk", wie Stalin die Stationen taufte. Viele von ihnen sind mit Liebe zum Detail gestaltet und einem bestimmten Thema gewidmet. Mosaik und Marmor in der Metro – das gibt's nur in Moskau!

Geplant war die Metro als das „wichtigste Mittel zur Lösung des schnellen und billigen Personentransports". Doch das pragmatische Ziel trat schnell in den Hintergrund, wichtiger war ein ideologisches: Die Metro sollte dem eigenen Volk wie der ganzen Welt beweisen, dass die viel beklagte Rückständigkeit des Landes der Vergangenheit angehörte. Außergewöhnlich viel Wert wurde schon am Anfang auf die Gestaltung der Stationen gelegt. Im Gegensatz zu denen im kapitalistischen Westen sollten sie sauber und edel sein und „Farbe in den Alltag der Arbeiter" bringen. Gleich nach Eröffnung der ersten Linie begann der Bau der zweiten und

dritten, der auch während des Krieges nicht unterbrochen wurde. Nach Ende des Krieges konzentrierte man sich auf den Ausbau der Ringlinie. Viele der Stationen hier zeugen bis heute vom Stolz auf den Sieg und sind so prachtvoll wie kleine Kathedralen. Die verschwenderische Phase währte indes nicht lange: Nach Stalins Tod verkündete Chruschtschow 1955 eine neue Marschroute, bei der man mehr auf Masse statt auf Klasse setzte: Ziel war es jetzt, die Außenbezirke ans Metronetz anzuschließen, ästhetische Gesichtspunkte bei der Gestaltung der Stationen spielten keine Rolle mehr.

Heute ist das größte und wichtigste Projekt der Bau einer zweiten Ringlinie (nicht zu verwechseln mit dem Eisenbahnring, → S. 242). Und auch die bestehenden Strecken werden kontinuierlich ausgebaut. Fast 40 Stationen sollen bis Ende 2020 gebaut werden. Darüber hinaus werden Strecken anderer Verkehrsmittel ins Metrosystem integriert: 2016 war es der Eisenbahnring, 2019 kommen die Vorortzüge (Elektritschkas) hinzu.

Als Zeitpunkt für eine **Rundfahrt durch die Moskauer Metro** eignet sich v. a. das Wochenende. An Werktagen sind die Mittags- oder Abendstunden zu empfehlen (zwischen 11 und 15 Uhr sowie ab 20 Uhr). Wenn Sie eine Bahnsteighalle anschauen wollen, müssen Sie den Zug auf jeden Fall verlassen: Aus dem Waggon heraus ist kaum etwas zu sehen.

Ausgangspunkt der Rundfahrt ist der Triumphplatz an der Ecke Twerskaja ul. / Gartenring. In der Mitte des Platzes sehen Sie ein Denkmal des Dichters Wladimir Majakowski. Nach ihm ist auch die erste Station benannt, in die Sie nun hinabsteigen.

Majakowskaja (1938)

Die Station unterscheidet sich von anderen durch ihre schlichte Eleganz (→ Foto S. 265). Den breiten Mittelgang flankieren schlanke Pfeiler, die mit gewelltem rostfreiem Stahl verkleidet sind. Die 36 ovalen Kuppeln zwischen den Bögen der Halle gestaltete **Aleksandr Dejneka**. Die Mosaike darin zeigen Flugzeuge, Heißluftballons oder Fallschirmspringer, die die Eroberung des Himmels durch den Menschen symbolisieren. Die indirekte Beleuchtung soll der Station einen luftig-leichten Charakter verleihen und damit den Besucher vergessen lassen, dass er sich in einer der tiefsten Stationen des Moskauer Metrosystems befindet. Während des Zweiten Weltkrieges wurde die Majakowskaja geschlossen und in einen Luftschutzbunker umfunktioniert. Als die deutschen Truppen im Herbst 1941 bis auf wenige Kilometer zum Stadtzentrum vordrangen, verlegte Stalin sogar die Feierlichkeiten zum Tag der Revolution hierher. Auf der Weltausstellung in New York 1938 wurde die Station mit dem Grand Prix ausgezeichnet.

Steigen Sie nach Besichtigung der Bahnsteighalle in die Metro und fahren Wechseln Sie hier zur Bahnsteighalle Ploschtschad Rewoljuzii der dunkelblauen Linie.

Ploschtschad Rewoljuzii (1938)

Dunkles Gestein und gedämpftes Licht verleihen dieser Station eine mystische Atmosphäre. An insgesamt 40 Rundbögen stehen 76 lebensgroße Bronzefiguren, die der Bildhauer **Matwej Maniser** gestaltet hat. Die Figuren idealisieren die Helden der Sowjetunion: Zu sehen sind bewaffnete Revolutionäre und Soldaten, Arbeiter, Matrosen und Sportler sowie ein Pionier, ein Bauer und eine Mutter mit Kind. Am knienden Grenzschützer mit Hund zeigt sich auf kuriose Weise, wie abergläubisch viele Russen sind: An Schnauze und Pfote des Hundes blitzt die Bronze, weil eine Berührung an diesen Stellen angeblich Glück bringt. Dieser Glaube geht so weit, dass Studenten der Technischen Universität, die ebenfalls an der dunkelblauen Linie liegt, vor Prüfungen aus dem Zug springen, Nase und Pfote berühren und wieder in den Waggon hasten. Wer hingegen das Bein des lesenden Mädchens anfasst, wird von seiner unglücklichen Liebe geheilt, so der Volksglaube.

Fahren Sie nun mit der dunkelblauen Linie drei Stationen bis Kijewskaja, wo drei Linien aufeinandertreffen. Da alle drei Bahnsteighallen sehenswert sind, gehen Sie von der Ankunftshalle der dunkelblauen Linie zunächst in die Bahnsteighalle der hellblauen Linie und von dort in die Bahnsteighalle der braunen Ringlinie.

Kijewskaja, dunkelblau (1953), hellblau (1937), braun (1954)

Die gestalterischen Elemente der Stationen unterhalb des Kiewer Bahnhofs sollten einen Eindruck von den Landesteilen vermitteln, die vom Kiewer Bahnhof aus angefahren werden. Für die Stützen in der Bahnsteighalle der hellblauen Linie gibt es beispielsweise folgende Deutungen: Einige sehen in den Säulen mit den stuckverzierten Kapitellen eine Palmenallee auf der Krim, andere die Halme und Ähren eines Weizenfeldes. Der grau-roséfarbene Granit des Bodens zeigt Ornamente aus der ukrainischen Volkskunst. Die Stationen der dunkelblauen und der braunen Linie bringen einen weiteren Aspekt ins Spiel: die russisch-ukrainische Freundschaft. Auf der braunen Ringlinie zeigen die Wandmosaike z. B. den Besuch Puschkins auf der Krim und die Befreiung Kiews von den deutschen Besatzern im Zweiten Weltkrieg.

Fahren Sie mit der braunen Ringlinie drei Stationen bis Nowoslobodskaja.

Nowoslobodskaja (1952)

Hauptattraktion der von **Aleksandr Duschkin** gestalteten Bahnsteighalle sind 32 bunte Glasfenster an den Säulen (S. Foto rechts). Sie sind von innen beleuchtet und tauchen die Bahnsteighalle in sanftes Licht – fast wie in einer Kirche. Und tatsächlich war das Glas der in Lettland hergestellten Fenster ursprünglich für Sakralbauten bestimmt. Ihr Muster hat Pawel Korin entworfen.

Ohne Umsteigen geht es mit der braunen Ringlinie eine Station weiter bis Prospekt Mira. Vor der Weiterfahrt mit der gleichen Linie lohnt ein Abstecher zur Bahnsteighalle der orangefarbenen Linie.

Prospekt Mira, braun (1952) und orange (1958)

Die beiden Stationen demonstrieren sehr anschaulich den Wandel in der Metrogestaltung (s. o.). Die Station der braunen Linie, ein Jahr vor Stalins Tod eröffnet, ist reich verziert mit Motiven der sowjetischen Landwirtschaft und des Gartenbaus. Letzteres Thema steht in Bezug zum alten Botanischen Garten, der unweit der Station liegt. Die Station der orangefarbenen Linie, die sechs Jahre später unter Chruschtschow entstand, ist entschieden schlichter gestaltet.

Zurück auf der braunen Ringlinie, fahren Sie eine Station bis Komsomolskaja.

Komsomolskaja, braun (1952)

Die prachtvollste Station zum Abschluss: Nicht ohne Grund nennen Einheimische die Komsomolskaja auch „Moskaus Sixtinische Kapelle". Den weitläufigen Saal mit seiner 190 m langen und 10 m hohen Decke gestaltete **Aleksej Schtschussew** im Stil einer Ruhmeshalle. Sie huldigt der sowjetischen Armee für ihren Kampf im Zweiten Weltkrieg. 68 helle Marmorsäulen reihen sich aneinander, von der Decke hängen riesige Kronleuchter herab. Die Decke ist reich mit Stuck und monumentalen Mosaiken verziert. Sie setzen sich aus jeweils rund 300.000 Einzelteilchen zusammen und stellen Personen und Szenen der russischen und sowjetischen Geschichte dar. Benannt ist die Station nach dem Kommunistischen Jugendbund *Komsomol*, dessen Mitglieder maßgeblich am Bau der Metro beteiligt waren. Ebenfalls beteiligt waren etliche Zwangsarbeiter, für die hier ein Lager eingerichtet war.

Zum Abschluss der Rundfahrt bietet sich ein Abstecher ans Tageslicht an: zum Platz der drei Bahnhöfe (→ S. 178), der schon ein wichtiger Verkehrsknotenpunkt war, lange bevor die erste Metrostation eröffnet wurde.

Good Mood Hostel

Übernachten

Es gab Zeiten, da jagte eine Hiobsbotschaft die nächste: In der Moskauer Innenstadt verschwanden ebenso legendäre wie erschwingliche Bettenburgen wie das Rossija am Roten Platz oder das Inturist an der Twerskaja. Die Preise der übrigen Hotels kletterten unaufhaltsam nach oben. Kein Durchschnittsverdiener konnte sich noch leisten, im Zentrum der Stadt zu übernachten.

Mittlerweile hat sich die Lage entspannt. Die Preise stagnieren, das Angebot wächst. Kein Monat vergeht, ohne dass ein Hotel neu eröffnet wird, was sich v. a. im Mittelklassebereich deutlich bemerkbar macht. Immer größer und besser wird außerdem die Auswahl an Hostels und Wohnungen.

Hotels

Die guten Nachrichten der letzten Jahre dürfen aber über eines nicht hinwegtäuschen: Die Hotelpreise in Moskau

sind grundsätzlich hoch. Es lohnt daher, ein paar **Spartricks** zu kennen. Der wichtigste ist: Seien Sie **flexibel** beim Datum, denn ein und dasselbe Zimmer kostet in Moskau mal 100 €, mal 200 € – je nachdem wie stark das Hotel ausgelastet ist. In nahezu allen Hotels sind die Zimmer freitags bis sonntags deutlich günstiger als an den übrigen Tagen, ebenso in messefreien Zeiten und an wichtigen Feiertagen. (Der Preisrutsch an Feiertagen hat allerdings den Nachteil, dass z. B. viele Museen geschlossen haben.) Eine gute Zeit für Schnäppchen sind außerdem die Monate Juli und August.

Achten Sie zudem auf **spezielle Tarife** wie Frühbucher- oder Internetrabatte. Bis zu 20 % günstiger sind Zimmer häufig auch dann, wenn man auf eine Rücktrittsmöglichkeit verzichtet oder wenn man länger als vier oder fünf Tage bleibt – fragen Sie gezielt nach! Und scheuen Sie sich nicht, dezent zu handeln: Auf Nachfrage ist schon so manches Zimmer günstiger geworden!

Bei der Buchung sollten Sie darauf achten, ob **WLAN** und **Frühstück** im Preis enthalten sind. Oft ist das nicht der Fall. Bei sehr günstigen Hotels (und v. a. bei Hostels) werden sogar Zimmer ohne Fenster angeboten, auch dies sollte man im Blick haben!

Die hier im Buch genannten **Preise** beziehen sich stets auf das günstigste Doppelzimmer (DZ) inkl. Frühstück. Sie wurden für Anfang Dezember 2017 recherchiert und damit für eine (aufgrund von Messen) recht teure Jahreszeit. Sofern vorhanden, wird neben dem Wochenpreis (Mo–Do) auch der Wochenendpreis (WE, d. h. Fr–So) genannt. Da der Wechselkurs schwankt, sind die Preise in Rubel angegeben. Nicht aufgeführt werden im Folgenden Hotels der Spitzenklasse (d. h. über 17.500 R / 250 €.

> Während der **Fußball-WM 2018** verlangen die Hotels und Hostels deutlich höhere Preise als hier angegeben. Stichproben zeigten eine Verfünffachung des Preises!

In jedem Fall sollten Sie ein Zimmer vorab **reservieren,** spontan ist in der üblichen Reisezeit schwer etwas Gutes zu finden. Buchen können Sie ein Hotel entweder direkt (über seine Internetseite bzw. per Telefon), über ein Reisebüro (siehe auch bei Anreise, S. 235) oder über eine Internetplattform. Neben international ausgerichteten Anbietern (wie www.booking.com oder www.hrs.de) gibt es einige, die sich speziell auf Moskau, Russland oder Osteuropa im Allgemeinen spezialisiert haben (z.B. www.allrussiahotels.com, www.allrussianhotels.com, www.lodging.ru, www.selectrussia.com, www.visitrussia.com, www.welt.ru).

Zur besseren Orientierung wird in der folgenden Auflistung die Lage der Hotels grob in zwei Kategorien eingeteilt: **Zentrum** und **Außenbezirke,** die Grenze bildet der Gartenring. Innerhalb der geografischen Zuordnung sind die Hotels nach ihrem Preis geordnet.

Zentrum

Luxus (DZ 14.000–17.500 R)

Metropol 25 Einerseits das Sahnestück unter den hochpreisigen Hotels: ein Haus mit Tradition, mit Klasse, mit dem besonderen Etwas. Andererseits sind die Zimmer klein und die Ausstattung entspricht z. T. nicht mehr dem modernsten Standard. Wer das in Kauf nimmt, kann sich freuen auf ein schwer zu übertreffendes Frühstücksbüfett unter einer beeindruckenden Glaskuppel. Mehr dazu → S. 53. DZ ab 17.500 R (Mo–Do) bzw. 13.200 R (WE). Teatralny pr. 2 (Eing. hinten), Ⓜ Teatralnaja, ☏ 495-2660168, www.metropol-moscow.ru.

Russo Balt 35 Das kleine, privat geführte Hotel am schönen Boulevardring beeindruckt mit seinem (Wg. Wdh.) Jugendstilgewand. Die Zimmer sind alle elegant gestaltet, wenn auch von überschaubarer Größe. Bei Aufenthalten ab ca. vier Tagen kann man gute Ermäßigungen aushandeln! DZ ab 16.900 R (Mo–Fr) bzw. 15.400 R (WE). Gogolewski bul. 31, Ⓜ Arbatskaja, ☏ 495-6453875, http://russo-balthotel.com.

National 30 Die Möbel in den Antik-Suiten haben Museumswert, auch deshalb quartiert sich gern die globale Prominenz hier ein. Weitere Gründe: Das Hotel hat Historie (→ S. 31), einen fantastischen Pool unterm Dach und einen Standort, der schwer zu übertreffen ist. DZ ab 15.900 R (Mo–Do) bzw. 12.000 R (WE), jew. ohne Frühstück. Mochowaja ul. 15/1, Geb. 1 (Ecke Twerskaja ul.), Ⓜ Ochotny rjad, ☏ 495-2587000, www.national.ru.

Akwarel 15 Ebenso gemütliches wie elegantes Hotel in einer exklusiven Fußgängerzone, in der etliche Luxusboutiquen auf Kundschaft warten. Ebenfalls nah ist Denis Simachev (→ S. 221), eine Mischung aus Café, Restaurant und angesagtem Club. DZ ab 15.500 R (Mo–Do) bzw. 10.000 R (WE). Stoleschnikow per. 12, Geb. 3, Ⓜ pa Teatralnaja, ☏ 495-5029430, www.hotelakvarel.ru.

mein Tipp **Moss** 17 Edle Holzböden gepaart mit moderner Betonoptik, so präsentiert sich das neue Boutique-Hotel Moss. Extravagantes Detail: Im Fahrstuhl und in den Gängen erklingt beruhigendes Vogelgezwitscher! Die Lage des Moss ist im Gegensatz zu der anderer Hotels dieser Preisklasse etwas weniger prestigeträchtig, aber durchaus charmant. In jeder Hinsicht zu empfehlen! DZ ab 15.300 R (Mo–Do) bzw. 13.300 R (WE). Kriwokolenny per. 10, Geb. 4

(Eing. im Hof), Ⓜ Lubjanka, Tschistyje prudy, ☎ 495-1145572, www.mosshotel.ru.

Hotel Moss

Gehoben (DZ 10.500–14.000 R)

Brick Design Hotel ⓲ Eines der stilvollsten Hotels von ganz Moskau. Von der Obstschale bis zur Teekanne ist alles durchkomponiert, selbst die Zeitschriften auf dem Tisch liegen nicht zufällig so, wie sie liegen. In jedem der neun Zimmer hängt ein echtes Kunstwerk – von Künstlern, deren Werke auch in der Tretjakow-Galerie ausgestellt sind! DZ ab 13.500 R (kein WE-Tarif; Tarif: nicht stornierbar). Mjasnizkaja ul. 24/7, Geb. 3/4 (Eing. im Hof), Ⓜ Tschistyje prudy, Turgenewskaja, ☎ 499-1102470, www.brickhotel.ru.

Marco Polo Presnja ⓮ Die Lage am Patriarchenteich ist mehr als charmant und die Freundlichkeit des Personals sticht positiv hervor. Der Preis aber ist etwas überzogen, zumal das Gebäude alles andere als ein Schmuckstück ist. Vieles hier trifft mehr den russischen Geschmack, etwa die laute Musik im ange-

schlossenen Restaurant. DZ ab 13.400 R (Mo–Do) bzw. 6880 R (WE). Spiridonjewski per. 9, Ⓜ Twerskaja, ☎ 495-6600606, www.presnja.ru.

Marriott Courtyard ㉗ Wunderschön gelegen im Viertel zwischen Kreml und Boulevardring. Nach nur wenigen Schritten ist man an der Ul. Bol. Nikitskaja und damit am Konservatorium und den umliegenden Cafés und Restaurants. Die meisten Zimmer gehen allerdings auf einen überdachten Innenhof (*courtyard*) hinaus, in dem Konferenzen stattfinden. Und das Interieur ist etwas altbacken. DZ ab 13.000 R (Mo–Do) bzw. 6500 R (WE), jew. ohne Frühstück. Wosnessenski per. 7, Ⓜ Twerskaja, ☎ 495-9813300, www.marriott.com.

Mercure Arbat ㊱ Gleich zwei Häuser hat die Mercure-Kette in den letzten Jahren im Zentrum Moskaus eröffnet, dies ist das zentralere. Das Personal ist auffallend freundlich, das Design der Zimmer standardmäßig modern. Kurz: Ein Hotel, bei dem man nichts falsch machen kann! Auch gut für Rollstuhlfahrer geeignet. DZ ab 12.900 R (Mo–Do) bzw. 7800 R (WE). Smolenskaja pl. 6, Ⓜ Smolenskaja, ☎ 495-2250025. www.mercure.com/ru.

mein Tipp **Kadaschowskaja** ㊲ Am schönen Ufer von Samoskworetschje, hinter einer der pastellfarbenen Fassaden, hat Ende 2009 das Hotel Kadaschowskaja eröffnet. Besonders hübsch sind die Zimmer mit Mansardenfenster. DZ ab 12.800 R (Mo–Do) bzw. 9000 R (WE). Kadaschowskaja nab. 26, Ⓜ Nowokusnezkaja, Tretjakowskaja, ☎ 495-2878710, www.kadashevskaya.com.

Assambleja Nikitskaja ㉙ Vom Stil ähnlich wie das Akwarel (s. o.), aber weniger nobel gelegen. Das nahe Konservatorium sorgt für intellektuelle Abwechslung, nette Restaurants bieten die Möglichkeit zu kulinarischen Ausflügen. Das Foyer, in dem das Frühstück serviert wird, ist etwas eng. DZ ab 12.300 R (Mo–Do) bzw. 8800 R (WE). Ul. Bol. Nikitskaja 12, Geb. 2, Ⓜ Biblioteka imeni Lenina, Ochotny rjad, ☎ 495-9335001, www.assambleya-hotels.ru.

mein Tipp **Park Inn Sadu** ㊵ Das Park Inn Sadu erfüllt alle Voraussetzungen für ein solides Touristenhotel: westlicher Standard, gute Verkehrsanbindung, gemütliche Betten und ein reichhaltiges Frühstücksbüfett. Wer Wert legt auf Ruhe, sollte ein Zimmer zum Hof wählen. DZ ab 12.000 R (Mo–Do) bzw. 5100 R (WE). Ul. Bol. Poljanka 17, Geb. 1, Ⓜ Poljanka, ☎ 495-6444844, www.parkinn.com/hotelsadu-moscow.

Mittelklasse (DZ 7000–10.500 R)

Kamergerski 22 Im beliebten Kamergerski per. reiht sich ein Café ans nächste. Es war daher überfällig, dass auch ein Hotel eröffnet. Wie schön, dass es bezahlbar ist! DZ ab 9800 R (Mo–Do) bzw. 7800 R (WE). Ul. Bol. Dmitrowka 5/6, Geb. 3 (Eing. Kamergerski per.), Ⓜ Ochotny rjad, ☏ 495-6921315, www.hotelkamer.ru.

mein Tipp **Budapescht** 11 Das Budapescht verspricht „Atmosphäre vom Anfang des 20. Jh." und löst sein Versprechen ein mit einem Gebäude von 1876 und einem Portier in standesgemäßer Uniform. Die letzte Renovierung liegt einige Jährchen zurück: Die Schränke der Standardzimmer quietschen und von den Fensterrahmen blättert der Putz ab. Trotzdem: inmitten von etlichen Nobelhotels eine überaus willkommene Alternative! DZ ab 9400 R (Mo–Do) bzw. 5500 R (WE). Ul. Petrowskije linii 2/18, Ⓜ Kusnezki most, Trubnaja, ☏ 495-7293501, www.hotel-budapest.ru.

Arbat House 31 Im Gegensatz zu anderen Hotels dieser Preisklasse erwartet den Gast hier eine Hotellobby, die sich sehen lassen kann! Von hier führt eine geschwungene Treppe ins Obergeschoss, wo die traditionell eingerichteten Zimmer liegen. Gesamteindruck: ein Hotel für die Generation 60 plus. Ein renoviertes Zimmer kostet nur 500 R mehr. DZ ab 8900 R (Mo–Do) bzw. 4600 R (WE). Skaterny per. 13, Ⓜ Arbatskaja, ☏ 495-6431910, www.arbat-house.com.

Sretenskaja 9 Nettes kleines Hotel mit idyllischem Wintergarten: Inmitten von Grünpflanzen und plätscherndem Wasser schmecken Tee und Cocktails besonders gut. Das stellenweise kitschige Interieur ist einem beliebten russischen Märchen entlehnt. Die Lage ist nicht prestigeträchtig, aber in Ordnung. Die Straße säumen Läden, Restaurants und Cafés aller Art. Die Metrostation ist in wenigen Minuten erreichbar. DZ ab 8500 R (Mo–Do) bzw. 5700 R(WE). Ul. Sretenka 15, Ⓜ Sucharewskaja, ☏ 495-9335544, www.hotel-sretenskaja.ru.

Kusnezki Inn 19 Blumentapeten und schwere Vorhänge: Wer's romantisch mag, ist richtig hier! Der angegebene Preis bezieht sich auf die günstigsten Zimmer, die über einem Club liegen. Lieber eine Kategorie höher (Standard Komfort) buchen (dann 11.700 bzw. 9700 R)! DZ ab 7900 R (Mo–Do) bzw. 6500 R (WE). Ul. Kusnezki most 6/3, Geb. 3, Ⓜ Teatralnaja, ☏ 495-9800588, www.kyznetskiyinn.ru.

Ibis Bachruschina 41 Dieser Ibis-Standort bietet so viel Komfort, wie man braucht – und wenig überflüssigen Schnickschnack, der den Preis in die Höhe treiben würde. Die Lage ist gut: Nur wenige Schritte geht man zur Pjatnizkaja ul., die extrem an Charme gewonnen hat, seit sie breite Bürgersteige und einen Weg für Radfahrer bekommen hat. Beachten Sie auch die übrigen Standorte der Ibis-Kette in Moskau! DZ ab 7800 R (Mo–Do) bzw. 5200 R (WE). Ul. Bachruschina 11, Ⓜ Pawelezkaja (grün), ☏ 495-7205301, www.ibishotel.com.

Medea 38 Die Gasse, in der sich die Stadtvilla aus dem 19. Jh. befindet, ist neuerdings für Autos gesperrt, und die Metro ist keine 2 Min. entfernt. Mit Ausnahme der untersten Kategorie haben alle Zimmer eine kleine Küche, Kinder bis sechs Jahre können umsonst bei den Eltern schlafen, Kinder bis 14 Jahre zahlen nur 500 R. Preis ohne Frühstück! DZ 7500 R (Mo–Do) bzw. 6200 R (WE). Pjatnizki per. 4, Geb. 1, Ⓜ Nowokusnezkaja, ☏ 495-2324898, www.medea-hotel.ru.

mein Tipp **Stary gorod** 18 In puncto Preis-Leistungs-Verhältnis eines der besten Hotels in der Innenstadt! Schlicht, dezent und geschmackvoll eingerichtet. Kleines Manko: Fürs Frühstück muss man ins Café nebenan gehen. DZ ab 7000 R (Mo–Do) bzw. 5500 R (WE), jew. ohne Frühstück. Ul. Bol. Dmitrowka 8, Geb. 5 (Eing. Kusnezki most), Ⓜ Ochotny rjad, ☏ 495-3696014, www.oldtownhotel.ru.

Swertschkow 8 21 Die Lage könnte besser nicht sein: Sowohl der Rote Platz als auch die Club-Cafés von Basmanny sind problemlos zu Fuß zu erreichen. Und ruhigen Schlaf findet man in diesem schnuckeligen Stadthaus aus dem 19. Jh. selbst bei geöffnetem Fenster! Der Preis ist (für Moskauer Verhältnisse) niedrig und seine lückenhaften (oder gar fehlenden) Englischkenntnisse gleicht das Hotelpersonal durch aufrichtige Herzlichkeit aus. Einzig das Frühstück im dunklen Kellerraum ist verbesserungsfähig. DZ ab 7000 R (kein WE-Tarif). Swertschkow per. 8/1, Ⓜ Kitaj-gorod, ☏ 495-6254978, www.sverchkov-8.ru.

Einfach (DZ unter 7000 R)

Im Gegensatz zu früher gibt es im Zentrum jetzt mehrere Hotels mit Zimmern für unter 100 € (7000 R). Aber bedenken Sie: Lage kostet. Hotels der gleichen Preisklasse in den Außenbezirken bieten deutlich mehr Komfort!

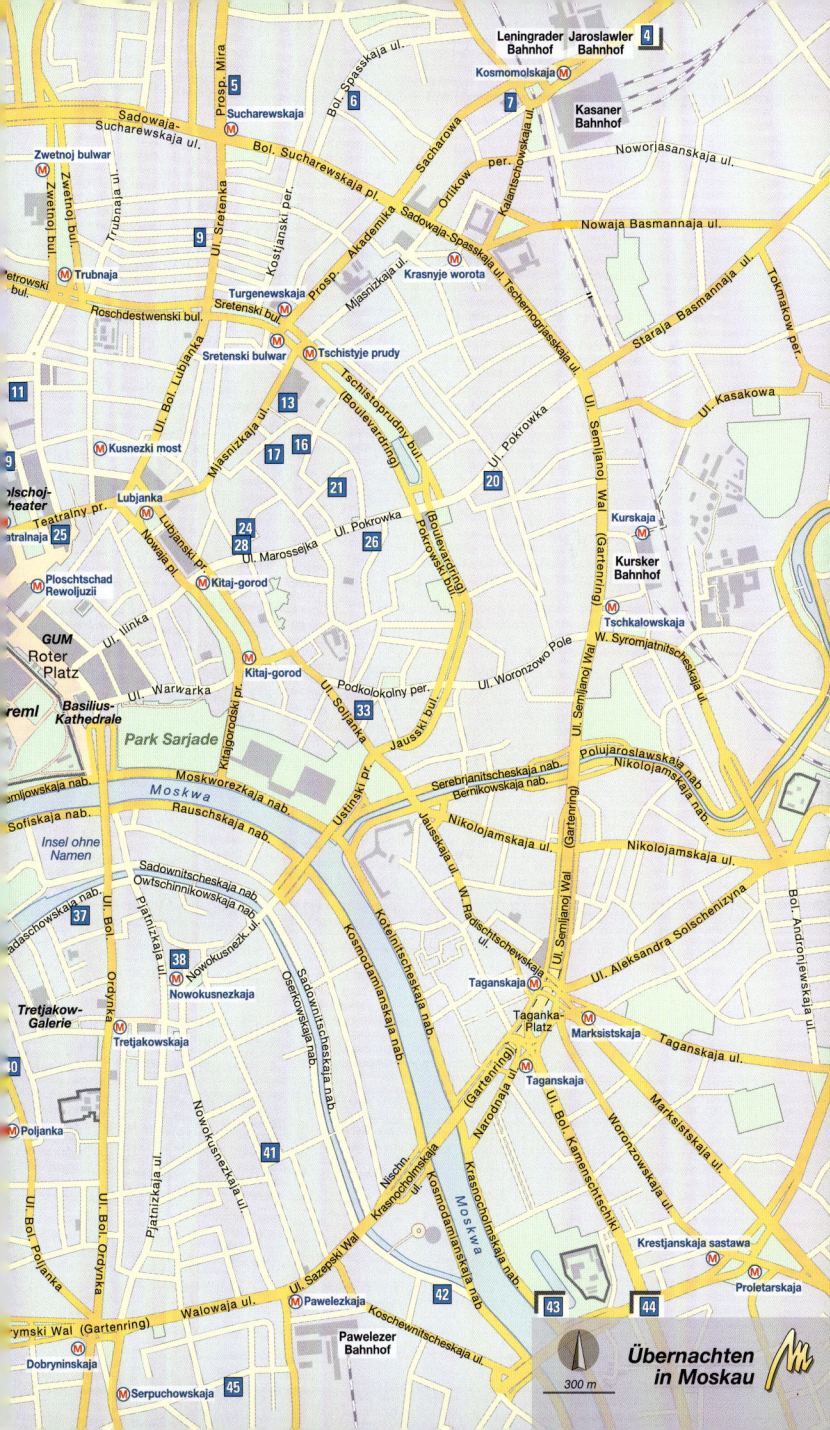

Elegant 20 Kleines Hotel in einem schmucken Haus aus dem 19. Jh. Der Charme hat aber einen Haken: Einige Zimmer haben keine richtigen Fenster, sondern nur kleine Dachluken. Die vier Sterne auf der Internetseite sollten Sie nicht ernst nehmen. DZ ab 6500 R (Mo–Do) bzw. 5100 R (WE). Ul. Pokrowka 32, Ⓜ Kurskaja (dunkelblau), ☎ 495-6266000, www.eleganthotels.ru.

mein.Tipp **East West Hotel** 23 Am schönsten Abschnitt des Boulevardrings gelegen und damit ein optimaler Ausgangspunkt für Streifzüge in alle Richtungen. Die modernisierte Villa aus dem 19. Jh. hat rund 25 individuell gestaltete Zimmer, die z. T. über eine eigene Terrasse verfügen. Das Frühstück wird an warmen Tagen im Garten serviert! DZ ab 6200 R (kein WE-Tarif). Twerskoj bul. 14, Geb. 4, Ⓜ Twerskaja, ☎ 495-6900404, www.hotel-east-west.ru.

Chitrowka 33 Die roten Wände und Teppiche sind in schummeriges Licht getaucht – und im ersten Moment fragt man sich, ob man vielleicht in einem Bordell gelandet ist. Der Preis aber istverlockend, die Lage im ehemaligen „Gaunerviertel" Chitrowka sympathisch, das Standardzimmer hat eine große Badewanne und die Kategorie darüber sogar eine Sauna. DZ ab 5800 R (Mo–Do) bzw. 4600 R (WE). Pewtscheski per. 4, Ⓜ Kitaj-gorod, ☎ 495-9172244, www.hitrovkahotel.com.

City Comfort Hotel 24 Sehr einfaches Hotel für Menschen, die a) nicht viel Geld für Unterkunft ausgeben, b) trotzdem zentral und c) lieber im Hotel statt im Hostel übernachten wollen. Die Zimmer sind sauber, aber steril. DZ ab 5100 R (Mo–Do) bzw. 3800 R (WE). Mal. Slatoustinski per. 3, Geb. 1, Ⓜ Kitaj-gorod, ☎ 495-2298018, www.city-comfort.ru.

mein.Tipp **Arum (A Room)** 26 Das wohl günstigste Hotel in der gesamten Moskauer Innenstadt! Und das Schöne daran: Es ist sogar besser als manch anderes Hotel mit höheren Preisen! Man muss allerdings hinzufügen, dass die Zimmer der untersten Kategorie extrem klein und spartanisch eingerichtet sind, sodass – wer kann – eine höhere Kategorie wählen sollte. Mit Mini-Küche in jedem Zimmer (Mikrowelle, Kühlschrank, Kochplatte). DZ ab 3800 R (Mo–Do) bzw. 3400 R (WE). Kolpatschny per. 4, Geb. 4, Ⓜ Kitaj-gorod, ☎ 495-1507591, www.aroom-hotel.ru.

Außenbezirke

Gehoben (DZ 10.500–14.000 R)

mein.Tipp **Leningradskaja** 7 Nicht nur nah dran an einer Sehenswürdigkeit, sondern gleich mittendrin: Das Leningradskaja sitzt in einem der sieben Zuckerbäcker-Hochhäuser! Die Zimmer sind sehr elegant. Das Beste aber ist die „historische Lobby-Lounge" mit unendlich hoher Decke und großen Kronleuchtern. Die Lage am Platz der drei Bahnhöfe (→ S. 178) könnten manche als unangenehm empfinden, vom Lärm des Verkehrsknotenpunkts aber ist wenig zu hören. Buchung über deutsche Internetseite möglich. DZ ab 12.300 R (Mo–Do) bzw. 7500 R (WE). Kalantschowskaja ul. 21/40, Ⓜ Komsomolskaja, ☎ 495-6275550, www.hilton.com, www.hilton.de/moscow.

Tatjana 45 Das Hotel Tatjana ähnelt dem nicht weit entfernten Katerina City (s. u.), ist allerdings weniger international orientiert. Die Zimmer der untersten Kategorie gehen zum Atrium, für 500 R Aufschlag öffnet sich der Blick ins Freie. In einer ruhigen Seitenstraße knapp außerhalb des Gartenrings gelegen, Metro gut erreichbar. Fitness und Sauna sind im Preis inbegriffen. DZ ab 12.100 R (Mo–Do) bzw. 7500 R (WE). Stremjanny per. 11, Ⓜ Pawelezkaja (grün), Serpuchowskaja, ☎ 495-7212500, www.hotel-tatiana.ru.

Novotel 3, eines der touristenfreundlichsten Hotels der Stadt, das zudem noch unschlagbar nah an der Metro liegt. Die Zimmer sind ungewöhnlich groß. Von der quirligen und stark befahrenen Straße hört man dank guter Fenster wenig. Ein weiteres Plus ist die familienfreundliche Ausrichtung. Beachten Sie auch die übrigen Standorte der Novotel-Kette in Moskau! DZ ab 11.100 R (Mo–Do) bzw. 5700 R (WE). Nowoslobodskaja ul. 23 (Eing. von der Seite), Ⓜ Mendelejewskaja, ☎ 495-7804000, www.novotel.com.

Mittelklasse (DZ 7000–10.500 R)

Garden Ring 5 Interessant ist das 2010 eröffnete Hotel v. a. für Langschläfer (Frühstück bis 11 Uhr!), für Liebhaber von Spa- und Wellness-Angeboten (keine Zusatzkosten!) und für körperlich behinderte Menschen, die hier speziell auf ihre Bedürfnisse ausgerichtete Zimmer buchen können. Die Highlights der Stadt sind etwas weiter entfernt, doch trifft man auch vor Ort auf gute Restaurants (Kawkasskaja plenniza), nette Parks (Botanischer Garten) und kulturelle Veranstaltungsorte (Konzerthalle

Olimpiski). DZ ab 9.200 R (Mo–Do) bzw. 6100 R (WE). Prosp. Mira 14, Geb. 2, Ⓜ Sucharewskaja, ✆ 495-9883460, www.gardenringhotel.ru.

Katerina City 42 In ruhigen (d. h. messefreien) Zeiten ist das Hotel sehr empfehlenswert. Springt der Tarif wenige Tage später plötzlich auf das Doppelte und mehr, dann geht der Bonus flöten. Auf der Internetseite können verschiedene Terminvarianten durchgespielt werden. Das Hotelteam ist erfrischend jung und in Servicefragen bestens geschult. Die Metrostation ist zu Fuß in etwa 10 Min. zu erreichen, den Rote Platz von dort nach zwei Stationen. DZ ab 8.500 R (Mo–Do) bzw. 6200 R (WE). Schljusowaja nab. 6, Ⓜ Pawelezkaja (grün), ✆ 495-7952444, www.katerinahotels.com.

> Weitere gute Mittelklassehotels in den Außenbezirken bietet die Hotelkette Accor an, die unter ihrem Dach bekannte Namen wie Ibis, Novotel, Holiday Inn, Mercure oder Adagio vereint. www.accorhotels.com.

Wolga Apart-Hotel 6 Das Hotel richtet sich v. a. an Geschäftsleute, die einen längeren Aufenthalt planen. Doch der Preis ist auch für Touristen und speziell für Familien interessant. Die Gebäude: zwei modernisierte Plattenbauten. Die Einrichtung: eine Mischung aus Möbel Kraft und Ikea. Der Gesamteindruck: solide und sauber, mit einem Hang zum Sterilen. Die Lage ist für den Preis gut, zwei Metrostationen sind zu Fuß in max. 10 Min. zu erreichen. DZ ab 7650 R (Mo–Do) bzw. 5100 R (WE). Bol. Spasskaja ul. 4, Geb. 1, Ⓜ Komsomolskaja, Sucharewskaja, ✆ 495-7839100, www.hotel-volga.ru.

Holiday Inn Sokolniki 4, im Gegensatz zu anderen Häusern der Holiday-Inn-Kette besser gelegen, denn sowohl die Metrostation als auch der Sokolniki-Park liegen direkt vor der Tür. Die Aussicht auf den Park ist seit einiger Zeit durch ein großes Büro-, Wohn- und Einkaufszentrum eingeschränkt, was die Hotelangestellten selbst aber mehr ärgert als die Gäste. Nach wie vor ungetrübt ist der Blick aus dem tollen Panoramarestaurant im obersten Stock. Schwimmer finden im Keller den wohl größten Hotelpool der Stadt. Beachten Sie auch die übrigen Standorte der Holiday-Inn-Kette in Moskau! DZ ab 7300 R (Mo–Do) bzw. 4300 R (WE). Russakowskaja ul. 24, Ⓜ Sokolniki, ✆ 495-7867373, www.ihg.com.

Einfach (DZ unter 7000 R)

Sowetski 1, das Lenin-Porträt an der Wand, Hammer und Sichel im Logo – da können die Nobelherbergen noch so viel Geld investieren: Wahre Atmosphäre lässt sich nicht künstlich erzeugen! Anfang der 1950er-Jahre wurde das Hotel Sowetski auf Geheiß von Stalin als Ergänzung zum traditionsreichen Restaurant Jar gebaut. Bis heute verströmen lange Läufer, schwere Vorhänge und hohe Decken einen einzigartigen Sowjetcharme. DZ ab 5800 R (Mo–Fr) bzw. 5100 R (WE). Leningradski prosp. 32/2, Ⓜ Dinamo, ✆ 495-9602000, www.sovietsky.ru.

Maxima Panorama 43, gleich vier Hotels betreibt die russische Kette Maxima in Moskau, das beste ist das Panorama: Aus der Metrostation stolpert man quasi in seinen Eingang hinein. Für diese unschlagbare Nähe nimmt man in Kauf, dass das Panorama sein Gebäude mit einem Businesscenter teilt, die Zimmer recht klein sind und die Ausstattung einfach ist. DZ ab 5600 R (Mo–Do) bzw. 4200 R (WE). Ul. Masterkowa 4, Ⓜ Awtosawodskaja, ✆ 495-7887272, www.maximahotels.com.

Sokol 2, eines der wenigen Hotels dieser Liste, das nicht auf der Übersichtskarte (➜ S. 254) eingezeichnet ist, weil es außerhalb des gewählten Ausschnitts liegt. Doch sollte das niemanden abschrecken: Sobald man außerhalb des Gartenrings wohnt, kommt man um die Metro ohnehin nicht rum. Und ob Sie am Ende drei oder fünf Stationen fahren, spielt überhaupt keine Rolle! Im Gegensatz zu anderen Unterkünften dieser Preisklasse im Zentrum bekommt man hier außerdem ein richtig gutes Hotel, sogar mit deutscher Internetseite. Und ein letztes Argument: Gleich um die Ecke liegen zwei Sehenswürdigkeiten, die kaum zu Gesicht bekommen (➜ Kasten unten)! DZ ab 5150 R (Mo–Fr) bzw. 3650 R (WE). Tschapajewski per. 12, Ⓜ Sokol, ✆ 499-1570255, www.sokol-slavhotels.ru.

> In der Nähe des Hotels Sokol liegt die unter Denkmalschutz stehende Gartenstadt Sokol, eine kleine Siedlung mit schnuckligen Einfamilienhäusern, die in den 1920er-Jahren für eine Genossenschaft gebaut wurde. Wunderhübsch und auf jeden Fall einen Spaziergang wert! Dem Hotel direkt gegenüber erhebt sich darüber hinaus der Triumphpalast, der aussieht wie eine achte Zuckerbäcker-Schwester, aber erst 2005 fertiggestellt wurde.

Kolomenskoje 44, am Rande des Parks Kolomenskoje (➜ S. 146) gelegen und damit so ruhig und erholsam wie kaum ein anderes Hotel der Stadt. Schade nur, dass die Zimmer mit ihren Linoleumböden etwas ungemütlich sind und dass sich ausländische Gäste auf der russischsprachigen Internetseite schwer zurechtfinden. Ein Trost: Englische E-Mails werden zügig beantwortet, und die Verständigung vor Ort klappt ebenfalls! Das Parkterritorium ist nachts bewacht. DZ (ohne Frühst.) ab 2600 R (Mo–Do) bzw. 2200 R (WE). Prosp. Andropowa 39, Ⓜ Kolomenskaja, ☎ 499-7251174, www.hotel-kolomenskoye.ru.

Hostels

Gab es vor 15 Jahren so gut wie kein einziges Hostel in Moskau, so ist die Lage mittlerweile unüberschaubar. Das Gros der Gäste ist unter 40, doch sollte das ältere Semester nicht abschrecken: Einige Hostels bieten **sehr gute Doppel- und auch Einzelzimmer** an, die eine preiswerte Alternative zu den Hotels darstellen. (Bad und Toilette sind allerdings meist auf dem Flur.) Die meisten Gäste übernachten in Schlafsälen mit bis zu 14 Betten, dabei gibt es sowohl

Hostel Sputnik

gemischte Säle als auch nach Geschlechtern getrennte.

Die **Lage** der aufgenommenen Hostels ist ausnahmslos gut und wird jeweils näher erläutert. Im genannten **Preis** ist Frühstück nicht inbegriffen, und Hostels sind auf Selbstversorger eingestellt und stellen für diese Gemeinschaftsküchen bereit.

Da sich Hostels meist in gewöhnlichen Wohnblocks befinden, können sie auch dessen Nachteile haben: Das Wasser hat oft wenig Druck, fließt schlecht ab und ist im Sommer evtl. sogar kalt (→ S. 268). Die Heizungen lassen sich oft nicht per Hand regulieren, sondern werden zentral gesteuert: Im Frühling gehen sie aus, fünf Monate später wieder an. Viele Hostels sind extrem schwer zu finden, was zum einen an den komplizierten russischen Adressen (→ S. 260), zum anderen an der schlechten oder fehlenden Beschilderung liegt. Daher unbedingt Wegbeschreibung von der Internetseite ausdrucken! Wie bei den Hotels gilt: Buchen können Sie direkt oder über Internetbörsen (z. B. www.hostelmoscow.com oder www.russia-hostelling.ru), **reservieren** sollten Sie vorher auf jeden Fall.

Sputnik 🔢 Ein Hostel, das nicht aussieht wie ein Hostel, sondern wie das Studio eines Innenarchitekten. Fast zu schön, um darin zu duschen, zu kochen, zu leben. Feinste Materialien und teure Möbel rechtfertigen den höheren Preis. Bett im Schlafsaal ab 1200 R, DZ 3900 R. Ul. Bol. Dmitrowka 20, Geb. 1, Eing. 4, Whg. 50, Ⓜ Teatralnaja, Tschechowskaja, ☎ 499-8504416, www.sputnikhostel.ru.

High Level Hostel 🔢 Das Hostel mit der spektakulärsten Lage: Nicht zentral, dafür in einem der Hochhäuser von Moskau City (→ S. 160)! 170 m über der Erde lässt man den Blick aus großen Panoramafenstern über die russische Hauptstadt schweifen. Außerdem ungewöhnlich: Frühstück ist hier inklusive! Bett im Schlafsaal ab 1000 R, DZ 3400 R. Presnenskaja nab. 6, Geb. 2 (Turm Imperija), Ⓜ Delowoj zentr, ☎ 963-7579533, www.highlevelhostel.ru.

Fassol 🔢 Backpacker aller Länder vereinigt euch – z. B. am großen Tresen in der Fassol-Gemeinschaftsküche! Für 200 R wird hier sogar Frühstück (Waffeln und Spiegelei) angeboten. In den Zimmern geben bunt bemalte Wände den Ton an. Schade nur, dass sie so dünn sind. So hört man permanent die Musik vom Gang und das Zuschlagen der Zimmertüren. Bett im Schlafsaal ab 800 R, DZ 2800 R. Archangelski per. 11/16, Geb. 3 (Eing. im Hof), Ⓜ Tschistyje prudy, ✆ 495-2409409, www.fasol.co.

Godzillas **8** Das älteste und größte der Moskauer Hostels, das dank anglo-amerikanischer Führung mehr als andere auf die Bedürfnisse junger Globetrotter eingestellt ist. Auf drei Etagen verteilen sich Schlafsäle unterschiedlicher Größe sowie Einzel- und Doppelzimmer. Bett im Schlafsaal ab 700 R, DZ 2800 R. Bol. Karetny per. 6, Ⓜ Zwetnoj bulwar, ✆ 495-6994223, www.godzillashostel.com.

meinTipp **Good Mood Hostel** **28** Das wohl schönste Hostel von ganz Moskau! Schon die Internetseite macht Lust, sofort ein Zimmer zu buchen, die Situation vor Ort übertrifft die Erwartungen noch um einiges. Im Gemeinschaftsraum dominieren Holz und roter Backstein, in der Küche bunte Stühle und Lampen und in den Zimmern zarte Blumenmuster auf Wänden und Vorhängen. Man wird den Gedanken nicht los: Dieses Hostel haben Frauen für Frauen eingerichtet. Einziges Wehmutströpfchen: In Stoßzeiten wird das Wasser der Duschen nicht richtig warm. Aber da alles andere perfekt ist, mag man darüber kaum schimpfen! Bett im Schlafsaal ab 750 R, DZ ab 2700 R. Mal. Slatoustinski per. 2, Ⓜ Kitaj-gorod, ✆ 985-9622635, www.goodmoodhostel.ru.

Petrowka Loft **10** Das selbsternannte „luxury budget hotel" liegt zentral, ist geschmackvoll gestaltet, bietet ein gutes Preis-Leistungs-Verhältnis und wird zudem noch von extrem freundlichen Menschen betrieben! Für den guten Preis müssen freilich woanders Abstriche gemacht werden: Das Frühstück ist überschaubar und die Zimmer gehen alle in einen schmuddeligen Hinterhof hinaus. Die Zimmer der Kategorie „Standard" sind sehr klein. DZ ab 2000 R (kein WE-Tarif). Ul. Petrowka 17, Geb. 2, Eing. 2 (siehe Wegbeschreibung im Internet: im Hof geradeaus, dann zweiter Eing. links), Ⓜ Trubnaja, ✆ 495-6217519, www.petrovkaloft.ru

Fabrika **39** Dass sich ein Hostel auf dem Gelände der Süßwarenfabrik Roter Oktober zum „Art Hostel" erklärt, war zu erwarten. Überraschendes Gimmick: Wer ein eigenes Kunstwerk spendet, schläft umsonst (vorher Foto schicken!). Ausdrücklich willkommen sind Künstler aller Art – hineingeladen wird aber jeder, der Ausstellungen, Konzerte oder Lesungen zu schätzen weiß. Die beiden Doppelzimmer mit integriertem Badezimmer (!) sind übrigens besser als die meisten Hotelzimmer dieser Preisklasse! Bett im Schlafsaal ab 600 R, DZ ab 2000 R (ohne Bad) bzw. 3000 R (mit Bad). Bersenewski per. 5, Geb. 3, Ⓜ Kropotkinskaja, ✆ 495-5061091, www.fabrika-hostel.ru.

HM Hostel Moscow **34** Eines der besten Hostels der Stadt, leider ohne Doppelzimmer Die drei Schlafsäle (gemischt, männlich, weiblich) sind alle in einem super Zustand, ebenso Küche und Bad. Die Lage ist perfekt – Arbat um die Ecke, genau wie die Metro. Bett im Schlafsaal ab 700 R. Mal. Afanasjewski per. 1/33 (Ecke Gogolewski bul., Code 14), Ⓜ Arbatskaja, ✆ 495-6918390, www.hostel-moscow.com.

Wohnungen

Eine preiswerte Alternative zu Hotels und Hostels ist auch das Mieten einer Wohnung, v. a. dann, wenn Sie einen mehrwöchigen Aufenthalt in Moskau planen und/oder mit Kind(ern) anreisen. Etliche Agenturen bieten die Vermittlung von Wohnungen auf Englisch oder sogar auf Deutsch an. Hinzu kommen Angebote von Privatpersonen. Der Preis der Wohnungen, der zwischen 60 und 200 € pro Nacht liegt, ist naturgemäß abhängig vom Standard. Auffallend günstige Wohnungen könnten die gleichen Nachteile haben wie Hostels (S. 258).

Wohnungsbörsen im Internet

www.airbnb.de
www.apartmentsmoscow.com
www.fsapartments.ru
www.hofa.ru
www.kvart-hotel.ru
www.likehome.ru
www.moscow4rent.com
www.moscowsuites.ru
www.wimdu.de
www.9flats.com

Klönschnack im Park Sarjadje

Moskau von A bis Z

Adressen

Vom Suchen und Finden einer russischen Adresse kann jeder Moskau-Besucher ein Lied singen: Etliche Häuser sind überhaupt nicht mit Nummern gekennzeichnet, dann wieder sind Schilder winzig klein, und Eingänge, ob zu Hostels, Clubs oder Galerien, befinden sich oft nicht an der Straßenfront eines Gebäudes, sondern im Hof. Zu guter Letzt werden russische Hausnummern oft um einen Zusatz ergänzt, der entschlüsselt werden muss:

Geb./Gebäude (стр./строение; *str./strojenije)*. Die Gebäudenummer wird relevant, wenn sich ein „Haus" (дом/ *dom)* aus mehreren Gebäuden zusammensetzt.

Korp./Korpus (корп./корпус; *korp./korpus)*. Ein Korpus ist im Prinzip auch ein „Gebäude", hat aber meist keinen direkten Zugang von der Straße, sondern liegt im Hof.

Eing./Eingang (под./подъезд; *pod./podjesd)*. Die Eingangsnummer ist z. B. bei großen Wohnblöcken relevant, die mehrere Eingänge haben.

Whg./Wohnung (кв./квартира; *kw./kwartira)*. Die Wohnungsnummer kommt v. a. bei Privatadressen vor und damit auch bei Hostels oder Wohnmuseen. Sie ist deshalb wichtig, weil es an den Klingeln keine Namensschilder gibt. Ergänzt wird die Wohnungsnummer häufig durch einen Code, den man an der Haustür eintippen muss.

Wenn die eigentliche Hausnummer aus zwei Nummern besteht (z. B. 42/4), dann ist damit in den allermeisten Fällen ein Eckhaus gemeint.

> Im Russischen wird das Erdgeschoss als „1. Etage" *(1. etasch)* bezeichnet, das darüberliegende als „2. Etage" usw. Wenn im vorliegenden Buch der Begriff „Etage" verwendet wird, dann ist damit die russische Zählweise gemeint, wenn von „Geschossen" oder „Stockwerken" die Rede ist, die deutsche.

Aussichtspunkte

Moskau hat etliche Aussichtsplattformen, hier eine Auswahl der schönsten:

Oko-Turm: Mit 354 m die höchste Aussichtsplattform – nicht nur von Moskau, sondern von ganz Europa! → Tour Außenbezirke, S. 160

Glockenturm Iwan der Große: Die Kreml-Kathedralen von oben, schon für Dichter Michail Lermontow ein Anblick zum Verlieben. → Tour 2, S. 40

Detski mir: Bietet den besten Blick auf die vielen Kirchen und Kathedralen im historischen Stadtzentrum. → Tour 3, S. 57

Hotel Ukraina: 360-Grad-Blick unter freiem Himmel, dazu einen Tee aus dem Café des Luxushotels. → Tour Außenbezirke, S. 177

Sperlingsberge: Vorne Moskwa und Luschniki-Stadion – hinten die beeindruckende Staatsuniversität. → Tour Außenbezirke, S. 158

Fernsehturm: Vermittelt am besten einen Eindruck von der Größe der Stadt. → Tour Außenbezirke, S. 157

Baden

Niemand fährt nach Moskau, um Badeurlaub zu machen. Doch sollte das Thermometer mal mehr als 35 °C anzeigen, dann ist es hilfreich, zu wissen, wo man Abkühlung findet!

Baden in der Moskwa ist an ausgewählten Stränden erlaubt. Der beliebteste heißt **Serebrjany Bor** und liegt auf einer Insel der Moskwa inmitten von Kiefernwäldern. Genau genommen handelt es sich um drei voneinander getrennte Strände, Baden ist an Nr. 2 (etwas ruhiger) und Nr. 3 (neben Rasen auch Sand) erlaubt. An sommerlich warmen Wochenenden sind beide brechend voll. Darüber hinaus gibt es Strände in der „Bucht der Freude" und im „Nadelwäldchen", die beide per Schiff erreicht werden können (→ S. 244). Große Freizeitbäder mit Rutschen und allem Drum und Dran hat Moskau (bislang) nicht, jedenfalls nicht im Zentrum. Außerhalb der Stadt liegt der Kwa-Kwa-Aquapark (→ S. 229).

Moskauer Schwimmbäder sind dagegen echten Schwimmern – und nicht planschenden Badegästen – vorbehalten. Hier zieht man Bahnen, und das möglichst schnell. Zutritt erhält nur, wer eine **medizinische Bescheinigung** *(medizinskaja sprawka)* vorlegt. Diese stellt ein Arzt bzw. der jeweilige Schwimmbadarzt aus, so er die Füße erfolglos nach Fußpilz abgesucht hat. Ohne Russischkenntnisse ist diese Prozedur umständlich, doch sollte man sie nicht scheuen: Schwimmen in Moskau ist in jeder Hinsicht ein Erlebnis! Viele Bäder versprühen mit ihrer seit Jahren nicht modernisierten Ausstattung einen unverwechselbaren Charme.

Empfehlenswert ist das Schwimmbad Tschajka, denn hier ist die medizinische Bescheinigung für wenig Geld spontan vor Ort erhältlich (nicht den Pass vergessen!). Pflicht sind **Badekappe** und **Badelatschen**; aufgrund des hohen Chlorgehaltes sei zudem eine **Schwimmbrille** empfohlen.

Serebrjany Bor 2, Tamanskaja ul. 42, Ⓜ Poleschajewskaja (aus dem Zentrum kommend den Bahnsteig in Fahrtrichtung des Zuges verlassen, Ausgang rechts und gleich wieder links, dann Treppe links hoch, dort Marschrutka 593 bis Endhaltestelle), ℃ 495-9479881. Im Sommer tägl. 10–20 Uhr. Eintritt frei.

Serebrjany Bor 3, 4-ja linija Choroschewskogo Serebrjanogo Bora, Ⓜ Poleschajewskaja (Wegbeschreibung s. o., aber dann Marschrutka 190 bis Endhaltestelle), ℃ 495-9228201. Im Sommer tägl. 9–21 Uhr. Eintritt frei.

Tschajka, Turtschaninow per. 3, Geb. 1, Ⓜ Park kultury, ℃ 499-2461344, www.chayka-sport.ru. Geöffnet Mo–Sa 7–22.45 Uhr (Kasse bis 21 Uhr, Einlass bis 22 Uhr), So 8–20.45 Uhr (Kasse bis 19 Uhr, Einlass bis 20 Uhr). Eintritt 1500 R (für den ganzen Tag), Monatskarte 9500 R.

Banja

Wer eine russische Banja in der Annahme aufsucht, sie sei so etwas wie eine deutsche Sauna, wird sein heißes wie amüsantes Wunder erleben. Es beginnt schon damit, dass Männer und Frauen i. d. R. nicht gemeinsam schwitzen, und geht damit weiter, dass die meisten Besucher den Dampfraum mit einem Filzhut betreten. Dieser soll den Kopf vor der extremen Hitze schützen, die der Banja-Meister während der

Aufgüsse schwallartig in den Raum hineinfächert. Nach einem Aufguss werden häufig Büschel aus Birkenzweigen (*wenik*) gezückt, mit denen man sich gegenseitig abschlägt, um die Durchblutung der Haut anzuregen. Anschließend reibt man sich mit so ziemlich allem ein, was die Küche hergibt: Kaffeesatz, grobkörnigem Salz, Zucker, Speiseöl, mysteriösen Zaubertinkturen. Hauptsache, der Peeling-Effekt bringt das Bindegewebe in Wallung und die Haut leuchtet anschließend krebsrot.

Die empfohlene Flüssigkeitszufuhr erfolgt – zumindest im Männertrakt – nicht einzig über Wasser und Tee, auch Bier und Wodka fließen reichlich. Die Banja ist für die meisten Russen weniger ein Ort der Ruhe als vielmehr ein Treffpunkt. Auch geschäftliche Angelegenheiten besprechen die Russen gern in Bademänteln.

Badelatschen und **Handtücher** sollten Sie bei einem Banja-Besuch besser mitbringen. Filzhut und Birkenzweige erhalten Sie vor Ort.

Sanduny, die berühmteste Banja der Stadt, in der allein die prachtvolle Gestaltung einen Besuch lohnt, insbesondere in den sog. Oberen Abteilungen (siehe auch S. 103). Neglinnaja ul. 14, Geb. 3–7 (Eing. Männertrakt Swonarski per., Eing. Frauentrakt im Hof), Ⓜ Kusnezki most, Trubnaja, ☎ 495-6254631, www.sanduny. ru. Obere Männerabteilung (Высший мужской разряд) tägl. (außer Di) 8–23 Uhr, Obere Frauenabteilung (Высший женский разряд) tägl. (außer Di) 8–22 Uhr. Eintritt Männer 2800 R (für 2 Std.), Frauen 2200 R (für 3 Std.). Günstiger, aber auch weniger schön sind die übrigen Abteilungen.

Sibirskaja banja Stoleschniki, in einem Keller in bester Innenstadtlage hat Besitzerin Marina eine „echte sibirische Banja" gezaubert. Fehlen nur der Schnee und der Baikalsee zum Abkühlen! Stoleschnikow per. 14, Geb. 1 (Eing. im Hof), Ⓜ Teatralnaja, ☎ 495-3632666, 495-625463, ☎ 916-6085363, www.banya-stoleshniki. com. Preise auf Anfrage (siehe Foto S. 273)..

Bevölkerung & Nationalitäten

In Moskau leben 12,4 Mio. Menschen und damit mehr als in jeder anderen europäischen Stadt. (Istanbul hat mehr Einwohner, liegt aber zum Teil in

Am Strand von Serebrjany Bor

Asien.) Die Bevölkerung besteht zu 86 % aus Russen, das bunte Restmosaik bilden mehr als 160 weitere Nationalitäten. Am stärksten vertreten sind Menschen aus dem Kaukasus und aus den Staaten Zentralasiens. Grund dafür ist der Zustrom von Arbeitsmigranten, die auf den unzähligen Baustellen ihr Geld verdienen wollen.

Diplomatische Vertretungen

Deutsche Botschaft, Mosfilmowskaja ul. 56, Ⓜ Kijewskaja, Uniwersitet (weiter u. a. mit Bus 119 bis „Uniwersitetski prosp."/ „Университетский просп."), ✆ 495-9379500, www.moskau.diplo.de.

Deutsche Konsularabteilung, Leninski prosp. 95 a (Eing. Ul. Akademika Piljugina), Ⓜ Nowyje Tscherjomuschki, Prospekt Wernadskogo (weiter u.a. mit Bus 616 bis „Moskowskaja Torgowo-Promyschlennaja Palata"/ „Московская Торгово-Промышленная Палата"), ✆ 495-9334311, www.moskau.diplo.de.

Österreichische Botschaft, Starokonjuschenny per. 1, Ⓜ Kropotkinskaja, ✆ 495-7806066, www.aussenministerium.at/moskau.

Österreichische Konsularabteilung, Bol. Ljowschinski per. 7, Ⓜ Kropotkinskaja, ✆ 495-9561660, www.aussenministerium.at/moskau.

Schweizer Botschaft u. Konsulat, Serpow per., Ⓜ Park kultury, Smolenskaja, ✆ 495-2583830, www.eda.admin.ch/moscow.

Feiertage

An staatlichen Feiertagen bleiben Behörden, teilweise auch Museen, Restaurants und Geschäfte geschlossen. Zentrale Orte wie der Rote Platz sind häufig abgesperrt. Fällt ein Feiertag aufs Wochenende, wird er auf einen Arbeitstag verschoben. Häufig sind auch Brückentage frei, die dann allerdings an einem Samstag nachgearbeitet werden müssen. Kirchliche Feste (außer dem orthodoxen Weihnachtsfest) gehören in Russland nicht zu den staatlichen Feiertagen. Meist liegen sie etwas später als die entsprechenden Feste im Westen, da sich die orthodoxe Kirche noch immer nach dem julianischen Kalender richtet (→ S. 227). Darüber hinaus verteilen sich zahlreiche traditionelle Feste und kulturelle Festivals über das Jahr (→ S. 225).

Schlittenfahren im Park Kolomenskoje

Staatliche Feiertage

1.-5. Januar: Neujahrsferien

7. Januar: Orthodoxes Weihnachten

23. Februar: Tag des Vaterlandsverteidigers

8. März: Internationaler Frauentag

1. Mai: Tag des Frühlings und der Arbeit

9. Mai: Tag des Sieges

12. Juni: Tag Russlands

4. November: Tag der Einheit des Volkes

Fotografieren & Filmen

Es ist offiziell verboten, Regierungsgebäude, Konsulate und Botschaften ab-
zulichten. Es wird Sie aber trotzdem
niemand daran hindern, aus der Ferne
die Duma oder das Weiße Haus zu fotografieren. In Museen muss fürs Fotografieren und Filmen oft extra gezahlt
werden, der Einsatz von Blitz und Sta-
tiv bleibt trotzdem meist verboten. Unerwünscht sind Foto- und Videokame-
ras außerdem in Kirchen, auch dann,
wenn kein Schild explizit darauf hinweist. Wer Menschen fotografieren
möchte, sollte höflich anfragen
(„mooschna?" – darf ich?) und ein
„njet" akzeptieren. Besondere Vorsicht
ist auf Märkten geboten: Viele Händler
sind illegal in Moskau und reagieren
aggressiv auf Kameras.

Ein gutes Fotofachgeschäft ist **Fotolab** (Mo–Sa
9–22 Uhr, So 10–21 Uhr) in der Ul.
Roschdestwenka 11, Ⓜ Kusnezki most, www.
fotolab.ru (siehe S. 109).

Geld

Wenn Sie an der Kasse stehen und der
Kunde vor Ihnen zum iPhone greift und
nicht zur Geldbörse, dann wissen Sie:
Er zahlt mit Apple Pay! Was bei uns in
ferner Zukunft liegt, ist in Moskau Alltag. Man kann aber natürlich auch bar
zahlen – oder mit den gängigen EC-
und Kreditkarten. In Hotels sowie besseren Restaurants und Geschäften werden diese akzeptiert.

Um russische Rubel (Abk. im Buch: R)
zu bekommen, tauschen Sie entweder
das mitgebrachte Bargeld oder heben
Rubel direkt am Automaten ab. Günstiger ist i. d. R. die zweite Variante.

Getauscht werden kann Bargeld sowohl
in Wechselstuben als auch in Banken.
Halten Sie Ausschau nach Schildern
mit dem Schriftzug обмен валюты
(obmen waljuty) und halten Sie außerdem Ihren Reisepass bereit! Schon im
Vorfeld sollten Sie darauf achten, möglichst neue bzw. unbeschädigte Geld-
scheine mitzunehmen. Schon der
kleinste Riss oder fehlende Ecken können dazu führen, dass die Annahme
verweigert wird. Bitten Sie beim Geldwechsel außerdem um möglichst kleine Stückelung!

An Geldautomaten erhalten Sie mit EC-
oder Kreditkarte (gegen eine Gebühr)
sowohl Rubel als auch US-Dollar. Meist
gibt es eine Höchstgrenze pro Tag bzw.
Vorgang, die bei 5000 bis 15.000 R liegt.
Kleiner Tipp: Nutzen Sie die Geldautomaten, die einer Bank angeschlossen
sind, um im Notfall einen Ansprech-
partner zu haben.

Direkt nach der Ankunft am Flughafen
brauchen Sie Rubel für das Taxi oder den
Aeroexpress. Tauschen Sie dafür entweder
schon zu Hause eine kleine Summe oder
direkt am Flughafen. Der Wechselkurs wird
in beiden Fällen schlecht sein, aber Alternativen gibt es nicht.

Die Preise in Moskau sind schwer über
einen Kamm zu scheren. Das Brot, das
im kleinen Lebensmittelladen nebenan
für wenige Rubel zu haben ist, kostet in
der französischen Bäckerei oft das Dreifache. Zuverlässige Durchschnittsprei-
se anzugeben, ist daher unmöglich.
Tendenziell gilt: Günstiger als in
Deutschland sind öffentliche Verkehrsmittel, Theaterbesuche (außer Bolschoj), Taxis und die meisten Museen.

Teurer sind Restaurantbesuche, Hotel-übernachtungen und generell westliche Produkte (wie Mode, Elektronik oder Wein). Ein Beispiel: Die Disney-Puppe, die man 2017 bei Amazon Deutschland für 35 € bekam, kostete in der Kaufhauskette Detski mir 120 € und im Zentralen Kinderkaufhaus sogar 200 €!

Wechselkurs:

1000 R = 14,00 €

10 € = 700 R

Stand: Anfang April 2018

Schwer zu schaffen machte den Moskowitern lange die hohe Inflation: Eine Fahrt mit der Metro war im Jahr 2000 für 5 R zu haben, 18 Jahre später sind es mit 55 R elfmal so viel. Auch die Preise für Lebensmittel, Museen oder kulturelle Veranstaltungen erhöhen sich regelmäßig. Für Touristen ist Moskau dennoch viel günstiger als vor zehn Jahren, was v. a. am Wechselkurs liegt: Erhielt man 2008 gerade mal 360 R für 10 €, so sind es heute mit 700 R fast doppelt so viel.

Putin-Double

Gesundheit & ärztliche Versorgung

Apotheken

Viele handelsübliche Medikamente kann man in Moskau problemlos und oft preisgünstig kaufen. Apotheken sind an jeder größeren Einkaufsstraße zu finden und leicht zu erkennen an einem weißen Schriftzug auf grünem Grund.

Ärzte und Kliniken

Etliche Ärzte und Kliniken bieten Dienste auf Englisch und z. T. sogar auf Deutsch an. Die beiden besten Anlaufstellen sind die folgenden:

European Medical Center, 24 Std. Spiridonjewski per. 5, Ⓜ Majakowskaja, ☎ 495-93366-55, www.emcmos.ru.

German Dental Care (Dr. Volker Grossmann), Mo–Fr 8–20 Uhr, Sa 9–13 Uhr. Ul. Juliussa Futschika 11/13, Ⓜ Majakowskaja, ☎ 495-92615-20, ☎ 495-92615-21, www.gdcare.ru.

Weitere Ärzte und Kliniken finden Sie auf der Homepage der Deutschen Botschaft. Über Bereitschaftsdienste informiert die Internetseite www.themoscowtimes.com. Kosten für medizinische Leistungen müssen i. d. R. sofort und in bar beglichen werden und werden später gegen Quittung von der **Auslandskrankenversicherung** (die Sie für das Visum ohnehin abschließen müssen, → S. 235) erstattet. Bei Krankenhausaufenthalten, z. T. aber auch bei ambulanten Behandlungen wird schon vor der Behandlung eine Anzahlung verlangt.

Impfungen

Obligatorisch sind Impfungen nicht. Empfohlen wird, die Standardimpfungen Diphtherie, Tetanus, Polio sowie Hepatitis A und B auf aktuellem Stand zu haben.

Homosexualität

Grausame Nachrichten aus der russischen Teilrepublik Tschetschenien drangen 2017 an die Öffentlichkeit:

Etliche Homosexuelle sollen inhaftiert, gefoltert und im Einzelfall sogar ermordet worden sein. Nun ist Moskau nicht Tschetschenien und von Folter an Homosexuellen ist hier nichts bekannt. Doch muss man generell feststellen: Die Homophobie des russischen Staates nimmt immer bedenklichere Ausmaße an. Eines der jüngeren Beispiele dafür ist ein Gesetz, dass die sog. „Propaganda nicht-traditioneller sexueller Beziehungen gegenüber Minderheiten" verbietet. Im Klartext heißt das: Schwule und Lesben, die sich in der Öffentlichkeit bekennen, drohen Geldstrafen und schlimmstenfalls sogar Haft. Trotz dieser unerfreulichen Entwicklung gibt es eine aktive Szene im Untergrund, die toleriert wird. Ein beliebter Club für Homosexuelle ist Zentralnaja stanzija (→ S. 222), am Sonntag außerdem das Propaganda (→ S. 222). Über weitere Adressen und Veranstaltungen informiert das Internet (z. B. www.gay.ru).

Information

Eine zentrale und professionelle Touristeninformation wie in anderen Metropolen sucht man in Moskau vergeblich. Mittlerweile gibt es aber mehrere Anlaufpunkte, die einer solchen Einrichtung nahekommen: 1) Glaskasten auf dem **Triumphplatz** (tägl. 10–19 Uhr). 2) Medienzentrum im **Park Sarjadje** (tägl. 10–20 Uhr). 3) Kleiner Stand im **GUM** (Mittelgang, tägl. 10–20 Uhr). 4) Wagen vor der **Christi-Erlöser-Kathedrale** (tägl. 10–20 Uhr). Nützliche Infobroschüren liegen außerdem in jeder größeren Hotellobby aus.

Internet

WLAN wird in Russland Wi-Fi genannt und ist in Moskau sehr weit verbreitet: in Hotels, Cafés und Restaurants sowieso, darüber hinaus in der Metro, in Parks und sogar an Bushaltestellen. Sie müssen ggf. nach dem Passwort fragen.

Ein wichtiger Hinweis zu den Internetadressen in diesem Buch: In der Regel wird der Link zur russischen Seite angegeben. Von dort kann man sich in den allermeisten Fällen zu einer **englischen Seite** weiterklicken. Der direkte Weg über die englische Seite funktioniert häufig nicht.

Moskau im Internet

www.expat.ru: Portal für die englischsprachige Community Moskaus mit umfangreicher Linksammlung, Ausgehtipps, Wohnungsbörse u. v. m. Nützlich: der „survival guide".

https://um.mos.ru/en/discover-moscow: Das Touristenportal der russischen Hauptstadt informiert ausführlich über Moskauer Denkmäler, Bauten und Museen und macht außerdem sehr gute Routenvorschläge.

www.welcome2018.com: Offizielle Seite zur Fußballweltmeisterschaft, auch auf Deutsch. Die Übersetzung ist manchmal holprig, die Auswahl der Tipps aber durchaus interessant. Hoffentlich auch nach der WM noch online!

www.yandex.ru/maps: Das russische Pendant zu Google Maps, nur viel detaillierter.

Russland im Internet

www.dekoder.org: Die Mitarbeiter von Dekoder übersetzen ausgewählte Artikel aus russischen Zeitungen und schreiben gute Erklär-Texte zu politischen, kulturellen und gesellschaftlichen Themen.

www.kulturportal-russland.de: Das Portal informiert über russlandrelevante (Kultur-)Veranstaltungen in Deutschland, Österreich und in der Schweiz.

www.meduza.io: Unabhängige Internetzeitung mit Sitz in Lettland. Informiert über Russland ohne Schere im Kopf.

www.russlandjournal.de: Die umfangreichste Russlandseite in deutscher Sprache bietet neben Standardinfos auch Spezialwissen: von Blumenversand bis Modetrend. Immer aktuell!

Kirche & Glaube

Die meisten Russen halten sich laut Umfrage für religiös, die überwiegende Mehrheit bekennt sich zum orthodoxen Glauben.

Aberglaube: Schnauze berühren bringt Glück!

Um die Gläubigen nicht zu verärgern, sollte man sich vor der Besichtigung einer Kirche mit einigen **Verhaltensregeln** sowie der **Kleidervorschrift** vertraut machen: Russische Frauen tragen in der Kirche Rock und Kopftuch. Von ausländischen Frauen wird Anpassung erwartet. Meist reicht ein Kopftuch, im Winter auch eine Mütze. Wer weder das eine noch das andere parat hat, kann im Eingangsbereich nach Leihgaben Ausschau halten. Vor allem in Klöstern werden zusätzlich Rockimitate angeboten, die sich Frauen um die Beine binden. Männer hingegen nehmen die Kopfbedeckung beim Betreten einer Kirche ab. Für beide Geschlechter gilt: **Fotografieren** ist unerwünscht. Zugänglich sind Kirchen zu jeder Tageszeit, auch während eines Gottesdienstes, der grundsätzlich von einem Kommen und Gehen geprägt ist. Die Gläubigen nehmen im Stehen daran teil, nur für die ältere Generation stehen am Rand einige Bänke bereit. Es ist extrem unhöflich, sie als junger Mensch in Beschlag zu nehmen.

Wer an einem Gottesdienst teilnehmen möchte, was schon allein wegen der **orthodoxen Gesänge** lohnt, dem sei der Gottesdienst in der Christi-Erlöser-Kathedrale empfohlen (i. d. R. tägl. um 17 Uhr).

In der Deutschen Botschaft finden außerdem **deutsche Gottesdienste** statt. Die Katholische Elisabethgemeinde feiert ihn i. d. R. sonntags um 10 Uhr im Kultursaal der Deutschen Botschaft, der Gottesdienst der Evangelischen Emmausgemeinde folgt im Anschluss um 11.15 Uhr (www.emmaus gemeinde-moskau.de, www.elisabeth gemeinde-moskau.de). Im Gottesdienst in der **Evangelisch-Lutherischen Kathedrale St. Peter und Paul** (→ S. 114) wird dagegen Russisch gesprochen (www. lutherancathedral.ru).

Klima & Reisezeit

In Moskau herrscht gemäßigt kontinentales Klima, grob vereinfacht heißt das: Die Winter sind kalt, die Sommer heiß. Die beste Reisezeit hängt von persönlichen Vorlieben ab. Abzuraten ist bloß von März, April und November.

> Eine Schneegarantie gibt Ihnen niemand. Und dennoch: Die Wahrscheinlichkeit, im Januar oder Februar eine verschneite Woche zu erwischen, ist groß! Deshalb denken Sie doch mal über eine Winterreise nach Moskau nach! Ja, es ist kalt und wird früh dunkel. Aber die Stadt ist wunderschön erleuchtet. Schlittschuhlaufen im Gorki-Park oder auf dem Roten Platz ist ein unvergessliches Erlebnis. Und wenn man im Pferdeschlitten durch den Park von Kolomenskoje gleitet, dann fühlt man sich fast wie bei Doktor Schiwago!

Im **Januar** und **Februar** ist in Moskau richtig Winter mit viel Schnee und allem Drum und Dran. Die Temperaturen liegen im Durchschnitt bei −7 °C, sinken oft aber viel tiefer herab. Neben seinen zauberhaften Seiten – nichts ist romantischer als die schneebestäubten Zwiebelkuppeln – hat der Winter aber auch seine Tücken, zumindest in den Außenbezirken: Straßen und Wege sind monatelang spiegelglatt und von oben droht Gefahr durch herabfallende Eiszapfen.

Wenn im **März** und **April** die Schneemassen tauen, dann kommt der Müll der letzten Monate zum Vorschein und Teile der Stadt versinken in Matsch und Wasser. Zum Ausgleich fällt zu dieser Jahreszeit der geringste Niederschlag.

Im **Mai** kann sich Moskau meist über die ersten sommerlichen Tage freuen. Extremwerte wie +33 °C (2007) sind selten, normal aber ist eine Warmwetterperiode, die mal früher, mal später einsetzt. Der **Juni** ist durchwachsen, oft angenehm warm, dann plötzlich kommt ein überraschender Kälteeinbruch. Spätestens jetzt beginnt die Datscha-Zeit, die bis zum Ende der warmen Jahreszeit anhält. Sie hat für Touristen den Vor- und Nachteil zugleich, dass sich die Stadt an den Wochenenden spürbar leert.

Moskauer Winterpracht

In der warmen Jahreszeit müssen viele Moskauer **kalt duschen**: Straße für Straße wird für knapp zwei Wochen das warme Wasser abgestellt. Schuld an der Tortur sind die korrosionsanfälligen Leitungen, die auf Lecks überprüft werden. Hotels sind vom Warmwasserentzug nicht betroffen, Hostels manchmal schon.

Richtig heiß wird es oft im **Juli** und in der ersten Hälfte des **August**. Theoretisch eine schöne Reisezeit, denn der Himmel ist blau und die Hotelpreise sind niedriger als sonst. Die Hitze aber ist oft extrem und macht vielen zu schaffen. Außerdem ist der Juli zugleich der regenreichste Monat.

September und **Oktober** sind Wackelkandidaten. Mal begeistert der *babje leto*, der Altweibersommer. Dann wieder herrscht übelstes Herbstwetter. Im **November** warten alle sehnsüchtig auf den Schnee, der dauerhaft liegen bleibt. Manchmal klappt es, manchmal legt sich erst im **Dezember** eine dauerhafte Schneedecke über die Stadt. Spätestens jetzt verwandelt sich die gesamte Innenstadt in ein bezauberndes Lichterparadies! Das ist auch bitter nötig, denn eine große Herausforderung für die Moskowiter ist die Dunkelheit dieser Jahreszeit. Im Dezember 2017 schien die Sonne gerade mal sechs Minuten – so wenig wie nie zuvor.

Kriminalität & Sicherheit

Moskau ist nicht gefährlicher als jede andere Metropole. Es kam zwar in der Vergangenheit wiederholt zu **Terroranschlägen**, doch sind von dieser Gefahr alle großen Städte dieser Welt betroffen. Mehr als anderswo ist der Kampf gegen den Terror in Moskau aber sichtbar: Weit verbreitet ist der Einsatz von Sicherheitsschleusen, v. a. an Bahnhöfen und Flughäfen, aber auch in Museen, Einkaufszentren und an öffentlichen Plätzen. Auch die hohe Präsenz von Sicherheitspersonal springt jedem Ausländer sofort ins Auge.

Was **Kleinkriminalität** betrifft, so gilt wie überall: Machen Sie vor der Reise Kopien von wichtigen Dokumenten und deponieren Sie diese (wie auch alles andere außer Reisepass und dem Geld für den Tag) im Hotelsafe! Lassen Sie die teure Spiegelreflexkamera nicht vor dem Bauch baumeln, nehmen Sie stets nur offizielle Taxis und meiden Sie im Dunkeln verlassene Gegenden (v. a. außerhalb des Stadtzentrums).

Notrufnummern

Handybesitzer können bei einem Notfall, egal welcher Art, jederzeit kostenfrei die **112** wählen und erhalten Auskunft auf Englisch. Wer das Festnetz nutzt, wählt eine der folgenden Nummern und muss sich mit russischen Infos zufriedengeben:

Feuerwehr: ☎ **01**

Miliz: ☎ **02**

Notarzt: ☎ **03**

Moscow Rescue Service: ☎ **495-9379911**

Öffnungszeiten

Supermärkte und Lebensmittelgeschäfte schließen selten vor 22 Uhr, viele sogar noch später oder gar nicht. Restaurants haben im Durchschnitt von 12 bis 24 Uhr geöffnet, bei Cafés verschieben sich die Zeiten ein Stück nach vorne, bei den Clubs nach hinten (wenn sie nicht ebenfalls rund um die Uhr auf sind). Zu den Öffnungszeiten der Museen → S. 274.

Post

Sofern Sie Ihre Postkarten und Briefmarken nicht im Hotel abgeben, gehen Sie zu einer der zentral gelegenen **Postfilialen**, z. B. in der Mjasnizkaja ul. 26 (Ecke Boulevardring; tägl. 24 Std.), Twerskaja ul. 7 (Mo–Fr 9–13 Uhr, 14–18 Uhr), Ul. Arbat 47 (tägl. 8–20 Uhr) oder der Nikolskaja ul. 7 (Mo–Fr 8–20 Uhr, Sa 9–18 Uhr, So 9–18 Uhr). Auf **Postkarten** kleben Sie eine 40-Rubel-

Marke. Die Empfängeradresse ergänzen Sie um ein kyrillisches Германия (Deutschland) bzw. Австрия (Österreich) oder Швейцария (Schweiz).

Briefe bitte hier rein!

Rauchen

Raucher müssen starke Einschränkungen in Kauf nehmen: Sowohl in Restaurants, Cafés und Hotels als auch in öffentlichen Verkehrsmitteln ist das Rauchen untersagt.

Rollstuhlfahrer

Rollstuhlfahrer haben keine Chance, die öffentlichen Verkehrsmittel zu nutzen, von den weitverbreiteten Straßenunterführungen ganz zu schweigen. Zumindest die neuen Hotels aber sind gut auf Rollstuhlfahrer eingestellt. Zu

empfehlen sind z. B. Garden Ring und Mercure Arbat (→ S. 256 und 252).

Schlittschuhlaufen

Zur Winterzeit (Dez., Jan., Feb.) gibt es in Moskau etwa so viele **Eislaufflächen** (*katok*) wie Bolzplätze in Deutschland. Die berühmteste ist die auf dem Roten Platz, wo Schlittschuhläufer vor dem GUM ihre Runden drehen dürfen. Die Eisfläche dort ist allerdings – für russische Verhältnisse – klein, mehr Platz hat man im Gorki-Park oder auf dem WDNCh-Gelände. Sage und schreibe 20.000 m² Eisfläche stehen den Moskowitern hier jeweils zur Verfügung! Und das Besondere: Man fährt nicht stupide im Kreis, sondern auf den Wegen des Parks, auf denen man im Sommer spazieren geht! Wer es romantisch mag, sollte sich auf das Eis des Patriarchenteichs begeben. Es ist stellenweise stumpf und uneben, aber die Atmosphäre im schummrigen Licht der Laternen entschädigt für vieles. Beachten Sie, dass Sie beim Verleih von Schlittschuhen i. d. R. ein Pfand hinterlegen müssen (meist 2000 R).

Roter Platz: tägl. 10–23.30 Uhr. Eintritt bis 14.30 Uhr (Mo–Fr) bzw. 11.30 Uhr (Sa/So) frei, danach 400 R (Mo–Fr) bzw. 500 R (Sa/So), Schlittschuhverleih 300 R. www.gumrussia.com/rink.

Gorki-Park: tägl. 10–15 und 17–23 Uhr. Eintritt (je nach Uhrzeit) 300–600 R, Schlittschuhverleih 200 R. www.bigkatok.ru.

WDNCh: tägl. (außer Mo) 11–15 und 17–23 Uhr. Eintritt (je nach Uhrzeit) 300–600 R, Schlittschuhverleih 150 R. www.katok.vdnh.ru.

Patriarchenteich: tägl. 10–22 Uhr. Eintritt frei. Schlittschuhverleih 300 R.

Strom/Netzspannung

Die Netzspannung in Russland beträgt wie in Deutschland 230 Volt. Das heißt jedoch nicht, dass alle Stecker überall passen. Kein Problem gibt es i. d. R. mit westeuropäischen Flachsteckern

Früh übt sich

(Typ C), wie sie oft bei Rasierern, Fön- oder Ladegeräten üblich sind. Die deutschen Schutzkontaktstecker (Typ F) sind jedoch für russische Steckdosen manchmal zu dick. Wer in Hostels oder Privathaushalten übernachtet, sollte für alle Fälle einen Adapter parat haben oder ggf. einen kaufen (*perechodnik*, переходник).

Telefonieren

Die Landesvorwahl für Russland ist 007. Die Vorwahl von Moskau ist 495 oder 499, gefolgt von einer 7-stelligen Nummer. Russische Handynummern haben eine dreistellige Vorwahl, die mit 9 beginnt.

Vom Ausland nach Moskau: Landesvorwahl + Vorwahl von Moskau (oder Handyvorwahl) + Anschlussnummer, also: 007 + 495 bzw. 499 (oder 9xx) + yyyyyyy.

Von Russland nach Moskau: 8 + Vorwahl von Moskau (oder Handyvorwahl) + Anschlussnummer, also: 8 (Freizeichen abwarten) + 495 bzw. 499 (oder 9xx) + yyyyyyy.

Innerhalb Moskaus von Festnetz zu Festnetz: Festnetzgespräche von Privatanschlüssen sind innerhalb Moskaus gratis – seit Einführung der zusätzlichen Vorwahl 499 aber komplizierter als früher. Je nachdem, von welchem Anschluss aus man welchen anruft, muss man folgende Regeln beachten:

495 auf 499: 8 (Freizeichen abwarten) + 499 + Anschlussnummer.

499 auf 495: 8 (Freizeichen abwarten) + 495 + Anschlussnummer.

495 auf 495: Anschlussnummer (ohne 8 und Vorwahl).

499 auf 499: 499 + Anschlussnummer (ohne 8).

Innerhalb Moskaus von Festnetz auf russisches Handy: 8 + Handyvorwahl + Anschlussnummer, also: 8 (Freizeichen abwarten) + 9xx + yyyyyyy.

Innerhalb Moskaus mit Handy: Wer mit seinem deutschen Handy innerhalb Moskaus eine Moskauer Nummer anruft (egal ob Festnetz oder Handy), wählt vorweg die Landesvorwahl für Russland (007, manchmal +7 oder ++7). Es folgen Vorwahl und Anschlussnummer, also: 007 + 495 bzw. 499 (oder 9xx) + yyyyyyy.

Wer innerhalb Moskaus häufiger mit dem Handy telefonieren möchte – etwa um ein Taxi zu bestellen, einen Tisch zu reservieren oder Öffnungszeiten in

Erfahrung zu bringen – der sollte sich eine **russische Prepaid-Karte** kaufen. Man bekommt sie z. B. in den Filialen von Jewroset (s. u.), aber auch an vielen Kiosken, in Banken oder Supermärkten. Beim Kauf muss oft der Reisepass vorgezeigt werden.

> Das mitgebrachte **deutsche Handy** funktioniert in Moskau über den russischen Roaming-Partner des Netzbetreibers, meist ist das MTS oder Beeline. In seltenen Fällen ist es nötig, sich vor Reiseantritt freischalten zu lassen, nähere Infos gibt der deutsche Netzbetreiber. Grundsätzlich ist Telefonieren mit dem eigenen Handy und auch das Abhören der Mailbox extrem teuer. Um hohe Kosten zu vermeiden, sollte man die Mailbox vor der Einreise nach Russland ausschalten. Nur wenige Cent kostet dagegen das Versenden und Empfangen von SMS.

Von Moskau ins Ausland über Handy: Wer mit seinem deutschen Handy eine **Festnetznummer** im Ausland anruft, der wählt: 00 + Landesvorwahl (Deutschland: 49, Österreich: 43, Schweiz: 41) + Ortsvorwahl (ohne führende Null) + Anschlussnummer. Beispiel für Berlin: 00 + 49 + 30 + yyyyyyy.

Wer mit seinem deutschen Handy eine **Handynummer** im Ausland anruft, der wählt: Landesvorwahl (Deutschland: 49, Österreich: 43, Schweiz: 41) + Mobilfunknummer ohne Null. Beispiel für Deutschland (Vodafone-Netz): +49 + 172 + yyyyyyy.

Von Moskau ins Ausland über Festnetz: 8 (Freizeichen abwarten) + 10 + Landesvorwahl (Deutschland: 49, Österreich: 43, Schweiz: 41) + Ortsvorwahl (ohne führende Null) + Anschlussnummer. Beispiel für Berlin: 8 + 10 + 49 + 30 + yyyyyyy.

Sehr günstig sind Auslandsgespräche per Festnetz mit einer Telefonkarte (*telefonnaja karta*), die in unterschiedlichen Preisstufen und von unterschiedlichen Anbietern erhältlich sind. Zu empfehlen sind die Karten der Firma Jewroset (Евросеть, www.euroset.ru), deren Filialen über das gesamte Stadtgebiet verteilen und besonders oft an Metrostationen zu finden sind (halten Sie Ausschau nach blauer Schrift auf gel-

bem Grund und einer kleinen Russlandflagge).

Von Moskau nach Russland: 8 + regionale Vorwahl (z. B. 812 für St. Petersburg + Anschlussnummer, also: 8 (Freizeichen abwarten) + 812 + yyyyyy.

Telefonzellen: Wer weder ein Handy hat noch die Möglichkeit, einen Festnetzanschluss zu nutzen, der steuert am besten die Telefonzellen im **Zentralen Telegrafenamt** an (Twerskaja ul. 7, Ⓜ Ochotny rjad, 24 Std. geöffnet).

Toiletten

Gekennzeichnet sind Toiletten entweder mit stilisierten Frau- oder Mann-Symbolen oder mit Buchstaben: Den Männern weist ein „м" oder „муж." den Weg, den Damen ein „ж" oder „жен.". Für Toilettenpapier muss manchmal extra gezahlt werden.

Trinkwasser

Das Moskauer Leitungswasser sollten Sie auf gar keinen Fall trinken. Selbst zur Teezubereitung nutzen viele Moskauer einen Filter. Abgefülltes Trinkwasser gibt es für wenig Geld in jedem Supermarkt.

Zeit

Im Sommer (bzw. während unserer Sommerzeit) stellen wir die Uhr bei der Ankunft in Moskau um eine Stunde vor – im Winter (bzw. während unserer Winterzeit) um zwei Stunden! Wichtig für Reisende, die sich in Moskau in den Fernzug setzen: Bahnfahrpläne und Bahnhofsuhren geben in ganz Russland die Moskauer Zeit an. Das heißt: Wer laut Ticket um 3 Uhr nachts in Irkutsk ankommt, der platzt vor Ort in den morgendlichen Berufsverkehr.

Zeitungen & Zeitschriften

Deutsche bzw. internationale Zeitungen erhalten Sie mit etwas Glück in größeren Hotels oder Buchhandlungen (→ S. 83, 109, 119). Englisch- und russischsprachige Stadtmagazine mit Nachrichten und Veranstaltungstipps haben ihr Angebot mittlerweile komplett ins Internet verlegt. Geblieben aber ist die **Moskauer Deutsche Zeitung** (www.mdz-moskau.eu), die kostenlos in Hotels und z. T. auch in Kofejnjas ausliegt.

Zoll

Einfuhr

Zollfrei in Russland eingeführt bzw. aus Deutschland, Österreich und der Schweiz ausgeführt werden dürfen: Waren bis zu einem Gesamtwert von 10.000 € und einem Gewicht bis 50 kg; bis zu 200 Zigaretten oder 50 Zigarren (Zigarillos) oder 250 g Tabak oder eine anteilige Zusammenstellung dieser Waren bis 250 g (pro Pers. ab 18 J.); bis zu 3 l alkoholische Getränke (pro Pers. ab 18 J.); für den persönlichen Gebrauch bestimmte Gegenstände; Bargeld bis zu 10.000 $. Nicht eingeführt werden dürfen Waffen, Narkotika, Psychopharmaka und vergleichbare Produkte.

Ausfuhr

Zollfrei aus Russland ausgeführt bzw. in Deutschland, Österreich und in der Schweiz eingeführt werden dürfen: bis zu 125 g **Kaviar** vom Stör pro Person; 200 Zigaretten oder 100 Zigarillos oder 50 Zigarren oder 250 g Tabak oder eine anteilige Zusammenstellung dieser Waren (pro Pers. ab 17 J.); 1 l **Spirituosen** mit einem Alkoholgehalt von mehr als 22 % (Schweiz 15 %) oder 2 l alkoholische Getränke mit max. 22 % (Schweiz 15 %) oder eine anteilige Zusammenstellung dieser Waren (pro Pers. ab 17 J.); 4 l Wein; 16 l Bier; sonstige Waren mit einem Wert bis zu 300 € (bei Flugreisenden 430 €, bei Reisenden unter 15 J. 175 €, Schweiz 300 Fr.).

Sibirische Banja

Nur mit besonderer Genehmigung dürfen **Antiquitäten** ausgeführt werden, sprich alles, was älter als 50 Jahre ist. Die Ausfuhrerlaubnis ist persönlich beim Kulturministerium zu beantragen (www.rosohrancult-cfo.ru, ☎ 495-3800457). Manchmal ist es möglich, sich direkt vom Verkäufer eine gültige Ausfuhrerlaubnis des Ministeriums geben zu lassen – fragen Sie nach! Grundsätzlich ist es ratsam, sich bei allen Gegenständen, die alt aussehen (auch wenn sie jünger sind als 50 Jahre), vom Verkäufer eine Bestätigung über das Herstellungsjahr geben zu lassen! Das Auswärtige Amt empfiehlt darüber hinaus, in Zweifelsfällen den russischen Zoll vorab zu kontaktieren (☎ 499-4497771, www.customs.ru). Ausnahmslos verboten ist die Ausfuhr von alten **Ikonen.**

Fast alle Museen haben mindestens **einen Tag in der Woche geschlossen**. Bei den meisten ist es der Montag, beim Kreml aber z. B. der Donnerstag. (Die regelmäßigen Schließungstage finden sie in der Liste zu jedem Museum in Klammern nachgestellt.) Hinzu kommt ein „Sanitätstag", meist in der letzten Woche des Monats, an dem ebenfalls geschlossen ist. Am **Donnerstag** öffnen und schließen die meisten Museen später als an den übrigen Tagen. An Feiertagen gelten i. d. R. die gleichen Öffnungszeiten wie am Wochenende. Die Kasse schließt i. d. R. 30–60 Min. vor, was bei den einzelnen Museen nicht extra vermerkt ist!

An **jedem dritten Sonntag** des Monats ist in vielen Museen der Eintritt frei, ebenso in der **Nacht der Museen**, die in der zweiten Mai-Hälfte und Anfang September stattfindet. Ausländer zahlen in Museen manchmal höhere **Preise** als Russen. Nicht einheitlich geregelt ist der Umgang mit ausländischen Schülern und Studenten: Mal gilt der ermäßigte Preis für russische Schüler/Studenten, mal der für erwachsene Ausländer, zuweilen gibt es spezielle Tarife. Nicht selten hängt der Preis von der Gunst der Kassierer ab. Der vorliegende Reiseführer verzichtet daher auf Angaben zu diesem Punkt. Kinder zahlen auf jeden Fall deutlich weniger als Erwachsene.

Russischsprachige **Führungen** können oft spontan in Anspruch genom-

men werden. Englisch- oder gar deutschsprachige Führungen müssen i. d. R. vorher angemeldet werden und lohnen sich meist nur für Gruppen.

Geschichte

Alter Englischer Hof: Ausstellung über die russisch-englischen Beziehungen im 16. und 17. Jh., untergebracht in einem der ältesten weltlichen Häuser Moskaus. (Mo, letzter Fr) ■ S. 60

Archäologiemuseum: Präsentiert mit Stolz eine steinerne Brücke, die im 18. Jh. an dieser Stelle über den Fluss Neglinnaja führte. (Mo, letzter Fr) ■ S. 31

Brotmuseum: Geht auf Geschichte und Herstellung von russischem „Brot" ein – und vergisst dabei auch Bliny (Pfannkuchen) und Prjaniki (Lebkuchen) nicht. (Mo/Di) ■ S. 165

Büchermuseum: Stellt unter anderem das älteste russische Buch aus, das Iwan Fjodorow 1564 in Moskau druckte. (So, letzter Mo) ■ S. 33

Diamantenfonds: Hier funkelt und glitzert es: Die wertvollsten Diamanten Russlands wechseln sich ab mit Gold- und Platinklumpen. (Do) ■ S. 47

Flottenmuseum: Kleine Ausstellung über die Geschichte der russischen Flotte, die bis Zar Peter I. zurückreicht. (Mo) ■ S. 165

Gorki-Park-Museum: Informiert über die Geschichte des berühmten Parks, inkl. Aussichtsplattform. (Mo) ■ S. 140

GULAG-Museum: Blick auf den GULAG ohne Tabus – im heutigen Russland eine Besonderheit! (Mo, letzter Fr) ■ S. 172

Haus-am-Ufer-Museum: Winzig klein und nur auf Russisch, trotzdem sehr bewegend: das Museum im sog. Haus am Ufer, in dem unter Stalin rund tausend Bewohner verhaftet und zum Teil ermordet wurden. (Mo, letzter Fr) ■ S. 132

Haus der Romanow-Bojaren: Wie wohnte der russische Adel im 16. und 17. Jh.? Hier erfahren Sie es! (Di, erster Mo) ■ S. 59

Historisches Museum: Informiert umfassend über die russische Geschichte von der Altsteinzeit bis zum Anfang des 20. Jh. (im Winter Di, immer erster Di) ■ S. 26

Holzpalast (Kolomenskoje): Nachbau des berühmten Holzpalasts von Zar Aleksej I., den Zeitgenossen einst als „achtes Weltwunder" priesen ■ S. 145

Jüdisches Museum: Zeichnet die Geschichte der Juden im Russischen Reich und in der Sowjetunion nach. Mit vielen interaktiven Elementen! (Sa) ■ S. 173

Lenin-Mausoleum: Einbalsamiert für die Ewigkeit und präsentiert in einem gläsernen Sarg: Revolutionsführer Wladimir Iljitsch Lenin. (Mo, Fr) ■ S. 30

Lichtermuseum: Im Vorbeigehen einen Abstecher wert: historische Straßenlaternen. (im Sommer So/Mo) ■ S. 112

Metromuseum: Wollten Sie schon immer mal in der Fah-

rerkabine der Moskauer Metro sitzen? Hier haben Sie die Gelegenheit! (geschl.)
■ S. 173

Militärmuseum:
Verstaubtes Museum aus alten Tagen: Militärgeschichte Russlands von Peter I. bis zur Gegenwart. (Mo/Di) ■ S. 173

Moskau-Museum: Spröde Dauerausstellung, aber interessante Wechselschauen zur Moskauer Stadtgeschichte. (Mo, letzter Fr) ■ S. 72

Museum der neuen Geschichte Russlands:
Staatliches Museum zur russischen und sowjetischen Geschichte im 20. und 21. Jh. (Mo, letzter Fr) ■ S. 92

Museum der Untergrunddruckerei 1905/06: Gibt Einblick in die Praktiken der Bolschewiki während der Revolution von 1905. (Mo) ■ S. 173

Museum des Kalten Krieges (Bunker): Wurde als Vorbereitung auf einen Atomkrieg gebaut: ein 7000 qm großer Bunker in 65 m Tiefe. (–) ■ S. 174

Museum sowjetischer Spielautomaten: Ein Museum zum Mitmachen: Videospielautomaten aus allen Teilen der Sowjetunion! (–) ■ S. 105

Museum zur Geschichte des Krieges von 1812:
Widmet sich dem Triumph der Russen über Napoleon vor über 200 Jahren. (im Winter Di, immer letzter Di) ■ S. 53

Panoramamuseum:
Präsentiert die legendäre Schlacht von Borodino (1812) auf einem 115 m langen Wandgemälde. (Fr, letzter Do) ■ S. 162

Rüstkammer (Kreml):
Zeigt neben Rüstungen und

Moskwarium

Waffen auch Kronen, Kutschen und Krönungsroben der Zarenfamilie. (Do) ■ S. 46

Russland - meine Geschichte: Eine Reise durch die russische Geschichte – aufgepeppt mit vielen blinkenden Multimedia-Attraktionen. (Mo) ■ S. 156

Sacharow-Zentrum:
Benannt nach dem berühmtesten Dissidenten der Sowjetunion (Andrej Sacharow) zeigt das Zentrum sehenswerte Ausstellungen über die stalinistischen Repressionen. (Mo) ■ S. 175

Sarjadje-Museum: Stellt archäologische Fundstücke vom 14. bis 18 Jh. aus, die bei den Bauarbeiten des Parks gefunden wurden. (–) ■ S. 62

Schloss Archangelskoje:
Gemäldesammlung und Bibliothek von Fürst Nikolaj Jussupow, zu besichtigen im schönsten Schloss des Moskauer Umlands. (Mo/Di, letzter Mi) ■ S. 190

Schloss Kuskowo / Schloss Ostankino:
Konkurrieren um den Titel „schönstes Schloss Moskaus". Feinste Parkettböden mit Intarsien aus seltenen Hölzern,

funkelnde Kristallkronleuchter und aufwendige Stuckarbeiten sind in beiden zu sehen. (Kuskowo Mo/Di, letzter Mi; Ostankino –) ▪ S. 167/156

Schokoladenmuseum: Spannt einen weiten Bogen von der Schokoladenherstellung unter den Azteken bis zu der unter den Sowjets. (Mo, Di) ▪ S. 165

Stadtteilmuseum Presnja: Erinnert daran, dass während der Russischen Revolution von 1905 nicht nur in Petersburg, sondern auch in Moskau heftig gekämpft wurde, v. a. im Stadtteil Krasnaja Presnja. (Mo) ▪ S. 175

Wodkamuseum: Ausstellung über die Geschichte des russischen Nationalgetränks, das die Russen seit Jahrhunderten gerne trinken. (–) ▪ S. 164

Zentrales Museum des Großen Vaterländischen Krieges: Hier dreht sich alles um den Zweiten Weltkrieg. Ein Highlight ist der Tisch von der Teheraner Konferenz, an dem Stalin, Churchill und Roosevelt 1943 die Nachkriegsordnung debattierten. (Mo) ▪ S. 163

Literatur

Bely-Museum: Stolz des Museums ist der Strampelsack des Dichters Andrej Bely, der in Moskau geboren wurde, seinen bekanntesten Roman aber „Petersburg" nannte. (Mo/Di, letzter Fr) ▪ S. 81

Bulgakow-Haus: Privates Museum zum Werk von Michail Bulgakow, dem Autor des Kultromans „Der Meister und Margarita". (–) ▪ S. 82

Bulgakow-Museum: Noch ein Bulgakow-Museum, diesmal in dem Haus, in dem der Autor wirklich lebte. (Mo) ▪ S. 91

Dostojewski-Museum: Gibt Einblick in die Lebensumstände von Fjodor Dostojewski, der in Moskau geboren wurde und einige Jahre dieses Haus bewohnte. (Mo) ▪ S. 172

Gogol-Museum: Zeichnet Leben und Werk des Dichters Nikolaj Gogol nach, der die letzten vier Jahre seines kurzen Lebens in Moskau verbrachte. (Mo, letzter Di) ▪ S. 89

Gorki-Museum: Schönste Jugendstil-Villa Moskaus und Museum zu Ehren von Maksim Gorki, der einige Jahre hier wohnen durfte. (Mo/Di, letzter Do) ▪ S. 90

Herzen-Museum: Ausstellung über den Philosophen und Publizisten Aleksandr Herzen. (Mo) ▪ S. 79

Lermontow-Museum: Hält das Andenken an den Romantiker Michail Lermontow aufrecht, der sich seinerzeit „Hals über Kopf" in Moskau verliebte, als er auf dem Glockenturm des Kreml stand. (Mo) ▪ S. 81

Majakowski-Museum: Bunt, chaotisch und anders als alle anderen Wohnhausmuseen. Beklemmend dagegen das Zimmer, in dem sich der 36-jährige Dichter mit einem Schuss ins Herz das Leben nahm. (geschl.) ▪ S. 112

Ballsaal im Großen Palast von Zarizyno

Pasternak-Museum: In seiner Datscha in Peredelkino schrieb Boris Pasternak „Doktor Schiwago", hier schloss er 1960 zum letzten Mal die Augen. (Mo, letzter Di) ▪ S. 183

Puschkin-Museum: Nationaldichter Aleksandr Puschkin starb einst an den Folgen eines Duells, hier zu sehen ist der Instrumentenkasten des Arztes, der ihm vergeblich zu helfen versuchte. (Mo, letzter Fr) ▪ S. 70

Puschkin-Wohnung: Nach Puschkin benannt, weil der Dichter hier einige Monate lebte. De facto mehr eine Ausstellung über Moskau im 19. Jh. (Mo/Di, letzter Fr) ▪ S. 80

Tolstoj-Museum: Wurde nur ein Jahr nach dem Tod des Dichters eröffnet. Zu sehen sind alte Fotos, Originalmanuskripte und seltene Ausgaben seiner Werke. (Mo, letzter Fr) ▪ S. 70

Tolstoj-Wohnhaus: Authentischer als jedes andere Wohnmuseum: Wohl niemand wäre überrascht, wenn Lew Tolstoj gleich um die Ecke geschlurft käme. (Mo, letzter Fr) ▪ S. 176

Tschechow-Museum: „Nach Moskau, nach Moskau" sehnten sich Anton Tschechows „Drei Schwestern". Er selbst haderte mit dem Lärm der Großstadt. (Mo) ▪ S. 93

Turgenew-Museum: Auch genannt „Mumu-Haus", nach einer bekannten Erzählung von Iwan Turgenew, dessen Mutter in dem kleinen Holzhaus lebte. (Mo, letzter Fr) ▪ S. 72

Zwetajewa-Museum: 11 von 15 Büchern, die zu Lebzeiten von Marina Zwetajewa erschienen sind, sind in diesem Haus entstanden. (Mo, letzter Fr) ▪ S. 81

Malerei

Andrej-Rubljow-Museum: Ikonen, so weit das Auge reicht. Vor den wichtigsten legen die russischen Besucher Blumen auf den Boden. (Mi) ▪ S. 172

Galerie ART4: Private Galerie des Millionärs Igor Markin, die sich vom staatlichen Kunstbetrieb „positiv abheben" will. (Sa/So) ▪ S. 89

Galerie Glasunow: Monumentale Wandgemälde in herrschaftlicher Villa. (Mo, letzter Fr) ▪ S. 69

Garasch: Das derzeit angesagteste Museum für zeitgenössische Kunst. (–) ▪ S. 140

Moskauer Museum für moderne Kunst: Zeigt Kunst von der Avantgarde über SozArt bis zur Gegenwartskunst. (dritter Mo) ▪ S. 102

Museum des russischen Impressionismus: Impressionismus kennt jeder, kaum aber jemand verbindet ihn mit Russland. Ein Fehler! (–) ▪ S. 174

Museumsgalerie Jewgeni Jewtuschenko: Private Gemäldesammlung des Dichters Jewgeni Jewtuschenko, ausgestellt in seiner gemütlichen Datscha im Wald von Peredelkino. (Mo/Di/Mi) ▪ S. 185

Neue Tretjakow-Galerie: *Das* Museum zur sowjetischen Kunst. Im Zentrum: das „Schwarze Quadrat" von Malewitsch und andere Klassiker der Avantgarde. (Mo) ▪ S. 137

Puschkin-Museum für Bildende Künste: Von Rembrandt über Monet bis Picasso: Das Puschkin-Museum widmet sich den Klassikern aus dem Westen. (Mo) ▪ S. 68

Rjorich-Museum: Berge, Berge und noch mehr Berge malte Nikolaj Rjorich. Bei uns nahezu unbekannt, aber definitiv sehenswert! (Mo) ▪ S. 69

Russische Akademie der Künste - Ausstellungssaal: Wechselnde Ausstellungen, kein besonderer Schwerpunkt. Für Touristen nicht der erste Anlaufpunkt. (Mo) ▪ S. 71

Tretjakow-Galerie: Präsentiert die Crème de la Crème der russischen Kunstgeschichte, von wertvollen Ikonen bis zu Gemälden der sog. „Wandmaler" Anfang des 20. Jh. (Mo) ▪ S. 122

Tropinin-Museum: Geboren als Sohn eines Leibeigenen malte Wassili Tropinin vor allem Szenen aus dem Leben der kleinen Leute. (Di/Mi, letzter Mo) ▪ S. 127

Winsawod: Mehrere hochkarätige Galerien in ehemaliger Weinfabrik. Neben der Garasch der zweite wichtige Anlaufpunkt für russische Kunst der Gegenwart. (Mo) ▪ S. 166

Zarizyno Brothaus: Außer den wechselnden Ausstellungen zu Malerei und angewandter Kunst ist auch das Gebäude sehenswert. (Mo) ▪ S. 148

Zentrales Haus des Künstlers: Vereinigt rund 40 Galerien unter seinem Dach und bietet Raum für große, aufsehenerregende Ausstellungen. (Mo) ▪ S. 138

Zentrum für moderne Kunst: Im Mittelpunkt steht die Malerei, aber auch Ausstellungen zu Architektur und Design sind im Programm. (Mo) ▪ S. 176

Angewandte Kunst, Architektur, Bildhauerei, Fotografie und Videokunst

Architekturmuseum: Blickt hinter die Fassade von realisierten und nicht realisierten Bauten Moskaus, mit Fokus auf die Avantgarde. (Mo) ▪ S. 78

Fotozentrum Brüder Lumière: Die beste Fotogalerie der Stadt, auf dem Fabrikgelände Roter Oktober. (Mo) ▪ S. 134

Fotozentrum der Journalistenunion: Konzentriert sich auf Reportage-Fotografie, ein Hauch von World-Press-Foto. (Mo) ▪ S. 78

Galerie Surab Zereteli: Skulpturen des umstrittenen Künstlers Surab Zereteli, von Mutter Theresa bis Ex-Bürgermeister Juri Luschkow. (Mo) ▪ S. 70

Kunstpark Museon: Wird auch „Friedhof der umgestürzten Sowjetdenkmäler" genannt: Stalin, Dserschinski und Lenin geben sich im Freilichtmuseum ein Stelldichein. (–) ▪ S. 137

Melnikow-Haus: Ikone des Konstruktivismus, mit Anmeldung neuerdings zu besichtigen. (–) ▪ S. 80

Modell der Moskauer Innenstadt (WDNCh): Gigantisches Modell der Moskauer Innenstadt im Maßstab 1:400. (Mo) ▪ S. 156

Moskau-City-Museum: Widmet sich in 250 m Höhe der Geschichte des Hochhausviertels Moskau City und zeigt historische Panoramaaufnahmen der Stadt. (–) ▪ S. 161

Moskauer Haus der Fotografie: Ein weiteres hervorragendes Foto-Museum. (Mo) ▪ S. 71

Multimedia Art Museum: Das einzige Museum Moskaus, das sich auf digitale Kunst spezialisiert hat. (Mo) ▪ S. 71

Museum für Angewandte Kunst: Weitaus spannender, als der Name suggeriert. Präsentiert traditionelles Kunsthandwerk und Designobjekte der Gegenwart. (Di) ▪ S. 174

Museum in der Skulptur „Arbeiter und Kolchosbäuerin": Befindet sich im Sockel der beeindruckenden Skulptur von Wera Muchina. Dauerausstellung zur Geschichte der Skulptur, außerdem Wechselausstellungen zu unterschiedlichen Themen. (Mo) ▪ S. 154

Orientmuseum: Kunst und Alltagskunst – Teppiche, Möbel, Kleidung und Geschirr – aus dem Orient, vor allem aus Ländern wie Indien, Iran, Japan und China. (Mo) ▪ S. 89

Porzellanmuseum: Weltberühmte Sammlung aus drei Jahrhunderten. Das kostbarste Stück ist ein Service aus dem französischen Sèvres, das Napoleon 1807 dem russischen Zaren schenkte. (Mo/Di, letzter Mi) ▪ S. 167

Film, Musik und Theater

Jermolowa-Museum: Führt in die Moskauer Theaterwelt ein und zeichnet anschaulich die Vita der gefeierten Schauspielerin Marija Jermolowa nach. (Mo/Di, letzter Fr) ▪ S. 88

Kino-Museum: Tauchen Sie ein in die Geschichte des russischen bzw. sowjetischen Kinos! Kostüme, Plakate, Fotos und technische Exponaten vom 19. Jh. bis in die Gegenwart helfen dabei. (Mi) ▪ S. 156

Museum Konservatorium: Eingefleischte Musikkenner freuen sich über das Notenpult von Tschajkowski, historische Fotos, Dokumente und Porträts der großen russischen Musiker. Nur mit Anmeldung zu besichtigen. (Sa/So) ▪ S. 88

Museum Moskauer Künstlertheater (Tschechow): Stellt unter anderem einen Koffer mit den Initialen „ATsch" aus: Anton Tschechow reiste mit ihm von Vorstellung zu Vorstellung. (Mo/Di) ▪ S. 191

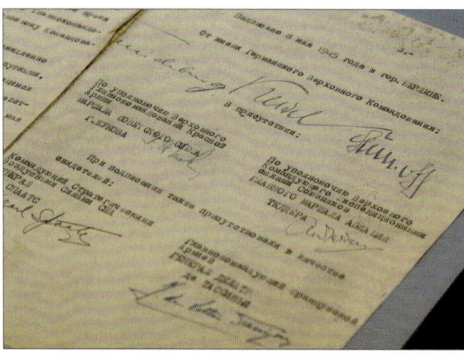

Kapitulationsurkunde von 1945 im Militärmuseum

Okudschawa-Museum: In seiner Datscha im Wald von Peredelkino verbrachte der Liedermacher Bulat Okudschawa produktive Zeiten. (Mo/Di) ▪ S. 184

Ostrowski-Museum: Eines der schönsten erhaltenen Holzhäuser Moskaus. Beherbergt ein Museum, das an den Dramaturgen Aleksandr Ostrowski erinnert. (Mo/Di, letzter Fr) ▪ S. 126

Skrjabin-Museum: Ausstellung über den Pianisten und Komponisten Aleksandr Skrjabin. (Mo/Di, letzter Fr) ▪ S. 80

Stanislawski-Museum: Den meisten eher unbekannt, hat Regisseur und Schauspieler Konstantin Stanislawski die Schauspielerei mehr geprägt als viele andere. (Mo/Di, letzter Do) ▪ S. 89

Theatermuseum: Streifzug durch die russische und sowjetische Theatergeschichte. (Mo) ▪ S. 127

Tschajkowski-Museum: Erinnert an den bekanntesten Komponisten Russlands: Pjotr Tschajkowski hat in diesem Haus einige Jahre gelebt und komponiert. (Mo/Di) ▪ S. 93

Wyssozki-Haus: Ausstellung über Wladimir Wyssozki, den beliebtesten Liedermacher der Sowjetunion. (Mo, letzter Fr) ▪ S. 176

Wissenschaft

Buran: Simuliert einen Flug ins All und schüttelt die Besucher kräftig durch. (Mo) ▪ S. 156

Fernsehturm: Mit seiner 540 m hohen Antenne das höchste freistehende Bauwerk Europas. Zu besichtigen ist der Turmkorb, der auf 325 m beginnt. (–) ▪ S. 157

Gold und Glitzer in den Zarenpalästen

Moskwarium: Im Moskauer Aquarium kann man nicht nur Meerestiere anschauen, man kann auch viel über sie lernen. (Sa/So) ▪ S. 229

Museum für Erdwissenschaften: Die einzige Möglichkeit, ins Innere der gigantischen Zuckerbäcker-Universität vorzustoßen. (Sa/So) ▪ S. 158

Planetarium: Mit einem Kuppeldurchmesser von 27 m eines der größten Planetarien der Welt. (Di) ▪ S. 229

Polytechnisches Museum: Fast 150 Jahre alt und spannender denn je. Solange das Haupthaus renoviert wird, ist ein Teil der Ausstellung auf dem WDNCh-Gelände zu sehen. (Mo, letzter Mi) ▪ S. 58, 156

Raumfahrtmuseum: Sowjetische und russische Raumfahrt-Geschichte von Sputnik 1 über Jurij Gagarin bis zur Raumstation Mir. (Mo) ▪ S. 152

Zentrum für Kosmonautik und Luftfahrt: Hat Anfang 2018 im berühmten Kosmos-Pavillon eröffnet. ▪ S. 156

Museumskirchen

Basilius-Kathedrale: Florale Wandmalereien bedecken die Wände im verschachtelten Innern der berühmten Kathedrale. (manchmal Mi) ▪ S. 28

Christ-Himmelfahrts-Kirche (Kolomenskoje): Ging mit ihrem steilen Zeltdach als Meilenstein in die russische Architekturgeschichte ein. (Mo) ▪ S. 146

Kreml-Kathedralen: Vier atemraubende Kathedralen auf allerengstem Raum, das gibt's nur im Moskauer Kreml. (Do) ▪ S. 38

Mariä-Schutz-Kirche in „Fili": Die am besten erhaltene Kirche im Stil des Naryschkin-Barock. (–) ▪ S. 170

Neues Jungfrauenkloster: Das hübscheste Kloster der Stadt (und dementsprechend das einzige, das Eintritt verlangt). (–) ▪ S. 149

Restaurantkategorien

**** = sehr schickes Restaurant, in dem die Moskauer Elite speist

*** = Standardrestaurant für Durchschnitts- und Gutverdiener

** = einfaches Restaurant, das den Geldbeutel nicht unnötig strapaziert

* = sehr einfaches Restaurant, das seine Gäste mehr mit netter Atmosphäre als mit gutem Essen begeistert

Konkrete Adressen für Restaurants finden Sie in den Touren- und Ausflugskapiteln. Beachten Sie außerdem, dass man auch in einigen Cafés und Clubs gut essen gehen kann!

Amerikanisch

*** Saxon + Parol: Moskauer Ableger eines Restaurants in New York. Sehr hip! ▪ S. 94

Arabisch

**** Beloje solnze pustyni: Imitiert einen sowjetischen Kultfilm, inklusive lebensgroßer Kopien der Filmhelden. Auch asiatische, aserbaidschanische und usbekische Küche. ▪ S. 105

**** Usbekistan: Ein Traum aus Tausendundeiner Nacht. Teilt sich mit Beloje solnze pustyni (s. o.) die Terrasse. Auch asiatische, aserbaidschanische und usbekische Küche. ▪ S. 105

Armenisch

**** Ararat: Nachbau des gleichnamigen Restaurants aus Sowjetzeiten: damals wie heute (leider) ziemlich teuer. ▪ S. 105

**** Nojew Kowtscheg: Heißt „Arche Noah", weil der Eröffnungstag des Restaurants mit dem Tag zusammentrifft, an dem die Arche Noah am Berg Ararat gestrandet sein soll. Auch vegetarische Karte. ▪ S. 117.

** Ararat (WDNCh): Die günstigste Möglichkeit, die armenische Küche kennenzulernen. ▪ S. 156

Aserbaidschanisch

**** Beloje solnze pustyni: → Arabisch.

**** Usbekistan: → Arabisch.

*** Baraschka: Das einzige Restaurant mit ausschließlich aserbaidschanischer Küche in dieser Liste. Sie fragen sich, was man da essen soll? Kutaby zum Beispiel: gefüllte Teigfladen. ▪ S. 105

Asiatisch

**** Beloje solnze pustyni: → Arabisch

**** Mr. Lee: Eines der besten Restaurants mit asiatischer Küche. „Asiatisch" heißt hier: chinesisch, malaysisch und thailändisch. ▪ S. 105

**** Sky Lounge: Jahrelang war das Sky Lounge *der* Anlaufpunkt für alle, die beim Essen eine tolle Aussicht haben wollten. Seit dem Bau von Moskau City ist der Bonus weg, die japanische Küche aber exklusiv wie immer. Auch europäische Küche. ▪ S. 180

**** Usbekistan: → Arabisch

*** Tschajka: Restaurantboot auf der Moskwa, mit Blick auf das Zuckerbäckerhotel Ukraina und das Hochhausviertel Moskau City. Neben japanischer auch italienische Küche. ▪ S. 161

** Akademija: Beliebte → Restaurantkette. ▪ S. 284

** Garasch: Café-Restaurant der gleichnamigen Kunstgalerie im Gorki-Park. Macht trotz niedriger Preise auch kulinarisch verwöhnte Geister glücklich. Einer der Gründe: die liebevolle Deko der Speisen! Auch europäische Küche. ▪ S. 142

Bio

*** Lavka Lavka: Man erfährt haargenau, von welchem Hof Rindfleisch, Kartoffeln und Möhren stammen – und im besten Fall auch noch, wer sie geerntet hat. Nicht zu verwechseln mit den kleineren „Kafes" von Lavka Lavka (→ S. 284). ▪ S.107

Europäisch

**** Na sweschem wosdusche: Liegt – ebenso wie sein Nachbar Ruski (siehe S. 161) – in der 86. Etage des Oko-Turms. Der Unterschied: „Na sweschem wosduche" hat ausschließlich Plätze unter freiem Himmel und ist nur im Sommer geöffnet. ▪ S.161

**** Sky Lounge: → Asiatisch

*** 7Nebo: Legendäres Restaurant im Fernsehturm mit einzigartigem Konzept: Die Tische stehen auf einer Scheibe, die sich in 328 m Höhe einmal im Kreis dreht! Auch russische Küche. ▪ S.157

*** Tramplin: Liegt auf den Sperlingsbergen und bietet damit eine schöne Möglichkeit, den Ausflug zur Lomonossow-Universität kulinarisch abzurunden. ▪ S. 159

*** Uilliam's: Wenn es warm wird im Sommer, dann werden die großen Flügeltüren aufgerissen und wer keinen Platz an den Tischen bekommt, setzt sich draußen auf die Stufen. Auch vegetarische Karte. ▪ S. 94

*** ZDL: Fein, elegant, gediegen: Im traditionsreichen „Haus der Schriftsteller" kehrt man nicht in Turnschuhen ein. Auch russische Küche. ▪ S. 82

** Correa's: Mit 15 Jahren fast schon ein Klassiker. Sehr schmackhafte Pizza, vor allem aber leichte und gesunde Gerichte. ▪ S. 127

** Garasch: → Asiatisch

Fisch

**** Rybny basar: Erste Adresse für köstlichen Hummer und alles andere, was aus dem Wasser kommt. ▪ S. 93

** Omuljowaja botschka: Schon mal vom Omul gehört? Das ist ein Lachsfisch, den es nur im sibirischen Baikalsee gibt. Hier können Sie ihn probieren, in sämtlichen Varianten! ▪ S. 118

Französisch

*** Sem pjatniz: Eingerichtet wie die Wohnung einer russischen Adelsfamilie um die Jahrhundertwende. Auch russische Küche. ▪ S. 180

** Jean-Jaques: Beliebte → Restaurantkette. ▪ S. 284

Gemischt

**** Aist: Schön zum Draußensitzen: Gemütliche Korbsessel auf der Terrasse locken alle, die Lust auf Gegrilltes und das nötige Kleingeld dafür haben. ▪ S. 93

**** White Rabbit: Vielgerühmtes Restaurant mit grandioser Aussicht. Vor allem im Sonnenuntergang ein fantastisches Erlebnis! Auch vegetarische Karte. ▪ S. 82

*** Dom 12: Eine Mischung aus Club, Café, Restaurant und Weinbar. ▪ S. 72

*** Oliwkowy pljasch: Ist auf leichte Gerichte „für Kalorienzähler" spezialisiert, hat aber auch süße Nachspeisen im Angebot. Im Gorki-Park, direkt am Ufer der Moskwa. ▪ S. 142

*** Strelka Bar: Fantastischer Blick auf die Christi-Erlöser-Kathedrale. ▪ S. 134

*** Tschornaja koschka: Ein Hochgenuss ist schon die Lektüre der Speisekarte. Warum? Lesen Sie mehr auf S. 180. Oder reservieren Sie gleich einen Tisch! ▪ S. 180

*** Vogue: Entstand in Kooperation mit der Modezeitschrift „Vogue" und war einige Jahre der Renner unter Gattinnen neureicher Russen.

Restaurant Oliwkowy pljasch

Heute immer noch beliebt wegen seiner zentralen Lage. ▪ S. 105

*** Woschod: Das einzige Restaurant der Stadt, das Gerichte aus sämtlichen ehemaligen Sowjetrepubliken im Angebot hat. Im Park Sarjadje. ▪ S. 62

** AnderSon / AnderSon na Datsche: Beliebte → Restaurantkette. ▪ S. 285

** Miles: Wenn Sie gerade an der Christi-Erlöser-Kathedrale sind und der Hunger Sie packt, dann auf ins Miles zum Burgeressen! ▪ S. 73

** More wnutri: Ein Muss für alle, die im Park Sokolniki sind. Herrlich unkonventionell. Auch vegetarische Karte. ▪ S. 179

** Propaganda: In erster Linie Tanzclub, am frühen Abend aber auch geeignet, um eine Kleinigkeit zu essen. ▪ S. 118

Georgisch

**** Kawkasskaja plenniza. Eine kaukasische Bergwelt mitten in Moskau. Benannt nach dem beliebten Film „Der Gefangene im Kaukasus", der auf einer Kurzgeschichte von Lew Tolstoj basiert. ▪ S. 180

*** Elardschi: Egal ob Sommer oder Winter, im Elardschi fühlt man sich immer wohl. Unbedingt probieren: natürlich Elardschi – ein Maisbrei mit viel Sulguni-Käse! ▪ S. 73

*** Tiflis: Mit seiner weinumrankten Veranda im Sommer eine ernsthafte Konkurrenz für das Elardschi (s. o.). ▪ S. 73

*** U Pirosmani: Restaurant neben dem Neuen Jungfrauenkloster, in dem schon Gerhard Schröder zu Gast war. ▪ S. 151

** Chatschapuri: Der beste Ort im Zentrum, um auf günstige Weise die georgische Küche kennenzulernen. Junges Publikum. ▪ S. 94

** Mizandari: Restaurant auf dem Fabrikgelände Roter Oktober, das nicht nur georgische, sondern auch andere Speisen serviert. ▪ S. 135

* Duchan Tschito-Ra: Einfach, aber gut und eine schöne Möglichkeit, sich nach dem Besuch des Gogol-Zentrums mit einer Portion Schaschlik zu stärken. ▪ S. 180

Israelisch

** Obras schisni: Hummus, Falafel, Tabouié: Das Obras schisni kocht israelisch (aber nicht explizit koscher), legt viel Wert auf frische Produkte und verzichtet auf chemische Zusätze und Konservierungsstoffe. Auch vegetarische Karte. ▪ S. 73

Italienisch

**** Cantinetta Antinori: Die Geschichte der italienischen Winzerfamilie Antinori geht ins 14. Jh. zurück. Welch Ehre für Moskau, dass sie hier ein Restaurant eröffnet hat! ▪ S. 82

*** Bosco Café: Das einzige Restaurant am Roten Platz und schon deshalb einen Besuch wert! ▪ S. 34

*** Syrowarnja: Käse, Käse und noch mal Käse: Kein Gericht kommt hier ohne ihn aus! ▪ S. 135

*** Tschajka: → Asiatisch

** Akademija: Beliebte → Restaurantkette. ▪ S. 284

Mexikanisch

*** Pancho Villa: Ein Restaurant wie eine ganze Stadt: Die Räume heißen Hotel oder Kirche, Gefängnis oder Taverne. Die Pancho Villa ist groß und die Speisekarte ebenso. ▪ S. 142

Nordisch

**** Ekspedizija: Hier kommt auf den Teller, was die Völker des hohen Nordens

Restaurant Mari Wanna

essen, z. B. Stroganina (tiefge-
frorener Fisch, roh und
hauchdünn geschnitten) von
unbekannten Lachsarten.
▪ S. 117

*** Björn: Puristisch und
naturnah – so wie das Design
der Skandinavier sind auch
die Speisen im Björn. ▪ S. 127

*** Scandinavia: War 1995
das erste Restaurant in
Moskau mit skandinavischer
Küche und auch das erste,
das eine Sommerterrasse
hatte. Bis heute ein
entspannter und sympa-
thischer Ort. ▪ S. 94

Russisch

**** Godunow: Altrussische Trachten und Tänze in
urigem Kellergewölbe. ▪ S. 62

**** Oblomow: Erst an
einem gut gedeckten Tisch
sitzen, danach aufs kuschelige
Sofa wechseln: Hier hätte sich
Oblomow, der Held aus dem
gleichnamigen Roman von
Iwan Gontscharow, mit Sicherheit sehr wohlgefühlt!
▪ S. 127

**** Puschkin: Das nach
dem Nationaldichter Alexander Puschkin benannte Restaurant gilt als das beste
russische Restaurant von
Moskau. ▪ S. 93

**** Tschemodan: Hier
wird sibirische Küche serviert
und das heißt: Das Fleisch der
Pelmeni kommt nicht von
gewöhnlichen Rindern,
sondern vom Yak aus dem
Altaj-Gebirge. ▪ S. 82

*** 7Nebo: → Europäisch

*** GlawPiwTorg: Imitiert
ein sowjetisches Ministerium
und serviert eigenes Hausbier! ▪ S. 106

*** Mari Wanna: Das
gemütlichste Restaurant von
ganz Moskau. ▪ S. 94

*** Na melnize: Rustikal
und elegant zugleich. Die
ursprünglichen Rezepte
sammelt der Koch in kleinen
russischen Dörfern und
Städten. ▪ S. 117

*** Ruski: Das höchste
Restaurant Europas! 354 m
über der Erde schmecken
„Karelische Forelle" oder
klassisches Bœuf Stroganoff.
▪ S. 161

*** Sem pjatniz:
→ Französisch

*** ZDL: → Europäisch

** Akademija: Beliebte
Restaurantkette, mehr dazu
→ Kasten. ▪ S. 284

** Datscha na Pokrowke:
Restaurant-Club mit vielen
alten Möbeln. Sie sind mindestens 100 Jahre alt und
erinnern an die Vergangenheit des Hauses, in dem einst
Dichter und Denker ein- und
ausgingen. ▪ S. 117

** SpezBufet No. 7: Schon
mal Lachs „nach einem Re-
zept des Kochs vom Panzerkreuzer Aurora" gegessen?
Hier haben Sie die
Gelegenheit dazu! ▪ S. 142

** Warenitschnaja:
Beliebte → Restaurantkette.
▪ S. 285

Ukrainisch

**** Schinok: Eines der
ältesten Restaurants von ganz
Moskau, in puncto Originalität
aber immer noch ganz vorn:
Gackernde Hühner und eine
grasende Kuh hinter der
Scheibe sind so schnell nicht
zu übertreffen. ▪ S. 180

**** Kortschma Taras
Bulba**: Beliebte → Restaurantkette. ▪ S. 284

** Odessa-mama: Vielfältig
und multinational wie die
Stadt Odessa ist die Küche in
diesem Restaurant. ▪ S. 118

Usbekisch

****** Beloje solnze
pustyni**: → Arabisch

**** Usbekistan:
→ Arabisch

Vegetarisch/vegan

** Awokado: Ein Burger mit
Tofu-Bratling und dazu ein
Spinat-Brokkoli-Cocktail: Die
Auswahl an vegetarischen
Gerichten kann sich sehen
lassen. Auch für Veganer und
Rohkost-Liebhaber geeignet.
▪ S. 117

** Dschagannat: Der
Pionier unter den
vegetarischen Restaurants in
Moskau und wohl das einzige,
das „vegetarische Pelmeni"
anbietet. So populär, dass es
mittlerweile mehrere Filialen
gibt. ▪ S. 107, 118

** Sok: Serviert die
fleischlosen Highlights der
griechischen, italienischen,
russischen und indischen
Küche. Gegenüber von der
Tretjakow-Galerie. Auch für
Veganer geeignet. ▪ S. 128

Eine vegetarische Karte haben
auch folgende Restaurants: ******
More wnutri (→ Gemischt),
**** Nojew Kowtscheg
(→ Armenisch), **** Obras
schisni** (→ Israelisch), *******
Uilliam's (→ Europäisch),
**** Usbekistan
(→ Arabisch) und ********
White Rabbit (→ Gemischt)

Weinrestaurants

**** Grand Cru: Der
selbsternannte „Rolls-Royce
unter den Weinbars dieser
Welt" hat mehr als 1200
Weine im Angebot. ▪ S. 94

*** Primitivo: Hier wird der
gute Wein nicht nur
getrunken, hier wird er auch
zur Zubereitung der Speisen
verwendet. ▪ S. 134

Chleb Nassuschtschny

** Prostyje weschtschi:
Mehr Bar als Restaurant und
ein vergleichsweise günstiger
Anlaufpunkt für Liebhaber
feiner Tropfen. ▪ S. 94, 128

Restaurant- und Caféketten

Etliche Cafés und Restaurants
gibt's nicht nur ein Mal in
Moskau, sondern gleich 2, 20
oder 200 Mal. Sie sind in
Ketten organisiert. Die besten
werden im Folgenden kurz
charakterisiert, in den Touren
sind dann nur die Kontakt-
daten sowie ggf. lokale
Besonderheiten genannt.

Restaurants

*** Akademija: Bietet an,
was die Moskowiter am
liebsten mögen: italienische
und asiatische Küche. Der
tägl. wechselnde Mittagstisch
ist allerdings russisch geprägt.
Keine Haute Cuisine, aber
solide Qualität. Auch zum
Frühstücken geeignet.
www.academiya.ru. ▪ Tour 4

** Café AnderSon: Ein
Kinderrestaurant, das auch
kinderlosen Gästen gefällt!
Für den Nachwuchs warten
auf den Stühlen schon große
Teddybären – außerdem niedrige Toiletten und eine Speisekarte für wählerische Kinder-
münder. Einige Filialen haben
Spielzimmer und/oder Bälle-
bad. www.cafe-anderson.ru.
▪ Tour 4 und Ziele in den
Außenbezirken.

** Jean-Jaques: An mittlerweile sechs Standorten finden
die Moskowiter ein Stück
Frankreich vor, wie es im
Buche steht: Spiegel, rote
Wände, hölzerne Stühle und
alles, was noch dazugehört.
Croque Monsieur z. B. und
eine große Auswahl an Wein
und Cidre. Zu jeder Tageszeit
eine unkomplizierte Einkehr-
möglichkeit. www.jan-jak.com.
▪ Tour 6 und 7

**** Kortschma Taras
Bulba**: Wo die Gardinen rot-
weiß und die Hüte aus Stroh
sind, da duftet's schon von
Weitem nach ukrainischem
Borschtsch! Auf der um-
fangreichen Karte stehen
außerdem Wareniki in allen
Variationen und viele weitere
ukrainische Gerichte. Zu
verfehlen sind die Filialen niemals: Halten Sie Ausschau
nach dem wilden Kosaken-
führer Kortschma Taras Bulba,
dem Helden aus einer Gogol-
Erzählung. www.tarasbulba.ru.
▪ Tour 1 und 8

*** Lavka Lavka: Nach wie
vor einzigartig ist das große
Restaurant von Lavka Lavka in
der Ul. Petrowka (→ Bio). Neu
und mittlerweile kettenartig
organisiert sind die kleinen
„Kafes", die herzhafte Speisen und süße Kleinigkeiten
im Angebot haben. Gekocht
wird meist in einer offenen
Küche, mit Produkten, die im
angeschlossenen Laden verkauft werden. Schwerpunktmäßig kommen diese von
Höfen aus dem Moskauer
Umland, die nach ökologi-
schen Richtlinien wirtschaf-
teten. www.lavkalavka.com.
▪ Tour 4 und 5

** Warenitschnaja Nr. 1:
Der beste Ort in Moskau, um

mal schnell und für wenig Geld die Klassiker der russischen Küche durchzuprobieren. Im Zentrum der Karte stehen Wareniki, die der Lokalkette ihren Namen gaben. Darüber hinaus sind Pelmeni, Tschebureki, Bliny und Piroggen auf der Karte. www.varenichnaya.ru.
■ Tour 3, 5, 6 und 8

* Mu-Mu: Wenn Sie an einer Hauswand einen runden Kreis mit schwarz-weißem Kuhmuster sehen, dann aufgepasst: Hier gibt's russische Küche zu tierisch guten Preisen. www.cafemumu.ru.
■ über ganz Moskau verteilt

Cafés und Chlebotekas

Coffee Bean: Der Pionier der Moskauer Kofejnja-Ketten. Die Filialen sind stets gut gefüllt mit Studenten, die über dem nächsten Referat brüten und dazu einen Cappuccino schlürfen. Die Renner unter den Snacks sind Schoko-Cookies, Blätterteigkuchen und Thunfischtoast. www.coffeebean.ru. ■ Tour 7 und 8

Coffee House: Ähnlich weit verbreitet wie Schokoladniza (s. u.), tendenziell aber ungemütlicher und weniger schmackhaft. www.coffeehouse.ru. ■ über ganz Moskau verteilt

Coffeemania: Heißer Kandidat für die Wahl zur besten aller Kofejnjas – dank hauseigener Konditorei und einer ausufernden Kaffeekarte. Wer nicht auf Süßkram steht, kann auch wunderbar frühstücken sowie mittag- und abendessen. Doch Vorsicht: Die Preise sind höher, als man sie in einer Kofejnja erwarten würde! www.coffeemania.ru. ■ Tour 1 und 6

Chleb Nassuschtschny (früher Le Pain Quotidien): Die beliebte Bäcker-Kette backt „Brot wie bei Großmuttern". Eine große Portion ist schon für 95 R zu haben, Marmelade und Schokocreme gibt's umsonst dazu. Wer hungriger ist, bestellt einen großen Brotkorb für 385 R oder lässt sich ein „Pariser Frühstück" schmecken. Mittags und abends kann man Suppen, Salate oder Quiche essen – Hauptsache frisch, gesund und lecker! www.hlebnasushny.ru. ■ Tour 3, 4, 5, 6 und 8

Paul: Die erste Filiale dieser Konditerskaja eröffnete vor über 120 Jahren im französischen Lille, mittlerweile betreibt sie 500 Filialen in 30 Ländern. Unverändert sind die Rezepte und auch das Interieur. Das Markenzeichen: der schwarz-weiße Fliesenboden. www.ginza.ru.
■ Tour 5 und 8

Schokoladniza: Was 2001 mit einer einzigen Kofejnja begann, ist mittlerweile auf rund 200 Standorte in Moskau und Umgebung angewachsen. Touristen kommt die Entwicklung zugute: Das Personal ist Ausländer gewohnt und bringt ungefragt die englische Speisekarte an den Tisch. Die Bliny stufen selbst Russen als „authentisch" ein. Getränke wie Sanddornpunsch im Winter (schipownik) oder hausgemachte Melonenlimonade im Sommer sind herrliche Kaffee-Alternativen. www.shoko.ru.
■ über ganz Moskau verteilt

Warenitschnaja Nr. 1

Verzeichnisse

Moskau im Kasten

Impressum

Text und Recherche: Anika Zeller | **Lektorat:** Ute Fuchs, Peter Ritter, D&M Services GmbH: Christine Beil (Überarbeitung) | **Redaktion:** Ute Fuchs | **Layout:** D&M Services GmbH: Christiane Bauer, Jana Dillner, Mirko Graf, Jana Locker | **Karten:** Janina Baumbauer, Hans-Joachim Bode, Carlos Borrell, Theresa Flenger, Judit Ladik | **Fotos:** alle Anika Zeller außer: S. 213 (Bolschoj-Theater), S. 80, 164, 212, 219, 240 (Carsten Voigt), S. 2, 149 (Malte Zeller) | **Covergestaltung:** Karl Serwotka | **Covermotive:** vorne: Basilius-Kathedrale, hinten: Roter Platz (beide Anika Zeller).

Die in diesem Reisebuch enthaltenen Informationen wurden von der Autorin nach bestem Wissen erstellt und von ihr und dem Verlag mit größtmöglicher Sorgfalt überprüft. Dennoch sind, wie wir im Sinne des Produkthaftungsrechts betonen müssen, inhaltliche Fehler nicht mit letzter Gewissheit auszuschließen. Daher erfolgen die Angaben ohne jegliche Verpflichtung oder Garantie der Autorin bzw. des Verlags. Autorin und Verlag übernehmen keinerlei Verantwortung bzw. Haftung für mögliche Unstimmigkeiten. Wir bitten um Verständnis und sind jederzeit für Anregungen und Verbesserungsvorschläge dankbar.

ISBN 978-3-95654-652-5

Newsletter

Aktuelle Infos zu unseren Titeln, Hintergrundgeschichten zu unseren Reisezielen sowie brandneue Tipps erhalten Sie in unserem regelmäßig erscheinenden Newsletter, den Sie im Internet unter **www.michael-mueller-verlag.de** kostenlos abonnieren können.

Herzlichen Dank!

Den Moskauern bzw. Moskau-Kennern Benjamin Bidder, Christian Esch, Juri Jerofejew, Aleksandr Kokejew, Pavel Lokshin, Wladimir Schirokow und Dmitri Surkow für ihre Insider-Tipps. Jörn Roes, Henrike Reuther, Marie-Antonia Witzmann, Anna Brixa und Sonja Bill für ihre redaktionelle Mitarbeit bei der 1. Auflage. Den folgenden Lesern für ihre wertvollen Hinweise, die das Buch bereichert haben: Annemarie Dick, Johanna Grünwedel, Michael Hamke, Gregor Holzknecht, Julia Klingen, Herta Koch, Albrecht Kossatz, Robert Milla, Volker Scholz, Ludger Sunder-Plassmann, Alexander Vuia und Alexandra Willer.

Was haben Sie entdeckt?

Haben Sie ein gutes Restaurant entdeckt, das keine Oligarchenpreise verlangt? Ein Hotel, das zentral und günstig ist? Oder standen Sie mal vor verschlossener Tür? Wenn Sie Ergänzungen, Verbesserungen oder Tipps zum Buch haben, lassen Sie es uns bitte wissen!

Schreiben Sie an: Anika Zeller, Stichwort „Moskau" |
c/o Michael Müller Verlag GmbH | Gerberei 19, D – 91054 Erlangen |
anika.zeller@michael-mueller-verlag.de

Kartenverzeichnis und Zeichenerklärung

▼ Kartenausschnitte im Buch

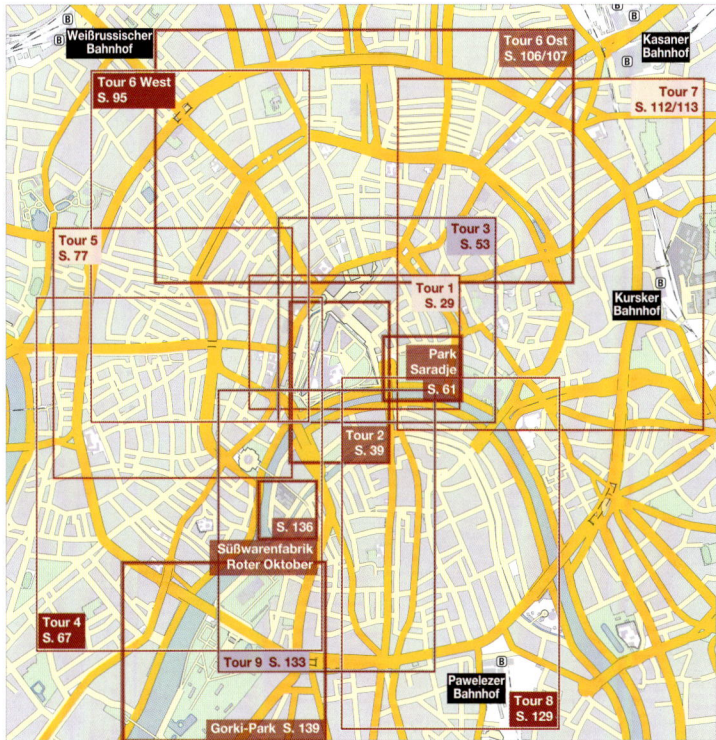

Zeichenerklärung für die Karten und Pläne

Autobahn		Bebaute Fläche		Museum
Schnellstraße		Gebäudeareal	★	Sehenswürdigkeit
Hauptstraße		Unbebaute Fläche		Kirche
Nebenstraße		Gebäude		Kloster
Fußweg		Platz		Synagoge
Fußgängerzone		Grünfläche		Denkmal
Anfang des Rundgangs		Sportplatz	CD	Botschaft/Konsulat
Ende des Rundgangs		Friedhof	EC	Bank
Rundgangs-Abstecher		Gewässer		Post
Eisenbahn		Schiffsanlegestelle		Zoo
B Kiewer Bhf. Bahnhof		Flughafen		Mauer m. Turm
M Kijewskaja Metro-Eingang		Brücke/Tunnel		

Global verständlich

Etwas Russisch

Sie fahren nach Moskau und können kein Wort Russisch? Halb so schlimm – aber die kyrillischen Buchstaben (er)kennen, das ist hilfreich. Hier eine Anleitung, wie Sie im Dschungel der fremden Schriftzeichen zurechtkommen:

- **Schritt 1 – mit dem kyrillischen Alphabet vertraut machen:** Das kyrillische Alphabet ist weit weniger furchterregend, als Sie glauben. Sie werden zum einen viele bekannte Buchstaben entdecken. Einige werden zwar komplett anders ausgesprochen als im Deutschen, das aber kann Ihnen egal sein. Andere Buchstaben wiederum ähneln stark denen im lateinischen Alphabet – das russische И etwa sieht aus wie ein umgedrehtes N – und lassen sich dadurch gut einprägen. Und den komplizierten Rest? Einfach ignorieren!

- **Schritt 2 – die Transkription verstehen:** Für die Übertragung kyrillischer Schriftzeichen in lateinische gibt es unterschiedliche Systeme. Dieser Reiseführer orientiert sich stark an der Transkription des Dudens. In Moskau werden Sie darüber hinaus häufig auf andere Umschriften stoßen, z. B. auf den Metroplänen. Lassen Sie sich von kleinen Abweichungen nicht verunsichern!

- **Schritt 3 – kyrillische Wörter entschlüsseln:** Konzentrieren Sie sich auf den Anfang des Wortes! Vor allem die Endungen sollten Sie komplett ignorieren: Diese ändern sich je nach grammatischem Fall und vorangehender Präposition sowieso.

- **Schritt 4 – wichtige Wörter einprägen:** Einige Wörter werden Sie auf Ihren Streifzügen durch Moskau immer wieder brauchen, „Restaurant" beispielsweise oder „Geldwechsel". Es ist daher hilfreich, sich das Schriftbild dieser Wörter einzuprägen. Ein weiterer Tipp fürs Restaurant: Merken Sie sich das Schriftbild von Lebensmitteln, die Sie *auf gar keinen Fall* essen möchte, z. B. Zunge (Язык), Niere (Почка), Leber (Печень) oder Gehirn (Мозг).

■ **Schritt 5 – Basiskonversation lernen:** Sie möchten sich entschuldigen, wenn Sie jemanden anrempeln? Im Laden keine Banane bekommen, wenn Sie Hunger auf einen Apfel haben? In diesem Fall hilft das Wörterverzeichnis ab S. 280.

Und wenn das alles nicht hilft: Dann bitten Sie die Moskowiter um Hilfe! Vor allem die Jüngeren sprechen ausreichend gut Englisch, um orientierungslosen Touristen zu helfen. In den meisten Hotels ist Englisch ohnehin selbstverständlich und dort, wo sich viele Ausländer konzentrieren, stark auf dem Vormarsch.

Im Folgenden ist der Vokal der betonten Silbe in der Transkription jew. **fett** gedruckt. Er wird lang gedehnt ausgesprochen (wie im Deutschen, wenn ein „h" hinter einem Vokal steht). Unbetonte Vokale werden kurz gesprochen.

Das kyrillische Alphabet

Kyrill.	Lateinisch	Beispiel	Umschrift	Anmerkungen
А, а	a	ананас	ananas	
Б, б	b	бутерброды	buterbrody	
В, в	w	вундеркинд	wunderkind	
Г, г	g	гараж	garasch	bei Adjektivendungen –ogo/-ego wird „g" wie „w" gesprochen
Д, д	d	дискотека	diskoteka	
Е, е	je	Европа	Jewropa	am Wortanfang, nach Vokalen, nach „ъ" und „ь"
	e	апельсин	apelsin	nach Konsonanten
Ё, ё	jo	Пётр	Pjotr	
	o	Горбачёв	Gorbatschow	nach „ж", „ш", „ч" und „щ"
Ж, ж	sch	журнал	schurnal	stimmhaftes „sch" wie in „Journal"
З, з	s	зоопарк	soopark	stimmhaftes „s" wie in „Rose"
И, и	i	интересно	interesno	
Й, й	j	Байкал	Bajkal	entfällt nach „i" und „y"
К, к	k	курорт	kurort	
Л, л	l	лампа	lampa	
М, м	m	май	maj	
Н, н	n	нерв	nerw	
О, о	o	орган	organ	offenes „o" in betonten Silben, kurzes „a" in unbetonten Silben, z. B. moloko, gesprochen „malako" (Milch)
П, п	p	полтергейст	poltergejst	
Р, р	r	рюкзак	rjuksak	rollendes Zungenspitzen-r
С, с	s	супермаркет	supermarket	stimmloses „s" wie in „Husten"
	ss	Василий	Wassili	zwischen Vokalen
Т, т	t	турист	turist	
У, у	u	университет	uniwersitet	
Ф, ф	f	фейерверк	fejerwerk	
Х, х	ch	характер	charakter	wie „ch" ich „Ach"
Ц, ц	z	циферблат	ziferblat	

Ч, ч	tsch	Чехия		Tschechija
Ш, ш	sch	шницель	schnizel	
Щ, щ	schtsch	борщ	borschtsch	das „t" entfällt bei der Aussprache, klingt wie lang gezogenes „sch"
ъ		объект	objekt	vorangehender Konsonant wird hart ausgesprochen
ы	y	шашлык	schaschlyk	verkürztes „i" wie in „bitte"
ь		мебель	mebel	vorangehender Konsonant wird weich ausgesprochen
Э, э	e	эндшпиль	endschpil	ähnlich dem deutschen „ä"
Ю, ю	ju	юрист	jurist	
Я, я	ja	ягуар	jaguar	

Grüße und Elementares

Guten Morgen!	Доброе утро!	Dobroje utro!
Guten Tag!	Добрый день!	Dobry den!
Guten Abend!	Добрый вечер!	Dobry wetscher!
Hallo!	Привет!	Priwet!
Guten Morgen!/ Guten Tag!/Guten Abend!/ Hallo! (allg. Begrüßung)	Здравствуйте!	Sdrawstwujte!
Auf Wiedersehen!	До свидания!	Do swidanija!
Tschüss!	Пока!	Poka!
Wie heißt du/Wie heißen Sie?	Как тебя зовут/ Как Вас зовут?	Kak tebja sowut/ Kak Was sowut?
Ich heiße …	Меня зовут …	Menja sowut …
Wie geht es dir?	Как дела?	Kak dela?
Wie geht es Ihnen?	Как у Вас дела?	Kak u was dela?
Mir geht es gut/ausgezeichnet.	Хорошо/Отлично.	Choroscho/Otlitschno.
bitte	пожалуйста	poschalujsta
danke	спасибо	spassibo
Entschuldigung!	Извините!	Iswinite!
	Простите!	Prostite!
Macht nichts/Kein Problem.	ничего	nitschego
ja	да	da
nein	нет	net
und	и	i
oder	или	ili
vielleicht	может быть	moschet byt
Ich habe nicht verstanden.	Я не поняла. (Frauen) Я не понял. (Männer)	Ja ne ponjala. (Frauen) Ja ne ponjal. (Männer)
Sprechen Sie …	Вы говорите …	Wy goworite …
… Deutsch?	… по-немецки?	… po-nemezki?
… Englisch?	… по-английски?	… po-angliski?
Wo kommen Sie her?	Вы откуда?	Wy otkuda?
Ich komme aus …	Я из …	Ja is …

... Deutschland.	... Германии.	... Germanii.
... Österreich.	... Австрии.	... Awstrii.
... der Schweiz.	... Швейцарии.	... Schwejzarii.
Toilette	туалет	tualet
... Mann (Abk.)	мужчина (муж.)	muschtschina (musch.)
... Frau (Abk.)	женщина (жен.)	schenschtschina (schen.)

Zeitangaben

morgens	утром	utrom
tagsüber	днём	dnjom
abends	вечером	wetscherom
nachts	ночью	notschju
heute	сегодня	segodnja
morgen	завтра	sawtra
gestern	вчера	wtschera
Stunde	час	tschas
Tag	день	den
Woche	неделя	nedelja
Wie spät ist es?	Сколько времени?	Skolko wremeni?
Wann?	Кодга?	Kogda?
Montag	понедельник	ponedelnik
Dienstag	вторник	wtornik
Mittwoch	среда	sreda
Donnerstag	четверг	tschetwerg
Freitag	пятница	pjatniza
Sonnabend/Samstag	суббота	subbota
Sonntag	воскресенье	woskressenje

Ortsangaben/Straßenbezeichnungen

Straße	улица (ул.)	uliza (ul.)
Platz	площадь (пл.)	ploschtschad (pl.)
Gasse	переулок (пер.)	pereulok (per.)
Boulevard	бульвар (бул.)	bulwar (bul.)
Uferstraße	набережная (наб.)	nabereschnja (nab.)
Prospekt/große Straße	проспект (просп.)	prospekt (prosp.)
Sackgasse	тупик (туп.)	tupik (tup.)
Verbindungsstraße	проезд (пр.)	projesd (pr.)
Chaussee/Ausfallstraße	шоссе	schosse
groß	большой/-ая/-ое (бол.)	bolschoj/-aja/-oje (bol.)
klein	малый/-ая/-ое (мал.)	maly/-aja/-oje (mal.)
mittel	средний/-яя/-ее (средн.)	sredni/-jaja/-eje (sredn.)
Kreuzung	перекрёст	perekrjost
Übergang/Straßenunterführung	переход	perechod
Wo?	Где?	Gde?
Wo ist/befindet sich ...?	Где находится ...?	Gde nachoditsja ...?

links/nach links	слева/налево	slewa/nalewo
rechts/nach rechts	справа/направо	sprawa/naprawo
geradeaus	прямо	prjamo
hier	здесь	sdes
dort	там	tam
Brücke	мост	most
Kirche	церковь	zerkow
Kloster	монастыр	monastyr
Dom/Kathedrale	собор	sobor
Museum	музей	musej
Denkmal	памятник	pamjatnik
Eingang	вход	wchod
Ausgang	выход	wychod

Unterwegs

Fahrkarte/Ticket	билет	bilet
U-Bahn/Metro	метро	metro
Station	станция	stanzija
Straßenbahn	трамвай	tramwaj
Marschrutka	маршрутка	marschrutka
Elektritschka	электричка	elektritschka
Bus	автобус	awtobus
Trolleybus	троллейбус	trollejbus
Busbahnhof	автовокзал	awtowoksal
Haltestelle	остановка	ostanowka
einfach	однократно	odnokratno
hin und zurück	туда и обратно	tuda i obratno
Flughafen	аэропорт	aeroport
Flugzeug	самолёт	samoljot
Bahnhof	вокзал	woksal
Zug	поезд	pojesd
Taxi	такси	taksi
Schiff	корабль/теплоход	korabl/teplochod

Die Vokabeln für einige **Speisen** finden Sie im Kapitel Russische Küche (→ S. 208 ff.).

Essen und Trinken

Restaurant	ресторан	restoran
Café	кафе	kafe
Ich möchte einen Tisch	Я хотел бы заказать	Ja chotel by sakasat
für zwei Personen reservieren.	столик на двоих.	stolik na dwoich.
	(Frauen sagen: хотела)	(Frauen sagen: chotela)
Frühstück	завтрак	sawtrak
Mittagessen	обед	obed
Abendessen	ужин	uschin
Speisekarte	меню	menju

Vorspeisen	закуски	sakuski
Hauptgericht	главное блюдо	glawnoje bljudo
Dessert	десерт	dessert
Eiscreme	мороженое	moroschenoje
Mittagstisch/Business Lunch	бизнес-ланч	bisnes-lantsch
Ich hätte gern ...	Я хотела бы ... (Frauen)	Ja chotela by ...
	Я хотел бы ... (Männer	Ja chotel by ...
Guten Appetit!	Приятного аппетита!	Prijatnogo appetita!
Die Rechnung bitte!	Счёт, пожалуйста!	Stschot, poschalujsta!
Suppe	суп	sup
Fisch	рыба	ryba
Fleisch	мясо	mjasso
... mit Fleisch/Fleischfüllung	с мясом	s mjassom
Rindfleisch	говядина	gowjadina
Hühnerfleisch	курятина	kurjatina
Schweinefleisch	свинина	swinina
vegetarisch	вегетарианский	wegetarianski
Käse	сыр	syr
Obst	фрукты	frukty
Apfel	яблоко	jabloko
... mit Äpfeln/Apfelfüllung	с яблоками	s jablokami
... mit Kirschen/Kirschfüllung	с вишней	s wischnej
Banane	банан	banan
Gemüse	овощи	owoschtschi
... mit Kohl/Kohlfüllung	с капустой	s kapustoj
... mit Pilzen/Pilzfüllung	с грибами	s gribami
... mit Kartoffeln/Kartoffelfüllung	с картошкой	s kartoschkoj
Reis	рис	ris
Nudeln	макароны	makarony
Buchweizenbrei	гречка	gretschka
Salat	салат	salat
Brot	хлеб	chleb
Butter	масло	maslo
Salz	соль	sol
Pfeffer	перец	perez
Saft	сок	sok
Mineralwasser	минеральная вода	mineralnaja woda
... mit Kohlensäure	... с газом	... s gasom
... ohne Kohlensäure/still	... без газа	... bes gasa
Wodka	водка	wodka
Bier	пиво	piwo
Wein	вино	wino
Tee	чай	tschaj
Kaffee	кофе	kofe
Milch/mit Milch	молоко/с молоком	moloko/s molokom
Zucker/mit Zucker	сахар/с сахаром	sachar/s sacharom

Post und Bank

Post	почта	potschta
Postkarte	открытка	otkrytka
Briefmarke	почтовая марка	potschtowaja marka
Brief	письмо	pismo
Briefkasten	почтовый ящик	potschtowy jaschtschik
Umschlag	конверт	konwert
Luftpost	авиапочта	awiapotschta
Bank	банк	bank
Geldautomat	банкомат	bankomat
Geld wechseln	обмен валюты	obmen waljuty
Rubel	рубль	rubl
Euro	евро	jewro
Dollar	доллар	dollar

Einkaufen

Geschäft	магазин	magasin
Lebensmittelladen	продукты	produkty
Supermarkt	супермаркет	supermarket
Markt	рынок	rynok
Kilogramm	килограмм	kilogramm
100 Gramm	сто грамм	sto gramm
Haben Sie ...?	У Вас есть ...?	U Was jest ...?
Geben Sie mir bitte ...	Дайте, пожалуйста ...	Dajte, poschalujsta ...
Wie viel kostet das?	Сколько это стоит?	Skolko eto stoit?
geöffnet	открыто	otkryto
geschlossen	закрыто	sakryto

Hilfe/Krankheit

Botschaft	посольство	possolstwo
Polizei	полиция	polizija
Arzt	врач	wratsch
Zahnarzt	стоматолог/ зубной врач	stomatolog/ subnoj wratsch
Krankenhaus	больница	bolniza
Apotheke	аптека	apteka
Medikamente	лекарство	lekarstwo
Schmerzen	боли	boli
Schnupfen	насморк	nasmork
Grippe	грипп	gripp
Husten	кашель	kaschel
Durchfall	понос	ponos
Entzündung	воспаление	wospalenije
Ich habe ...	У меня ...	U menja ...
... Kopfschmerzen.	... болит голова.	... bolit golowa.

... Halsschmerzen.	... болит горло.	... bolit gorlo.
... Zahnschmerzen.	... болят зубы.	... boljat suby.
... Magenschmerzen	... болит желудок.	... bolit scheludok.
... Rückenschmerzen	... болит спина.	... bolit spina.
... Ohrenschmerzen	... болит ухо.	... bolit ucho.

Zahlen

0	ноль	nol
1	один	odin
2	два	dwa
3	три	tri
4	четыре	tschetyre
5	пять	pjat
6	шесть	schest
7	семь	sem
8	восемь	wossem
9	девять	dewjat
10	десять	dessjat
11	одиннадцать	odinnadzat
12	двенадцать	dwenadzat
13	тринадцать	trinadzat
14	четырнадцать	tschetyrnadzat
15	пятнадцать	pjatnadzat
16	шестнадцать	schestnadzat
17	семнадцать	semnadzat
18	восемнадцать	wossemnadzat
19	девятнадцать	dewjatnadzat
20	двадцать	dwadzat
21	двадцать один	dwadzat odin
22	двадцать два	dwadzat dwa
30	тридцать	tridzat
40	сорок	sorok
50	пятьдесят	pjatdessjat
60	шестьдесят	schestdessjat
70	семьдесят	semdessjat
80	восемьдесят	wossemdessjat
90	девяносто	dewjanosto
100	сто	sto
200	двести	dwesti
300	триста	trista
400	четыреста	tschetyresta
500	пятьсот	pjatsot
1000	тысяча	tyssjatscha
2012	две тысячи двенадцат	dwe tyssjatschi dwenadzat

Abruzzen ▪ Ägypten ▪ Algarve ▪ Allgäu ▪ Allgäuer Alpen ▪ Altmühltal & Fränk. Seenland ▪ Amsterdam ▪ Andalusien ▪ Andalusien ▪ Apulien ▪ Australien – der Osten ▪ Azoren ▪ Bali & Lombok ▪ Barcelona ▪ Bayerischer Wald ▪ Bayerischer Wald ▪ Berlin ▪ Bodensee ▪ Bretagne ▪ Brüssel ▪ Budapest ▪ Chalkidiki ▪ Chiemgauer Alpen ▪ Chios ▪ Cilento ▪ Cornwall & Devon ▪ Comer See ▪ Costa Brava ▪ Costa de la Luz ▪ Côte d'Azur ▪ Cuba ▪ Dolomiten – Südtirol Ost ▪ Dominikanische Republik ▪ Dresden ▪ Dublin ▪ Düsseldorf ▪ Ecuador ▪ Eifel ▪ Elba ▪ Elsass ▪ Elsass ▪ England ▪ Fehmarn ▪ Franken ▪ Fränkische Schweiz ▪ Fränkische Schweiz ▪ Friaul-Julisch Venetien ▪ Gardasee ▪ Gardasee ▪ Genferseeregion ▪ Golf von Neapel ▪ Gomera ▪ Gomera ▪ Gran Canaria ▪ Graubünden ▪ Hamburg ▪ Harz ▪ Haute-Provence ▪ Havanna ▪ Ibiza ▪ Irland ▪ Island ▪ Istanbul ▪ Istrien ▪ Italien ▪ Italienische Adriaküste ▪ Kalabrien & Basilikata ▪ Kanada – Atlantische Provinzen ▪ Karpathos ▪ Kärnten ▪ Katalonien ▪ Kefalonia & Ithaka ▪ Köln ▪ Kopenhagen ▪ Korfu ▪ Korsika ▪ Korsika Fernwanderwege ▪ Korsika ▪ Kos ▪ Krakau ▪ Kreta ▪ Kreta ▪ Kroatische Inseln & Küstenstädte ▪ Kykladen ▪ Lago Maggiore ▪ Lago Maggiore ▪ La Palma ▪ La Palma ▪ Languedoc-Roussillon ▪ Lanzarote ▪ Lesbos ▪ Ligurien – Italienische Riviera, Genua, Cinque Terre ▪ Ligurien & Cinque Terre ▪ Limousin & Auvergne ▪ Limnos ▪ Liparische Inseln ▪ Lissabon & Umgebung ▪ Lissabon ▪ London ▪ Lübeck ▪ Madeira ▪ Madeira ▪ Madrid ▪ Mainfranken ▪ Mainz ▪ Mallorca ▪ Mallorca ▪ Malta, Gozo, Comino ▪ Marken ▪ Mecklenburgische Seenplatte ▪ Mecklenburg-Vorpommern ▪ Menorca ▪ Midi-Pyrénées ▪ Mittel- und Süddalmatien ▪ Montenegro ▪ Moskau ▪ München ▪ Münchner Ausflugsberge ▪ Naxos ▪ Neuseeland ▪ New York ▪ Niederlande ▪ Niltal ▪ Norddalmatien ▪ Norderney ▪ Nord- u. Mittelengland ▪ Nord- u. Mittelgriechenland ▪ Nordkroatien – Zagreb & Kvarner Bucht ▪ Nördliche Sporaden – Skiathos, Skopelos, Alonnisos, Skyros ▪ Nordportugal ▪ Nordspanien ▪ Normandie ▪ Norwegen ▪ Nürnberg, Fürth, Erlangen ▪ Oberbayerische Seen ▪ Oberitalien ▪ Oberitalienische Seen ▪ Odenwald ▪ Ostfriesland & Ostfriesische Inseln ▪ Ostseeküste – Mecklenburg-Vorpommern ▪ Ostseeküste – von Lübeck bis Kiel ▪ Östliche Allgäuer Alpen ▪ Paris ▪ Peloponnes ▪ Pfalz ▪ Pfälzer Wald ▪ Piemont & Aostatal ▪ Piemont ▪ Polnische Ostseeküste ▪ Portugal ▪ Prag ▪ Provence & Côte d'Azur ▪ Provence ▪ Rhodos ▪ Rom ▪ Rügen, Stralsund, Hiddensee ▪ Rumänien ▪ Rund um Meran ▪ Sächsische Schweiz ▪ Salzburg & Salzkammergut ▪ Samos ▪ Santorini ▪ Sardinien ▪ Sardinien ▪ Schottland ▪ Schwarzwald Mitte/Nord ▪ Schwarzwald Süd ▪ Schwäbische Alb ▪ Schwäbische Alb ▪ Shanghai ▪ Sinai & Rotes Meer ▪ Sizilien ▪ Sizilien ▪ Slowakei ▪ Slowenien ▪ Spanien ▪ Span. Jakobsweg ▪ St. Petersburg ▪ Steiermark ▪ Südböhmen ▪ Südengland ▪ Südfrankreich ▪ Südmarokko ▪ Südnorwegen ▪ Südschwarzwald ▪ Südschweden ▪ Südtirol ▪ Südtoscana ▪ Südwestfrankreich ▪ Sylt ▪ Teneriffa ▪ Teneriffa ▪ Tessin ▪ Thassos & Samothraki ▪ Toscana ▪ Toscana ▪ Tschechien ▪ Türkei ▪ Türkei – Lykische Küste ▪ Türkei – Mittelmeerküste ▪ Türkei – Südägäis ▪ Türkische Riviera – Kappadokien ▪ USA – Südwesten ▪ Umbrien ▪ Usedom ▪ Varadero & Havanna ▪ Venedig ▪ Venetien ▪ Wachau, Wald- u. Weinviertel ▪ Westböhmen & Bäderdreieck ▪ Wales ▪ Warschau ▪ Westliche Allgäuer Alpen und Kleinwalsertal ▪ Wien ▪ Zakynthos ▪ Zentrale Allgäuer Alpen ▪ Zypern

Reisehandbuch   MM-City   MM-Wandern

Register

Die in Klammern gesetzten Koordinaten verweisen auf die beigefügte Moskau-Karte.

Was haben Sie entdeckt?

Haben Sie ein gutes Restaurant entdeckt, das keine Oligarchenpreise verlangt? Ein Hotel, das zentral und günstig ist? Oder standen Sie mal vor verschlossener Tür? Wenn Sie Ergänzungen, Verbesserungen oder Tipps zum Buch haben, lassen Sie es uns bitte wissen!

Schreiben Sie an: Anika Zeller, Stichwort „Moskau" |
c/o Michael Müller Verlag GmbH | Gerberei 19, D – 91054 Erlangen |
anika.zeller@michael-mueller-verlag.de